까판의 문법

ᴟᴟᴟᴟ V 아우또노미아총서 68

까판의 문법 A Grammar of the Destruction Field

지은이 조정환

책임운영 신은주
편집 김정연
디자인 조문영
홍보 김하은
프리뷰 배사은 · 손보미 · 양라윤 · 이성혁 · 최송현 · 희음

펴낸이 조정환
펴낸곳 도서출판 갈무리 등록일 1994. 3. 3. 등록번호 제17-0161호
초판인쇄 2020년 2월 20일 초판발행 2020년 3월 7일
종이 화인페이퍼 인쇄 예원프린팅 라미네이팅 금성산업 제본 경문제책

주소 서울 마포구 동교로18길 9-13 [서교동 464-56] 2층
전화 02-325-1485 팩스 02-325-1407
website http://galmuri.co.kr e-mail galmuri94@gmail.com

ISBN 978-89-6195-229-3 03300
도서분류 1. 정치학 2. 철학 3. 사회학 4. 경제학 5. 사회과학 6. 여성학

값 23,000원

이 도서의 국립중앙도서관 출판예정도서목록(CIP)은 서지정보유통지원시스템 홈페이지(http://seoji.nl.go.
kr)와 국가자료공동목록시스템(http://www.nl.go.kr/kolisnet)에서 이용하실 수 있습니다.(CIP제어번
호 : CIP2020005293)

까판의 문법

조정환

살아남은
증언자를 매장하는
탈진실의
권력 기술

갈무리

일러두기

1. 조서, 신문 기사, SNS 등에서 인용해온 글의 맞춤법은 필요한 경우를 제외하고 교정하지 않고 원문 그대로 실었다.
2. 단행본, 전집, 정기간행물, 보고서, 언론사에는 겹낫표(『』)를, 논문, 논설, 기고문, 기사, 텔레비전이나 유튜브 방송의 제목, SNS 포스팅 제목 등에는 홑낫표(「」)를 사용하였다.
3. 단체, 학회, 협회, 연구소, 유튜브 계정, 텔레비전 프로그램 이름, 전시, 공연물에는 가랑이표(〈 〉)를 사용하였다.
4. 강조는 원문이라는 표시가 없는 한, 본문 속에 인용된 구절, 문장, 문단의 고딕체 강조는 전부 인용자의 강조이다.

이름과 직함 표기 일러두기

1. 이 사건과 관련된 각종의 의견(사실관계 의견, 고소·고발, 보도, 사건평가, 법률 판단 등)을 표명한 사람들을 언급하는 경우 실명이나 필명 그대로 표기했다.
2. 이 사건과 관련하여 특정한 혐의를 받고 있는 사람들의 경우에 법원의 확정판결이 나지 않은 경우는 이미 대중적으로 알려져 있는 경우라 할지라도 이름 중의 한 글자를 감추고 부분 익명으로 표기했다.
3. 이 사건과 관련하여 이미 형이 확정된 경우의 인물에 대해에는 독자들의 이해를 돕기 위해 이미 알려진 실명, 예명, 필명 그대로 표기했다.
4. 사회적으로 문제되는 혐의가 없지만 사건과 연관되어 있고 널리 알려져 있어 사건을 이해하는 데 꼭 필요하다고 판단되는 경우에는 이름 중의 한 글자를 감추고 부분 익명으로 표기했다.
5. 사건과 직접적 연관성이 없지만, 문맥상 언급이 필요한 경우 이름 중의 두 글자를 감추고 부분 익명으로 표기했다.
6. 성폭력 사건의 피해자로서 이름이 드러나서는 안 될 경우는 익명으로 표시했다.
7. 위 모든 경우에서 이미 출판된 글을 인용하는 경우는 꼭 필요한 경우가 아니면 인용된 글에 표기된 그대로, 즉 실명·필명·부분 익명·익명 등의 상태로 표기했다.
8. 출판되지 않은 비공식적 문헌들을 인용하는 경우는 익명 혹은 부분 익명으로 표기했다.
9. 직함은 문맥, 문장의 필요에 따라 넣기도 하고 빼기도 했다.

억울한 누명을 벗는 것은 저에게 그리 중요하지 않습니다.
정의는 사람들 마음속에 있습니다.

— 리원량, 코로나19 최초 경고자 —

1부 증언을 까라

2부 증언자를 까라

설리의 죽음과 까판

2019년 10월 14일 오후 3시 21분경 배우 설리가 자택 2층에서 숨진 채 발견되었다. 그는 자신이 MC로 활동했던 〈악플의 밤〉에서 "실제 인간 최진리의 속은 어두운데 연예인 설리로서 밖에서는 밝은 척해야 할 때가 많다"[1]고 말했다. 가족과 친지에게는 우울증, 대인기피증, 공황장애를 호소하기도 했다. 많은 사람들은 이러한 질병의 중요한 원인 중의 하나가 악플이었을 것으로 추정한다. 윤지오가 설리의 죽음을 추모하는 글을 올린 후 그는 인스타그램 DM 메시지를 받았다. 거기에는 "너 같은 미친X이 죽었어야 하는데 설리처럼 이쁜 애를 왜 데려갔을까"라고 쓰여 있었다. 이 DM 캡처를 공개하면서 윤지오는 몇 개의 인스타 계정과 인터넷 홈페이지 주소를 동시에 공개했다. "이것들이 대표적인 까판들이며 더 아시는 까판들이 있다면 댓글로 남겨주시고 게시물과 계정을 신고해 주시길 부탁드린다"는 당부와 함께.

---

1. 이것은, 생활인 윤지오는 밝은데 증언자 윤지오는 숨어 살았던 것과 대조된다.

좁은 의미로 까판이란 자신이 싫어하는 사람을 까는 판을 지칭한다. 악플이 포털에서 가장 큰 영향력을 행사한다면 까판은 주로 인스타그램을 중심으로 형성되어 있다. 까판은 악플이 분화되고 집중된 형태를 띤다. 주요한 까이슈를 제기하는 메인 포스팅 아래에 수많은 까댓글이 달리는 방식으로 가동되기 때문이다. 까판의 목적은 오직 표적이 된 인물을 타격하고 해체시키는 것 하나에 집중되어 있다. 타격과 해체의 대상은 넓은 의미에서의 명성과 권력이라고 부를 수 있는데, 주로 뜨는 인물, 갑자기 유명해진 인물을 표적으로 삼으며 큰 명성을 가진 사람, 큰 권력을 가진 사람, 예컨대 정치가나 재벌을 타격하는 것으로 나아가지는 않는다. 많은 경우 까주체가 자신이 경쟁 가능하다고 판단하는 인물, 다시 말해 '나도 저 정도의 명성과 권력을 가질 수 있었다'고 여기는 사람이 표적으로 된다. 이 때문에 상대방을 자신의 발아래로 끌어내리는 정서인 혐오가 까판의 기본 정동으로 작동한다.

상대방이 까기의 효과로서 사회적 지탄을 받고 추락하거나 질병으로 쓰러지거나 죽음으로 파멸하는 것은 까판의 성공을 의미한다. 혐오를 통한 이 해체 공작을 성공적으로 수행해 내는 계정일수록 까판에서의 평판이 높아지고 까두목으로 등극한다. 이와 더불어 부하 계정들이 그 계정 주변에 모여 더 강력한 까판이 형성된다. 물론 까판의 해체주의적 특성상 까두목의 계정이 표적이 되면서 까까판, 까까까판…이 형성되는 경우도 없지 않다. 왜냐하면, 까두목으로의 등극도 갑작스러운 명예의 획득이며 일종의 권력이기 때문이다.

윤지오와 까판 현상

윤지오를 타격하기 위해 만들어진 까판은 2019년 4월 2일 justicewithus의 인스타그램 계정을 필두로 무수히 생겨났고 유튜브로까지 확산하였다. 당시 윤지오에게 쏟아지던 관심으로 인해, 윤까가 나름대로 계정의 조회 수와 구독자 수를 늘릴 수 있는 호재로 작용했기 때문이다. 증언자 윤지오를 혐오스러운 인간으로 끌어내린 것은 이 까판의 지속적 작업의 결과였다고 해도 과언이 아니다. 윤까판의 계정들은 서로 소통하면서 아프리카 방송 동영상에서 지탄할 만한 클립들을 편집해 올리고, 학적부를 뒤져 학력을 조롱하고, 전시 관련자들에게 윤지오를 까는 메일을 보내 전시 참가를 가로막고, 윤지오를 음란죄로 고발하고, 윤지오 경호원을 탈세로 고발하고, 윤지오의 캐나다 자택을 찾아와 협박하며, 경찰과 검찰에게 윤지오를 강제소환하라, 체포영장을 발부하라, 적색수배하라, 구속하라고 압박하고, 윤지오의 인스타그램과 연대자들의 계정에 악플을 달아 지지 연대자들을 윤지오로부터 분리시켰다. 설리에게서 그랬듯이 이것이 윤지오의 공황장애와 우울증의 주요한 원인 중의 하나일 것임은 분명하다.

왜 이러한 까판 현상이 나타나는 것일까? 나는 이 책 『까판의 문법』과 동시 출간되는 『증언혐오』의 「책머리에」와 관련 장들에서 윤지오의 증언에 대한 공감이 지지와 격려로 발전하고 그것이 연대 행동으로 나타난 것이 후원금이었다고 말했다. 이것은 아래로부터 다중의 자생적 행동으로서 증언과 증여의 공통장을 구성하는 자율적 힘이었다. 그런데 까판도 공통장 공간과 마찬가지로 아래로부터 자생적으로 형성되는 공간이다. 그러면 이것도 다중의 자율적 힘일까?

그렇게 볼 수 없다. 증언과 증여의 공통장을 구성하는 힘들은 이름 부를 수 없는 각인들의 특이함에 기초한 공감과 연대의 힘임에 반해 까판을 구성하는 힘들은 하나의 집중점에 결집하는 동일성의 힘이기 때문이다. 그것에 'X'까판의 형식으로 이름이 붙고 두목이 등장하는 것도 이 때문이다. 까판의 운동도 연결망 구조를 취하지만 공통장의 운동과 달리 수평적 그물망 형태의 직조를 낳는 것이 아니라 두목을 정점으로 하는 위계화된 집권체를 낳는다. 공통장의 운동은 다중의 힘을 증대하는 기쁨의 공간을 구성하지만, 까판의 운동은 다중의 힘을 빼고 표적이 된 인물을 고통, 질병, 죽음으로 몰아넣는 슬픔의 공간을 구성한다. 질 들뢰즈는 특이성의 탈영토화 운동이 너무 이르거나 너무 갑작스럽게 이루어져 종내, 종간, 우주로 향하는 경로들을 열지 못하고 블랙홀로 떨어져 맴돌 위험에 대해 경계한 바 있다. 이 빈곤해지고 고착된 블랙홀들이 공명통 안에서 공명할 때는 다중적 공재(함께-있음consistence)로의 열림이 일어나지 않고 봉쇄된 통계학적 더미, 즉 군중이 된다. 이 때문에 윤까판에서 유통되는 생각들은 '제대로 된 학력을 가져야 한다'는 엘리트주의, '여자는 몸가짐이 조심스럽고 얌전해야 한다'는 가부장적 성차별주의, '예술작품에는 원본이 있다'는 플라톤주의적 원본주의 등 주로 권력자들이 활용하는 낡고 고루한 관념들의 유사변종들이었다.

그리고 까판이 가짜뉴스들의 진원지이자 전파지였다는 점도 빼놓을 수 없다. 이 책의 주제와 관련하여 예를 들면 "윤지오는 고등학교를 다닌 적이 없다", "윤지오는 매춘 이력이 있다", "윤지오의 『13번째 증언』은 김수민이 대필했다", "윤지오는 호랑이 그림의 작가(피터 피니)에게 연락한 적이 없다", "윤지오의 증언 목적은 돈이다", "윤지오 계좌로 10억 이상의 돈이 입금되었다" 등 군중을 놀라게 하고 그들의 관심을 끌 만한 가짜뉴스들이 버젓이 유통되었다. 탈진실에 대한 비판이론가들이 전통적 미디어의 쇠퇴, 포스트모더니즘의 부상과 더불어 소셜미디어 즉 SNS가 가짜뉴스=탈진실의 온상이라고 비판할 때 그 비판에 정확하게 맞아떨어지는 것이 바로 까판의 SNS 계정들이라고 할 수 있다.[2]

까판 문법의 확산과 사회적 까판의 형성

그런데 이 책은 지금까지 말한 좁은 의미의 까판의 동역학

---

2. 하지만 탈진실 현상에 대한 이 비판이론가들은 SNS가 공통진실의 공간, 즉 공통장의 미디어 공간이기도 하다는 사실을 간과한다.

과 메커니즘을 분석하는 데 초점을 맞추고 있지 않다. 내가 『까판의 문법』이라는 표제를 달 때 주요하게 초점을 맞추고 있는 것은 오늘날 까판의 논리와 운동 메커니즘이 변호사·기자·작가·교수와 같은 전문가 집단, 신문·방송과 같은 전통 매체, 국회의원·경찰·검찰·법원 같은 국가기관 등에 광범위하게 산포되어 우리 사회의 지배적 논리로, 우리 사회의 주류 담론 문법으로 자리 잡아가고 있다는 생각을 담아내고자 한 것이다.

윤지오에 대한 인스타그램 까계정은 앞서 언급했다시피 2019년 4월 2일에 처음으로 움직이기 시작하지만, 그 계정의 논리는 불과 2주 뒤인 4월 16일에 역시 인스타그램 계정을 운영하는 작가 김수민의 담론 논리로 전용되었다. 「윤지오 씨의 말이 100% 진실일까요?」는 사실의 단편들을 상상과 뒤섞고 거기에 거짓말을 섞어 넣은 혼종물이었다. 그가 이후 매우 열렬하게 인스타그램 및 유튜브의 까계정들과 연계되어 함께 호흡하는 한 몸체로 섞여 들어간 현상은 까판의 문법이 더는 하위담론 영역이 아니라 주류 담론의 문법으로 전이되는 양상을 보여준다. 『경향신문』의 칼럼니스트이자 교수이기도 한 서민이, 윤까판에서 유명해진 한 까계정주(everlasting_eva)가 "너무하네 아진짜 ㅋ 나 두목 아니라고 쫌!!!!!!!!!!!"이라는 타이틀로 올린 포스팅 아래에 "내게는 에바님이 두목이십니다 믿고 따르겠습니다"(pandaabba)라고 호응하는 댓글을 다는 대목에서, 그리고 그가 윤지오를 비난하는 자신의 책에서 까계정주를 자칭하는 이름들에게 출간의 공功을 돌리는 대목에서 우리는 전통 매체와 소셜미디어 사이에 경계가 사라지고 까판의 문법이 언론계·학계에까지 파급되고 있는 모습을 엿볼 수 있다. 박훈이 이미 까판의 일부로 편입된 김수민의 소송 변호사를 자임하며 나선 것도 모자라, 그 자신이 기자 김대오의 거짓말[3]을 근거로 윤지오를 형사 고발하기에 이른 것 역시 까판의 문법이 SNS를 넘어 법조계의 논리로까지 침투하는 양상을 보여 준다.

나는 까판의 문법이 『조선일보』와 같은 신문, SBS와 같은 방송의 담론 문법으로 전이되었을 뿐만 아니라 국회의원 홍준표의 유튜브가 보여주듯 정치담론의 문법으로까지 기능하고 있다고 보았다. 까판은 아래로부터 형성된 것이지만 그 논리가 전 사회적으로 확산한 결과 이제 위로부터 까판 논리의 대공장적 확대재생산을 가져오면서 우리 사회 전체를 까판 문법의 소용돌이 공간으로, 거대한 사회적 까판으로 만들어 내고 있다는 것이다. 윤지오에게 사기 혐의가 덧씌워지고 경찰과 검찰이 체포영장 발부, 여권 무효화 조치, 적색수배령 등의 극단적 사법 조치들을 차례차례 내려가면서 증언자를 범죄화한 일련의 과정은 까판의 문법의 정치사법적 지속 이상도 이하도 아닌 것으로 평가할 수 있다. 그 결과 탈진실의 조건들이 공통진실로 진화할 경로는 봉쇄되고 그것들이 가짜뉴스, 반진실의 폐쇄적 공명판으로 기능하게 되는 블랙홀적 상황이 창출되고 있는 것이다. 이

---

3. 내가 왜 여기서 거짓말이라는 말을 쓰는지는 이 책 166쪽 이하 「김대오의 거짓말」을 참조.

러한 상황을 문제로 삼으면서 이 책은 증언자 윤지오에 대한 사회적 까판이 조직되고 운동하는 방식을 다음과 같은 구성으로 분석한다.

이 책의 구성

윤지오를 둘러싼 사회적 까판은 윤지오의 증언에 대한 까판과 증언자 윤지오에 대한 까판으로 이루어진다. 나는 이들을 각각 이 책의 1부와 2부에서 다루었다.

증언에 대한 까판이 증언의 일관성을 흐트러뜨리고 증언의 신빙성을 깎아내린 후에 이른바 대안진실 즉 거짓진실을 제시하는 구도를 갖고 있다는 것이 1부의 주장이다.

1부 1장의 첫 절 「재심 변호사 박준영의 절차주의적 '정의'관은 누구를 이롭게 하는가?」는 윤지오에 대한 검증론을 처음 제기한 박준영 변호사의 논리의 자가당착과 모순, 그리고 편파성을 비판한다. 박준영의 글은 윤지오의 초기 진술과 최근 진술 사이의 단절성을 강조하면서 최근 진술이 자기목적성(이해관계)에 의해 오염되어 있으므로 윤지오의 증언에 대한 검증이 필요하다는 데에서 시작하여, 증언자에 대해 우리 모두가 무차별적으로 검증하여 검증 결과를 공개하자는 일종의 대중 선동으로 매듭된다. 이 절로 나타나는 것은 박준영의 글이 윤지오의 증언 일관성에 대한 의심을 통해 사람들의 관심의 초점을 가해권력의 성폭력에 대한 검증에서 증언자의 인격에 대한 검증으로 돌리는 가해자중심적이고 보수적인 글쓰기 정치임을 드러낸다. 그것의 실제적 효과는 증언의 표적이 된 가해권력이 은폐되는 것이다.

둘째 절과 셋째 절은 박훈 변호사와 '윤지오 이모부'가 주장하는바, 즉 "윤지오의 증언이 장자연 유가족들의 손해배상 청구 사건에서 결정적 패소 원인이었다"는 생각은 윤지오의 진술조서에 대한 단편적 독해와 편파적 인용, 그리고 무엇보다 오독誤讀을 통해 그것의 큰 흐름에서의 일관성을 인위적으로 해체하고 있다는 비판이다. 윤지오는 기획사 대표 김종승이 위계 구조에 따라 자신과 장자연에게 부과한 부당노동행위에 대해 큰 흐름에서 일관되게 진술해 왔다. 다만 (장자연이 아니라) 자신에게 술을 따르거나 춤을 추도록 강요하지는 않았다고 말했을 뿐이다. 있는 그대로를 말했을 뿐인 이 진술을 장자연 유가족의 패소 원인이라 말하는 이들의 주장은 윤지오를 부당하게 비난하는 것일 뿐만 아니라 유가족들을 승소하도록 만들기 위해서는 윤지오가 위증을 했어야 한다는 불법에 대한 선동으로까지 귀결된다.

넷째와 다섯째 절은 기억은 시간이 흐를수록 흐릿해진다는 박준영 변호사의 기억론이 기계론적인 것으로서 시간이 흐를수록 더 또렷해지는 기억을 이해할 수 없는 피상적이고 일면적인 기억론임을 비판한다. 이 절의 글들은, 베르그송의 기억론에 입각하여, 윤지오가 10년 전에는 알지 못하던 것을 10년이 지난 지금 왜 그때보다 더 또렷이 기억할 수 있는지에 대한 논거를 제공한다.

1부 2장은 증언을 거짓말로 몰아서 증언의 신빙성을 깎아내리는 까판 문법을 분석한다.

「김용호의 거짓말: 홍가혜에서 윤지오로」에서는 김수민이 윤지오를 까는 글을 포스팅하기 하루 전에 보수 유튜버 김용호가 그 글과 대동소이한 방송을 했다는 것에 주목한다. 5년 전에 거짓말로 홍가혜를 명예훼손한 것에 대해 홍가혜가 제기한 민사소송 1심에서 1,000만 원의 벌금형을 받은 바 있는 그 김용호가 이번에는 표적을 바꿔 윤지오의 증언을 거짓말이라고 주장하는 거짓말을 다시 하고 있는 현실, 즉 역사의 반복에 대해 분석한다. 거기에는 윤지오가 왕진진의 리스트를 짜 맞췄다거나, 신변위협이 없었다거나, 증언목적이 돈벌이에 있다는 등 김수민의 다음 날 포스팅에서 대동소이하게 되풀이되는 주장이 포함되어 있다.

「공익신고자를 사기꾼으로 만드는 집단공작」에서는 윤지오에 대한 마녀사냥을 시간을 되돌리고 공간을 바꾸어 프랑스의 드레퓌스 사건과 겹쳐 본다. 125년 전 독일에 패한 바 있는 프랑스 군부가 대중 속에 들끓고 있던 프랑스 민족주의와 반유대주의를 이용하여 독일계 유대인 드레퓌스 대위를 독일을 위해 일하는 간첩으로 조작하여 악마도에 유배시켰던 사건을 상기하면서 이 글은 한국 사회 특권층을 구성하고 있는 장자연에 대한 가해권력이 증언자 윤지오를 사기꾼으로 조작하고 있는 현실을 비판한다.

이어지는 두 편의 글에서는 김수민의 까포스팅이, 스스로 기사를 삭제한 『뉴시스』 최지윤의 기사, 그리고 김용호의 방송 주장과 공조하면서 윤지오의 증언 신빙성을 깎아내리는 데 집중하고 있으며 그것의 효과는 권력자들의 성폭력을 사람들의 시야에서 감추는 것이었음을 밝힌다.

「기생충 학자 서민의 종합거짓말세트」에서는 서민이 검찰 과거사위원회의 가해자 편향적 심의 결론, 김대오의 거짓말, 김수민의 까포스팅 등을 아무런 사실조사 없이 받아들이고 거기에 윤지오가 현 정권의 노리개로 이용되고 있다는 식의 음모론적 편견을 섞어 "장자연 리스트는 없었다", "윤지오는 아무것도 모른다", "신변위협도 없었다" 등의 까판 논리를 무비판적으로 되풀이하면서, 심지어 장자연 사건 재수사 포기의 책임까지 윤지오에게 덮어씌우는 적반하장賊反荷杖과 후안무치厚顔無恥의 까판 문법을 선보이고 있다고 비판한다.

1부 3장은 증언의 탈진실화를 위한 가짜 주장들을 대안진실, 거짓진실로 보완하는 테크놀로지를 다룬다. 첫 네 편의 글은 김대오가 자신이 본 적이 없다는 이유로 장자연 리스트를 본 적이 있는 윤지오(와 유장호, 그리고 유가족들)의 말을 거짓말로 몰아세우는 궤변의 쿠데타를 다룬다. 지금까지의 과정을 보면 김대오는 이 궤변의 쿠데타를 절반은 성공시킨 셈이다. 이로써 그는 장자연 리스트와 관련해 진실의 자리를 찬탈하고 "장자연 리스트는 없었다"가 절대진실이라고 참칭하고 있는 대안진실=가짜진실의 주창자이다. 이 절반은 성공한 쿠데타를 통해 그는 무엇보다 『조선일보』를 장자연과 상관없는 언론으로 면죄하고 기획사 사장인 김종승에게 가해 책임을 떠넘긴 후 진실을 이야기하는 윤지오를 사기 증언을 통해 출세하려 한 인물로 격하시키는 역할, 즉 가해권력의 대리인 역할을 수행한다.

「박훈이 장자연 리스트를 없애는 놀라운 방법」은 거짓진실과 궤변의 쿠데타에서 박훈과 김대오의 공모관계를 다룬다. 김대오의 대안진실 쿠데타는 박훈이 호위무사의 역할을 해주지 않았다면 결코 그 반절의 성공을 거둘 수 없었을 것임이 분명하다. 거짓진실의 승리를 위한 이 공모관계 때문에 박훈은 김대오의 거짓말을 그대로 이어받아 "장자연 리스트는 없었다"는 문장紋章을 새기고 윤지오를 향해 "이 사기꾼!"이라 소리치며 칼을 휘두르는 행동을 주저하지 않는다. 이런 관점 위에서 「박훈이 장자연 리스트를 없애는 놀라운 방법」은 윤지오의 증언 의혹을 잘라 풀겠다며 휘두르는 그의 칼이 왜 가짜 칼인지, 아울러 알렉산드로스를 흉내 내는 그가 실제로는 왜 돈키호테인지를 분석한다.

진실에 대항하는 대안진실 쿠데타가 반절은 성공한 것처럼 보이지만, 상식은 그 쿠데타의 성공을 믿지 않는다. 즉 절반은 실패한 것이다. 지난 10년 장자연 사건 수사가 가해권력을 은폐하는 진실 은폐의 과정이 되도록 한 데 한몫을 한 검찰이 촛불과 미투 봉기의 압력으로 자기검열의 시간을 강요당했지만 "중이 제 머리 못 깎는다"는 속담처럼 검찰 과거사위원회가 검찰의 과오와 비리를 밝혀내리라는 기대 자체가 난망한 것이었다. 과거사위원회는 생리적으로 "장자연 리스트는 없었다"고 말하고 싶었으리라는 의미이다. 하지만, 그렇게 말하지 못하고 스스로의 무능을 토로하는 듯한 눌변의 어조로 "리스트의 존재를 규명할 수 없었다"는 궁색한 변명을 하기에 이르렀던 것은 왜일까? 리스트가 있었다는, 윤지오를 비롯한 복수의 사람들의 명확한 증언이 있고 "수사기록에 편철된 문건 외에 피해사실과 관련하여 작성된 것으로 보이는 '명단'이 기재된 문건, 즉 '리스트'가 있었을 것"이라는 대검 과거사진상조사단의 의견이 있었기 때문이다. 이것은 김대오와 박훈이 공모한 궤변의 쿠데타에도 불구하고 장자연 리스트는 영원히 지워질 수 없는 것으로 남아 있음을 의미한다. 이 때문에 과거사위원회와 조사위원들 일부는 리스트의 존재 자체가 아니라 리스트에 적혀 있었던 문구 중 중요한 구절을 삭제하려는 시도에 나설 수밖에 없었는데,「장자연 리스트를 없애는 것이 실패한 후 나타난 가해권력의 새로운 시도」에서는 이에 대해 다룬다. 여기서 삭제 대상으로 되는 두 가지 핵심 문구는 "성상납을 강요받았습니다"라는 문구와 "구준표와 이름이 같은 국회의원"의 이름이다.

'메신저가 아니라 메시지를 보자'가 공통장의 윤리라면 '메시지를 깔 수 없을 때는 메신저를 까라'가 까판의 문법이다. 2부에서는 이 후자의 문법이 어떻게 작동하는지를 분석한다.

2부 4장에서는 까판이 증언자 윤지오를 도덕적으로 타락한 여성으로 규정하고 돌팔매질을 하는 양상을 그린다.

「유튜브, 인스타그램 영상 클립 속의 어떤 '호모 사케르'와 법 위의 가해권력들에 대한 단상」은 동영상 클립 속의 어떤 인물의 몸짓을 보여 주고 그것을 누구나 죽여도 좋을 호모 사케르의 몸짓이라고 폭력적으로 규정한 후 바로 그 인물이 윤지오이므로 윤지오는 증언자의 자격은 물론이고 인간으로서의 자격조차 없다고 까내리는 까판 문법의 속살을 보여 준다. 이 문법 속에서 까판은 부당하게도 자신을 누가 증언자일 수 있는지, 또 누가 인간일 수 있는지를 심판하는 권능으로 내세운다. 여기에서 멈추지 않고 까판은, 「벗방과 검은 옷에 대한 성찰」에서 서술하듯이, 아무런 죄의식이나 윤리의식이 없이 타자를 짓밟기를 주저하지 않는데, 이 범죄적 행동을 위해 이용되는 것이 여성은 얌전해야 한다는 식의 낡은 성적 보수주의의 도덕관념이다. 이러한 사실을 보여줌으로써 이 세 편의 글은 까판과 가부장제가 어떻게 동맹관계에 있는지를 보여준다. 「파생을 표절로 둔갑시키기」는 윤지오의 작품 〈진실의 눈〉을 둘러싼 논란을 다룬다. 까판의 여러 계정과 신문, 방송이 윤지오의 이 작품을 표절이라고 주장하면서 윤지오의 예정된 전시를 방해하여 출품을 못 하게 하는 행동까지 자행한 것은 널리 알려져 있다. 하지만 정작 호랑이 그림의 원작자 피터 피니는 그러한 생각과 행동은 파생예술과 표절을 구분하지 못하는 관점에서 나오는 오판이라고 지적했다. 이런 점에 주목하면서 이 글은 윤지오를 표절자로 몰고자 했던 까판의 집단 욕망의 과잉과 맹목성을 비판한다.

2부 5장은 증언을 가능케 했고 또 증언자가 속해 있던 공통장 연결망으로부터 증언자를 격리하고 고립시키는 까판의 권력

테크놀로지를 살핀다.

「마녀사냥의 암구호들」에서는 "고인을 이용하지 말라"는 구호로 윤지오를 동료배우 장자연으로부터 분리시키고, "가족을 욕되게 하지 말라"는 구호로 윤지오를 장자연의 유가족이나 자신의 가족 구성원으로부터 분리시키는 낡은 가부장주의적 가족주의 관념이 가해자를 보호하는 까판의 무기로 사용되고 있는 것에 대해 비판한다. 이어지는 글 「장자연을 매장하는 정치적 '불도저' 소리」는 까판과 보수 정치세력과의 공명 관계를 드러낸다. 그 뒤의 두 편의 글은 까판의 가짜진실이 먹혀들 수 있는 포스트모던 환경을 다룬다. 이 환경에서 언론은 더는 사실이나 진실을 다루는 기관이 아니다. 포스트모던 환경하의 언론은 사실이나 진실을 다룬다는 오래된 환상을 이용하여 기사 내용을 필요로 하는 소비자들, 즉 진실 시장truth market의 고객들에게 진실이라는 상표를 붙여 기사를 파는 기사 출고 거래의 기관으로 나타난다. 이 거래는 진실이라는 상표를 이용하고 있지만, 실제로 그 기사의 내용이 진실한가 그렇지 않은가는 거래의 관심 대상이 아니다. 진실 없는 기사, 방송, 포스팅이 팥 없는 팥빵처럼 유통되는 것이다. 이런 관점에서 「숫맨, 가해권력, 그리고 포스트모던 사칭술」과 그 보론인 「포스트모던 사칭술에 대해」는 까판의 언론과 계정들이 이 포스트모던 반진실의 환경을 이용하여 윤지오가 사기꾼일 필요가 있는 고객들, 즉 가해권력 무리들에게 윤지오가 사기꾼이라는 조작된 사칭의 기사·방송·포스팅을 열심히 판매하고 있다는 것, 그리고 이 반진실의 담론 소음이 요란하면 할수록 그것이 오히려 윤지오가 사기꾼이 아님을 더 확실하게 보여주는 근거일 수 있다는 역설을 이끌어낸다.

2부 6장에 실린 세 편의 글은 『증언혐오』에서 공통장의 동력으로 파악한 증여와 그 증여의 공통장을 까판이 어떻게 깨뜨리고 해체하는가를 분석한다. 「윤지오에게 정부가 경비 '특혜'를 제공했다는 오래된 유행가」는 증인을 불러와 증언하도록 한 국가가 증인을 보호해야 할 의무를 다하지 않고 있는 상황에서 시민·네티즌·인권변호사 등이 나서서 의무를 다하도록 촉구하고 등을 떠밀어 국가가 마지못해 수행한 최소한의 보호조치를 경비 특혜라고 비판하는 까판의 음울한 노래에 대해 다루면서, 이 노래가 광주 민주 유공자나 세월호 피해자 가족을 특혜받은 괴물집단으로 몰았던 도착적 일베형 가요의 반복이자 변주임을 밝힌다. 「증여혐오」는, 경호비로 쓰라며 시민들이 윤지오에게 준 후원금을 기망에 의한 사기라고 주장한 김수민이 이수역 사건에서도 변호사비를 구하기 위한 여성들의 후원금 모금을 사기로 몰았음을 회상하면서 김수민에게 내재한 증여에 대한 저 깊은 혐오의 정체가 무엇인지를 살핀다. 이 증여혐오가 어떻게 고리대금업의 기조基調 감정으로 자리 잡는가를 보여주는 글이 「최나리 변호사의 '증여의 의사표시 취소로 인한 부당이득 반환청구소송'에 대한 비판」이다. 『조선일보』가 후원하는 상을 받은 법률사무소 로앤어스 소속의 최나리 변호사는 윤지오에게 후원한 바 있는 사람들 439명을 모아 소송으로 후원 의사를 철회하고 후원원금과 손해배상금, 그리고 연리 12%의 고율

지연이자, 그리고 승소 시 변호비를 윤지오에게 청구하는 고리대 소송을 제기했다. 이 소송을 비판하는 이 글은, 이 소송이 증여·후원·선물은 결국 고리대를 뜯어내기 위해 증여자들이 수증자를 기망하는 미끼이며 수증자는 덫에 걸린 채무자와 다르지 않음을 소송 사례를 통해 대중에게 각인시킴으로써 증여 문화와 증여 공통장을 철저하게 깨뜨리는 까판스러운 변론 실천임을 드러낸다. 이런 의미에서 이 세 편의 글은 배신을 윤리이자 정의로 내세우는 까판의 도착증에 대한 분석이기도 하다.

2부 7장은 증언자 윤지오를 권력의 꼭두각시로 간주하는 음모론적 인형 조종론을 다룬다. 실제로 이 시각은 『조선일보』, 자유한국당 등이 내밀하게 공유하고 있는 시각으로 이들은 처음부터 일관되게 '윤지오를 까는 것을 통해 문재인 정권을 깐다'는 성동격서聲東擊西의 전술을 구사했다. 이들이 같은 경험을 공유한 서지현·노승일·윤지오 등이 안민석과 함께 만났던 모임을 '공익제보자 모임'이라 불러 어떤 정치적 실체가 있는 것처럼 과장한 후, 이것이 바로 문재인 정권이 윤지오와 같은 공익제보자들을 정치적으로 조종하는 매개기관이었던 것처럼 만들어 가고 있는 것은 이 때문이다. 이런 시각 속에서 윤지오는 고 장지연의 죽음과 문건/리스트에 대해 증언하는 자율적 증언자가 아니라 권력의 꼭두각시로 그려진다. 다중을 권력의 인형으로 보는[4] 이 음모론적 인형 조종론은 앞서 말한 서민 교수의 기본 관점일 뿐만 아니라 박준영 변호사도 공유하고 있는 관점이다. 이런 관점이 바로 다중의 자율성을 약화하고 말소시키는 시각폭력이라고 보는 문제의식 위에서, 증언자(메신저)에 대한 검증 필요를 제기한 박준영의 글 「공범」을 거꾸로 검증해 본 것이 「박준영 변호사의 글 「공범」을 검증한다」이다. 「『조선일보』가 고삐를 쥐다」는 『조선일보』로부터 '공익제보자 모임'의 주모자로 적시된 후 까판의 주요 표적으로 떠올랐던 국회의원 안민석이 그 공격에 맞서기보다 윤지오로부터 비스듬히 등을 돌려 버리는 배반의 과정에 대한 소회를 다룬다.

2부 8장은 미디어와 법조계 까판의 풍경에 대한 묘사와 논리에 대한 비판을 담고 있다. SBS와 TV조선은 마치 시리즈물을 제작하듯이 연합하여 분업적으로 증언자 윤지오에 대한 비판 프로그램을 내보냈다. 이들 미디어를 다룬 이 장의 세 편의 글은 SBS의 〈궁금한 이야기 Y〉와 TV조선의 〈탐사보도 세븐 '누가 윤지오에 놀아났나'〉의 연출전략과 전술에 대해 살펴본다. 이 글들은 〈궁금한 이야기 Y〉가 검증되지 않은 일방적 주장들과 미시적 편견들로 사람들의 호기심을 자극하고 증언자를 무너뜨리는 데에서 시청자가 대리만족을 느끼게 하는 까판적 구성으로 시청률을 높이는 데 주안점을 두고 있음에 반해, TV조선의 〈탐사보도 세븐 '누가 윤지오에 놀아났나'〉도 방법과 기술은 비슷하지만, 윤지오 비판을 매개로 문재인 정권을 까내리는 데 초점을 맞추고 있음을 보여 준다. 이것은 미디어가 진실에 대한 무관심을 바탕으로, 시청자들을 흥미에 끌리는 감각적 존재

---

4. 사실은 정반대이다. 권력은 다중의 심부름꾼이며 다중의 섭정기관이다.

로 만들거나 방송사의 정치적 이해관심을 시청자들의 뇌리에 심어 넣는 밈meme 기계로서 자신의 스펙터클 편집 기술을 사용한다는 것을 의미한다. 가해권력에 대한 무관심 혹은 동조는 이러한 작업의 효과이다. 이렇게 미디어는 시청자에게 가해자 중심의 감각과 환상을 보여 주는 총체극을 연일 상연하는데 법원조차도 이제 그러한 포스트모던 극장의 일환으로 편입되고 있음을 보여주는 것이 「가해권력과 가해자중심주의의 논리 : 조○천 강제추행 사건에 대한 오덕식 판사의 판결에 대해」이다.

감사의 말

『증언혐오』와 마찬가지로 『까판의 문법』도 많은 분들의 제보, 댓글, 메일 피드백 등에 힘입어 풍부해질 수 있었다. 진실찾기에 연대하는 이들 진실연대자 님들께 감사드린다.5 공통장과 까판의 공통점, 차이, 그리고 관계에 대한 사유는 2019년 12월 28일 〈다중지성의 정원〉에서 열렸던 송년 모임 '대나무숲이 증언해 ─ 우리 모두가 장자연, 윤지오의 증언자들이다'를 위한 주제강의('까판을 넘어 공통장으로')를 준비하고 또 토론하는 과정에서 좀더 체계적으로 발전시킬 수 있었다. 이 자리에 함께하여 지혜를 모아주었던 모든 분께 감사드린다. 출간에 앞서 원고를 꼼꼼히 읽고 맞춤법에서 논리 전개, 책의 구성, 제목에 이르

---

5. 탈진실 시대의 진실연대자들의 자율적 모임은 truthcommoners.net 참조.

기까지 다양한 수정 제안을 주신 문희정·배사은·손보미·양라윤·이성혁·최송현 님께 감사드린다. 동시에 두 권을 내야 하는 어려움에도 불구하고 기꺼운 마음으로 편집, 출판, 홍보의 작업을 맡은 갈무리 출판사 신은주·김정연·조문영·김하은 활동가님과 제작처 및 배본처의 노동자 여러분께 감사드린다.

2020년 2월 20일

1장
증언의 일관성을 흐트러뜨려라

재심 변호사 박준영의 절차주의적 '정의'관은 누구를 이롭게 하는가?

영화 〈재심〉 덕분에 박준영 변호사는 재심 전문변호사라는 명성과 정의로운 변호사라는 이미지를 갖게 되었다. 박훈, 김대오, 김수민으로 이어지는 윤지오 검증 몰이가 힘을 얻게 된 것이 박준영으로 인한 것이라고 말하기는 어렵다. 하지만 그가 그 검증 몰이의 과정에 법률적·도덕적 정당성을 불어넣어 준 한 축으로 작용한 것만은 분명하다. 이 사실은 그의 페이스북에 뚜렷이 기록되어 있다.

과거사진상조사단의 김학의 사건 조사단원으로 참여하기도 했던 박준영이 조사단 활동을 끝마친 것은 2019년 3월 8일인데 그가 자신의 조사 건이 아닌 장자연 사건에 대해 처음 페이스북에 포스팅한 것은 공교롭게도 변호사 박훈이 이상호-윤지오를 적대시하는 포스팅을 올린 바로 다음 날인 3월 29일이다. 그 포스팅에는 이후 그가 장자연 사건 재조사를 바라보는 기본 시각이 모두 나타나 있다.

때론 세간의 의혹과 기록으로 확인되는 사실의 괴리도 확인했다. 이걸 알거나 알 수 있는 위치에 있으면서 의혹을 키우고 활용하는 '염치없는 자기 목적성'도 보게 된다. 그 끝이 어디일지 가늠할 수 없어 답답하지만, 사필귀정임을 믿는다. 여성의 몸과 성이 여러 형태로 이용되고 착취당하는 현실. 한국 사회에서 뿌리 뽑아야 할 적폐다. 이런 문제를 사건을 통해 공론화하고 해결하는 것은 큰 의미가 있다고 생각한다. 대통령의 철저한 수사 지시도 이런 생각을 담은 것이라고 본다. 그런데 대통령이 '사건에 담긴 여러 이해관계와 문제점'을 충분히 알고 계셨다면 그 지시를 함에 있어 신중하지 않았을까 생각도 해본다. 대통령이 김의겸 대변인의 이런 투자를 알았다면, 대변인 선임과정에서 좀 더 신중한 판단을 했을 것이다. 윤중천과 김학의의 잘못, 장자연 사건의 가해자들을 두둔할 생각은 전혀 없다. 반드시 정의롭게 해결되었으면 한다. 단, 사건 속 여러 이해관계를 냉철히 살펴보고 정의로운 해결의 '절차와 방식'을 고민했으면 한다. 어렵지만 목소리를 내는 것이 길게 보면 신뢰를 얻는 길임을 믿는다. 믿고 의지할 곳 없다는 서민들의 절망을 가장 우선시했으면 한다.[1]

그는 성폭력 체제가 한국 사회의 적폐로 실재한다는 것을 인정한다. 그리고 그것이 공론화되고 해결되는 것이 의미 있음

---

1. 박준영, 「믿을만한 곳이 있어야 살 수 있다」, 〈페이스북〉, 2019년 3월 29일 수정, 2020년 2월 13일 접속, http://bit.ly/32f8CIM.

에 대해 인정한다. 자신은 가해자를 두둔할 생각이 없다고도 말한다. 이렇게 성폭력 체제의 실재와 그 해결의 의미를 인정하는 립서비스를 한 후 그는 곧장 이 문제의 해결에서 내용적(실질적) 정의보다 그 문제 해결의 절차와 방식의 정의, 즉 형식적(절차적) 정의 쪽으로 관심을 돌린다. 이 논리 전개는 정의는 절차에 있지 실질에 있는 것이 아님을 주장하는 것이거나 적어도 절차적·형식적 정의가 충족되지 않을 때는 내용적·실질적 정의는 달성될 수 없다고 주장하는 것이다. 그래서 그는 절차적 정의가 재조사에서 충족되고 있는가 없는가를 반복적으로 강조한다. 나는 이것이 실질로부터 절차를 분리한 후 절차를 우위에 놓는 형식주의적–절차주의적 사고법의 표현이라고 규정한다.

하지만 그의 생각을 조금 더 들어보자. 그가 이렇게 생각하게 되는 것은 자신의 조사단 경험과 연관되어 있다. 그 경험은 세간의 의혹과, 기록으로 확인되는 사실 사이의 괴리를 알거나 알 수 있는 위치에 있는 사람들이 의혹을 키우려고 하는 염치없는 자기 목적성을 자기가 보았다는 말로 압축될 수 있다. 누군가가 고의로 사실과 괴리되도록 의혹을 부풀리는 것을 보았다는 것이다. 아래 인용은 이 경험에 대한 좀 더 상세한 설명을 제공한다.

과거사 사건을 조사하면서 그리고 조사를 지켜보면서 사건 속 다양한 이해관계를 봤다. 이익이 되는 사실을 부각하려 애를 쓰고 반면에 모순을 애써 외면하거나 침묵하는 모습도 봤다.

이런 모습은 사건 관계자, 언론, 공권력, 사건 속 연대 세력, 정치권 모두에게 공통되는 문제였다. 부끄럽지만, 관여하고 있는 재심사건 3건이 조사대상인 나도 이 문제에서 자유로울 수 없다. 인간은 자기 목적적 존재라 하지 않았던가. 그 목적성이 치열하게 대립하는 건 어찌 보면 너무나 당연하지만, 염치가 없을 때는 문제가 심각해진다.[2]

재조사 사건에서 사건 관계자, 언론, 공권력, 사건 속 연대 세력, 정치권, 그리고 자기 자신도 그 사건을 두고 이해관계 투쟁을 하게 되는데, 이것이 당연한 것이라고 할 수 있지만, "염치"가 없을 때는 문제라는 것이다. 이러한 생각은 얼핏 보면 진솔한 것으로 보이지만 실질적 정의를 형식적 정의로 환원한 것과 연결되는 중요한 문제점을 갖고 있다. 하나의 사건 속에 여러 세력의 전략(이것이 "자기 목적성"의 의미이다. 이 전략들은 음모라고 표현되어도 무방할 것이다)이 교차하고 그것들 사이에 투쟁이 벌어진다는 생각은 옳다. 하지만 그 투쟁을 다양한 이해관계들의 투쟁으로 이해할 때 그 투쟁의 내용과 성격을 이해하는 데서 중대한 왜곡이 발생한다. 이것은 투쟁 당사자들 사이의 절대적 대칭과 등질성을 부당하게 가정하는 것이기 때문이다.

장자연이 죽기 전에 작성한 문건과 리스트를 성폭력 체제에 대항하는 절규로서 이해할 때, 가해자와 피해자, 가해의 진실을

---

2. 같은 글.

밝히려는 자와 그것을 은폐하려는 자 사이의 투쟁은 결코 대칭적이거나 등질적인 것이 아니다. 그것은 이해관계 투쟁으로 결코 환원할 수 없는 고유한 정치적 질과 방향을 갖는다. 박준영은 이 정치적 질을 무시함으로써 다양한 관계 당사자들 사이의 투쟁을 이해관계 투쟁으로 환원하며 이러한 틀 속에서 "문제는 염치다"라며 초점을 성폭력에서 염치로 전환한다. 염치는 지나치지 않도록 행동하는 데 필요한 체면 감정이며 그것은 경쟁의 관계에 있는 권력자들 사이 혹은 자본가들 사이, 혹은 노동자들 사이의 이해관계들을 적당하게 조정하는 데 필요한 덕목이다. 하지만 성차별 인종차별 계급차별 등 적대의 관계는 이해관계의 양적 차이가 아니며 그 관계 자체의 해체 없이는 해결 불가능한 비조정적 관계이다.

박준영이 이 "지나치지 않음"을 자신의 조사윤리로 삼는 것은 앞에서 실질보다 절차를 우위에 놓는 정의관과 마찬가지로 적대관계까지 경쟁 관계로 환원하고 경쟁 관계를 우위에 놓는 관점과 상통한다. 이런 식으로 그는 모든 사건 속에서 다양한 그러나 등질적인 이해관계들이 경합하고 있다고 보기 때문에 (즉 그 투쟁의 질, 목적의 이질성을 이해하려 하지 않기 때문에) 그 이해관계들 사이의 양적·분배적 적당함(염치 있음)을 추구하고 그 분배적 적당함은 절차적 정의에 의해 보장될 수 있다고 보게 되는 것이다.

이런 조사윤리와 정의관에 따라 그는 3월 18일 문재인 대통령이 "공소시효가 끝난 일은 그대로 사실 여부를 가리고, 공소시효가 남은 범죄행위가 있다면 반드시 엄정한 사법처리를 해주기 바란다"[3]고 지시한 것을, 사건에 담긴 여러 이해관계와 문제점을 알지 못한 상태에서 부적절하게 내린 지시로 규정한다. 그런데 위의 지시는 검찰 과거사위원회의 설치 목적을 다시 한번 상기시킨 것에 불과한 것이지 않은가? 그런데 박준영은 이 지시가 절차적 정의를 어기고 조사를 염치없도록, 다시 말해 이해관계 세력들 사이의 관계가 불평등하도록 만드는 어떤 계기를 제공한 것으로 판단하고 있다. 즉 그것이 특정 세력에게 부당하게 힘을 실어주어 의혹이 사실과 더 괴리되도록 만드는 계기로 되었다는 것이다.

그로부터 약 열흘 뒤인 2019년 4월 9일 박준영은 4월 8일 『노컷뉴스』 기사, 「윤지오 "『뉴시스』 기자님 오셨나요?"…법적 대응 예고」(김형준·김광일 기자)를 올리면서 「이건 아닌 것 같아요」라는 제목하에 한 줄로 "윤지오 씨를 비판하면 '악'인 건가요? 우리 좀 더 냉정 합시다"라면서, 의문문과 청유문 속에 꽤 단호한 비판과 청유형 명령을 표현한다. 그런데 그의 이러한 반응은 무엇에 대한 것일까? 이 기사는 『뉴시스』 최지윤의 취재 수첩에 법적으로 대응하겠다는 윤지오의 반응에 대한 보도 외에 민주당 안민석, 바른미래당 김수민, 민주평화당 최경환, 정의당 추혜선 등이 '윤지오와 함께 하는 의원모임'을 만들어

---

3. 청원인 twitter - ***, 「故장자연씨의 수사 기간 연장 및 재수사를 청원합니다.」, 2019년 3월 12일 수정, 2020년 2월 18일 접속, 〈대한민국 청와대 국민청원 — 답변된 청원〉, https://www1.president.go.kr/petitions/559071.

윤지오를 지원하기로 했다는 내용을 담고 있다. 여기서 박준영이 『뉴시스』 4월 7일 자 기사를 (읽어보았는지 않았는지는 알 수 없지만) 윤지오에 대한 "비판"으로 본다는 것은 분명하다. 나는 그 기사의 내용을 「『뉴시스』와 김수민」에서 다음과 같이 요약한 바 있다.[4]

(1) 윤지오는 장자연과 친하지 않았다.
(2) 윤지오는 고비용의 과도한 경찰 보호를 받으며 생활 중이다.
(3) 윤지오는 옛날부터 유명해지는 것이 꿈이었는데 이제 장자연을 이용하여 팔로워 76만 명이 넘는 SNS 스타가 됐다.
(4) 윤지오는 장자연을 이용하여 후원계좌를 열어 돈을 벌고 있다.
(5) 윤지오는 거짓 증언을 했으며 그의 진술은 신빙성이 없다.

이것이 과연 윤지오에 대한 "비판"으로 해석될 수 있는 것일까? 이것은 사실근거에 의해 확인되지 않은 정보들을 윤지오 마녀화의 프레임 속에서 버무린 것으로 언론을 빙자한 인신공격에 다름 아닌 것으로 읽힌다. 나는 이 보도가 이후 수많은 사람에 의해 사용될 윤지오 마녀사냥의 기본 프레임을 제공한 것으로 본다. 윤지오는 『뉴시스』 기자를 (박준영의 해석과는 달리) 악으로 묘사한 것이 아니라 잘못된 기사이므로 정정 보도

---

4. 이 책 2장 112쪽 「『뉴시스』와 김수민」을 참조.

를 하라고 요청한 것이다. 이 기사는 결국 『뉴시스』가 자체 판단에 따라 삭제했다. 이것은 이 기사가 윤지오에 대한 온당한 비판이 아니라 부당하고 불법적인 것이어서 기사 가치를 갖지 않는다는 것을 『뉴시스』 스스로 인정한 것이라고 보아야 할 것이다. 이러한 상황 전개는 타인들(아마도 그 자리에 참석한 국회의원들이 주요 대상일 것이다)에게 냉정을 요구하는 박준영 자신이 실제로는 냉정을 잃고 있음을 보여주는 한 사례라고 생각한다. 그의 용어로 표현하면 그것은 그의 자기 목적성이 과도하여 염치를 잃고 자기 이해관계를 내세운 경우라고 표현할 수 있을 것이다. 그리고 나의 용어로 보면 그것은 『뉴시스』가 행한 성차별적인 인격권 침해와 인격 모독이라는 『뉴시스』 보도행위의 고유한 질質(그것은 성폭력 체제의 재생산이다)을 그가 인지할 능력(혹은 의사)이 없다는 것을 보여주는 것이다.

2019년 4월 16일 박준영은 「검증」이라는 제목하에 "객관적이고 공정한 사실에 근거"[5]할 것을 주문한다. 하지만 일견 타당해 보이는 그의 이 주장은 이미 빛을 잃고 있다. 윤지오 진술의 신빙성에 대한 검증 요구가 설득력이 있으려면 그가 『뉴시스』 보도의 진실성에 대한 검증도 동시에 요구했어야 한다. 그는 윤지오 진술에 대한 검증이 더 "엄격하게" 필요하다고 주장하는 이유를 그것이 "사회에 미치는 영향이 너무 크기 때문"이라

---

5. 박준영, 「검증」, 〈페이스북〉, 2019년 4월 16일 수정, 2020년 2월 23일 접속, http://bit.ly/3c0IOVh.

고 주장한다. 이것이 과연 『뉴시스』 보도의 진실성에 대한 검증을 그가 외면한 것에 대한 변명이 될 수 있는가? 『뉴시스』의 보도는 윤지오라는 힘없는 여성을 폄하한 것이므로 사회에 미치는 영향이 적다는 것인가? 2019년 4월 초의 시점은 윤지오의 진술을 둘러싸고 격렬한 사회적 투쟁이 전개되는 시기로 그의 진술의 신빙성을 주장하는 세력과 그것을 부인하는 세력 사이에 화해 불가능할 정도의 대립이 전개된 시점이다. 『뉴시스』 기사는 후자를 대표하고 선도하고 있었다. 그러므로 이러한 상황은 박준영이 (자신이 의식했든 못했든 간에) 『뉴시스』를 옹호하면서 그것을 검증대상에서 제외하고 윤지오를 검증대에 올리려는 "자기 목적성"(음모) 속에서 움직이고 있었다고 보는 것이 "객관적이고 공정한 사실에 근거"한 주장일 것이다.

하지만 그의 주장의 정체를 알기 위해 그의 이야기를 조금 더 따라가 보자. 그는 윤지오의 진술에 대한 검증이 필요한데, 그 검증이 이루어지고 있지 않다는 점을 개탄한다. 그는 "이 검증은 도대체 누가 하고 있나요. 이런 분위기에서는 할 수 있는 검증 그리고 검증의 결과 발표도 한계가 있는 겁니다"라고 쓴다. 당연히 주권자 국민들은 검찰 과거사위원회와 과거사진상조사단에 진술들에 대한 조사와 검증의 임무를 맡겼다. 그러므로 그 단위에서 증거와 증언에 대한 검증이 이루어져야 하고 그 최종 결과가 국민에게 보고되어야 한다. 그 보고가 국민을 만족시킬 수 없을 때 국민은 다시 조사를 명할 권리가 있다. 그런데 박준영은 조사팀을 나온 후 검찰 과거사위원회와 과거사진상조사단 내부에서 진술들에 대한 검증이 이루어지지 않고 있다는 일종의 내부고발을 페이스북을 통해 쏟아내고 있다.

> 형제복지원 사건, 피디수첩 사건, KBS 정연주 사장 사건 조사를 마친 후 재배당된 김학의 사건 조사를 맡아 사건기록을 봤습니다. 조사팀을 나올 때까지 기록을 꼼꼼히 보지 못한 게 아쉽습니다. 제 게으름을 탓하고 있습니다.
> 하지만, 사건의 실체에 대중이나 언론보다 조금 더 가까이 다가갔습니다. 그리고 장자연 사건 등 다른 사건을 조사하는 단원들과도 고민과 고충을 나누면서 주워들은 얘기가 있습니다. 이걸 풍문이라 할 수는 없습니다.[6]

그런데 이 내부고발의 정보 출처는, 장자연 사건의 경우에는, "사건을 조사하는 단원들과도 고민과 고충을 나누면서 주워들은 얘기" 정도이다. 박준영은 자신의 개인적 조사체험의 가치에 대해 과잉평가를 하면서 "사건의 실체에 대중이나 언론보다 조금 더 가까이 다가갔"다고 말한다. 이것은 이 사건을 수년 동안 지켜보고 연구해온 사람들을 고려한다면 권위주의적이고 오만한 태도라 하지 않을 수 없다. 주권자인 국민 "대중"은 그에게 조사를 잘해서 진실을 알려 달라고 명령한 것이지 그 조사경험을 근거로 "사건 실체에 국민 대중보다 더 가까이 다가갔다"

---

6. 같은 글.

는 식의 오만을 부리는 데 사용하도록 허락한 바가 없다.

실제로 조사원들이 세부 정보에서는 한 사람 한 사람의 국민보다 더 많이 알게 될 수는 있다. 하지만 그것이 사건의 실체에 그 조사원이 국민 대중보다 더 가까이 다가간다는 것을 의미하는 것은 아니다. 자료 더미에 파묻혀서도 사건의 실체를 전혀 이해하지 못하는 조사관들은 비일비재하다. 특히 장자연 사건처럼 남성 가해자들에 의한 성폭력이 쟁점인 사건에서 남성 조사원이 자기를 버리는 혁명(여성되기 혁명) 없이 국민 대중보다 그 사건의 실체에 더 가까이 다가갔다고 믿는 것 자체가 오만이요 환상이다. 게다가 박준영이 입수한 정보는 다른 조사원들로부터 "주워들은" 이야기인데 그것으로 내부고발을 해도 무방할 정도로 과거사진상조사단이 형편없는 조직인가? 박준영이 자신이 "주워들은 이야기"가 "풍문"이 아니라고 주장할 수 있으려면 그것이 조사원의 신분이나 지위 따위의 권위징표에 의해 뒷받침되어서는 안 된다. 그것은 반드시 "객관적이고 공정한 사실"과 "실체적 진실"에 의해 뒷받침되어야 한다. 과연 박준영은 자신이 "주워들은 이야기"가 "객관적이고 공정한 사실"과 "실체적 진실"에 의해 뒷받침되는지 "검증"을 거쳤을까? 자기 생각에 대한 "검증"은 뒤로 한 채, 박준영은 이렇게 계속 말한다.

윤지오 씨가, 장자연 씨가 술이 아닌 다른 약물에 취한 채 강요를 당했을 가능성을 제기한 것으로 아는데, 이 진술이 언제 비로소 나왔는지 그리고 어떤 경위로 나왔는지, 이 진술을 뒷받침할 정황이 존재하는지를 따지지 않고 특수강간죄를 논하고 공소시효 연장 등 특례조항 신설을 이야기하는 건 나가도 너무 나간 주장입니다.[7]

이 진술을 뒷받침할 정황은 과거사진상조사단 활동 전인 10년 전 사건 조서에서 이미 명백히 나타난다.[8] 장자연 소속사였던 더콘텐츠의 대표 김종승은 장자연 사망 당시 성추행과 마약 복용 혐의로 일본 도주 중이었다. 무엇보다도 당시 장자연의 지인 언니인 이 모 씨의 진술 중에는 김종승이 "약 니 동생이랑 같이 했다"는 내용의 문자를 보내온 사실이 기록되어 있다.

문: 그 당시에 장자연과 김○○이 통화한 내용, 진술인이 김○○에게 문자 메시지를 보내게 된 경위에 대해서 자세히 진술해 보겠는가요.

답: 그날 제가 박○○하고 전화 통화를 한 후에 저하고 장자연은 점심을 먹기 위해서 장자연의 BMW 차량을 타고 나가는데 김○○이 장자연에게 전화를 걸어와서 "내가 언제 약을 했어 씨발년아" 하는 등 욕만 하는 것을 제가 옆에서 듣고 있다가 장자연의 전화기는 녹음기능이 없기 때문에 일단 끊으라고 하였습니다. 그런 후에 제가 다시 장자연에게 녹음기능이 있는 제

7. 같은 글.
8. 이진희 외, 「장자연 사건 진술조서 전문공개: 누가 그녀를 죽였나」, 『한국일보』, 2018년 7월 6일 수정, 2020년 2월 13일 접속, http://bit.ly/37OV1cp.

전화기로 주면서 김○○에게 전화를 걸라고 하였는데 김○○
이 전화를 받지 않았습니다. 그러다가 바로 김종승이 저의 핸
드폰(***)으로 전화를 걸어와 장자연이 여보세요 하자마자, 김
○○이 바로 욕을 하기 시작하더니 바로 끊어버렸는데 김○○
이 욕설한 내용은 녹음을 하였습니다. 그리고 나서 저하고 장
자연은 점심을 먹고 저희 집으로 돌아왔는데 김○○으로부터
'약 니동생이랑 같이 했다'는 내용으로 문자가 왔습니다. 그래
서 제가 장자연에게 김○○으로부터 이런 내용이 왔는데 너 떳
떳하냐고 하니까 장자연은 자기 부모를 걸고 떳떳하다고 하여
제가 김○○에게 문자를 보내도 되겠느냐고 하니까 장자연이
보내라고 하여 '누가 되었건 간에 죄를 지었으면 죗값을 치러야
지요, 저는 이 문자를 받고 경찰서로 갑니다'라는 내용으로 김
○○에게 문자 메시지를 보냈습니다.

여기서 장자연이 "떳떳함"을 주장하고 있으므로 윤지오의
진술을 "객관적 사실"이라고 단정할 수는 없다. 하지만 버닝썬
사건에서 드러나듯이 여성 피해자들의 상당수가 자신이 마신
음료에 (남성 가해자들이 몰래 탄) 마약이 들어있었다는 사실
을 모르는 것을 고려하면 이 진술이 객관적 사실일 정황은 실재
한다고 보아야 할 것이다. 게다가 장자연이 약물에 취해 성폭행
을 당했을 가능성은 윤지오 외의 다른 진술자들의 교차 증언에
의해서도 뒷받침된다. 다음은 KBS 〈김경래의 최강시사〉에서
과거사진상조사단 총괄팀장 김영희의 발언이다.

김경래 : 그런데 그런 평가들도 있어요. 과거사 진상위원회에서 낸 자료에서도 나오는데 윤지오 씨의 진술이지 않습니까, 구체적으로는? 특수강간 의혹과 관련해서는. 그 부분의 진술의 신빙성이 떨어진다는 생각을 갖고 있는 사람들도 있는 것 같습니다. 여기에 대해서는 어떻게 생각하시나요?

김영희 : 윤지오 씨 진술뿐만 아니라 윤지오 씨는 정확하게는 약을 탄 술을 마신 것 같다는 얘기를 한 거고요. 그리고 아마 자기가 없을 때 성폭행을 당하지 않았겠나 하는 추측을 한 것입니다. 그런데 윤지오 씨 진술은 오히려 추측성이라고 한다면 본인이 본 것은 사실관계에 관한 것은 "약을 탄 술을 마신 것 같다. 왜냐하면 눈이 풀려 있었고." 이런 진술인데 오히려 윤지오 씨가 아니라 당시 매니저였던 윤 모 씨[9]가 저희 조사단에게 처음 했던 진술은 장자연 씨가 쓴 문건에 성폭행을 심하게 당했다는 내용도 썼었다는 겁니다.

김경래 : 지금까지 남아 있지 않은 문건에요.

김영희 : 그렇죠. 처음에 썼던 문건에 그런 내용이 있었다고 진술을 했고. 물론 이것을 나중에 윤 모 씨[10]가 진술을 번복했으나 처음에 했던 진술은 어쨌든 성폭행을 심하게 당했다는 내용을 다른 사람도 아니고 장자연 씨가 문건에 남겼다는 진술이 있었고요. 그리고 또 하나는 또 다른 A 씨가 뭐라고 얘기했느냐면

---

9. '유 모 씨'를 잘못 말했거나 잘못 녹취·기록한 것으로 보인다.
10. 위 각주와 동일.

당시 장자연 씨 문건에 술에 약을 탔다는 내용도 있었다고 문건을 봤던 이 모 씨가 그런 내용을 불러줬다는 진술이 또 하나 있습니다. 그래서 오히려 윤지오 씨 진술은 자기는 약을 탄 술을 마신 것 같다는 것을 봤다는 진술인 반면에 윤 모 씨[11] 진술은 성폭행을 당했다고 장자연 씨가 문건에 썼다는 거고 굉장히 중요한 진술이죠. 그리고 또 하나는 또 장자연 씨 문건에 술에 약을 탔다는 내용이 있었다는 또 다른 2명의 진술이 있었기 때문에 이 진술을 저희 조사단으로서는 도저히 그냥 넘길 수 없는 중요한 진술이고 저희 조사단은 굉장히 한계가 많기 때문에 이 부분과 관련해서 추가적으로 수사를 해야 되지 않느냐? 수사기관이 판단해서 이 부분은 강제수사권이 있는 수사기관에 기록을 넘겨서 봐달라는 그런 취지였습니다.[12]

그러므로 특수강간 의혹은 냉정을 잃은 사람들의 몰염치한 소행에 의해 부채질된 것이 아니라 비록 진술들이지만 "객관적이고 공정한 사실" 진술들에 의해 뒷받침되는 의혹이다. 내가 보기에는 오히려 박준영이 진상조사단에서 이제 막 진술 증거들을 확보 중인 시점에 "진술이 언제 비로소 나왔는지 그리고 어떤 경위로 나왔는지"를 살피자면서 초점 흐리기와 논점 전환

<hr>

11. 위 각주와 동일.
12. 김경래의 최강시사, 「총괄팀장 "장자연 사건, 검사들이 재수사 방해했다"」, 〈KBS 1라디오〉, 2019년 5월 21일 수정, 2020년 2월 13일 접속, https://news.kbs.co.kr/news/view.do?ncd=4205008.

을 시도하는 식의 강한 "자기 목적성"을 몰"염치"하게 드러내고 있는 것으로 보인다. 이러한 태도는 어떤 문건의 객관적 내용이 자신들에게 가져올 위험성을 문건 유출 경로의 불법성을 가지고 덮어버리곤 했던(예컨대 정윤회 문건 사건이 그러하다) 공작 정치의 테크놀로지를 방불케 한다.

이것은, 여성이 겪었을 수 있는 성폭력에 대한 공감 능력을 결여한 상태에서, 문건과 리스트 속의 가해자들을 특수강간 혐의로 수사할 필요가 있다는 윤지오와 과거사진상조사단 총괄 팀장의 실질적인 "자기 목적성"과 그 절실함을, 그 진술의 발생 시점, 발생 경로 등을 밝혀야 한다는 절차적 정당성에 관한 박준영 고유의 "자기 목적성"으로 덮어버리려는 남성중심적 보수주의의 발로가 아닐까? 박준영의 이러한 사고 경향은 이제 『뉴시스』 보도에 대한 다음과 같은 동조로 나타난다.

무조건 보호해야 한다는 논리가, 숙소를 마련해주고 경호팀을 붙여주는 등의 국가 예산 지출로 이어졌습니다. 도대체 윤지오 씨가 주장하는 '가해의 실체'는 있는 것인지 의문입니다.[13]

가해의 실체가 의문시되는 상황에서 숙소를 마련해 주고 경호팀을 붙여주는 국가예산지출은 냉정을 잃은 불공정한 처사

---

13. 박준영, 「김중」, 〈페이스북〉, 2019년 4월 16일 수정, 2020년 2월 23일 접속, http://bit.ly/3c0IOVh.

라는 비판이다. 증언자로서의 윤지오가 느끼는 신변위협은 자신의 증언행위에서 비롯된다. 왜냐하면, 자신이 법 위의 사람들(권력자들)로 생각하는 사람들을 장자연에 대한 가해 혐의자로 지목하는 것이기 때문이다. 이것은 누구나 직관적으로 파악할 수 있는 것으로 분석적 검증을 요구하는 것이 아니다. 그런데 박준영은 윤지오에 대한 보호를 요구하는 "가해의 실체"가 과연 있는지 물음으로써 윤지오가 장자연의 죽음을 이용해 거짓말로 사적 이익을 추구하고 있다는 『뉴시스』 발 의혹들에 정당성을 부여한다. 그것이 정의로움의 이미지를 가진 변호사의 동조이고 정당화였기 때문에 그것의 힘은 강력한 것이었다.

그런데 나는 "가해의 실체"에 대한 박준영의 의심이 심각한 자기모순임을 보여주는 한 대목을 발견한다. 그것은 4월 21일에 올린 「새끼들」이라는 글이다.

자식들 사진입니다. 약촌오거리 사건 재심을 준비할 때 다음 스토리 펀딩으로 진범을 공개하면서 SNS에 있는 아이들 사진을 내렸습니다. 이번에 프로필 사진을 바꾸면서 아이들 앞모습 사진을 올리지 못하는 이유는, 재심 사건을 진행하면서 맺게 되는 악연에 대한 부담 때문입니다. 약촌오거리 사건의 진범의 개명과 개명한 이름은 한동안 제게 현실적인 두려움이었습니다. 외모와 달리 겁이 많은 박상규 기자는 몽둥이를 옆에 두고 잠을 잤습니다.[14]

그는 "재심 사건을 진행하면서 맺게 되는 악연에 대한 부담" 때문에 프로필 사진에 아이들 앞모습 사진을 못 올리고 뒷모습을 올리거나 혹은 아이들 사진을 내리기도 한다고 말한다. 그 악연의 부담은 그가 말하듯이 "현실적인 두려움"이다.

이 부담과 두려움을 이해하는 데 분석과 증거가 필요한가? 그것은 생명을 가진 인간이라면 누구나 자신의 생명체험에 비추어 직관적으로 알 수 있는 부담이며 두려움이고 사진을 내리거나 뒷모습만을 올리는 것은 누가 봐도 합리적으로 이해되는 조치이다. 그런데 왜 그는 그 자신과 마찬가지로 윤지오도 증언에서 맺게 될 악연에 대한 부담을 가질 수 있고 그것을 "현실적 두려움"으로 느낄 수 있다는 것, 그것이 윤지오가 느끼는 위협의 "실체"라는 것을 공감하지 못하는 것일까? 왜 그는 여성, 타자, 약자("힘없는 신인배우")에 대해 이토록 둔감한 것인가? 윤지오가 증언을 통해 '악연'을 맺게 된 그 법 위의 사람들을, 재심을 통해 악연을 맺게 된 약촌오거리 사건의 그 진범보다 왜 덜 위협적인 것으로, 위협의 실체가 없는 사람들로 생각하는 것일까? 이것은 윤지오가 실제적 두려움으로 경험하는 그 "법 위의 남자들"에 대해 남자인 박준영 자신이 친화감과 믿음(그러니까 '한패 의식')을 갖고 있었을 것이라는 점을 **빼놓고는** 이 둔감에 대한 유물론적 설명이 불가능하다.

---

14. 박준영, 「새끼들」, 〈페이스북〉, 2019년 4월 21일 수정, 2020년 2월 13일 접속, http://bit.ly/39TKwG9.

박준영은 자신이 "법의 불평등" 때문에 서러움을 느끼는 사람들, 이른바 "서민"의 대변인으로 활동하고 있다는 자의식을 갖고 있다. 그런데 장자연 사건과 김학의 사건에 대한 그의 주장들이 "사건의 본질을 흐릴 수 있고, 가해자들의 책임을 면하거나 경감하는 방향으로 흘러갈 수 있"다는, 바로 그 서러운 사람들(특히 여성들이다)의 실제적 "우려"를 어찌할 것인가? 이 우려는 박준영의 글에 달린 부정적 댓글들 속에서 자주 표현되는 것이었다. 그는 댓글을 단 사람들에게 앞으로 자신이 쓸 글들을 보면 이 우려가 해소될 것이라고 계속 말한다. 어떻게 해소된다는 것일까? 그의 행보는 '나는 서민들을 위한다'는 자의식을 내세우면서도 현실에서는 '서러운 사람들의 실제적 우려'를 외면하고 가해자에 대한 조사와 수사는 법 절차에 맞아야 한다는 절차주의적 정의관을 밀고 나가는 쪽을 향하고 있지 않은가? 그는 "저는 서럽다는 분들을 대변하는 사람으로 남고 싶지 이유 없이 강자 쪽에 서고 싶지 않습니다. 적어도 지금은 그렇습니다"라고 주장한다. 하지만 소용없는 일이다. 실질로부터 절차를 분리시키고 절차적 정의를 앞세울 때, 그것이 절차에 대한 온갖 통제 권력(수사외압, 통화기록 삭제와 임의편집, 녹취록 빼돌리기, 조사 않고 덮어주기 등등)을 가진 그 "강자"를 바로 "지금" 이롭게 하는 것이라는 점을 그는 외면하고 싶어 한다. 그리고 그것이 그가 쌓아온 정의의 이미지 모두를 한순간에 더럽히는 순간이라는 점도 보지 못한다.

우리는 2019년 4월 16일 김수민이 윤지오를 폭로하는 긴 글을 공개했다는 것을 알고 있다. 약 일주일 뒤인 4월 23일에 박준영은 이렇게 말한다.

> 우리 모두 냉정하게 윤지오 씨의 말과 행동을 검증합시다. 검증으로 밝혀지는 사실이 있으면, 있는 그대로 공개합시다. 사건이 정리되면, 우리가 이런 상황까지 온 과정과 이유를 분석해 봅시다. 이 사건이 우리 사회에 긍정적인 변화를 이끌어낼 수도 있다고 봅니다.[15]

앞서 그는 윤지오의 "증언"에 대해 검증할 필요가 있다는 말로 그에 대한 의혹 제기를 시작했다. 생각해 보면, 이 말 자체가 자신이 조사를 맡지 않은 건에 대해서는 주제넘은 말이다. 왜냐하면, 장자연 사건을 조사하는 과거사진상조사단이 바보들의 모임이 아닌 한에서 모든 증언을 있는 그대로의 객관적 사실과 혼동하지는 않을 것이기 때문이다. 검증이 조사의 필수적 구성요소인 한에서, 오히려 박준영 자신이 윤지오를 검증해야 한다는 "자기 목적성"을 이 기관 외부에서 과잉되게 드러내고 있으며, 그 "자기 목적성"은 여성인 윤지오에 대한 그의 원초적 불신에서 비롯되는 것이라고 이해하지 않을 수 없다.

4월 23일에 와서 바뀌고 있는 것은 박준영이 윤지오의 "증

---

15. 박준영, 「책임」, 〈페이스북〉, 2019년 4월 23일 수정, 2020년 2월 23일 접속, http://bit.ly/2T7507z.

언"이 아니라 그의 "말과 행동"을 검증하자고 목소리를 높이는 것으로 나아간 것이다. 그것은 증언 검증과는 전혀 다른 문제이고 인격 검증을 하자는 주장과 다를 바 없다. 그가 장자연 사건에 관해 무엇을 말하고 있는지가 아니라 그가 그 증언 밖에서 무슨 말을 했고 무슨 행동을 했는지를 검증하자는 말이기 때문이다. 즉 그의 삶을 검증하자는 말이다.

그런데 정부가 요청한 증언 밖에서 윤지오가 무슨 말과 행동을 하는가는 헌법에 규정된 그의 기본권에 속하는 문제다. 그리고 법의 테두리 속에서 누구든지 말과 행동의 자유를 누릴 권리가 있지 않은가? 그런데 박준영은 법 전문가의 말이라고는 도무지 이해할 수 없는 검증선동에 나선다. "우리 모두 냉정하게 윤지오 씨의 말과 행동을 검증합시다."라는 말이 그것이다. 그는 국민으로부터 위임을 받아 조사하고 검증하는 대의기관이 활동 중인 바로 그 시간에, 검증의 주체로 과거사진상조사단도 검경도 아닌 "우리 모두"를 끌어들인다. "우리 모두"가 경찰이나 검찰과 법원 같은 국민 대의기구들을 통하지 말고 직접 검증하고, 그 "검증으로 밝혀지는 사실"을 "있는 그대로 공개합시다"라고 그는 제안한다.[16] 이것이 여러 차례 반복해서 그가 강조해온 "책임"이라는 말에 값하는 방식인가?

---

16. 국민이 조사와 검증의 주체가 되기 위해서는 그 스스로를 조사와 검증의 합헌적 주체이자 직접민주주의적 기관으로 조직하는 것이 필요하다. 조사와 검증을 대의기관에 위임한 국민을 그 기관 밖에서 조사와 검증의 주체로 호출하는 것은 파시즘적 선동정치와 크게 다르지 않다.

왜 박준영은 아니고, 또 김수민, 박훈, 김대오는 아니고 윤지오만 검증대에 올라야 하는가? 또 윤지오를 검증할 검증력이 어디서 나올 것인가? 무슨 수단으로 어떻게 검증할 것인가? 그가 검증을 거부할 경우에는 어떻게 할 것인가? 그 검증의 결과가 허구가 아니라 사실이라는 것을 누가 무엇으로 보장할 것인가? 객관적이고 공정한 사실로 확인되지 않은 검증 결과의 공개가 미칠 악영향을 어떻게 제어할 것인가?

자연스럽게 떠오르는 모든 의문을 제쳐둔 채 박준영은 "우리 사회에 긍정적인 변화를 이끌어내기 위해"라고 목적성을 강조한다. 그런데 그의 제안에 따라 지금까지 지속되고 있는 윤지오 검증 행동은 거의 한 가지도 사실로 확인되지 않은 상태에서, '윤지오는 성매매업소에 다닌 매춘부였다'는 식의 확인되지 않은 인격살인 정보의 "있는 그대로의 공개", 즉 성폭력적 테러 행동으로 치달았다. 박준영이 선동한 검증몰이가 도달한 이 집단광기적 상황과 그 효과에 대해 나는 박준영이 책임을 나눠야 한다고 생각한다. 왜냐하면, 4월 23일의 페이스북 메시지가 실제로는 역사에서 가부장주의 성폭력 체제가 반복적으로 행해온 바의 마녀사냥 선동과 거의 아무런 차이가 없는 것이었기 때문이다.

박준영은 자신의 선동이 미칠 결과를 이미 어느 정도 의식한 듯 다음과 같은 주의사항에 대해 미리 말한다.

분명히 말씀드릴 게 있습니다. 윤지오 씨의 진술로 전 조선일보

기자가 재판을 받고 있습니다. 이 진술의 가치가 지금 벌어지는 일들로 인한 영향을 조금이라도 덜 받았으면 합니다. 그 당시는 이런 다양한 이해관계가 없었다고 보이기 때문입니다. 법원이 냉철하게 판단해주리라 믿습니다.[17]

요컨대 자신의 검증 선동이 전 『조선일보』 기자 조○천 재판에 미칠 영향을 축소하자는 것이다. 왜 그가 이렇게 말하는 것일까? "그 당시는 이런 다양한 이해관계가 없었다고 보이기 때문"이라는 것이 그의 모호한 답이다. 이 표현을 해석해 보면 조○천이 기소된 2018년 6월에는 윤지오의 진술이 다양한 이해관계들에 의해 오염되지 않았지만, 지금은 오염되었다고 본다는 의미일 것이다.

하지만 이러한 단계 구분은 현실을 충실히 반영하는 말이 아니다. 최근 발표된 과거사진상조사단의 조사는, 장자연 사건이 박준영이 말하는 "다양한 이해관계들"에 의해 오염되지 않았던 순간이 단 한 순간도 없었음을 보여준다. 소속사들은 소속사대로, 『조선일보』는 『조선일보』대로, 경찰과 검찰은 또 자신의 필요와 외부 압력의 정도에 따라, 다른 언론사는 또 언론사의 필요에 따라, (그리고 아마도 국정원은 국정원대로) 자기 나름의 자기 목적성·전략·음모·기획에 따라 이용하고 관리했다.

---

17. 같은 글. 안타깝게도 법원은 그가 기대한 냉정함을 전혀 보여 주지 않았다. 이것은 박준영의 선동 효과가 냉정을 발휘할 수 없을 만큼의 사회적 광기로 나타난 것과 무관하지 않다.

그리고 그 이해관계들의 상충과 어우러짐이 그때그때의 결과들 (대체로는, 힘없고 돈 없는 사람들은 유죄, 힘 있고 돈 있는 사람들은 무혐의)을 낳아 왔다. 진실규명을 원하는 사람들의 세력이 너무나 약했기 때문에 장자연 사건은 진실을 덮고자 하는 사람들의 수중에서 편의대로 처분되고 관리되어 왔다. 2016년 촛불혁명과 더불어 세력 관계가 바뀌어 촛불과 미투의 힘이 강화된 것이 현재와 지난 10년과의 차이일 뿐이다. 그리고 행정·의회·법조 내 각 정파와 재계·언론계 제 세력들이 자신들에게 유리하게 상황을 이끌고 가려는 본질적 경향은 변함이 없고 촛불 세력과의 관계에서 그 세력 판도가 달라져 있을 뿐이다. 그러므로 박준영의 선동(증언과 증인을 검증합시다!)의 파급효과는 그가 멈추고자 하는 선을 훨씬 멀리까지 넘쳐흘러 촛불정부에 대한 검증과 촛불에 대한 검증, 그리고 궁극적으로는 반촛불혁명의 방향으로 나아갈 것이 분명해 보인다.

그렇다면 박준영이 이 선동을 통해 경계하고 제어하고 약화하고자 하는 것은 무엇인가? 그것은 "여론", "세간의 의혹", "국민적 의혹"이다. 이것들에는 다양한 요소들이 결합해 있지만 그 중 박준영이 가장 위험한 것으로 경계하는 것은 촛불과 미투운동이 불러일으킨 "여론"이다.[18] 촛불과 미투 이전에 장자연 사건은 우울증으로 인한 자살로 자리매김되어 있었고 이러한 정리

---

18. 물론 그는 이것을 아래로부터의 촛불의 영향으로 보지 않고 특정한 이해관계를 가진 세력의 영향으로 일면적으로만 이해한다.

를 뒤흔들 수 있는 요소들은 근거 없는 "의혹"으로 치부되었다. 촛불과 미투는 이 "의혹"들을 "여론"으로 만들고 장자연을 죽게 만든 가해자, 가해 집단, 가해체제의 해체를 요구하는 방향으로 나아왔다. 의혹이 커지고 재조사와 재수사의 여론이 드높아진 것은 "객관적 사실" 자체가 권력자들의 외압에 의해 제대로 규명되지 않았거나 규명된 사실조차 은폐, 편집, 삭제되었다는 사실이 하나하나 드러났기 때문이다. 그러므로 박준영이 "세간의 의혹"에 "기록된 사실"을 대립시키며 사실에 충실할 것을 주장하는 것은 장자연 사건의 경우는 부당하다. 왜냐하면, 그 "기록된 사실" 자체가 이처럼 축소, 은폐, 편집, 삭제의 조작을 거친 후 남아 있는 "엉터리 사실"이기 때문이다. 이럴 때는 "세간의 의혹"이 "기록된 사실"만큼이나 중요한 사실 가치를 갖는 것으로 고려될 필요가 있지 않은가? 그런데 여기서도 박준영은 철저히 절차주의적 정의를 앞세운다. 그리고 세간의 의혹을 냉각시킬 방법으로 "증거법적 판단"이 중요하다고 강조한다.

윤지오 씨가 이전 수사 과정, 법정 그리고 조사단에서 여러 차례 진술했고, 언론을 통해 한 말들이 있습니다. 믿을 수 있는 것, 의심이 드는 것, 믿을 수 없는 것 등을 분명히 구분할 필요가 있습니다. 그리고 이런 구분을 함에 있어서는 철저한 증거법적 판단이 필요합니다. 근거가 없거나 부족함에도 여론 때문에 섣부른 판단을 해서는 안 됩니다. 수사기관에 수사 의뢰는, 혐의가 드러나 있거나 수사를 통해 드러날 수 있어야 하는 겁니

다. 그냥 공을 떠넘기는 식의 수사 의뢰는 무책임한 것입니다.[19]

섣부른 판단을 경계하자면서 그는 수사 의뢰를 "무책임"한 것으로 단정하는데 이것은 '장자연 사건에서 재수사를 통해 드러날 수 있는 것은 없다'는 어떤 판단을 전제할 때에만 타당한 것이다. 이러한 판단이 장자연 사건을 바라보는 기존의 프레임을 고착화하고 성폭력 체제의 실재를 감추게 될 것은 당연하다.

이처럼 박준영은 시종일관 장자연 사건에 대한 사람들의 문제 제기를 봉쇄하고 억제하는 역할을 "냉정", "신중", "책임"의 이름으로 떠맡는다.[20] 촛불과 미투의 힘에 의해 형성된 진실규명 요구를 잠재우려는 이 보수주의적 태도가 윤지오의 증언을 억제하고(사회적 파장이 큰 증언이므로 증언에 신중해야 한다) 이에서 더 나아가 그의 "말과 행동"을 검증하자는 주장으로, 다시 말해 그가 그토록 강조한 "냉정"을 잃은 마녀사냥식 선동으로까지 나아가는 것이다.

이러한 선동행위에 사례적 정당성을 부여하는 방법이, 윤지오가 주장하는 신변위협에 아무런 실체가 없었다는 경찰의 조사발표를 아무런 비판적 여과 없이 4월 24일 자신의 페이스북에 올리는 것이었다. "경찰이 윤지오 씨가 주장하는 위험의 실체

---

19. 박준영, 「무책임」, 〈페이스북〉, 2019년 4월 25일 수정, 2020년 2월 23일 접속, http://bit.ly/2T6fBzI.
20. 물론 그것의 이면은 증언자에 대한 검증을 열정적으로 선동하는 것이다.

를 확인하기 위해 했던 '노력' "[21]이 상당했으므로 그 발표에 의심의 여지가 있을 수 없다는 식의 논평과 함께 말이다. 증언자에 대한 불신이 깊은 만큼 경찰에 대한 믿음이 깊은 탓일까?

하지만 증언자가 느끼는 위협은 결코 "서울지방경찰청 과학수사팀이 복도 시시티브이CCTV 분석을 통해 객실 출입자를 확인하고, 소음 측정, 경찰청의 지문 감식, 국립과학수사연구원의 오일 감정, 호텔 시설 담당 등을 통해 확인"[22]할 수 있는 성격의 것이 아니다. 그것은 앞서 말했다시피 오직 직관을 통해서만 공감할 수 있는 것이기 때문이다. 위험이 그 실체를 과학적 분석 대상으로 나타내는 때는 대개는 그것이 이미 살상과 같은 현실로 전화하여 위험이 해소된 상태에서다. 경찰이 찾았던 것은 위험의 실체가 아니라 그 자취인데, 위험의 자취를 발견하지 못했다고 해서 위험의 실체가 부정되는 것은 결코 아니다.

그럼에도 불구하고 박준영은 이 양자를 혼동하면서 윤지오에 대한 경호 지원이 특혜이며 자원 배분에서의 불합리라고 단정한다. 이런 섣부른 단정은 그의 절차주의적 정의관과 맞짝을 이루고 있었던 염치론, 즉 이해관계들의 양적 조정론(합리적 배분론)에 근거하여 나타나는 안일한 현실 인식이다. 그의 시야는 성폭력과 같은 우리 삶의 실질적 갈등의 심부로 파고들기보다 삶의 표면을 거닐면서 편안한 조정/배분의 길을 찾는 데 집중되

21. 박준영, 「사회적 자원의 합리적 배분」, 〈페이스북〉, 2019년 4월 24일 수정, 2020년 2월 23일 접속, http://bit.ly/2T5CSBW.
22. 같은 글.

고 있다. 이 경쟁적 이해관계론의 관점에서 "힘센 사람들"의 폭력 앞에서 내지르는 장자연의 절규가 공감될 수 있으리라고 기대하기는 어렵다.

그렇기 때문에 장자연의 죽음이 박준영에게 단지 "안타까운" 것으로서만 받아들여지고 윤지오의 증언이 객관성과 공정성을 잃은 과장된 진술로 비치는 것이 필연적인 것으로까지 보인다. 그렇기 때문에 장자연 사건과 관련하여 지금 필요한 것은 합리의 이름으로 껍데기(형해)의 세상을 만드는 절차주의를 넘어서 실질과 실질에 고유한 절차/방법을 주장하는 여성다중의 실질적 초과excess이다. 초과는 과장이 아니다. 그것은 합리, 형식, 표준, 척도, 절차를 넘어서ex 나아가는cedere 생명력의 표현양식이다. 그렇기 때문에 나는, "약을 탄 술을 마신 것 같다. 왜냐하면 눈이 풀려 있었고"라는 윤지오의 추측 진술은 과장된 말로 사람들을 현혹하여 돈을 벌기 위한 것이라는 프레임 속에서가 아니라 진실에 다가가기 위한 여성-다중의 이 실질적 초과라는 맥락에서 더 실체적으로 이해될 수 있는 것이라고 생각한다.

박훈 변호사는 어떻게 윤지오의 진실을 가려버렸나?

박훈은 2019년 4월 17일에 쓴 페이스북 글에서 「윤지오의 증언이 장자연 유가족들의 손해배상 청구 사건에서 결정적 패소 원인이었다」는 제목하에[1] 다음과 같은 구절을 인용한다.

··· 서의 내용에 관하여 개입을 하였을 가능성을 배제할 수 없는 점(이 사건 문서는 서명날인과 간인 등이 갖추어진 진술서 형식인데, G이 이러한 문서의 작성을 주도할 능력이나 의사가 있었다고 보이지 않는다). 위 P는 법정에서 "피고가 부른 모임에 연예 관계자들이 많이 있는 편이었고, 참석할 때 신인 배우로서 얼굴을 알리기 위한 목적이 있었다. 노래와 춤을 출 때도 있었지만 강압적으로 한 것은 아니고, 피고가 술을 따르게 하거나 술을 마시게 하는 등 술접대를 요구한 적이 없고, 성접대를 하라고 강요한 사실이 없다."라고 증언한 점, 담당 검사는 원

---

1. 박훈, 「윤지오 증언은 장자연 유가족들의 손해배상 청구 사건에서 결정적 패소 원인이었다.」, 〈페이스북〉, 2019년 4월 17일 수정, 2020년 2월 13일 접속, http://bit.ly/32guPX9.

고들의 위 주장과 같은 피고의 강요, 강요 미수, 성매매 알선 등 혐의에 대하여 "강요죄는 폭행 또는 협박으로 사람의 권리행사를 방해하거나 의무 없는 일을 하게 하는 것인데, 이 사건 문서와 P의 진술만으로는 피고가 G를 폭행, 협박하여 식사나 술자리에 참석하도록 강요하였다거나 술접대를 강요하였음을 인정하기에 부족하며, 성매매를 알선하였음을 인정할 만한 증거가 없다"라는 이유로 전부 혐의 없음 불기소 처분을 한 점 등에 비추어 보면, 앞에서 … .[2]

제목과 인용에 덧붙여 박훈 변호사가 쓴 글은 이러하다.

2010년 장자연 유가족들이 김종승을 상대로 한 술접대, 성접대 강요에 따른 불법행위 책임을 묻는 항목에서 윤지오 증언은 결정적인 패소 원인으로 나온다. 이런 논리는 대법원까지 가서 확정된다. 유가족들은 김종승이 장자연을 때린 것과 잦은 술자리에 대한 위자료로 거의 무의미한 수준의 금액만을 판결 받았을 뿐이다. 윤지오는 본 것이 없으니 배우와 매니저 6명을 지목해서 그들이 알 것이라고 주장하면서 자신을 정당화 시킨다. 이것이 "유일한 목격자"인 그의 증언 핵심이다.

---

2. 정확히 위의 인용문건이 어디에서 나온 것인지 밝혀져 있지 않지만, 문투로 보아 아마도 사건 판결문에서 따온 것으로 보인다. 문맥상 피고는 김종승을, G는 장자연을, P는 윤지오를 가리킨다.

이 포스팅은 공유를 통해 널리 유통되었다. 이후 윤지오는 유가족 편이 아니라 가해자의 편을 들었던 인물이라는 이미지가 굳어져 갔다. 정말 그 이미지가 사실과 부합하는 것일까?

박훈이 인용한 위 대목의 핵심 내용은, 윤지오가 "피고가 부른 모임에 연예 관계자들이 많이 있는 편이었고 참석할 때 신인 배우로서 얼굴을 알리기 위한 목적이 있었다. 노래와 춤을 출 때도 있었지만 강압적으로 한 것은 아니고 피고가 술을 따르게 하거나 술을 마시게 하는 등 술접대를 요구한 적이 없고 성접대를 하라고 강요한 사실이 없다"라고 증언한 점[3]을 들어, "김종승이 장자연을 폭행 협박하여 식사나 술자리에 참석하도록 강요하였다거나 술접대를 강요하였음을 인정하기에 부족하며 성매매를 알선하였음을 인정할 만한 증거가 없다"라는 이유로 전부 혐의없음 불기소 처분을 했다는 것이다.

이 구절에 기초해서 박훈은 "2010년 장자연 유가족들이 김종승을 상대로 한 술접대, 성접대 강요에 따른 불법행위 책임을 묻는 항목에서 윤지오 증언은 결정적인 패소 원인으로 나온다. 이런 논리는 대법원까지가 확정된다. 유가족들은 김종승이 장자연을 때린 것과 잦은 술자리에 대한 위자료로 거의 무의미한 수준의 금액만을 판결받았을 뿐이다"라고 결론 내린다.

---

3. 이 증언에서 우리가 주의를 기울여야 할 점은 술접대 강요의 주체와 대상의 문제다. 윤지오의 이 증언에서 강요의 주체는 김종승이고 대상은 장자연이 아니라 자신, 즉 윤지오다. 윤지오는 이 강요를 부정한다. 이에 대해서는 다음 절에서 상세히 서술한다.

판사[4]가 윤지오의 진술을 인용 근거로 원고[유가족] "패소"[5] 판결을 내렸다고 해서 윤지오가 피고[김종승]의 편을 들었다고 말하는 것이 과연 타당한 판단인가? 판사가 윤지오의 참고인 진술들로부터 몇몇 단편만을 들어 편의적으로 인용하거나 혹은 오판을 할 가능성도 있다고 보아야 하지 않는가? 여기서 나는, 박훈이 윤지오의 참고인 진술들을 판사가 요약할 때 그 요약이 윤지오의 진술들에 대한 정확한 요약인지 왜곡된 요약인지 직접 윤지오의 진술들을 읽고 비교한 후 판단을 내렸어야 한다고 생각한다. 박훈이 윤지오의 진술문으로부터 직접 인용하는 것이 아니라 판사가 인용한 것을 재인용하고 있어 윤지오의 진술문에 비추어 보면 정확하지 않을 수 있기 때문이다. 나는 박훈이 판사의 판결문만으로 윤지오의 입장과 생각을 평가할 수 있다고 생각하는 것이 오판이며 대의주의적 엘리트주의의 폐해라고 생각한다. 판사가 참고인의 진술을 판결의 필요에 따라 요약한 것이 어떻게 참고인의 진술과 동일시될 수 있는가? 참고인에 대한 판단을 판사의 요약에 전적으로 의지하는 것은 참고인을 무시하는 태도이며 지금 이 경우에는 사태를 오판하는 위험한 조건으로 작용한다.

그래서 나는 윤지오의 진술조서 속에서 정말 윤지오가 저

---

4. 위 인용문이 판결문이라고 가정하여 판사라고 부른다.
5. 사실은 패소가 아니라 부분 승소였지만 논점에 충실하기 위해 여기서는 무시한다. 이에 대해서는 「박훈의 메아리 : '윤지오 이모부'의 경우」 각주 6(이 책 83쪽) 참조.

인용에 나와 있는 것처럼 김종승(피고)을 편들었는지를 판결문이 아니라 윤지오의 진술문을 가지고 보여주려고 한다. 내가 읽은 진술문은 박훈의 생각과는 정반대의 사실을 가리키고 있기 때문이다.

먼저 윤지오는 김종승 회사에서의 노동이 매우 좋지 않았고 김종승이 욕과 폭행을 하는 것을 봤다고 진술했다. 예컨대 "김종승은 평소에 기분이 좋지 않을 때는 직원들에게 욕을 하고 폭행을 하는 것을 봤고 언니들로부터 그날그날 분위기에 따라 행동을 조심해야 한다는 말을 들었고 계약 기간에 방송 활동 기회는 한 번도 얻지 못하고 김종승이 요구하는 식사 자리 술자리에 무조건 나가는 상황에서 이러다가 연기 활동은 전혀 못 하게 되는 것이 아닌가 우려스러웠기 때문에 이런 악조건에 동의하고 해약을 했다"[6]는 진술이 그것이다.

계약을 해지하는 조건도 매우 나빠 부당한 조건들을 받아들이는 조건으로 계약을 해지했다고도 했다. 예컨대 "계약 해지를 할 때 600만 원의 합의금을 김종승에게 지불하는 것 외에 연예계 활동을 더는 하지 않는다는 약속을 해야 했다. 이 약속을 하지 않으면 김종승이 위약금을 많이 요구하거나 민사소송을 한다고 들었기 때문이다."(713)는 진술이 그것이다.

---

6. 이하의 진술문 인용은 이진희 외, 「장자연 사건 진술조서 전문공개 : 누가 그녀를 죽였나」, 『한국일보』, 2018년 7월 6일 수정, 2020년 2월 13일 접속, http://bit.ly/37OV1cp (괄호 속에 숫자가 있는 경우는 이 자료의 쪽수를 가리킨다).

그 외에도 윤지오는 김종승에게 결코 유리하지 않은 진술을 했다. 아래에서는 각 진술 주제하에 윤지오의 진술문을 그대로 인용한다.

첫째 김종승은 일상적으로 폭행을 했다.

문 : 진술인은 김○○이 직원들을 폭행하는 것을 목격하였다고 하는데 누구를 폭행하는 것을 보았다는 말인가요.

답 : 제 친구 최○○, 수퍼모델 이○○과 같이 있을 때 김 대표님이 인정사정 보지 않고 손바닥으로 얼굴을 많이 때렸고, 사무실에 한 50대 중반으로 보이는 아주머니가 찾아와서 밖에 주차를 해 놓은 것에 대해 왜 그렇게 주차를 해 놓았냐고 했을 때 김 대표님이 자기 방에서 나와 어떤 년이 와서 그러느냐고 하면서 신발을 집어 던졌고, 김 대표님의 수행비서인데 약 30대 중반인 비서에게 김 대표님이 술에 취한 상태에서 늦게 차를 이용했다고 하면서 어디에 있다가 지금 왔느냐고 하면서 저희들이 보는 앞에서 주먹으로 얼굴을 때리고 발로 다리를 걸어 차는 것을 보았고, 사무실 언니들에게 들은 말인데 이름은 생각나지 않지만 지금 유○○대표 사무실에서 코디로 활동하는 언니인데 김 대표님에게 맞아 팔이 부러지는 일도 있었다는 말을 들었고, 사무실 언니들 중에서 김 대표님에게 맞지 않은 사람은 없을 정도로 기분이 좋지 않으면 자기 멋대로 활동하는 습성이 있어 김 대표님이 기분이 좋지 않으면 말을 하지 않고 사무실 밖으로 나가는 경우가 많았습니다.

둘째, 김종승은 연예노동자들을 부당하게 대우하고 부당한 노동을 강요했다.

문 : 진술인은 더콘텐츠 대표 김○○에게 계약 기간 동안 어떠한 부당한 대우를 받았는가요.
답 : 저 같은 경우는 계약 기간 동안 한 편의 드라마에 출연한 사실도 없고, 광고 역시 출연한 사실조차 없고, 그동안 김 대표님의 개인적인 약속이 있다는 장소로 나오라는 연락을 받고 그 자리에 나간 것 외 활동을 한 것은 없습니다.
문 : 김○○의 개인적인 약속 장소에 나오라는 이유는 무엇 때문인가요.
답 : 제가 계약 기간 동안 느낀 것은 김 대표님은 저희들이 활동하는데 도움이 되는 사람을 소개를 해 준다고는 하나 실질적으로 저희들이 가고 싶지 않은 장소에도 나오라고 하였고, 심지어는 저녁 식사를 마치고 2차로 술집에 갈 때 저희들도 같이 가자고 하여 참석을 하였고, 술집에서 저희들은 김 대표님과 같이 만나는 사람들 앞에서 좋던 싫던 간에 노래와 춤을 추면서 끝날 때까지 자리에 앉아 있을 수밖에 없었습니다.

셋째, 김종승은 전속계약서를 고삐로 연예활동과는 상관없고 당사자가 원치 않는 접대 노동을 강요했다.

문 : 김○○이 친분이 있는 약속 장소에 무엇 때문에 진술인과

장자연 그 외 언니들을 참석하게 한 이유는 무엇인가요.

답 : 저와 자연이 언니 같은 경우는 김 대표님의 소속사와 전속 계약이 되어 있기 때문에 김 대표님의 지시를 무시할 수 없고, 전속계약서에 모든 지시를 따라야 하는 것으로 되어 있기 때문에 저와 자연이 언니는 원하지 않는 약속 장소에 나가지 않을 경우 저와 자연이 언니에게 방송 출연 섭외가 들어올 경우 김 대표님이 모든 것을 결정하기 때문에 김 대표님의 지시라면 모든 일을 하지 않을 수 없어 약속 장소에 나가게 된 것입니다.

문 : 그렇다면, 진술인이 원하지 않는 장소에 나갔다는 말인가요.

답 : 제가 연예인으로 활동하기 위해 소속사와 계약이 되어 있기 때문에 김 대표님이 시키는 일에 대해 일단 반감을 가질 수 없어 약속 장소에 나간 것이고, 김 대표님은 사람들을 소개시켜 주면서 광고 출연을 할 수 있다는 말을 한 적이 있지만, 실질적으로 광고 출연 섭외는 한 건도 없었고 김 대표님은 많은 사람들을 알아야 한다고 하여 약속 장소에 나오도록 하였지만 결과적으로 술자리에까지 가서 노래를 부르고 춤을 추는 것은 누구에게 물어보아도 좋아하는 연기자는 없다고 생각됩니다.

넷째, 계약 기간 전에도 만남의 성격을 알 수 없는 자리에 부른 적이 있으며 계약 기간 내에 수십 차례 원치 않는 자리에 불려 나갔다.

문 : 진술은 2007. 12. 27.자 전속계약을 한 이후 계약 해지를 한

2008. 10. 22.자까지 약 40회에 걸쳐 김○○이 부른 약속 장소에 나갔는데 계약 기간동안 그 횟수가 많다고 생각되는지, 김○○이 만나는 술자리에 나온 손님들과 주로 어떤 대화를 하였고, 그 당시 만남의 자리가 어떤 성격이었는가요.

답 : 계약 기간 동안 40회 정도 김 대표님이 나오라는 장소에 나갔지만, 제 기억으로 40회라고 말을 한 것이지만 실질적으로 더 많은 장소에 불려 나갔고, 김 대표님이 만나는 사람들과 대화 대부분이 개인적인 대화를 하였는데 저 같은 경우는 대화내용에 대해 신경을 쓰지 않아 잘 모르겠고, 만남이 어떤 성격의 자리였는지 저는 잘 모르고, 제가 전속계약을 하기 전에도 김 대표님은 저에게 연락을 하여 약속 장소에 나오라고 하여 나간적도 있고 술자리가 아닌 저녁식사를 할 때 나오라고 하는 것은 수없이 많았습니다.

문 : 그렇다면, 김○○이 부른 40회 정도 약속 장소에 나갔다는 것은 실질적으로 저녁식사가 아닌 술자리에 참석한 횟수를 말하는가요.

답 : 맞습니다. 저녁식사만 하는 자리는 별로 없었는데 약 10번 정도 참석을 했습니다.

다섯째, 나[윤지오]에 대한 직접 폭력은 없었지만, 전속계약 때문에 원치 않는 술접대 자리에 참석하도록 강요당했다.

문 : 진술인과 장자연은 김○○의 개인적인 약속 장소에 나가게

된 것은 김○○의 폭행, 협박에 의해 참석을 한 것인가요.

답 : 김 대표님이 때리거나 나오지 않으면 어떻게 한다는 말은 하지 않았지만, 제가 대전에 있을 때 아빠가 외국에서 온 적이 있는데 김 대표님이 약속이 있다고 하면서 올라오라고 하였지만 제가 사정 이야기를 했음에도 불구하고 계속하여 오라고 했지만 제가 가지 않은 일이 있는데, 그 후 제가 사무실에 갔을 때 사무실 언니들이 약속 장소에 나오지 않아 대표님이 화가 많이 났다는 말을 들었고, 그 외 김 대표님은 운전을 하는 비서들이 말을 듣지 않으면 폭언을 하면서 발로 걷어차는 등 맞지 않은 사람은 없을 정도 피해를 많이 보았기 때문에 김 대표님이 나오라는 장소에 나가지 않을 경우 저도 피해를 보겠지만 저로 인해 사무실 직원들까지 피해가 올 것 같고, 한편으로 전속계약서에 김 대표님이 시키는 일을 저 개인적인 용무가 있어도 거부를 할 수 없는 입장이기 때문에 참석을 하게 된 것입니다.

문 : 그렇다면, 김○○에게 진술인은 폭언, 폭행 협박을 받고 약속 장소에 나간 경우가 있는가요.

답 : 김 대표님이 욕을 하거나, 때리거나, 나오지 않을 경우 어떻게 한다는 말은 하지 않았지만 제가 소속사와 계약이 되었기 때문에 나가지 않으면 피해가 올 것 같아 참석을 한 것이지 제가 좋아서 참석을 한 것은 아닙니다.

여섯째, 장자연도 술자리에 남아 있는 것을 싫어하는 것으로 보였다.

문 : 진술인과 장자연이 술자리에서 무엇을 하였으며, 진술인과
장자연이 원하지 않는 자리에 나간 자리에 있는가요.

답 : 저 같은 경우는 김 대표님이 처음에는 연기활동을 하려면
많은 사람을 알아야 한다고 하면서 소개를 시켜준다고 하여
나갔지만 실질적으로 사무실 일로 인해 만나는 장소가 아닌
김 대표님의 개인적인 일로 만나는 자리에 저희들을 불러 소개
를 시켜주면서 우리 소속사 연예인이라고 하면서 자랑을 하는
느낌을 받았지만 제 입장에서 그런 말을 대표님에게 말을 하여
개인적인 약속 장소에는 부르지 말라고 말을 할 수가 없는 입
장이었고, 자연이 언니의 생각에 대해 정확한 것은 제가 모르겠
지만 술자리에서 제가 먼저 집에 가는 경우가 많아 다음날 자
연이 언니에게 몇 시에 집에 갔느냐고 물어보면 언니가 항상 몇
시에 갔다는 말은 하지 않았지만 싫어하는 표정 …

일곱째, 시키는 대로 하지 않을 때 김종승이 나와 주변 사람
들에게 행할 보복과 피해가 두려웠다

문 : 진술인은 보○○○○○○○ 변○○ 대표, 올○○ 고○○
대표, 조○○과 저녁식사, 술자리에 참석을 하였는데 당시 김
○○이 약속 장소에 나오라고 했을 때 거절을 하였다면 어떻게
했을 것이라고 생각되는가요.

답: 조금 전에도 말을 했듯이 작년 추석명절에 아빠가 캐나다에서 오셨을 때 제가 대전에 있을 때 김 대표님이 저녁에 나오라고 하여 아빠가 외국에서 오셨기 때문에 나갈 수 없다고 하였는데도 불구하고 계속해서 전화를 하면서 싫은 말을 하였는데 나중에 사무실에 갔을 때 사무실 직원들이 대표님이 나오라는 장소에 나오지 않아 화가 났다고 하면서 분위기가 좋지 않았고, 그 이후 김 대표님이 나오는 장소에 나가지 않을 경우 말로 표현할 수 없을 정도로 저에게 많은 피해가 왔을 것입니다.

문: 김○○의 말을 듣지 않을 경우 어떤 피해가 예상되는가요.

답: 김 대표님이 저에게 나오라는 장소에 나가지 않을 경우 계속해서 전화를 하고 문자로 연락을 하고, 만약에 약속 장소에 갈 경우 저에게 말을 듣지도 않는다고 했을 것이고, 저로 인해 사무실 직원들까지 많은 피해가 왔을 것입니다.

여덟째, 김종승 생일날에는 축하해주러 참석했고, 사전에 방송계 누구를 만난다고 했을 때는 자신의 발전을 위해 참석했지만, 자신과 관련 없는 사람들을 만나는 접대 자리에는 나가고 싶지 않았지만 어쩔 수 없이 나갔는데 그것은 김종승 대표가 잘못한 것이다.

문: 진술인은 김○○이 나오라는 약속장소에 나가기를 원해서 참석한 사실이 있는가요.

답: 김 대표님의 생일날은 축하를 해 주는 입장이기 때문에 참

석을 한 것이고, 제가 방송활동을 하는 데 도움이 된다고 하면서 미리 만나는 사람이 누구라고 하면서 나가는 경우는 제 발전을 위해서라고 판단하여 참석을 한 것이고, 그 외에 대표님이 나오라는 장소에 갔을 때 전혀 저와는 관련이 없는 사람들을 개인적으로 만나는 장소에까지 저희들을 부르는 것은 잘못되었다고 생각되고, 저 역시 가기 싫어도 계약서를 작성할 때 모든 시키는 일은 해야 된다고 하여 어쩔 수 없이 간 일이 더 많습니다.

아홉째, 전속계약서가 아니었으면 나는 또래 친구들과 놀지 접대 자리에 가지 않았을 것이다. 술자리에서 노래 부르고 춤을 추게 한 것도 김종승 대표가 잘못한 것이다.

문 : 진술인이 원하지 않은 김○○의 개인적인 약속 장소에 술좌석에 참석하지 않을 경우 계약위반으로 이어질 수 있다는 생각이 들었기 때문에 술자리에 참석하여 술 접대부도 아닌데 자신이 모르는 사람들 앞에서 노래를 부르고, 춤을 추도록 한 것에 대해 전속계약서가 작성되지 않았다면 진술인은 김○○이 시키는 대로 모르는 약속장소에 나갔다고 생각되는가요.

답 : 저 같은 경우 전속계약서가 없었다면 제 나이에 친구들과 같이 시간도 보낼 수도 있고, 그 당시 개인적인 약속이 있을 때 김 대표님이 연락이 오면 약속을 취소하고 그곳으로 갈 수밖에 없는 상황이었고, 그 당시 가기 싫은 장소인데도 불구하고 나

오지 않을 경우 저에게 피해가 온다는 것은 누구보다도 사무실 직원과 자연이 언니에게 말을 들어 어쩔 수 없이 나가게 된 것입니다.

열째, 김종승이 불러낸 술자리에서 조○천이 강제로 장자연의 손목을 끌어당겨 가슴과 허벅지를 만졌다.

문 : 장자연은 테이블 위에서 노래를 부르다가 조○○이 손목을 잡아당긴 것이 아니고 넘어지는 것을 부축하려고 한 것은 아닌가요.
답 : 테이블에서 사람이 넘어진다면 밑에 있는 사람이 부축을 하여야 하는 것이 상식이지 넘어지는 사람의 손목을 잡아당기는 것이 상식은 아니라고 생각하고 분명히 조○○이라는 사람이 자연이 언니 손목을 잡아 당기는 것을 제가 반대편에서 보았습니다.

열한째, 김종승은 약속한 생활비도 제대로 입금해 주지 않았다.

문 : 지금 들었듯이 김○○은 계약해지를 할 때 전속계약금 300만원 외 300만원은 연기학원비인지 아니면 생활비로 매월 100만원씩 4~5회에 걸쳐 법인 통장에서 진술인의 통장으로 입금을 해주었다고 하는데 맞는가요.

답:딱 한번 회사에서 제 통장으로 입금이 되었는데 계약을 하고 다음날에 30만원이 입금되었고, 그 당시 매니저에게 회사에서 30만원이 입금되었다는 말을 하면서 생활을 하는데 적은 돈은 아니라는 말을 한 기억이 나고, 그 이후 2~3개월이 지난 후에 회사에서 입금이 되지 않아 매니저에게 물어보았지만 아무런 답변이 없어 제가 활동을 하지 않으니까 입금이 되지 않는구나 하는 생각이 들었고, 제가 갖고 있는 통장 내역서를 보면 회사에서 입금한 돈에 대해 정확히 알 수가 있습니다.

이상은 윤지오가 김종승의 노동 강요에 관해 집중적으로 질문받았던 2009년 7월 8일 진술로부터 발췌한 인용문들이다. 2010년 6월 25일에 윤지오는 다시 한번 김종승에 관해 진술한다. 이때의 질문은 주로 문건에 집중되었고 김종승에 관한 진술은 오히려 부차적이었다. 이 진술에 법관이 김종승에게 유리하도록 인용할 수 있는 진술이 부분적으로 있는 것은 사실이다. 그렇다고 해서 참고인 윤지오가 가해자의 편을 드는 진술을 한 것이라고 보는 것은 부당하다. 윤지오는 앞의 2009년 진술에서는 김종승이 자신과 체결한 계약의 구조적 부당성과 폭력성에 대해 진술했고 뒤의 2010년 진술에서는 그런데도 술자리에 나가 접대하는 개개의 행동에서 직접적 압박을 받은 것은 아니라는 취지의 발언을 했다. 판결문은 후자의 발언에서 인용해서 작성되는데 이것은 윤지오 진술을 전체적으로 고려한 위에서 나온 인용이 아니다. 판사의 시각에서 판결하는

데 유용한 부분만을 요약하고 있기 때문이다. 따라서 나는 판결문에 기초하여 윤지오의 도덕성과 입장을 부정적으로 평가하고 가해자 편으로 만들고 있는 박훈의 논리는 일면적일 뿐만 아니라 전체 사실을 심각하게 왜곡하고 있는 것이라고 생각한다. 주지하다시피 이 왜곡된 논리는 이후에 언론과 SNS를 통해 무비판적으로 복제되어 유통되면서 윤지오에 대한 마녀사냥의 무기로 사용되었다.

박훈의 메아리

'윤지오 이모부'의 경우

ID '윤지오 이모부'는 유튜브를 통해 윤지오 가까이에서 윤지오를 비난하는 대표적인 네티즌이었다. 고도기술로 만들어졌으나 사실인지 주장인지 알 수 없는 내용을 제공하는 '윤지오 이모부'의 동영상을 통해 윤지오는 사생활이 까발려지고 가차 없이 찔리고 상처 입었다. 이 동영상들은 "가족"이라는 이름으로 한 인격을 말살하는 사이버 명예훼손을 무차별적으로 자행하는 콘텐츠들을 담고 있다.[1] 실업자, 비정규직으로 넘쳐나며 빈부격차가 세계 1위를 향해 치닫는 현실 때문에 대한민국이라는 자랑스러워야 할 이름을 청년 세대가 헬조선(지옥민국)으로 부르듯이 '윤지오 이모부'의 동영상들 때문에 우리는 가족이라는 포근해야 할 이름이 얼마나 잔인하고 흉포한 얼굴을 감추고 있는지를 새삼 느끼게 되었다.

가부장적 가족은 옳은 길을 가르치겠다며 가부장이나 그 대행자들이 가족 구성원들에게 무작위 린치를 가해도 공적 제

---

1. 지금은 모든 콘텐츠가 삭제되었다.

재가 잘 통하지 않는 낡은 조직적 유제이다. 민주주의와 가장 먼 거리에 있는 조직 형태가 바로 가부장적 가족이다. 게일 루빈은 『일탈』[2]에서 결혼과 가족을 기반으로 하는 친족구조의 형성이 "여성 거래"를 만들어 왔다고 말한다. 이런 생각으로부터 우리는 성접대의 기원이 다른 무엇보다도 가족 제도 그 자체에 놓여 있음을 알아차릴 수 있다.

따져 보면 윤지오와 3촌 관계일 '윤지오 이모부'가 자신의 조카 윤지오를 비난하기 위해 동영상에 사용한 인용 중의 하나가 다음의 문답이다. 여기에 인용된 진술문을 읽을 때, 묻는 사람이 윤지오에게 장자연에 관해 묻고 있는 것이 아니라 윤지오 자신의 경험에 관해 묻고 있음에 주목해야 한다. 박훈이 오해했고 '윤지오 이모부'가 오독하고 있는 것이 그것이기 때문이다.

문: 증인은 피고인 김○○이 부르는 자리에 갔다고 하였는데 피고인 김○○이 증인에게 술을 따르라거나 성접대를 하라고 강요한 사실이 있나요.
답: 그런 것은 없고, 노래를 부르거나 춤을 추게 된 것도 강압적으로 한 것은 아닙니다.

위의 것은 2010년 6월 25일 윤지오의 진술문으로부터의 인용이다. 이 인용을 '윤지오 이모부'는 다음처럼 단정적으로 해석

---

2. 게일 루빈, 『일탈』, 임옥희·조혜영·신혜수·허윤 옮김, 현실문화, 2015.

한다.

그러하다.
장자연에게 불리한 증언을 해서
장자연 유가족이 패소하는데
결정적인 역활[할]을 했다.[3]

윤지오의 위의 진술이 장자연에게 불리한 증언이었고 장자연 유가족이 패소하는 데 결정적인 역할을 했다는 것이다. 그런데 이러한 해석은 자신의 조카인 윤지오에게 치명적으로 불리한 해석이고 장자연에 대한 가해자들에게 결정적으로 유리한 해석이다. 바로 이런 해석이 가해자들과 권력자들의 폭력과 불의를 고발하는 윤지오의 증언 신빙성을 떨어뜨려 그들을 "법 위의 세력"으로 재옹립하는 데 결정적 역할을 했기 때문이다.

5월 20일 게시된 이 유튜브 동영상의 주장은 그 내용에서 보면 약 한 달 전인 2019년 4월 17일 변호사 박훈이 올린 페이스북 주장의 동영상 버전이고 그 주장의 메아리에 지나지 않는다. 나는 「박훈 변호사는 어떻게 윤지오의 진실을 가려버렸나?」[4]

---

3. 인용구는 동영상의 유튜브 자막. [ ] 속은 인용자의 수정. 이 인용구가 포함된 동영상은 「윤지오 사기극의 서막 #1. 내가 무언가 가진 것처럼 만들어라」라는 제목을 달고 있다. 이 제목의 앞부분("윤지오 사기극")이 서민의 책에서 제목으로 이용되었다.
4. 이 책 60쪽 이하 「박훈 변호사는 어떻게 윤지오의 진실을 가려버렸나?」를 참조하라.

에서 박훈의 주장이 얼마나 일면적이고 왜곡된 주장인지에 대해 검토했다.

이 점을 고려하면서 다시 인용문으로 돌아와 보면 '윤지오 이모부'의 주장은 인용된 그 문답에 대한 잘못된 독해이며 사실에 대한 곡해이고 윤지오에 대한 무고이다. 왜 그런가?

'윤지오 이모부'의 유튜브 속도와 그가 짜놓은 프레임을 따라가지 말고 질문과 답을 다시 꼼꼼히 살펴보자. 정확한 이해를 위해 진술문에서 ○○로 비워둔 복자覆字를 채워 넣도록 하자.

> 문 : 증인은 피고인 김종승이 부르는 자리에 갔다고 하였는데 피고인 김종승이 증인에게 술을 따르라거나 성접대를 하라고 강요한 사실이 있나요.
> 답 : 그런 것은 없고, 노래를 부르거나 춤을 추게 된 것도 강압적으로 한 것은 아닙니다.

여기서 증인은 누구인가? 당연히 윤지오다. 질문자는 윤지오에게, "김종승이 당신에게 술을 따르라거나 성접대를 하라고 강요한 사실이 있나요?"라고 묻고 있다. 다시 말해 장자연에 대해서 답할 자리가 아니라 윤지오 자신의 경험에 대해 답해야 할 자리이다. 그래서 윤지오는 "강압이 없었다"고 답한다. 그런데 박훈과 '윤지오 이모부'는 이것이 윤지오가 마치 장자연의 경험에 대해 진술한 내용인 것처럼 곡해한다. "장자연에게 불리한 증언"을 했다는 비난이 그것이다.

조금 더 나가보자. 여기서 질문자는 술을 따르라(술접대)와 성접대의 차이를 무시하면서 그냥 나열적으로 묻고 있다. 하지만 양자는 큰 차이가 있으므로 구분해야 한다.

윤지오가 성접대를 강요받은 사실이 있는가? 윤지오는 출판물로 된 『13번째 증언』을 비롯한 지금까지의 여러 차례의 증언에서 일관되게 김종승으로부터 성접대를 자신이 강요받은 적은 없다고 진술한다.[5] 그러므로 윤지오가 성접대 강요를 받은 적이 없다고 말하는 것은 있는 그대로의 사실을 말하는 것이지 유불리를 따진 이해타산적 진술이 아니다.

박훈과 '윤지오 이모부'는 이 문답에서 윤지오가 가해자 편을 들었다고, 즉 장자연과 유가족에게 불리한 진술을 했다고 말한다. 이런 말은, 질문자가 윤지오에게 그 자신의 경험을 묻는 이 문답 과정에서 윤지오가 장자연과 그 유족에게 유리하도록 하기 위해, "자신이 성접대 강요를 받은 적이 있다"고 답했어야만 했다고 주장하는 셈이다. 요컨대 윤지오가 위증을 해야 했다는 것이다. 이것은 박훈과 '윤지오 이모부'가 윤지오에게 사후적으로 위증교사僞證敎唆를 하는 것과 다를 바 없다.

다음으로, 술을 따르라고 강요받은 적 없다는 말("그런 것은 없다")은 말은 어떤 의미인가? 윤지오는 2009년 7월 8일 진술에서 김종승이 직원을 폭행하는 것을 보았고, 40여 회 정도 술자

---

5. 이 책에서 윤지오는, "성접대"(?) 제안은 오히려 더콘텐츠를 나온 후, 모 드라마 제작자로부터 은밀하게 받은 바 있는데 그것을 거부하였다고 썼다.

리에 불려 나간 적이 있다고 진술했다. 자신은 술접대 자리에 나가고 싶지 않았지만 억지로 나갔다고 진술했다. 장자연도 술자리에 남아 있는 것을 싫어하는 표정이었다고도 말했다. 하지만 윤지오는 그것이 김종승의 직접적 강압(예컨대 폭언, 폭행, 협박)이었다고 말하지는 않는다. 이미 한 번 인용한 적 있지만 중요한 대목이므로 다시 한번 옮겨보자.

문 : 진술인과 장자연은 김○○의 개인적인 약속 장소에 나가게 된 것은 김○○의 폭행, 협박에 의해 참석을 한 것인가요.

답 : 김 대표님이 때리거나 나오지 않으면 어떻게 한다는 말은 하지 않았지만, 제가 대전에 있을 때 아빠가 외국에서 온 적이 있는데 김 대표님이 약속이 있다고 하면서 올라오라고 하였지만 제가 사정 이야기를 했음에도 불구하고 계속하여 오라고 했지만 제가 가지 않은 일이 있는데, 그 후 제가 사무실에 갔을 때 사무실 언니들이 약속 장소에 나오지 않아 대표님이 화가 많이 났다는 말을 들었고, 그 외 김 대표님은 운전을 하는 비서들이 말을 듣지 않으면 폭언을 하면서 발로 걷어차는 등 맞지 않은 사람은 없을 정도 피해를 많이 보았기 때문에 김 대표님이 나오라는 장소에 나가지 않을 경우 저도 피해를 보겠지만 저로 인해 사무실 직원들까지 피해가 올 것 같고, 한편으로 전속계약서에 김 대표님이 시키는 일을 저 개인적인 용모가 있어도 거부를 할 수 없는 입장이기 때문에 참석을 하게 된 것입니다.

문 : 그렇다면, 김○○에게 진술인은 폭언, 폭행 협박을 받고 약
속 장소에 나간 경우가 있는가요.
답 : 김 대표님이 욕을 하거나, 때리거나, 나오지 않을 경우 어떻
게 한다는 말은 하지 않았지만 제가 소속사와 계약이 되었기
때문에 나가지 않으면 피해가 올 것 같아 참석을 한 것이지 제
가 좋아서 참석을 한 것은 아닙니다.

윤지오의 진술 취지를 요약하면 다음과 같다. 김종승은 술
접대 자리에 나오라면서 자신을 폭언하거나 폭행하지는 않았다.
즉 강압하지는 않았다. 그럼에도 불구하고 자신은 그 자리에 억
지로 나가지 않을 수 없었다.

왜 그랬을까? 윤지오는 그 답을 명확하게 제시한다. 자신이
"소속사와 계약이 되었기 때문에 나가지 않으면 피해가 올 것 같
아 참석한 것"이다. 지극히 자연스럽고 합리적인 답변이다. 윤지
오는 계약에 의한 경제적 압력과 폭언, 폭행, 협박과 같은 인신적 강압을
정확하게 구별하고 있다. 이것은 맑스가 자본주의적 강제와 노
예제나 봉건제와 같은 전前자본주의적인 강제를 구분할 때 사
용한 개념범주이기도 하다. 강탈을 위해 전前자본주의에서는 인
신적 비경제적 강제가 사용되지만, 자본주의에서는 경제적 강
제가 사용된다. 이것을 구분하지 못함으로써 "직접적인 인신적
강제가 없었다"는 말을 곧장 "강제가 없었다"는 말처럼 독해하
고 있는 것은 오히려 (사회주의자를 자처하는) 박훈과 (정치적
경향으로는 거의 박훈의 반대편에 서 있는 것으로 보이는) '윤지

오 이모부'로 보인다.

박훈과 '윤지오 이모부'는 유가족에게 유리하도록 하기 위해서는 윤지오가 2010년의 진술 문답에서 "강압에 의해 술접대를 받았다"고 거짓말을 해야 했다는 암시를 남긴다. 이러한 암시가 혹시 윤지오에게 경제적 압력이 있었으니 인신적 강압이 있었던 것이라고 말했어야 옳다는 것일까? 설령 그런 의미라 할지라도 경제적 압력과 인신적 강압에 대한 이러한 혼동은 앞서 말했듯이 윤지오에게 결과적으로 위증을 교사하는 것과 다를 바 없다. 이들에 비해 윤지오는 사태를 훨씬 더 명확하게, 있는 그대로 보며 자신이 본 바의 사실을 자신의 생각에 따라 진술한다.

그 진술이 정말 장자연에게 불리한 진술이었고 장자연 유가족이 패소하는 데 결정적 역할을 한 것인가?

1심 판사는 윤지오의 진술로부터 '김종승이 장자연을 폭행 협박하여 식사나 술자리에 참석하도록 강요하였다거나 술접대를 강요하였음을 인정하기에 부족하며 성매매를 알선하였음을 인정할 만한 증거가 없다'는 생각을 끌어냈고 이 이유로 성매매 알선에 대해 혐의없음과 불기소 처분을 하고 욕설과 폭행만 인정해 700만 원을 배상하라고 판결했다.[6]

물론 유가족으로서는 불만스러운 판결일 것이다. 그러나 판사의 그러한 판결과 처분을 윤지오의 진술 책임으로 돌릴 수

---

6. 엄밀히 말하면 이것은 박훈이나 '윤지오 이모부'가 말하는 유가족 측의 패소가 아니라 부분 승소다.

있는가? 결코 아니다. 윤지오는 있는 그대로의 사실과 그에 대한 자신의 생각을 진술했다. 이 진술은 2009년에서 2010년까지 큰 흐름에서 일관된다. 이 진술로부터 어떤 판결, 어떤 처분을 이끌어내는가는 판사의 법률적 판단과 사법 의지에 달려 있게 된다.[7]

1심 판사는 이러한 진술로부터 술접대, 성접대 강압에 대한 무혐의라는 판결을 이끌어냈다. 만약 1심 판사가 피고 김종승에 대한 처벌 의지가 있었다면 당시 노동계약의 불공정성을 상세하게 진술한 위의 2009년 윤지오의 진술이나 2010년 "성상납을 강요"한 사람들의 리스트에 대한 진술[8]로부터 김종승과 장자연 사이의 노동계약의 불공정성을 확인하고 이 불공정 노동계약으로 인해 장자연이 술접대와 성접대를 사실상 강요당했음을 밝히면서 장자연이 당한 피해에 대한 높은 손해배상금을 청구하는 길 같은 것이 얼마든지 열려 있었다고 할 수 있다. 1심 판사는 윤지오의 진술로부터 몇몇 구절을 뽑아내 명백하게 가해자에게 유리한 판결을 내렸다.

이러한 점은 이 사건의 2심 판결이 1심 판결을 뒤집는 것에 의해서 입증된다. 아래에 이 사건 2심 판결 내용에 대한 5년 전

---

7. 한국의 경우 헌법 제103조 "법관은 헌법과 법률에 의하여 그 양심에 따라 독립하여 심판한다"는 자유심증주의 조항에 따라 법관의 주관적 판단에 상당한 여지를 허용하는 국가이다. 물론 판사의 심증 자유는 증거의 증명력에 한정되며 증거의 증거능력을 침범할 수는 없다.
8. 이에 대해서는 뒤에서 다룬다.

의 보도기사가 있다.

2009년 스스로 목숨을 끊은 배우 장자연 씨가 소속사 대표로
부터 접대를 강요받은 사실이 민사소송을 통해 법원에서 처음 인
정됐다. 서울고법 민사합의10부(김인욱 부장판사)는 장 씨의 유
족이 소속사 대표였던 김 모 씨를 상대로 제기한 손해배상청
구 소송에서 "김 씨는 유가족들에게 2400만 원을 지급하라"고
판결했다고 12일 밝혔다. 신인배우였던 장 씨는 "연예계 생활이
힘들다"는 내용의 유서를 남기고 세상을 떠났다. 장 씨가 숨진
뒤 그가 성상납 등을 강요받았다는 내용의 '장자연 문건'이 유
출됐고, 장 씨의 가족들은 김 씨가 장 씨에게 술자리 접대 등을
강요하고 수차례 폭행하며 욕설을 한 것이 자살 원인이 됐다며
소송을 제기했다. 1심은 욕설과 폭행만 인정해 700만 원을 배
상하라고 판결했다. 2심 재판부는 접대 강요까지 인정하며 배상액을
높였다. 재판부는 "장 씨가 접대 장소에 나간 것은 김씨의 요구나 지시
에 의한 것이지 장 씨의 자유로운 의사만으로 이뤄졌다고 보기는 어렵다"
고 밝혔다.[9]

2심 재판부가 접대 강요를 인정하는 근거는 윤지오의 2009
년 7월 진술 내용에 의거하고 있다. 윤지오는 당시 시키는 대로

---

9. 장은교, 「고 장자연 '접대 강요' 법원서 첫 인정」, 『경향신문』, 2014년 10월 12
일 수정, 2020년 2월 13일 접속, http://bit.ly/2wz9j3T.

하지 않으면 "보복이 두려웠기 때문"에 어쩔 수 없이 접대 장소에 나갔고, "가기 싫어도 계약서를 작성할 때, 모든 시키는 일은 해야 된다고 하여 어쩔 수 없이 간 일이 더 많"고, "전속 계약서가 없었다면" 같은 나이 또래의 친구들과 함께 시간을 보내고 싶었다고 진술했다.

앞에서, 뒤로 미뤄둔 또 하나의 중요한 진술이 있다. 유가족이 제기한 장자연 관련 성매매 알선(성상납, 성접대 강요) 혐의와 관련하여 윤지오가 동일한 진술조서에서 그것을 입증할 수 있는 중요한 증언을 했다는 것이다. 그것이 바로 이른바 "장자연 리스트"에 관한 윤지오의 진술이다.

윤지오가 이 증인신문에서 "사람별로 피해사실이 적혀 있었나요?"라는 판사의 물음에 "피해사실이 적혀 있는 것도 있고, 성함과 성상납 강요를 받았다고 기재되어 있는 것도 있었고, 어떠한 장에는 성함만 기재되어 있으면서 어떠한 언론사에 누구, 어디 무슨 사의 누구라는 식으로 기재되어 있는 것도 있었습니다"라고 답한 것이 바로 이때이다. 윤지오의 이러한 진술이 나오는 곳은, 박훈과 유튜브 계정주 '윤지오 이모부'가 술접대와 성상납에 대한 강요를 윤지오가 부인함으로써 가해자의 편을 들었다는 그릇된 해석을 끌어내고 있는 바로 그 진술서의 뒷부분에서임이 주목되어야 한다. 박훈과 '윤지오 이모부', 그리고 1심 판사는 모두 윤지오의 진술 내용 중에서 자신의 주장과 배치되는 것은 무시하고 자신의 주장을 뒷받침할 만한 것만을 선별하고 있고 그것마저도 오독하고 있는 것이다.

그런데 1심 판사는 논외로 하고 오늘날 변호사인 박훈, 윤지오의 삼촌인 이모부가 이 명백한 진술을 무시하고 윤지오를 비난하기에 급급한 이유가 무엇일까? 그것은 이들이 윤지오가 거짓말쟁이라는 선입견[10], 즉 눈에 낀 백태白苔 때문에 장자연 리스트(리스트 증언 조서)에 관한 윤지오의 증언을 사실로서 받아들이지 않고 있기 때문으로 보인다.

그런데 윤지오는 자신이 성접대(성상납)를 강압 받은 바는 없지만, 장자연이 "성상납을 강요받았다"고 쓴 장자연 리스트(리스트 증언 조서)를 보았다고 함으로써 장자연에 대한 성접대 강요가 있었음을 증언했다. 이것은 재판에서 유가족에게 결정적으로 유리한 진술이다. 이것을 통해 우리가 알 수 있는 것은, 윤지오가 결코 장자연이나 장자연의 유가족에게 불리한 진술을 하지 않았으며 오히려 유리한 진술을 했다는 사실이다.

그런데 "장자연 리스트는 없었다"고 주장하는 사람들과 그 주장의 영향에 좌우되는 사람들이 윤지오에게 어떤 식의 비난을 퍼부었는가? 하나는, 지금까지 우리가 살펴본 것처럼, 윤지오가 성접대에 대한 김종승의 강요가 없었다고 진술하여 장자연과 유가족에게 결정적으로 불리한 판결을 가져온 배신자라고 비난하는 것이다. 이것은 윤지오로부터 장자연 사건의 증언자로서의 자격을 박탈하는 놀라운 효과를 가져오는 술책이다. 그런데

---

10. 나는 이 선입견이 윤지오의 진술 신빙성을 떨어뜨리려는 가해권력의 이해관계에 따라 형성되어 다른 사람들에게 밈(meme)처럼 주입되고 전파된 것이라고 본다.

윤지오는 자신에게 김종승이 성접대를 강요한 바는 없지만, 고 장자연이 문건과 리스트에서 성접대를 강요받았다고 쓴 문구를 보았다고 답함으로써 명확하게 유가족에게 유리한 진술을 남겼다. 1심 판사, 박훈, 윤지오 이모부가 이 사실을 보지 못하고 있을 뿐이다.

이 비난과 모순되는 또 하나의 비난이 있다. 윤지오가 장자연이 성접대를 강요당했다고 리스트에 썼다고 말하면서 자신은 성접대를 강요받지 않았다고 함으로써 고인이 된 장자연과 그 유가족을 모독한다는 것이다. "유가족에게 불리한 진술을 했다"는 박훈과 '윤지오 이모부'의 비난은 장자연이 "성접대를 강요당하지 않았다"고 윤지오가 말했다는 비난이었다. 이 비난에 대해 "윤지오는 장자연이 '성접대를 강요당했다'는 문구를 보았다고 말했다"고 바로잡아 주자, 그렇게 말하는 것은 장자연과 유가족을 모독하는 진술이라고 대응하는 것이다. 한편에서는 윤지오가 '성접대에 대한 강요를 부인했다'고 비난하고 이 비난이 근거가 없음이 밝혀지면 다시 윤지오가 '성접대에 대한 강요를 인정했다'고 비난하는 것이다. 이 비난들이 이렇게 양립 불가능하고 이중구속double bind적이라는 것은 그 비난들이 사실에 기초하지 않은 비난, 비난을 위한 비난임을 증명하는 것이지 않을까? 진술증거와 증언조서를 무시하면서 임의의 상상과 판단에 따라 왔다 갔다 하는 이들의 태도와는 별개로, 사실은 다음과 같은 한 문장으로 수렴된다. 김종승은 윤지오에게 성접대를 강요하지 않았고 장자연에게는 성접대를 강요했다.

박준영 변호사의 뇌국소론적 기억론 비판

윤지오는 10년 전 조서에서 경찰의 마약 관련 질문에 대해 "모른다"라고 대답했다.

문 : 김(종승)이가 자연이 친언니(장○○)에게 전화를 하여 동생과 같이 마약을 했다고 하면서 가만히 있지 않겠다고 하였는데, 마약은 어디에서 어떻게 하였으며, 장(자연)에게 피해를 준 사실에 대해 알고 있는가요?

답 : 어디에서 마약을 했는지 모르고 (장자연) 언니에게 피해가 있는지 모릅니다.

그런데 10년 후인 2019년 3월 29일 KBS 1TV〈거리의 만찬〉에서 윤지오는 이렇게 말한다.

언니는 술을 솔직히 잘 못 마시는데 별로 안 마셨는데…술 취한 상태에서 하는 행동이 아니었어요. 그때는 (제가) 술을 안 마시니까 몰랐는데 지금 생각해보면 술이 아닌 무언가 있었던 걸 마셨던 거 같고….

2019년 6월 21일 방영된 SBS 〈궁금한 이야기 Y〉(이하 〈Y〉)는 이 두 진술을 비교하면서 윤지오의 2019년 3월 진술을 사적 목적을 위한 거짓말이라는 프레임 속에 집어넣는다. 나는 이 프레임 자체가 허구적이고 정치적 목적에 따른 음해의 성격이 짙다고 비판한 바 있지만[1] 여기서는 그 비교를 위해 사용되는 기억 이론이 잘못된 것이라는 점을 증명하려 한다. 다시 말해 마약과 관련하여 10년 전의 윤지오가 "모른다"라고 했던 것을 지금의 윤지오가 기억할 수 있는 이유에 대해 밝히려 한다.

여기에 〈Y〉에서 편집된 문답이 있다.

해설자 : 검찰과거사위원회가 시작하기 전까지 총 13번의 증언을 한 윤지오 씨, 그때 하지 않은 얘기를 지금 하게 된 이유는 뭘까요? 10년 전의 윤지오와 지금의 윤지오, 누구의 말이 진실에 더 가까울까요?

박준영 : 사람의 기억은요 갈수록 흐려지기 마련입니다. 10년이 흘렀잖아요. 또 10년이 흘러 그 긴 세월 흐르는데 더 생생하게 얘기한다는 거 자체가 모순입니다. 그리고 그 10년이 흐르는 과정에서 어디 이 상황에 대한 진술을 다른 데서 했다면 또 모르겠습니다. 하지 않다가 지금에 와서 한다는 것도, 그 지금에 와서

---

1. 「SBS, "악플러보다 더한 사람들"」, 이 책 422쪽.

하는데 또 자신의 어떤 개인적인 목적이 또 보이는 상황이라면 더더욱 그 진술은 믿기 어려운 거예요.

〈Y〉는 두 가지 문제를 제기한다. 하나는 (1) "10년 전 윤지오와 지금의 윤지오, 누구의 말이 진실에 더 가까울까요?"이다. 이것은 기억과 진실의 문제다. 또 하나는 (2) "윤지오가 10년 전에 하지 않은 얘기들을 하는 이유가 뭘까?"이다. 이것은 윤지오의 사익추구를 입증할 목적으로 프로그램된 질문인데 내가 보기에는 이 질문들이 도리어 SBS의 진짜 사적인 목적을 감추고 있는 것으로 보인다.

여기서는 위의 (1)의 질문 방식의 허구성을 드러냄으로써 (2)의 질문의 근거를 자동 해체하는 방법으로 글을 서술하고자 한다. (1)의 질문에 대한 응답자는 변호사 박준영인데 그는 "사람의 기억은요 갈수록 흐려지기 마련입니다. 10년이 흘렀잖아요. 또 10년이 흘러 그 긴 세월 흐르는데 더 생생하게 얘기한다는 거 자체가 모순입니다"라는 식의 논리를 편다. 시간이 흐르면 기억이 흐려진다는 것을 확고한 진리처럼 주장하는 것이다. 결론부터 이야기하면 이것은 낡은 뇌국소론적 기억론으로 지금까지 과학주의자들이 흔히 내세워온 기억론이다. 이러한 기억론은, 기억이 뇌의 특정한 장소에 보존되었다가 상기되는 것으로 이해한다. 컴퓨터의 하드디스크(기억장치)에 저장된 정보가 특정한 명령을 받아 화면에 디스플레이되는 것과 인간의 기억 현상을 동일시하는 것이다. 이들의 관점에서 하드디스크와 뇌 사이에 차이가 있다면 후자는 아날로그이기 때문에 시간의 영향을 받고 시간이 흐를수록 기억이 흐려지게 된다는 것이다. 원본을 복사하고 그 복사본을 다시 복사하고 하는 식으로 복사를 거듭하면 시간이 지날수록 복사본이 흐려지는 것과 유사하게 말이다.[2] 하지만 이러한 기억이론은 데자뷔 현상이라거나 실어증을, 혹은 성폭행당한 기억이 시간이 한참 지난 뒤에 원래보다 훨씬 더 선명하게 떠오르는 현상 등을 설명할 수 없다.

베르그송은 『물질과 기억』[3]에서 과학주의자들의 이러한 뇌 국소론적 기억론의 오류를 비판한 후 자신의 다른 기억론, 생명론적 기억론을 전개한다. 그에 따르면 개인의 모든 경험은 뇌가 아니라 "지속의 우주"(즉 시간)에 순수기억으로 저장된다. 뇌는 그 순수기억으로부터 현재의 행동에 필요한 것을 이미지 기억으로 호출하고 불필요한 것은 순수기억 속으로 (다시) 망각한다. 그러므로 망각은 흐려지는 것이 아니라 행동에 필요하지 않은 기억이라서 순수기억 속으로 잠재되는 것이다. 이미지로 상기되고 지각되는 것은 행동에 필요한 것이다. 기억은 박준영 변호사가 생각하듯 시간의 기계적 순서를 따라 흐려져 가는 것이 결코 아니라는 것이다. 아무리 오래된 기억도 행동의 절박한 필요가 제기될 때는 뇌로 선명하게 호출되어 가능한 행동의 대상인 지각을 구성하면서 행동을 준비한다. 일상에서 우리는 타자

---

2. 이러한 기억론의 원조인 플라톤은 복제가 거듭될수록 원본 실재로부터 멀어진 시뮬라크르 이미지가 나온다고 보았다.

3. 앙리 베르그손, 『물질과 기억』, 박종원 옮김, 아카넷, 2005.

의 폭언이나 폭행을 당시에는 충분히 지각하지 못하고 또 그 후에도 제대로 기억하지 못하다가 어떤 순간, 어떤 계기를 만나 그 타자의 말이나 행동이 원래보다 더 구체적으로 상기되면서 뒤늦게 견딜 수 없는 모독감에 울화가 치밀어 오르는 경우를 경험한다. 법률에서 공소시효라는 것이 비록 소멸 시기가 있다 하더라도 꽤 장기적인 기간을 유효기간으로 두고 있는 것은 이러한 상황(즉 현장에서 지각하지 못하고 상당 기간 기억하지 못해서 적절하게 사법적 행동으로 대응하지 못하는 상황)에 법률적으로 대처하기 위한 장치라 볼 수 있을 것이다.

박준영 변호사의 기계론적이고 과학주의적인 기억 개념에는 맞지 않는 기억, 10년이 지나도 흐려지기는커녕 더 선명해지는 기억들이 있다. "술 반 잔도 채 마시지 않은 상태에서 온몸에 힘이 풀리고 동공에 초점이 없는" 장자연의 모습에 대한 기억이 바로 그 예이다. 윤지오는 장자연의 이러한 모습을 보았지만 22살의 사회초년생으로서 그것을 "언니가 술이 약한가 보다"로 지각했다. 그러므로 경찰이 장자연이 마약을 한 장소, 장자연이 마약으로 인해 입은 피해에 대해 질문받았을 때 "모른다"고 한 것이다. 이것은 옳으며 또 진실한 진술이다.

그 후 윤지오는 사회 경험을 쌓아 가면서 장자연의 그 모습이 술 취한 상태에서 보이는 모습[행동]이 아님을 깨닫게 된다. 그것은 그가 캐나다에서 생활하면서 마약을 한 사람들의 모습을 볼 기회를 가졌기 때문이다. 그래서 윤지오는 10년이 지난 오늘에 와서 "그때는…몰랐는데 지금 생각해보면 술이 아닌 무언가 있었던 걸 마셨던 거 같고…"라고 하는 것이다. 이것은 순수 기억 속에 잠겨 잠재되어 있던 장자연의 모습("온 몸에 힘이 풀리고 동공에 초점이 없는 상태")이 이미지 기억으로 상기되는 것이다. 윤지오는 지금 상기된 기억 속의 장자연의 모습이 마약을 강제로 주입 당한 것이 아닌가 추론하게 된다. 그러므로 이 진술 역시 윤지오에게는 10년 전에 마약 한 장소나 마약이 끼친 피해에 대해 "모른다"고 했던 것만큼이나 진실한 것이다.

그러므로 "10년 전 윤지오와 지금의 윤지오, 누구의 말이 진실에 더 가까울까요?"라고 묻는 〈Y〉 해설자의 양자택일적 물음[4]은 동등한 진실 가치를 갖는 윤지오의 두 진술 중 어느 하나만을 선택하고 나머지 하나를 버리도록 시청자에게 강요한다. "10년이 흘렀잖아요. 또 10년이 흘러 그 긴 세월 흐르는데 더 생생하게 얘기한다는 거 자체가 모순입니다"라는 박준영 변호사의 응답은 낡은 국소론적 기억이론에 입각하여 이 양자택일의 폭력을 뒷받침하는 데 사용되는 거짓 도구에 불과하다. 그 주장 자체가 진실 가치를 갖지 않는 허구적 주장이기 때문이다. 10년이 지나도 더 선명해지고 생생해지는 기억이 있을 수 있다. 그럼에도 불구하고 박준영의 이런 일면적 주장이 대중매체를 매개로 윤지오의 진실한 진술의 신빙성을 떨어뜨리는 무기로 사용되었고 또 효과를 발휘했다.

다른 한편에서 박준영 변호사의 이러한 주장은 그가 생명이

---

4. 해설자가 두 가지를 배타적 이접(exclusive disjunction) 관계에 놓는 것이다.

무엇인가, 생명과 물질의 차이가 무엇인가에 대해 전혀 이해하지 못하고 있음을 뜻하기도 한다. 물질은 엔트로피 법칙의 지배를 받는다. 즉 시간이 흐를수록 산란도가 높아진다. 예컨대 쌓아 놓은 둑은 시간이 흐르면 서서히 해체된다. 그런데 기억도 그럴까? 그렇지 않다. "시간이 흐르면 기억도 흐려진다"는 박준영 변호사의 기억에 대한 일반이론은 생명현상에는 해당되지 않는다. 그 이론은 생명현상인 기억을 물질현상으로 오인함으로써 발생하는 허구적 이론이다. 그의 생각과는 달리, 생명은 물질과 같은 것이 결코 아니다. 생명은 물질과 달리 엔트로피 법칙을 거스른다. 생명은 산란해진 것들에 다시 질서를 부여하는 힘이다. 행동하는 생명체들은 시간이 흐르면 모든 것이 흐트러지고 흐려지는 물질과는 달리 더 큰 힘, 더 큰 선명함으로 과거의 체험을 호출하여 상기하고 그것을 가능한 행동의 계획들 속에 삽입하여 새로운 질서를 구축하곤 하기 때문이다.

따라서 10년 전에 마약과 관련해 모른다고 답했고 10년 후 마약과 관련되었을 수 있는 어떤 모습을 기억한다고 말하는 윤지오의 두 진술을 모순으로 규정하는 것은 생명현상에 대한 폭력행사이며 생명 존재인 인간 윤지오에 대한 몰이해의 표현이다. 두 진술의 내용이 다름에도 불구하고 그것들은 그 자체로 생명체인 인간이 시간 속에서 경험하는 진실의 양태들이다. 그럼에도 불구하고 증언자 윤지오의 두 진술을 상반된 것, 모순되는 것으로 단정하고 현재의 진술을 거짓으로 규정함으로써 윤지오를 사적 목적으로 장자연의 죽음을 이용하는 자로 만들어

내는 행위[5]는 폭력이다. 그리고 그것은 물질적 시간만을 유일한 시간으로 강요하는 사유폭력이다. 이러한 폭력을 사용하여 시간을 증언하는 증언자를 사기꾼으로 조작하는 행위야말로 사람들을 기망하는 집단적 사기일 수 있다. SBS와 박준영 변호사가 두 진술이 모두 진실일 수 있을 가능성을 배척하고 윤지오를 거짓 증언자로 묘사한 것은 거짓 선동이다. 나는 한국 사회가 인간 윤지오의 증언에 귀 기울일 수 있는 전환점이 너무 늦지 않게 도래하기를 진심으로 바란다.

---

5. 그것을 박훈과 최나리는 "사람들을 기망하여 재물을 편취하는 사기"라고 불렀다.

2장
증언을 거짓말로 만들어라

김용호의 거짓말

홍가혜에서 윤지오로

 김수민의 폭로 문건이 나오기 하루 전날인 2019년 4월 15일 좌파언론에 맞서 싸우는 투사를 자처하는 유튜버 김용호 연예부장이 「윤지오의 거짓말」이라는 제목의 유튜브 방송을 했다는 사실에 주목할 필요가 있다.[1] 이날의 방송에서 김용호는 김수민을 직접 거론하지는 않지만, 박훈 변호사의 페이스북, 김대오 기자의 말을 이용하면서 자신의 주장을 펼친다. 그것의 요지와 그것의 진실성 여부를 하나하나 살펴보자.

 (1) 누가 그녀를 위협한다는 것인지 윤지오는 밝히고 있지 않다. 윤지오의 목숨을 노리는 사람은 없다.

 윤지오가 사회 각계 권력자들의 이름이 나열된 장자연 리스트가 있다고 증언했고 기억나는 네 사람의 이름을 과거사진

---

1. 「[연예부장LIVE] 윤지오의 거짓말」, 〈김용호연예부장 유튜브〉, 2019년 4월 15일 수정, 2020년 2월 13일 접속, http://bit.ly/3bUwhmh.

98

상조사단에서 진술한 이상, "윤지오의 목숨을 노리는 사람은 없다"고 말하는 것은 상식적이지 않다. "윤지오의 목숨을 노리는 사람이 없다"는 것을 누가 어떻게 알 수 있겠는가? 이런 말은 가해권력으로부터 항상 피해의 위협을 느끼고 있는 사람들의 감각 양식이 아니라 가해권력과 한 몸이 되어 가해권력을 선하고 안전한 힘으로 인지하는 사람의 감각 양식에 기초해서만 나올 수 있는 말이다.

> (2) 꽃 배달은 홍○근 회장이 한 것이 아니라 『머니투데이』의 기자 김건우가 한 것이다. 윤지오는 피해망상이다. 그녀는 거짓말을 했다.

윤지오가 갖고 있었던 명함과 증언으로 인해 『머니투데이』 홍○근 회장이 경찰의 수사 대상으로 오른 직후에 (아무런 메모도 없이) 배달되어온 꽃다발에서 윤지오가 두려움을 느끼고 그것이 홍○근 회장이 보낸 것으로 인식한 것은 자연스럽다. 설령 그것이 김용호의 말대로 사실과 다른 인식이라고 가정하더라도 그렇다. 힘없는 사람들은 권력자들이 자신에게 가해하지 않을까 우려하는 마음을 가짐으로써만 스스로를 최소한이나마 지켜나갈 수 있기 때문이다. 그것을 피해망상이라고 부르는 것은 정황상 자연스러운 인식을 하는 사람을 정신질환자로 모는 것이고 명예를 훼손하는 것이다. 더구나 김용호의 말을 있는 그대로 사실이라고 보기 어렵다. 하급 직원이 자신의 상사가 맞아야 할 매를 대신 맞는 경우는 한국 사회에서 허다하므로 "회장이 아니라 기자인 내가 꽃다발을 보냈다"라는 해당 신문 기자의 해명은 윤지오의 말을 거짓말이라고 단정할 어떠한 근거도 되지 못한다.

(3) 윤지오는 문건을 본 적이 없다. KBS가 보도하여 언론에 이미 공개된 타다만 문건을 보았을 뿐이며 윤지오가 리스트라고 부르는 것은 왕진진의 리스트를 짜 맞춘 것에 불과하다. 문건을 본 것은 김대오 기자다.

윤지오가 문건(과 리스트)을 봤다는 것은 유장호와 유가족들 모두가 일관되게 교차 진술하고 있다. 김용호가 문건을 봤다고 주장하는 김대오 기자는 김용호의 생각과는 달리 오히려 장자연 문건의 마지막 한 구절 외에는 본 것이 아무것도 없다고 스스로 수사기관과 법정에서 진술한 바 있다. 윤지오는 『13번째 증언』의 17장에서 왕진진의 편지를 자작극으로 단정하고 있으며 왕진진이 장자연으로부터 받은 것이라며 내놓은 편지도 장자연의 필체가 아니라고 기각한 바 있다. 윤지오를 (이미 사기와 조작의 달인으로 알려진) 왕진진 = 전준주와 연결하는 것은 부정적 이미지를 덧씌워 윤지오의 증언 신뢰성을 낮추려는 술수 이상이 아니다. 그런데 술수에 가까운 이러한 생각이 김용호와는 정치적 입장을 달리하는 박훈 변호사에게서 약간 변조되어 동일하게 나타나는 것은 주목할 만한 일이다.

(4) "증인[윤지오]이 피고[김종승]로부터 술을 따르라거나 성접대를 하라고 강요받은 적 있나요?"라는 검사의 질문에 "그런 것은 없고 노래를 부르거나 춤을 추게 된 것도 강압적으로 한 것은 아니다"라고 답한 윤지오는 장자연이 겪은 성접대, 성추행, 성폭력에 대해 증언할 자격이 없다.

검사의 질문은 (장자연이 아니라) 증인인 윤지오 자신이 김종승으로부터 술접대나 성접대를 강요받은 적이 있는가에 관한 질문이다. 윤지오는 그간 여러 차례의 진술에서만이 아니라 『13번째 증언』에서도 "계약"사항을 넘어선 술접대나 성접대 요구가 "자신에게"는 없었다고 말했고 또 그렇게 썼다.[2] 하지만 윤지오는 장자연이 자신과는 다른 혹은 자신이 모르는 경험을 하고 있었음을 진술했고("너는 발톱에 때만큼도 몰라") 또 장자연에 대한 술자리 강제추행에 대해서도 있는 그대로 진술했다. 김용호(와 박훈)는 장자연의 경험과 윤지오의 경험을 혼동한다. 이 혼동을 통해 이들은 윤지오를, 가해자를 편든 사람으로 묘사하고 이를 근거로 윤지오로부터 증언 자격을 박탈하려고 시도한다. 이를 통해 단 한 구절을 제외하고는 문건과 리스트를 전혀 본 적이 없다고 말한 김대오에게 장자연의 문건에 관한 증언 자격을 부여하려고 하는 것이다.

---

2. 박훈은 이 답변을 들어, 윤지오가 가해자 편을 든 인물로 오판한다. 이에 대해서는 1장 60쪽 「박훈 변호사는 어떻게 윤지오의 진실을 가려버렸나?」 참조.

(5) 유족이 문건의 공개나 이 사건의 재이슈화를 원치 않는 상황에서 윤지오가 이 문제를 들춰내는 것은 '죽음에 대한 독점', '죽음의 돈벌이'(박훈)이며 후원금을 받고 기념품을 파는 것도 이 돈벌이의 연장이다.

최근의 과거사진상조사단 재조사에 대한 유가족의 생각은 알려져 있지 않지만, 유가족이 장자연 문건의 공개를 원치 않았고 소각을 실행했다는 것은 분명한 사실이다. 하지만 한 인간이 권력자들로부터 성폭행을 당해 죽음을 선택했을 가능성이 큰 사건에서 문건을 소각하기로 결정한 유가족의 뜻이 사건의 진상규명 문제를 규정하는 결정적 권한을 갖는다고 보는 것은 가족주의 이데올로기의 표현이다. 그것은 이 경우에는 가부장적 성폭력 체제를 은폐함으로써 가해권력자들을 보호하고 새로운 피해 재발을 조장하는 결과를 가져올 수 있다. 장자연 사건이 가족 문제를 넘어 모든 사람의 명운이 걸린 국민 모두의 문제이자 세계시민의 문제로 된 이상 가족의 의사에 모든 것을 맡겨 놓는 것은 부당하다. 게다가 위의 생각에는 후원금을 받은 것이 돈벌이를 목적으로 한다는 주관적 악선동과 사건을 이용하여 기념품을 팔았다는 사실 무근의 생각까지 마구 뒤섞여 있다.

이상의 분석을 통해 우리는 김용호가 권력 편향적 감각 방식, 터무니없는 추정, 사실에 대한 그릇된 인식, 부주의한 상황

파악, 가족주의 이데올로기의 이용 등을 통해 "윤지오의 거짓말"이라는 근거 없는 거짓말을 지어내고 있음을 알 수 있다.

김용호는 2014년 4월 16일 세월호 사건 당시에도 홍가혜를 "거짓말쟁이", "허언증 환자"라고 말했던 바로 그 기자이다. 그는 트위터에 "저는 홍가혜를 수사했던 형사에게 직접 그녀의 정체를 파악했다. 인터넷에 알려진 것 이상이다. 허언증 정도가 아니다. 소름 돋을 정도로 무서운 여자"라고 말했다. 또 그는 기자 칼럼을 통해 "밑바닥 인생을 살던 홍가혜는 성공을 위해 계속해서 거짓말을 했고 다른 사람의 인생을 살았다"고 비난했다.[3]

이 말 때문에 "해경이 구조 노력을 제대로 하지 않고 있다"는 홍가혜의 긴급한 인터뷰 메시지는 거짓말로 치부되었고 메신저 홍가혜는 구속이라는 어처구니없는 대가를 치러야 했다.[4] 5년여에 걸친 재판 결과 대법원은 홍가혜의 무죄를 판결했다. 반면 김용호는 홍가혜에 대해 거짓말과 명예훼손을 한 것이 밝혀져 서울중앙지법은 그에게 1천만 원의 손해배상 판결을 내렸다.

그런 그가 홍가혜에 대한 거짓말로 메신저를 나락으로 빠뜨

---

3. 김효진, 「'당신이 믿었던 페이크' 김용호 기자, 세월호 홍가혜 사건 질문에 웃음으로 대응 "재판장에서 입장 전달할 것"」, 『뉴스픽』, 2019년 4월 16일 수정, 2020년 2월 13일 접속, http://bit.ly/2wCXiur.

4. 이 당시인 2014년 4월 21일 나는 언론과 권력의 이러한 폭력적 조작에 맞서 「홍가혜를 위한 변명 : 세월호 사건에서 정치권력의 억압테크놀로지와 언론의 매도테크놀로지에 대해」를 페이스북에 포스팅한 바 있다.(http://bit.ly/37QeBF8)

렸던 때로부터 정확히 5년 만에, 그리고 손해배상 판결의 잉크가 채 마르기도 전에 다시 표적을 바꿔 "윤지오가 성공을 위해 거짓말을 하고 있다"는 선동을 시작한 것이다. 밑바닥 인생(힘없는 사람들)과 여성에 대한 자신의 혐오증을 끝내 참을 수 없었던 탓일까? 아니면 거짓말을 통해서라도 시선을 끄는 것이 그의 생존 수법인 것일까? 그는 방송을 통해 윤지오가 또 한 사람의 왕진진일 수 있음을 암시했고 이 이미지는 여러 사람의 입을 통해 부단히 재생산되고 있다. 하지만 우리의 분석은 윤지오가 아니라 다름 아닌 김용호가 제2의 왕진진일 가능성이 오히려 높다는 것을 뒷받침해 준다.

공익신고자를 사기꾼으로 만드는 집단공작

고 장자연 씨의 억울한 죽음의 진상을 규명해 달라는 국민들의 청원을 받고 증언에 나섰던 윤지오가, 10년 전에 장자연을 죽음으로 몰고 갔던 것과 본질적으로 동일한 힘들에 의해 10년 후인 지금 겪고 있는 정치적 배제와 시민사회적 고립이라는 사건은 주목을 요한다.

내가 보기에 윤지오는, 그 자신도 말하듯, 영웅도 아니요, 사기꾼도 아닌 평범한 시민이고 국민이다. 자본주의 세상을 사는 시민들이라면 누구나 그렇듯 자부할 만한 삶의 내용을 가진 만큼이나 흠잡으려면 흠잡을 것이 있을 수 있는 보통의 사람일 것이라는 의미이다.

그런데 대한민국의 대부분 언론과 SNS 계정주, 유튜버들이 나서서 한 나라의 핵심 공직자 후보에게나 요구해 오던 청문회나 국정감사 같은 검증을, 아니 그런 것들은 비교도 되지 않을 정도로 고강도이고 폭력적인 조사를 증언자에게 강요했고, 또 시민의 자유의 영역에 속하는 사생활을 샅샅이 뒤져 그 꼬투리 하나하나를 부정적으로 뉴스화해 왔다. 국민연금을 가로챈 삼성의 분식회계나 정권 쟁탈을 위한 권력자들의 댓글 조작에는 침묵하던 사람들이 일개 시민, 그것도 증언자를 향해 '사회정의를 실현하고야 말겠다'는 짐짓 엄숙한 표정을 지으며 증언자를 난도질하고 있는 사태는 실로 유례를 찾아보기 힘든 사건이며 대한민국 사회에서 엄청난 광기가 폭발하고 있다고밖에는 달리 묘사할 언어를 찾기가 어렵다.

자신을 돌아보는 아무런 성찰적 태도 없이 서로 경쟁적으로 증언자의 삶을 낱낱이 카메라로 해부하고 자신의 가치 기준과 맞지 않는다는 이유로 주저 없이 비난하는 이 거대한 마녀사냥은 수치스럽기 짝이 없는 위선과 자기기만일 뿐만 아니라 인권을 짓밟고 국민의 기본권을 침해하는 헌법 유린 행위로서 용서받을 수 없는 중대 범죄행위에 속하는 것이 아닐까? 나는 그들이 내놓는 뉴스들이 대개는 거짓 정보와 추정으로 가득 찬 가짜뉴스였으며 센세이셔널한 관심을 부추겨 대중의 두뇌와 심장을 혼탁하게 하는 선동의 릴레이였다고 생각한다. 이런 선정적 가짜뉴스를 공공연히 허용하고 또 받아들이는 사회는 분명 건강한 사회가 아니며 제대로 된 나라가 아니다. 이것은 이 세상에 실재할 수 없는 가상의 성녀나 성자의 자격을 평범한 증언자에게 요구함으로써 실제로는 자신을 고발하는 증언(진실 말하기)을 봉쇄하고 증언하기를 두려워하도록 만들려는 권력자들의 집단공작 앞에 대한민국과 우리의 시민사회가 처참하게 굴복했음을 보여주는 뚜렷한 징표라고 나는 판단한다.

문재인 정부의 검찰 과거사위원회가 윤지오에게 증언을 요청했고 증언이 가져올 후과後果에 대한 두려움 때문에 증언하고 싶어 하지 않는 그를 설득하여 캐나다에서 한국으로 건너오게 했다. 윤지오는 새로 촛불 정부를 자임하며 들어선 문재인 정부, 촛불 대중, 그리고 미투 운동이 자신을 도와주리라 기대하면서 지금까지 10여 년간의 증언에서 사용했던 가명과 가면을 벗어버리고 실명과 실면으로 그 요청에 응하기로 했다.

그런데 10년 전인 2009년 당시 한국 사회 재계, 정계, 언론계, 법조계 권력자들이 자행한 성 착취, 성 수탈, 국가권력의 부당사용 등에 대한 약 한 달여에 걸친 증언을 끝내자마자 2019년 4월 초부터 지금까지 수개월 여 동안 언론과 여론에 의해 집단매질을 당해 캐나다로 강제 추방당했고 사기꾼이라는 올가미에 꽁꽁 묶였다. 그 결과가 무엇인가? 연예 노동자들의 노예적 실태, 권력자들의 성 착취와 성 수탈, 그리고 국가권력의 남용 등에 관한 그의 증언은 사람들의 관심 밖으로 내팽개쳐졌으며 권력자들과 그에 동조하는 사람들이 제기한 여러 건의 사법적 재판이 그의 삶을 죄어 오고 있는 것이다. 이제 대한민국은 진실 말하기가 불가능한 사회로 추락했으며 2016년에 정의의 이름으로 타올랐던 촛불도 처참하게 꺼졌다. 이제 "이게 나라냐"라는 외침조차 잦아든 캄캄한 사회가 되고 말았다.

돌아보면 125년 전 프랑스에서 일어난 드레퓌스 사건이 거의 동일한 방식으로 전개되었다. 당시 프랑스는 보불전쟁에서 독일에 패한 직후였고 독일에 패한 것에 대한 울분과 배상금을 내놓으라는 독일에 대한 반감이 더해져 대중 속에 프랑스 민족주의와 반유대주의가 비등하고 있었다. 프랑스 군부는 대중 속에 들끓고 있던 이 민족주의와 반유대주의를 이용하여 독일계 유대인 드레퓌스 대위를, 독일을 위해 일하는 간첩으로 만들었다. 프랑스 국방성 최고 장성들이 이렇게 가짜진실을 만들어 대중을 움직이고 있는 동안, 드레퓌스 대위는 무기징역을 선고받고 기아나의 악마섬에서 강요된 유배 생활을 해야 했다. 진범이 에스테라지 소령이라는 것을 알고 난 이후에도 프랑스 군부는 진실을 숨기기 위해 드레퓌스를 간첩으로 모는 여론조작과 재판 쇼를 멈추지 않았다.

나는, 장자연을 죽음에 이르게 한 것과 동일한 자본주의 가부장제 성적폐 세력이, 그리고 한국 대중 속에 들끓고 있는 여성 혐오 및 성차별주의 심성이 지금 윤지오를 사기꾼으로 조작하여 그의 증언 신빙성을 격하시키고 장자연 사회적 타살 사건과 장자연 리스트를 영구 미제로 만들고 있는 역사적이고 사회적인 진범이라고 생각한다. 그리고 윤지오 사기꾼 만들기는 그 진범들이 진실을 파묻기 위해 집단으로 공연하는 사기 조작극으로 이해하고 있다.

19세기 말 프랑스에서, 무죄를 주장한 드레퓌스의 목소리를 파묻어버린 것은 "유대인을 죽여라!"라는 프랑스 대중의 성난 목소리였다. 21세기 초 대한민국에서, "나는 사기꾼이 아니라 증언자다"라고 절규하고 있는 윤지오의 목소리를 파묻고 있는 것은 "장자연을 이용한 사기꾼을 처벌하라!"라는 대한민국 대중의 성난 목소리다. 대한민국과 전 세계의 주요 기업권력과 정치권력은 본질적으로는 각종의 사기에 의해 축적하고 집권하며 사람들에 대한 기만을 통해 나날이 연명한다. 이 점을 고려하면 증언자 윤지오를 오히려 사기꾼으로 몰고 있는 이 집단적이고 전 사회적이며 전 국가적인 사기극은 참으로 아이러니하다고 하지 않을 수 없다.

거듭 말하거니와 윤지오는 촛불정부를 자임하는 문재인 정부의 요청을 받아들여 증언에 임했다. 그런데 문재인 정부는 윤지오가 겪고 있는 부당한 공격에 침묵함으로써 가해권력들의 행동을 방조하고 있다. 대한민국의 공익신고자 보호법은 제15조 불이익조치 등의 금지 항목에서 "① 누구든지 공익신고자 등에게 공익신고 등을 이유로 불이익조치를 하여서는 아니 된다. ② 누구든지 공익신고 등을 하지 못하도록 방해하거나 공익신고자 등에게 공익신고 등을 취소하도록 강요하여서는 아니 된다"고 규정하고 있다. 윤지오야말로 국가가 불러 증언에 임한 공익신고자이다. 그런데 그에 대해 감당하기 어려울 정도의 고강도 불이익조치가 자행되어 왔다. 그 불이익 조치의 행동은 공익신고자의 인격을 공격함으로써 "공익신고 등을 하지 못하도록 방해하고, 공익신고자에게 공익신고를 취소하도록 강요하는" 행동 그 자체였다. 그런데 현 정부의 국가기관은 공익신고자가 당하고 있는 이 불이익조치를 저지하기는커녕 그것을 방조하고 있고 경찰의 경우 그 불이익 행동에 가세하는 태도를 취하고 있다. 이럴진대 앞으로 누가 법을 따르고 지키겠는가? 누가 나라를 위해 증언하려 하겠는가?

공익신고자를 사기꾼으로 만드는 집단공작에 참여하고 있는 행위자들로 표면에 드러나고 있는 것은 『조선일보』, TV조선, SBS, 『뉴시스』 등의 신문, 방송, 통신사들로 보인다. 이 기관들은 실제로 장자연 문건에 이름이 등장하거나 장자연의 소속사였던 더콘텐츠의 대주주였거나 술접대 자리에서 장자연이나 윤지오에게 명함을 줬던 사람 등이 대표나 간부로 있었고 또 있는 바로 그 언론통신사들, 즉 장자연 사건의 당사자들이라는 공통점을 갖는다. 이런 점을 고려하면, 10년 전 장자연 사건에 대해 고의적이라고 볼 수밖에 없을 정도의 부실 수사를 하고 핵심 증거를 온데간데없이 빼돌리도록 허용했던 적폐검찰과 검찰 출신 정치인들이 작금의 사태의 배후세력으로 기능하고 있을 것으로 추정하는 것은 권력 공학에 비추어 너무나 자연스러운 일일 것이다.

나는 윤지오에게 씌워진 사기꾼이라는 굴레가 터무니없이 부당한 것이라고 생각한다. 나는 그것이, 권력자들이 통신, 신문, 방송, 인터넷 등 자신이 소유하거나 통제하는 엄청난 스펙터클 기관들을 통해 사기적 방식으로 조작해 낸 가짜 정체이고 생각한다. 이 때문에 이 땅의 지식인의 한 사람으로서 나는 이렇게 조작된 가짜 정체가 어떻게 증언자의 소박한 진실을 덮어버리고 있는가를 증언하는 또 다른 증언자의 역할을 피할 수 없는 책무로 받아들인다.

대한민국의 국민들은 군부독재와 계엄군에 맞서 1980년 광주에서 세계사상 유례가 없는 항쟁의 정치공동체를 세워냈던 국민이다. 1987년 시민과 노동자들의 항쟁을 통해 아래로부터의 민주주의의 필요성을 세계만방에 역설했던 국민이다. 2002년 월드컵 응원부대가 자신을 레즈Reds라고 부름으로써 냉전시대에 미국과 그에 영합한 권력자들이 공고하게 구축해 놓았던 반공 지배 질서를 뿌리로부터 뒤흔들었던 국민이다. 2008년과 2016년의 촛불 봉기를 통해 시민사회로부터 유리된 낡고 부패한 권력을 끝내 물리친 바 있는 국민이다.

이런 역사를 고려할 때, 이 광기의 마녀사냥을 지금은 조용히 지켜보고 있는 침묵하는 다중들이, 이윤을 가져다주는 것이라면 무엇이든 집어삼키고자 하는 자본권력자들의 탐욕과 그들이 조장하고 있는 부패와 타락의 풍조를 쓸어버릴 태풍으로 일어설 날이 언젠가는 오고야 말 것이라고 생각한다.

『뉴시스』와 김수민

김수민은 세월호가 침몰된 지 정확하게 5년이 되는 날에 윤지오에 대한 장문의 고발문을 제출했다. 그것은 권력형 성폭력체제에 대한 윤지오의 증언 항해가 부딪혔던 암초였다. 윤지오호는 심각한 상처를 입고 침몰하기 시작했다. 김수민 고발장의 첫 부분은 이렇게 시작한다.

오늘의 이런 글을 써야 할 수밖에 없는 상황이 가슴이 아픕니다. 누구보다도 장자연 씨의 죽음을 아파했고 그 진실이 규명되기를 바라는 일반 국민이었으니까요.

그의 글은 증언 공통장 외부, 즉 진실규명에 반대하는 권력자들로부터의 비난이 아니라 증언 공통장 내부, 즉 진실규명을 바라는 일반 국민 내부로부터의 고발형식을 취한다. 그리고 그는 이 고발을 윤지오의 선제적 명예훼손에 대한 방어적 대응으로 위치 짓는다. 진실규명을 바라는 일반 국민의 한 사람이 자신을 지키기 위한 방어 행동으로서 "윤지오 씨의 말은 100% 진실일까요?"라고 물을 때, 그것은 결코 스쳐 지나갈 수 없는 무게를 갖는다. 왜냐하면, 윤지오의 증언은 오직 진실규명에 가치가 있다는 것 하나 때문에 온 국민과 세계시민의 이목을 끌고 있었기 때문이다.

김수민의 고발은, 2009년 사건 수사 당시 강제추행 혐의로 조○천 대신 잘못 지목되어 경찰 조사를 받은 바 있는 홍○근 회장의 『머니투데이』 계열사 『뉴시스』가 윤지오에 대한 비난 기사를 실었던 것과는 불과 열흘 정도 사이지만 사람들에게 질이 다른 것으로 받아들여졌다.[1] 윤지오의 정정 보도 요구와 법적 대응 통고를 받고 해당 비난 기사를 내려야 했던 『뉴시스』의 경우와는 달리, 김수민의 고발은 김대오 기자, 박훈 변호사의 지지와 변호를 받으면서 탄력을 받은 후 『헤럴드경제』, 『매일경제』, 『세계일보』, 『아주경제』, YTN 등을 타고 비상했고 『조선일보』, 『중앙일보』, 『동아일보』에 의해 지배적 여론으로 자리 잡았다. 이 언론 릴레이의 귀결이 "윤지오 씨의 말은 100% 진실일까요?"에서 시작하여 윤지오는 거짓말쟁이라는 이미지를 주조하는 것이었음은 이제 주지의 사실이다.

그런데 '치고 빠진'(혹은 실패한) 『뉴시스』의 가짜 보도의 내용과 김수민의 고발 내용은 놀라울 정도로 유사하다. 『뉴시스』의 위 기사의 핵심은 아래 다섯 가지다. (1) 윤지오는 장자연과

---

1. 최지윤, 「[기자수첩] '증인' 윤지오와 장자연 사건」, 『뉴시스』, 2019년 4월 8일 수정, 2019년 4월 8일 접속. (이 기사는 현재 삭제된 상태이다.)

친하지 않았다 (2) 윤지오는 고비용의 과도한 경찰 보호를 받으며 생활 중이다 (3) 윤지오는 옛날부터 유명해지는 것이 꿈이었는데 이제 장자연을 이용하여 팔로워 76만 명이 넘는 SNS 스타가 됐다 (4) 윤지오는 장자연을 이용하여 후원계좌를 열어 돈을 벌고 있다 (5) 윤지오는 거짓 증언을 했으며 그의 진술은 신빙성이 없다.[2]

작가 김수민은 『뉴시스』의 최지윤의 기사와는 거의 완전히 동일한 내용을 '윤지오는 거짓말쟁이'라는 최지윤 기사의 가해형식과는 정반대의 형식 즉 '나는 속았다'의 피해형식 속에 담는다.

> 윤지오의 순수성을 믿었고 옳은 일을 하는구나 하는 대다수의 국민들이 생각하시듯 저도 그렇게 믿었습니다만… 시간이 지날수록 지오가 하는 행위는 장자연이 안보이고 윤지오가 부각되는 행동들이었습니다. 국민청원을 하고 경호비 써야 한다며 후원계좌를 열고 그 이후 비영리 재단을 만든다며 후원을 요청하며 인터뷰를 이어가고 있습니다. 이런 윤지오의 행보를 보면서 제 자신도 속았구나를 느끼게 되었고 고인을 욕보이는 행위는 하지 말아라고 조언을 한 후 그때 말다툼 이후 인연을 끊었습니다.

---

2. 참고할 기사 : 민주언론시민연합은 이 기사에 대해 모니터하고 팩트 체크하는 비판 기사를 바로 다음 날 「윤지오를 의심하는 뉴시스에 보내는 조언」(http://www.ccdm.or.kr/xe/watch/279169)이라는 제목으로 실었다.

'나는 속았다'는 '당신은 속지 말라'는 메시지를 함축한다. 윤지오를 국민영웅, 국민여전사처럼 언론이 떠받드는 현실이 윤지오의 사기의 효과임을 암시하면서 김수민은 윤지오가 장자연을 이용하여 돈을 벌고 명망도를 높이고 있다는 『뉴시스』의 기사 내용을 다른 형식으로, 즉 자기 각성과 피해자의 형식을 통해 반복하고 국민들에게 냉정을 촉구한다.

이것이 장자연에 대한 권력형 성폭력에 대한 진실규명을 덮고 윤지오의 거짓과 사기에 대한 진실규명에 집중하자는 가해자 중심적 제안이었음이 명백함에도 그것에 실사구시적인 주의가 기울여지지는 않았다. 하지만 김수민의 이러한 고발이, 외부로부터 윤지오의 증언 신빙성을 낮추려 한 『뉴시스』의 직접적이고 선동적인 형식의 시도가 실패한 후 그것이 다른 형식으로, 즉 이른바 윤지오 협력자(김수민)의 내부로부터의 고발이라는 간접적이고 정동적인 형식으로 재개된 것임은 분명한 것으로 보인다. 김수민은 『뉴시스』와는 달리 사건 당시의 직접적인 이해당사자가 아닌 것으로 보였으며 윤지오에 대한 비난이 아니라 속은 자의 분노라는 정동을 무기로 삼았기 때문에 그 고발이 무고일 수 있다는 점은 많은 사람들에게 간과되었다.

김수민, 살아 움직이는 모순

대한민국의 국민들이 윤지오에게 청탁한 것은 오직 한 가지다. 그가 장자연의 죽음과 관련한 일련의 상황과 사태에 관해 아는 바를 사실대로 증언해 달라는 것이었다. 이 청탁과 관련해 중요한 것은 '그가 증언하는가, 하지 않는가, 그리고 증언을 한다면 어떤 증언을 하는가'일 뿐 다른 어떤 것일 수 없다. 그가 평소에 착한 사람인가 나쁜 사람인가, 돈을 밝히는가 그렇지 않은가, 이기적인 사람인가 이타적인 사람인가 등은 이 문제와 아무런 본질적 연관도 갖지 않는다. 그가 증언을 한다면 그것으로 충분하며 그것의 증언으로서의 진실성과 가치 여부는 지금까지 10여 년간 이루어진 진술들 및 다른 증거자료들과의 관계 속에서 과거사진상조사단이 다중들과 더불어 판단할 문제이기 때문이다.

이 관점에서 보면 김수민의 고발문건[1]의 의미는 일차적으로

---

1. '고발문건'이라고 보기에는 너무나 많은 편견, 왜곡, 허위사실이 포함되어 있지만, 편의상 이렇게 부른다.

는 그것이 진상조사(구체적으로는 과거사진상조사단의 판단)에 미치는 영향이라는 관점에서 파악되어야 한다. 김수민은 저 고발문건에서 증언과 관련해 세 가지를 주장한다.

(1) 윤지오는 장자연에 관해 증언할 만큼 장자연과 친하지 않았다. 윤지오가, 자기는 장자연이랑 친하지 않았다고 말했다. 어울리지도 개인적 연락도 없었다고 말했다. 장자연이 겪은 경험을 자기는 알지 못했다고 말했다.

(2) 윤지오는 장자연 문건을 본 적이 없다. 윤지오가 경찰 조사를 받는 중에 책상에 놓여 있는 문서를 우연히 봤다고 말했다. 유명한 사람들의 이름도 거기서 봤다고 말했다.

(3) 윤지오는 아무것도 모른다. 윤지오는 목숨 걸고 증언하고 있다고 말하지만, 변호사에게는 자신이 증언할 필요도 한국에 갈 필요도 없다고 말했다. 과거사진상조사단 대화 내용 캡처 보내준 것에서 윤지오는 김종승이 장자연 씨 추행한 것이나 방○○ 얼굴 본 날짜 장소 상황에 대해 아무것도 기억이 나지 않는다고 말했다.

이 세 가지 주장은 윤지오가 증언을 한다고 할지라도 그 "증언은 거짓이다"라는 주장을 함축한다. 이것은 과거사진상조사단과 사람들의 판단에 영향을 미칠 수 있는 중요한 주장임이 분명하다. 이 주장들은 모두 윤지오가 했던 말에 근거했다는 형식을 취하고 있지만, 실제로는 전언傳言 즉 소문의 형식하에서 이루어지는 고발이다. 그 전언 자체가 고발로 기능하는 것은 당시 윤지오에 대해 알려져 있는 사회적 앎과 그 전언이 충돌하는 효과 때문이다. 그러므로 김수민이 전하는 말이 그 사회적 앎을 바꾸어야 할 만큼의 진실성을 갖는지가 검토되어야 한다.

첫째는 장자연과 윤지오의 친밀성 문제다. 친밀성 문제는 중요한 의미를 갖는다. 증언은 그 자체가 힘든 노역이거니와 특별히 장자연 사건에서처럼 영향력 있는 권력자들이 고인의 죽음과 연관된 것으로 이미 드러난 사건에서 그 권력자들의 언행에 대해 증언한다는 것은 특별히 어려운 일이다. 윤지오는 장자연 사회적 타살 사건의 직접적 피해자도 가해자도 아니기 때문에 그가 위험한 증언을 무릅쓰고 한다면 거기에도 진실규명이라는 시민 일반적 동기 외에 고인과의 친밀성 동기가 중요한 특수동기로 작용하고 있다고 인정될 수 있기 때문이다. 이 점에 관해 윤지오는 이미 여러 차례의 진술에서 소속사인 더콘텐츠 엔터테인먼트에서 나오기 전과 후로 나눠 그 친밀성의 강도에 변화가 있었음을 밝힌 바 있다. 소속사에서 나오기 전에는 친자매보다 더 친했지만, 그 후에는 소원해졌었다고. 장자연의 죽음은 소속사에서 나온 후에 일어난 사건이다. 하지만 죽음은 소속사에서 나오기 전과 후의 시간을 횡단할 만큼 충분히 강렬한 사건이다. 윤지오는 뮤직비디오 촬영을 마친 후 장자연의 죽음에 관한 소식을 듣자마자 자정 시간에 빈소로 달려가 조문하고 사흘 밤낮을 장례식장에서 유가족과 함께 보냈다. 유가족에 대한 이러한 유대의 태도는 장자연과의 친밀성 동기를 빼놓고는 결코 상상할 수 없는 일이다. 이 세상의 누가 친하지 않은 동료의 죽음에 대해 이런 예를 갖추겠는가? 또 열여섯 차례에 이르는 증언(적어도 열두 차례는 경제적 동기를 의심조차 할 수 없는 것이었다!)을 감당하는 것도 친밀성 동기를 빼고는 결코 설명할 수 없는 일이다. 윤지오는 처음부터 참고인이었고 증언과 조사에 응하지 않더라도 강제력이 없을 뿐만 아니라 직접적으로는 어떤 불이익도 받지 않는 신분이었기 때문이다. 물론 우리는 그 친밀성의 강도가 어느 정도인지를 가늠할 수 없고 그것을 측정할 수 있는 기준도 없다. 하지만 윤지오의 행동들이 분명히 보여주는 것은 윤지오가 장자연의 장례에 동행하고 그의 죽음에 대해 어려움과 위험을 무릅쓰고 기꺼이 증언하기에 충분할 만큼의 친밀성을 느끼고 있었다는 사실이다.[2] 이 점에서 윤지오가 장자연과 친하지 않았다는 김수민의 말은 신빙성이 없다.

둘째는 윤지오가 문건을 본 적이 없다는 주장이다. 이 주장은 지난 10년간 쌓여온 진술증거들에 의해 곧장 반박된다. 진술증거들은 유장호, 장자연의 오빠와 언니(그리고 숙모), 그리고 윤지오 등이 문건(과 리스트)을 본 사람들임을 뚜렷이 확인해 준다. 유장호의 경호원도 봉은사에 함께 있었고 문건(과 리스트)을 꺼내오고 소각했으므로 문건을 본 사람에 속한다. 이들은 모두 문건과 리스트의 목격자들이다. 김대오 기자와 KBS

---

2. 이것은 두 사람의 친밀한 관계를 보여주는 널리 유통된 동영상을 통해서도 확인된다. https://www.instagram.com/p/BvFJEM3gGAT/?hl=ko.

기자 그리고 장자연의 스타일리스트 이○○는 문건 일부의 목격자들이다. 이○숙과 송○미는 문건을 보았을 것으로 추정되는 사람들이다.[3] 이처럼 문건의 목격자, 부분 목격자, 추정 목격자는 많다. 다만 이들 중 누구도 문건과 구별되는 리스트 부분의 내용에 대해 증언하려 하지 않음에 반해 윤지오만이 유일하게 그것에 대해 증언하고 있는 것이 현실이다.[4] 윤지오가 유일한 증언자가 되는 것은 다름 아닌 이 때문이다. 윤지오의 증언이 있는 한에서 그것의 진실성 여부를 확인하기 위해서라도 다른 목격자들 및 추정 목격자들, 그리고 관련자들에 대한 엄정한 조사가 필수적이다.

윤지오가 "증언을 위해 한국에 올 필요가 없다"고 했다는 셋째의 주장은 김수민 자신이 주장하려는 것의 정반대 것을 증명하는 증거로도 사용될 수 있다. 김수민은 윤지오가 장자연 사건에 대해 아무것도 모르기 때문에 한국으로 오지 않으려 했다고 생각하지만, 오히려 그 사건에 대해 윤지오가 알기 때문에 증언을 주저할 수 있기 때문이다. 아는 것을 말할 때 그것이 권력자

---

3. 이 중에서 이○숙은 정 감독과의 통화에서 문건의 내용을 언급하기까지 한다.
4. 증인들 사이에서 리스트에 대한 증언의 공통성과 일관성이 줄어드는 것은 리스트가 소각되어 더는 나타나지 않고 있다는 것과 무관하지 않을 것이다. 증거물이 없기 때문에 증인들이 그것에 대해 굳이 증언해야 할 필요성이 없고 수사기관의 관심도 낮기 때문이다. 그런데 왜 문건은 소각 후에도 다시 나타났는데 리스트는 그렇지 않은 것일까? 문건은 2009년 2월 28일 유장호와 함께 작성한 것으로 완성되기 전의 초본이 남아 있었을 것으로 볼 수 있다. 그런데 리스트는 장자연에 의해 편지글 형식으로 작성되어 다음 날 유장호에게 전달된 것이다. 그러므로 초본이 없는 유일한 판본이었을 가능성이 높다.

들과 부딪혀야 하는 것이라면 생명을 가진 인간이라면 누구나 주저할 수 있는 일이다. 그리고 막상 증언에 나섰을 때는 바로 그 알고 있는 것 때문에 목숨을 걸어야 하는 일이기도 하다.

이런 심리적 조건 외에 윤지오가 "기억나지 않는 것이므로 증언하러 한국에 올 필요가 없다"고 말한 다른 이유가 있다. 윤지오가 기억나지 않는다고 말한 것이 무엇인가? 과거사진상조사단 측의 요구는 2018년 〈PD수첩〉에서 방용훈을 보았다고 말했는데 "방용훈을 언제 봤는지"에 대해 한국에 와서 진술해 달라는 것이다. 이에 대해 윤지오는 "날짜나 장소 상황이 기억이 안 난다"고 대답한다. 기억나지 않는다는 것은 방용훈을 보았는지 안 보았는지 기억나지 않는다는 것이 아니라 그를 보았으되 본 날짜, 장소, 상황이 기억나지 않는다는 것일 뿐이다. 김수민이 윤지오의 말을 왜곡하고 있는 것이다.

이상에서 살펴본 것처럼 윤지오의 증언은 거짓이라는 주장을 내오기 위해 김수민이 제시한 세 가지 핵심적인 주장들 모두가 거짓에 가깝다. 그의 말은 윤지오의 말에 근거하여 그것을 윤지오가 이렇게 말했다는 식으로 전하는 소문내기에 불과하므로 다른 근거가 있을 수도 없다. 제시된 카톡 증거도 오독되어 김수민 자신이 주장하는 것과는 전혀 뜻이 다르다. 그렇기 때문에 그가 결국 증언의 허구성을 뒷받침하기 위해 과잉되게 서술한 나머지 전언들 모두가 하나하나 비판적으로 검토되어야 할 독단적 말들(즉 비난)로 남는다. 그것들이 무엇이었던가?

나[김수민]는 윤지오를 처음에는 사기꾼일 수 있다고 의심했지만, 그에게 결국 속았다. 윤지오는 이기적이고 일방적이며 의존적이었다. 윤지오의 태도가 불만스러웠지만 나는 최선을 다해 관계를 유지했다. 윤지오는 변덕스럽고 믿을 수 없는 사람, 표리부동하고 배은망덕한 두 얼굴을 가진 사람, 위선적인 사람, 거짓말쟁이, 한 마디로 나쁜 사람이다. 윤지오의 귀국 목적은 증언이 아니라 돈과 명성이었다. 윤지오는 자기 홍보에 장자연을 이용했다. 윤지오는 출판과 사업을 통해 돈을 모으려 했다. 윤지오는 돈을 모으기 위해 위험을 과장했다. 윤지오는 유가족의 뜻을 무시했고 유가족을 비난했으며 그들과 나눠야 할 돈을 독차지했다. 등등.

윤지오를 향한 부정적 감정에 가득 찬 이 비난들은 결국 '검증되어야 할 것은 권력자들의 성폭력이 아니라 윤지오의 거짓말이다'라는 하나의 명제를 향해 결집된다. 그리고 김수민의 주장은 '타파되어야 할 것은 재벌, 정치권, 언론계, 법조계, 연예계의 성폭력 권력이 아니라 윤지오라는 새로운 권력이다'로 집약된다. 장자연은, 힘센 김종승마저 "아, 예!"라고 굽신거려야 할 정도의 거대 권력의 압력 앞에서 "나는 지금 힘도 없고 빽도 없다"며 절규한 후 죽어갔다. 김수민은, 과거에는 장자연 사건에 대해 아무것도 몰랐지만, 이제는 가장 잘 알게 되었다고 쓴다. 과연 무엇을 알게 된 것일까? 그는, 고인이 된 장자연을 중심에 놓아야 한다면서 장자연의 절규에는 침묵한다. 장자연 사건이 희석되기를 바라지 않는다고 하면서 장자연에 대한 가해권력은 외면하고 자신의 모든 힘을 윤지오를 죽이는 데 쏟는다. 그런데 지금

지구상에서 장자연 사건을 희석시키지 않을 수 있는 인물은 아직까지는 윤지오뿐이다. 안타깝게도 그만이 유일한 증언자로 남아 있기 때문이다. 장자연 사건이 희석되지 않기를 바란다면서 윤지오 죽이기에 전력을 다하는 김수민의 모습은 우리 시대에 살아 움직이는 모순 그 자체이다.

기생충 학자 서민의 종합거짓말세트

「기자와 기레기」의 첫 문장에 대해

변호사 박훈이 페이스북 글에서 강력 추천하고 있어서 읽게 된 게 서민의 「기자와 기레기」라는 글이다. 먼저 박훈의 추천사부터 다시 읽어보는 것이 좋을 것 같다.

서민은 나보다 후배이거나 최대한 같은 시대 동년배 학생 시절을 보냈다고 봤다. 그런데 난 이 친구가 쓰는 가벼운 글들을 아주 싫어했다. 패러독스의 글은 정확히 표적을 겨누어야 하는데 이 작자의 글은 가벼움이 패러독스라 생각했다고 나는 생각했다. 그런데 이 사람이 뭔가에 대해 굉장히 진지한 글을 썼다. 그전에 한 번 쓸 때는 우연히 그런갑다 했는데 이번에 쓴 글을 보면서 이 사람이 엄청난 공부를 하면서 장자연과 윤지오에 대한 이야기를 진지하게 썼다고 생각했다. 그리고 대단히 정확한 팩트를 쓰고 있다. 저런 것은 아무나 쓸 수가 없다. 조사단의 김영희 변호사 같은 아마추어들은 잘 새겨듣기를 바란다. 난 저 서

민과 한 번도 마주친 적이 없는데, "기생충"이 인간과 같았던 모양이다. 대단한 통찰력이다.[1]

박훈에 따르면 이제 내가 살펴보게 될 서민의 글은 "엄청난 공부"를 하면서 쓴 "진지한 글", "정확한 팩트", "아무나 쓸 수 없는 글", "대단한 통찰력"을 담은 글이다. 한 편의 칼럼에 붙여진 칭찬으로서는 엄청나다고 하지 않을 수 없다. 주례사라도 이 정도 이상으로 치켜세우기는 쉽지 않을 것이다. 그 치켜세우는 솜씨가 실로 대단하다.

그런데 대체 서민이 어떤 글을 썼기에 박훈이 이토록 추켜세우는 것일까? 찾아보니 「기자와 기레기」라는 제목의 글이었다.[2]

그런데 그 첫 문장부터가 심상치 않다. "지난 20일, 검찰 과거사위원회는 소위 '장자연 리스트'의 실체를 확인하지 못했다며 재수사를 권고하지 않겠다고 발표했다." 정말 그날 검찰 과거사위원회의 발표가 그랬나?! 여기에 발표문 해당 구절 전체가 있다.

알려진 문건 외 추가 문건 및 이른바 '리스트'의 존재여부
  ○ 현재 알려진 장자연 문건은 장자연이 작성한 문건 중 최종

---

1. 박훈, 〈페이스북〉, 2019년 5월 30일 수정, 2020년 2월 13일 접속, http://bit.ly/2SWS43W.
2. 서민, 「[서민의 어쩌면] 기자와 기레기」, 『경향신문』, 2019년 5월 28일 수정, 2020년 2월 18일 접속, http://bit.ly/37NAHrU.

적인 문건이 아니라 최종 문건에 이르는 과정에서 작성된 문건임. 장자연이 작성한 문건의 행방에 대해 가장 잘 알고 있는 사람은 유○○인데, 유○○가 장자연이 작성한 문건을 모두 태워 그 문건이 없다고 하였고, 그 외에 문건을 추가로 확인할 방법이 없었음

ㅇ 문건 외에 성접대 요구자의 명단이 기재되었다는 '리스트'가 존재하였다는 의혹을 조사하였으나 서술문 형태의 문건 외에 사람 이름만 나열된 '리스트'가 별도로 있었는지, 그 '리스트'가 있었다면, '리스트'에 기재된 사람들이 장자연과 어떤 관계에 있는지에 대해 당시 문건을 실제로 본 사람들 사이에서도 진술이 엇갈리고 있음

- 이 사건 경찰 수사에서 유○○는 2009. 3. 12. 봉은사에서 장자연의 유족, 윤○○를 만나 7장으로 된 문건 원본(최종적으로 완성된 문건 4장 + 장자연이 추가로 건네준 편지 형식의 3장)과 사본을 모두 유족에게 전달하여 그 자리에서 장○○이 모두 소각하였고, 편지 형식의 3장에는 김종승과 싸우면서 조심해야 할 사람들의 '명단'이 기재되어 있었다고 진술하였음. 조사단과의 면담에서는 장자연으로부터 받은 추가 편지글은 "언론에서 말하는 리스트 이런 건 아니었고, 말 그대로 편지글 같은 거였다"라고 진술하였음

- 장자연 사망 직후인 2009. 3. 12. 유○○와 윤○○의 통화 내용을 녹음한 녹취록 중 유○○가 '목록'이 있다는 취지로 발언한 바 있음

- 윤○○는 2010. 6. 25. 법정에서 "어떤 장에는 성함만 기재 되어 있으면서 어떠한 언론사에 누구, 어디 무슨 사의 누구라는 식으로 기재되어 있는 것도 있었다"고 증언한 바 있고, 조사단과의 1차면담에서는 장자연

문건 중 '성상납을 강요 받았습니다'라는 제목 아래 사람 이름과 직함이 나열된 문건이 2장에 걸쳐 있었다고 진술하였음. 그러나 이후 사람 이름과 직함이 나열된 문건에는 '성상납을 강요 받았습니다'라는 내용이 없었다고 종전 진술을 번복하였음

- 유족 장○○은 경찰조사에서 마치 사람 이름이 나열된 문건이 있는 것처럼 진술한 바 있으나, 조사단과의 전화 통화에서는 "사람 이름만 나열된 소위 리스트는 없었고 모두 서술식으로 쓰여 있었는데, 경찰 조사를 받을 때는 어떤 이름이 있었냐는 질문에 대답하였을 뿐 그게 이름만 있는 것인지 서술식이었는지 구별하여 질문을 받은 게 아니었다"고 진술하여 경찰 수사 당시 진술의 의미를 설명하였음

- 당시 문건을 보았다는 기자 김△△ 등은 '목록'형태의 문건은 없었다고 일관되게 진술하고 있음

○ 이와 관련하여 조사단은 수사기록에 편철된 문건 외에 피해사실과 관련하여 작성된 것으로 보이는 '명단'이 기재된 문건, 즉 '리스트'가 있었을 것이라는 의견을 제시하였음[3]

서민이 "엄청난 공부"를 하고 쓴 글이라고 박훈이 추천한 만큼 우리도 그에 상응할 정도의 공부 노력을 기울여 살펴보자. 여기에 네 사람이 등장한다. 유장호, 윤지오, 김대오, 그리고 오

---

3. 김태수, 「[전문] 검찰 과거사 위원회, 『장자연 리스트 사건』 조사 및 심의결과 발표」, 『데일리시사』, 2019년 5월 21일 수정, 2020년 2월 13일 접속, http://bit.ly/2wsmNLy.

기생충 학자 서민의 종합거짓말세트 127

빠 장○○. 이 항목이 다루는 문제가 4장의 문건[4] 외에 3장의 추가 문건[5]이 있었는가 없었는가이다.

위 네 사람 중에서 '리스트 증언조서'가 없었다고 말한 사람은 누구인가? 단 한 사람, 김대오뿐이다. 그런데 내가 「김대오의 거짓말」과 「네 가지 법정과 '김대오는 어디로?'」[6]에서 논했듯이 그는 장자연 리스트에 관한 한 거짓말쟁이다. 그는, 10년 전 진술조서에서, 그리고 법정 증언에서 장자연의 문건 중 저 유명한 "저는 나약하고 힘없는 신인 배우입니다. 이 고통에서 벗어나고 싶습니다"라는 마지막 구절 외에는 "아무것도 본 바가 없"고 그것의 내용에 대해서는 KBS에서 보도된 문건을 통해 대충 알았을 뿐이라고 진술한 사람이기 때문이다. 위 구절 외에는 아무것도 본 적이 없는 그가 목록이 있었는지 없었는지에 대해 진술한다는 것 자체가 어불성설이며 게다가 그의 진술은 일관되게 거짓말을 한다는 것을 제외하고는 전혀 일관되지 않다.[7] 10년 전의 진술에 비추어 보면, 그가 2019년에 장자연 리스트와 관련하여 하고 있는 말들은 어떤 신빙성도 없는 거짓말일 뿐이다. 즉 '장자연 리스트가 없다'는 김대오의 말은 증언으로서의 가치가 전혀 없다.

---

4. 엄밀하게 표현하면 '사례 증언 조서'.

5. 엄밀하게 표현하면 '리스트 증언 조서'.

6. 이 책 166~176쪽 참조.

7. 이를 보면 검찰 과거사위원회가 김대오의 정체에 대해서 아무것도 모르거나 그의 정체를 감싸주고 있다고 볼 수밖에 없지만 여기서는 논하지 않는다.

나머지 세 사람은 어떻게 말하는가? 윤지오와 똑같이 4장 외의 "추가 문건"이 있었다고 말한다. 그것이 편지글 형식으로 된 3장이었음에 대해서도 세 사람의 진술은 대개 일치한다. 오빠 장○○은 서술글이라고 표현하는데 편지글도 서술글이므로 편지글 형식으로 된 3장의 추가 문건이 있었다는 점에 대해서는 세 사람의 진술이 교차검증을 통해 확인된다. 그러므로 4장 이외에 지금은 사라진 3장의 추가 문건이 있었다는 점은 결코 부인될 수 없다.

이제 그 추가 문건에 리스트, 목록이 포함되어 있었는지 없었는지, 라는 문제가 남는다. 이 문제에서는 시간이 사람들의 진술 방향을 갈라놓았다. 우선 일관된 사람이 있다. 윤지오가 그이다. 2009년 이후 윤지오는 일관되게 명단이 있었다고 말한다. 그가 2009년 3월 12일 녹취하여 수사기관에 제출한 유장호와의 통화기록이 바로 이름들의 목록을 포함하고 있을 뿐만 아니라 2010년 6월 25일 진술에서 성함만 기재된 장이 있었다고 진술하고 이후의 진술에서도 명단, 목록, 리스트가 있었다고 일관되게 진술한다.

일관되지 못한 사람이 있다. 유장호와 오빠 장○○이다. 유장호는 최초 진술에서 명단이 있었다고 진술한 후 최근으로 오면서 말을 바꾸어 "리스트 이런 건 아니었고 말 그대로 편지글 같은 거"[8]로 표현한다. 물론 이 말은 리스트가 없었다고 하는

---

8. 이 말은 유장호가 2009년 3월 10일 윤지오와의 통화에서 "목록은 경찰에 넘

의미는 아니다. 3장의 편지글 속에 이름들의 목록이 포함되어 있을 때 우리는 그것을 리스트가 아니라 편지글이라고 말해도 틀리지 않기 때문이다. 하지만 그가 리스트, 명단, 목록의 실재를 약화시키고자 하는 의도를 갖고 있는 것만은 분명하다. 오빠 장○○도 유장호와 유사하게 경찰 진술에서는 이름이 나열된 문건이 있었다고 한 후 최근 조사에서는 그러한 리스트를 부인하고 모두 서술식으로 쓰여 있었다고 진술한 것으로 알려졌다.

시간이 진술을 더 정확하게 만드는 것일까? 그런 때도 물론 있다. 마약에 대한 윤지오의 기억이 그러하다.[9] 하지만 유장호와 오빠 장○○의 경우는 그런 경우에 속한다고 보기는 어렵다. 유장호는 윤지오에게 리스트 증언조서를 보여주기 전에 목록(리스트)은 경찰에 제출하지 않을 것이라고 말하면서 리스트 없는 4장의 문건을 언론에 공개되도록 만든 장본인이며, 오빠 장○○는 동생 장자연 사건 자체의 공개를 거부하고 그 공개의 책임을 물어 유장호를 제소했던 사람이기 때문이다. 다시 말해 두 사람은 리스트가 없는 쪽으로 이 사태가 정리되는 것에 이해관계가 걸려 있는 경우라 할 수 있다. 그러므로 이들의 경우, 사태의 추이를 예상하기 어렵고 경찰력과 법 앞에 거의 무방비 상태로 노출되었던 초기의 진술이, 사태의 윤곽이 드러나고 이후의 향방에 대해 이해관계를 어느 정도 가늠할 수 있게 된 지금

기지 않을 생각"이라고 말한 것에 비추어 보면 거짓일 가능성이 높다.

9. 이에 대해서는 「박준영 변호사의 뇌국소론적 기억론 비판」, 이 책 1장 89쪽 이하 참조.

의 진술보다 훨씬 더 진술 가치가 높다고 보는 것이 합당하다고 본다. 즉 3장의 추가 문건(리스트 증언조서)은 편지글 형식으로 되어 있었던 것이 확실하고 그 속에 리스트가 포함되어 있었다고 추론하는 것이 합당하다.

이 관점에서 위의 네 사람의 진술 가치를 신빙성의 정도에 따라 등급화해 보면 윤지오의 진술이 가장 신빙성이 높고 그다음으로는 유장호와 오빠 장○○의 초기 경찰 진술이 신빙성이 높다. 그다음으로는 이 두 사람의 최근 진술이 놓이는데 상당한 왜곡이 포함되어 있다고 볼 수 있다. 다음으로 김대오의 말은 거짓말로서 전혀 신빙성이 없는 진술이다.

이 문제에 대해 대검 과거사진상조사단이 "수사기록에 편철된 문건 외에 피해사실과 관련하여 작성된 것으로 보이는 '명단'이 기재된 문건, 즉 '리스트'가 있었을 것이라는 의견을 제시하였"다고 검찰 과거사위원회도 마지못해 인정한다. 그런데 왜 그것을 사족蛇足처럼 짧게, 스쳐 지나가듯이, 자신의 의견과 별개의 소수의견처럼 매달아 놨을까? 다음 말을 하기 위해서다. "장자연이 작성한 문건의 행방에 대해 가장 잘 알고 있는 사람은 유○○인데, 유○○가 장자연이 작성한 문건을 모두 태워 그 문건이 없다고 하였고, 그 외에 문건을 추가로 확인할 방법이 없었음." 이것은 "추가로"를 빼고 읽으면 지금까지의 고찰만으로도 거짓말이거나 진실의 회피로 된다. 문건이 없다는 유장호의 말 외에, 유장호의 초기진술, 오빠 장○○의 초기진술 그리고 윤지오의 일련의 진술들 등이 모두 명단이 기재된 문건인 리스트가 있었음을 확인해 주었기 때문이다. 과거사진상조사단이 검찰 과거사위원회에 올린 보고서 중 "수사기록에 편철된 문건 외에 피해사실과 관련하여 작성된 것으로 보이는 '명단'이 기재된 문건, 즉 '리스트'가 있었을 것"이라는 대목은 바로 "문건을 태워 버려 문건이 없다"라는 유장호의 말 외에도 그 문건을 "확인할 방법"들이 있었고 그 방법을 사용해 검증한 결과에 대한 서술이었다. 검찰 과거사위원회의 심의발표는 과거사진상조사단의 조사보고와는 달리 교묘한 언어 구사를 통해 리스트가 있었음을 모호하게 하고 그 리스트를 감추려는 의도를 드러냈다. 하지만 결국 그 리스트가 실재했다는 것, 리스트의 실체를 과거사진상조사단이 확인했음을 알려왔다는 것까지 감출 수는 없었다.

그런데 기생충 학자 서민의 인식은 무엇인가? 그는 검찰 과거사위원회가 "장자연 리스트의 실체를 확인하지 못했다"는 말로 그 발표문을 요약한다. 터무니없는 거짓말이다. 검찰 과거사위원회가 장자연 리스트의 실체를 감추고 싶어 했다는 것만은 분명하다. 하지만 바로 그 발표문 속에서 장자연 리스트의 실체, 실재는 뚜렷이 모습을 드러냈다. 편지글 형식의 3장의 추가 문건이 분명히 있었고 명단은 그 속에 들어있었으리라는 것. 이것이 검찰 과거사위원회의 발표가 그 비겁한 의도에도 불구하고 드러내지 않을 수 없었던 팩트이다. 그래서 과거사위원회도 명단이 담긴 문건을 확인할 방법이 없었다고 쓰지 않고 진상조사단이 확인한 정도 이상으로 "추가로" 확인할 방법이 없었다고 쓰고 있는 것이다. 이로써 우리는, 박훈이 명문이라고 추천한 서민의 그 글의 첫 문장부터가 매우 중요한 사회적 쟁점을 매우 악의적으로 조악하게 요약한 거짓말이라고 말하지 않을 수 없다.

검찰 과거사위원회의 심의결과 발표문이 과거사진상조사단의 조사보고서를 임의적으로 왜곡한 측면이 있지만, 장자연 리스트의 실체를 숨길 수는 없었다면, 서민은 왜곡 속에서도 분명히 드러난 그 실체를 부인하면서 "과거사위원회가 장자연 리스트의 실체를 확인하지 못했다"고 거짓말을 하고 있는 것이다.

성폭행 재수사는 왜 포기되었는가?

실체가 있었던 장자연 리스트를 미확인의 소문으로 만들면서 서민이 자신의 글 「기자와 기레기」에서 주장하고 싶어 한 것은 윤지오 때문에 재수사 길이 막혔다는 것이다. 이런 수법으로 그는 일차적으로 자신이 마치 재수사를 바라고 있었던 것 같은 이미지를 만든다. 이것은 윤지오 죽이기[10]가 윤지오 진술 신빙성을 떨어뜨려 가해권력을 유리하게 하는 전술이라는 비판을 뭉개면서 가해권력을 유리하게 한 것은 오히려 윤지오라는 식으로 책임을 떠넘기고 있는 것이다. 윤지오에 대한 인신공격이 2차 가해였다면 서민의 이 주장은 정확히 3차 가해에 해당한다고 볼 수 있다.

---

10. 여기에는 2019년 4월 30일 서민의 글 「충격 예언, 제2의 윤지오가 나온다」 (http://bit.ly/2T4InAM)도 한몫을 한다.

서민의 이런 주장을 떠받치고 있는 받침돌들은 지금까지 박훈, 김대오, 김수민, 그리고 기자들에 의해 유포되어 여론화되고 있는 무수한 거짓말들이고 서민이 이것들을 한 꾸러미의 거짓말 종합세트로 엮어 짜고 있기 때문에 논리적 방식으로 다루기가 쉽지 않다. 그러므로 재수사 길이 왜 막히게 되었는가에 관한 나의 생각을 먼저 제시하고 그 뒤에 서민의 글로 다시 돌아오기로 하겠다.

2009년 발생한 장자연 사건과 관련하여 공소시효가 사라진 사건은 수사할 수 없으므로 재수사의 가능성은 두 가지 점에서 주어지고 있었다. 하나는 공소시효가 15년인 성폭행(특수강간, 강간치상)이고 또 하나는 공소시효가 25년인 살인이다.[11]

먼저 성폭행 문제를 다루어 보자. 이 문제와 관련해 윤지오는 과거사진상조사단,『고발뉴스』,〈다스뵈이다〉등에서 한 증언에서 장자연이 성폭행당했을 가능성에 대해 진술했다. 그리고 이것은 과거사진상조사단의 면담 전 조사에서, 유장호가, 장자연이 "성폭행을 당했다"는 구절을 문건에 썼는데 자신이 지우게 했다고 말한 것(이후 번복)에 의해 뒷받침되었다. 드라마 감독 정○호도 2011년 8월 1일 자 사실확인서에서 이○숙이 전화로 "장자연이 쓴 A4 용지에 '술에 약을 탔다는 얘기가 있다.'고 말했다"고 진술했고 2019년 과거사진상조사단에서도 동일한 내용을 진술했다. 윤지오 외에 유장호, 정○호 등 적어도 세 사람

---

11. 2015년 7월 이후에 발생한 살인부터는 공소시효가 폐지되었다.

이 성폭행에 대한 기억을 기록, 전언, 경험적 추정 등의 형식으로 말하고 있는 것이다. 아래에 검찰 과거사위원회의 발표문 중 해당 구절을 인용해 보자.

장자연의 성폭행 피해 의혹

ㅇ 조사단의 조사과정에서 장자연이 일시, 장소를 알 수 없는 술접대 자리에서 누군가가 몰래 약을 탄 맥주를 반 컵가량 마신 후 마치 마약에 취하거나 술에 만취한 사람처럼 인사불성이 된 상태에서 누군가에 의해 성폭행을 당했을 것이라는 의혹이 제기되었음

- 장자연이 성폭행을 당했을 가능성이 있다는 근거 자료는,

① 장자연이 술자리에서 맥주 한 잔을 채 마시지 않았는데도 마치 약에 취한 사람처럼 인사불성이 된 상태가 된 것을 목격했다는 윤○○의 조사단 진술

② '장자연이 처음에 작성한 문서에 심한 성폭행을 당했다는 내용을 적었는데 내가 지우라고 했다'는 유○○의 조사단 면담 전 진술. 그러나 유○○는 그 후 조사단과의 면담에서는 이러한 말을 한 사실이 없고 장자연이 하소연하듯이 처음에 그런 비슷한 말을 하기는 하였는데, 장자연에게 되묻지도 않았고, 장자연이 '당했다'고 말한 것도 아니었다"고 진술하였음

③ 드라마 감독 정○○가 작성한 2011. 8. 1.자 사실확인서(김종승의 배우 이△△을 상대로 제기한 민사소송에서 김종승 측 증거로 제출된 것)에 배우 이△△이 전화로 "장자연이 쓴 A4 용지

에 '술에 약을 탔다는 얘기가 있다'고 말했다"고 기재된 부분 및 이△△으로부터 "물에 약을 탔다고 들었다"는 정○○의 조사단 진술이 있음

여기까지가 과거사진상조사단의 보고서 중에서 성폭행 혐의를 인정할 수 있는 내용을 간추린 것으로 추정할 수 있다. 그런데 이다음에 이어지는 것은 그것을 부정하는 내용에 대한 서술이다. 역시 그대로 인용해 보자.

— 그러나 배우 이△△은 정○○에게 위와 같은 말을 한 적이 없다고 진술하였고, 매니저 등은 장자연의 성폭행 피해 여부에 대해 모른다고 진술하였으며, 유족은 문건에 성폭행 피해에 관하여 적힌 것이 없었다고 진술하였음
○ 유○○의 최초 진술 및 정○○, 윤○○의 진술을 종합하면, 장자연이 성폭행 피해를 입었을 것이라는 의혹이 제기될 수 있으나, 이들의 진술만으로는 구체적인 가해자, 범행 일시, 장소, 방법 등을 알 수 없으므로 수사를 개시할 수 있는 객관적 혐의가 확인되었다고 보기에는 부족한 점이 있음

검찰 과거사위원회는 "구체적인 가해자, 범행 일시, 장소, 방법 등을 알 수 없으므로" 수사를 개시할 수 없다고 말한다. 수사라는 것이 바로 "구체적인 가해자, 범행 일시, 장소, 방법 등을" 밝혀내고 그것을 국민과 법원에 알려주는 행위이지 않은

가? 수사를 개시하지 않고 이 모든 것을 알 수 있다면 수사를 할 필요가 대체 어디에 있는가? 바로 체포하여 재판하고 처벌하면 되는 것 아닌가? 이처럼 완전히 본말이 전도된 논리로 수사 개시를 회피하는 것 외에, 그 회피를 정당화하기 위해 검찰 과거사위원회는 성폭행 혐의의 실체를 모호하게 만드는 방법도 사용한다. 그것이 무엇인가? 『디스패치』에 의하면 정○호 감독에게 전화를 걸어 장자연의 문건 내용을 이야기하며 김종승을 만나 "야단쳐 달라"고 말한 사람은 이○숙이다.[12] 그는 장자연 "자살원조" 혹은 "자살방조" 혐의가 있는 것으로 분당경찰서에 의해 수사보고 되었던 인물이기도 하다. 이와 관련하여 분당경찰서는 2009년에 "연예인 장자연의 … 자살원인에 연예인 이○숙, 송○미, 서○원이 관련되었다는 정황이 있어 다음과 같이 수사보고 합니다"[13]라고 쓴 바 있다. 그리고 유장호는 당시 경제력("신용불량")이나 경험("연예기획계통에 경험이 일천한 자")에 비추어 호야의 실제 사장이 아니라 이○숙을 대리했으리라는 것이 지배적인 해석이다. 그리고 장자연은 이들의 요구에 의해 사례 증언조서(문건)와 리스트 증언조서(리스트)를 작성하게 되었음이 거의 분명해 보인다.

그런데 검찰 과거사위원회는 정황상 그 진술 가치가 훨씬

---

12. 김지호·박혜진·구민지, 「[단독] "이미숙의 카드였다?" … 장자연, 비극의 시작 (2편)」, 『디스패치』, 2019년 3월 22일 수정, 2020년 2월 13일 접속, https://www.dispatch.co.kr/2012097.

13. 같은 글.

더 높은 정○호, 윤지오의 진술이나 유장호의 면담 전 진술이 아니라 일선 수사기관에 의해 자살원조 또는 방조의 혐의를 받았던, 즉 그 진술 가치를 의심할 수밖에 없는 이○숙의 부인否認 혹은 그의 대리인 유장호의 번복을 근거로 수사 개시를 포기한다. 또 검찰 과거사위원회의 심의결과에서는 정○호의 진술 내용이 윤지오의 경험적 추정을 뒷받침해주고 있다는 사실은 무시된다. 게다가 장자연의 소속사 더콘텐츠의 대표이자 마약과 성추행으로 수배되었던 김종승이 장자연의 지인 언니에게 "내가 니 동생[장자연]하고 약했다"[14]고 말한 대목은 근거로 인용조차 되지 않는다. 검찰 과거사위원회는 수사 개시를 포기하는 이유를, 이○숙이 정○호에게 한 말을 부인하고 유장호가 자신이 한 말을 번복했다는 데에서 찾는다. 이○숙과 유장호야말로 재수사가 이루어진다면 가장 큰 불이익을 당할 수 있는 사람들, 그러므로 재수사를 포기시키는 데 이해관계가 있는 사람들인데도 말이다. 재수사가 개시된다면 수사 대상이 될 사람들의 말을 근거로 수사 개시를 회피한 것이 보여주는 것은 무엇인가? 그것이, 검찰 과거사위원회가 가해권력을 보호하려 했거나 검찰 과거사위원회를 주도한 검찰 자신이 재수사를 두려워했다는 것 말고 다른 것으로 해석될 수 있는가?

이처럼 공소시효 15년의 성폭행 관련 재수사가 포기된 이

---

14. 장자연의 지인 이○○의 진술조서, 그리고 장자연이 남긴 피해사실 문건 1항 참조.

유는 윤지오에게 있었던 것이 결코 아니다. 윤지오, 정○호, 유장호(공식면담 전 진술)가 재수사를 할 수 있는 근거를 분명히 제시했지만, 이○숙이 정○호에게 한 말을 부인하고 유장호가 자신이 한 말을 번복함으로써, 그리고 검찰 과거사위원회가 과거사진상조사단의 다수의견을 무시하고 검찰 측 소수의견을 심의근거로 인용함으로써 재수사 권고는 무리하게 포기되었다.

그런데 서민은 이런 사실들에는 아랑곳하지 않고, "검사들은 성폭행 의혹 부분을 수사에 못 넘기게 하려고 정말 총력전을 했다. … 조직적 차원에서 반대가 있지 않았나 느꼈다"는 총괄팀장 김영희의 말을 인용한 후 "어이가 없다"고 비난한다. 대통령이 명운을 걸고 진상을 규명하라고 한 마당에 무슨 외압이라도 있었던 것처럼 말한다는 것이다. 그런데 검찰이 대통령 말을 듣는 조직이라면 지금 정권에서 청와대가 "공수처가 필요하니 설치해 달라"고 왜 국회에 신신당부를 하고 있겠는가? 글자 그대로 "어이없는" 현실감각이다. 게다가 재심 변호사 박준영이 김영희의 윤지오 옹호 여론몰이 때문에 "항의하며 조사단"을 탈퇴했다는 말도 한다. 거짓말이 거침이 없다. 박준영은 형제복지원과 김학의 사건의 과거사진상조사단 위원이었지 장자연 사건의 위원이 아니었다. 서민은 현실을 외면하면서 거짓말에 거짓말을 자꾸 이어 붙이면서 윤지오와 김영희를 비난하는 데 여념이 없다. "엄청난 공부", "팩트", "통찰력"은 다 어디에 있는 것일까? 서민의 글에 대한 박훈의 그 주례사적 변론이 자꾸 낯 뜨거워지는 순간이다.

살인 가능성은 왜 고려조차 되지 않았는가?

그래도 검찰 과거사위원회는 성폭행 관련해서는 새로운 증거가 나타난다면 재수사할 수 있는 여지를 남겨 두었다.

> 성폭행 피해 증거의 사후적 발견에 대비한 기록의 보존
> ○ 성폭행 피해 의혹에 관해 현재까지의 조사결과로는 2인 이상이 공모, 합동하였는지, 어떤 약물을 사용하였는지, 장자연이 상해를 입었는지 등 특수강간 또는 강간치상 혐의를 인정할 만한 자료가 발견되었다고 보기는 어려움. 다만 조사단의 권한상 의혹을 철저히 규명하는 데 한계가 있었고 제기된 의혹 상 범죄혐의가 중대하며, 공소시효 완성 전에 특수강간, 강간치상 범행에 대한 구체적인 진술 등 증거가 확보될 경우가 있을 수도 있으므로, 이를 대비하여 성폭행 의혹과 관련하여 최대한 상정 가능한 공소시효 완성일인 2024. 6. 29.까지 이 사건 기록 및 조사단 조사기록을 보존할 수 있도록 보존사무 관련 법령에 따라 조치할 것을 권고함

물론 그 조치는 박근혜의 전매특허인 유체이탈 화법이 검찰 과거사위원회에 전염된 것이 아닌가 의심할 수 있는 화법으로 이루어진다. 검찰 과거사위원회야말로 "2인 이상이 공모, 합

동하였는지, 어떤 약물을 사용하였는지, 장자연이 상해를 입었는지 등 특수강간 또는 강간치상 혐의를 인정할만한 자료"를 발견하도록 권고할 주체이고 조사단의 권한상 의혹을 철저히 규명하는 데 한계가 있었으므로 검찰로 하여금 강제수사권을 동원하여 의혹에 대한 철저한 진상규명을 실행하도록 권고했어야 할 당사자임에도 불구하고 마치 남 이야기하듯이 문제를 다룬다. "공소시효 완성 전에 특수강간, 강간치상 범행에 대한 구체적인 진술 등 증거가 확보될 경우가 있을 수도 있"다는 식으로 서술함으로써 막연한 시간 속으로 기회를 묻어버린다. 증거가 제 발로 찾아들면 재수사가 이루어지겠지만 증거를 확보하는 능동적 일에는 관심을 두지 않겠다는 것이다. 가해권력자들이 빙긋 웃을 일이 아닐 수 없다. 아무튼 "2024. 6. 29.까지 이 사건 기록 및 조사단 조사기록을 보존할 수 있도록 보존사무 관련 법령에 따라 조치할 것을 권고"했지만, 지금까지 핵심자료들을 어딘가로 빼돌려도 아무런 처벌이 없었듯이 이 기록들이라고 해서 무사할 것이라는 보장은 어디서도 주어지지 않고 있다.

그런데 정작 중요한 것은 성폭행과는 다른 두 번째 문제이다. 그것은 공소시효 15년의 성폭행이 아니라 공소시효 25년의 살인에 관한 것이다.[15] 2009년 3월 7일 장자연이 주검으로 발견되고 이틀 뒤인 3월 9일 경찰은 장자연의 죽음을 우울증에 의

---

15. 2015년 7월 형사소송법 개정으로 살인죄 공소시효는 폐지되었지만, 장자연 사건이 발생한 2007년 12월부터 2015년 7월 사이의 살인사건에 대한 공소시효는 25년이다.

한 단순 변사로 발표했고 언론은 이것을 받아썼다. 3월 10일 문건의 존재가 보도되고 3월 13일 문건의 내용(피해사례 증언조서)이 방송되었음에도 불구하고 경찰은 이것을 유서로 발표하고 언론은 이것을 받아썼다. 이런 여론형성 메커니즘을 통해 우울증-유서-자살이라는 삼각형이 만들어져 장자연의 죽음을 설명하는 지배적 프레임으로 유통되었다.

그런데 시신은 부검되지 않았고 문건이 유서라는 주장 외에 자살을 입증할 어떤 증거도 남겨지지 않았다. 2019년에 들어서는 윤지오의 증언으로 그 문건이 유서가 아님도 명료하게 밝혀졌다. 지금에도 과연 장자연의 죽음을 자살로 단정할 수 있는 근거가 있는가? 없다. 게다가 장자연이 죽음에 이르기 전에 너무나 많은 폭력들[16]이 그의 삶 위에 행사되었던 점이 고려되어야 한다. 게다가 그 폭력의 행사 주체는 소속사 사장만이 아니다. 전 TV조선 대표 방○오는 장자연이 죽기 전까지 장자연에게 여러 차례 연락했고 실제 만난 것으로 의심되며 장자연에게 "니가 그렇게 비싸?"라는 문자까지 보낸 것으로 알려졌다.[17] 이러한 진술들은 『조선일보』가 TF팀을 꾸리고 경기지방경찰청장을 찾아가 "정권을 창출할 수도 정권을 퇴출시킬 수도 있다"는 식의 협박성 발언을 했다는 진술이 왜 나왔는지를 이해할

---

16. 폭언, 폭행, 협박은 물론이고 원치 않는 술접대가 강요되었고 심지어 성폭행을 당했다는 진술까지 있다.

17. 강성원, 「검찰 "방정오, 장자연에 '네가 그렇게 비싸' 문자" 조사」, 『미디어오늘』, 2019년 4월 2일 수정, 2020년 2월 13일 접속, http://bit.ly/2wCs1Yv.

수 있도록 도와준다.[18] 그렇게 정권을 들었다 놨다 할 정도라면 생명을 창출하고 퇴출시키는 일인들 불가능하겠는가?

이 외에도 장자연 위에 이런 권력자들은 여럿 있었다. 당시 대검차장검사이고 법무부 장관을 지낸 법조인 권○진이라거나 "김밥값"으로 수표 1,000만 원을 장자연 계좌로 입금한 하이트진로 회장 박○덕, 그리고 35차례나 연락과 만남을 가졌던 임○재 전 삼성전기 고문 등의 기업가들이 그들이다. 장자연은 이 "힘센 사람들"의 큰 입 앞에서 억눌린 삶을 살았다. 요컨대 그의 삶은 권력에 포위되고 폭력에 얼룩져 있었다.

2009년 3월 7일 장자연이 사망한 날, 장자연은 김지훈 부부와 제주도로 여행을 가기로 약속되어 있었다. 장자연은 사망하기 한 시간 전에 김지훈에게 "집에서 쉬겠다. 다음에 같이 가자. 피곤해서 못 가겠다"는 문자를 보냈는데 그것이 마지막 문자였다. 3월 7일은 장자연이 "다른 소속사에 가기 위해 맹렬히 움직이고 있었고 원소속사에서 벗어날 수 있게 된 것에 기뻐하고" 있던 시점이었다. 주진우 기자는 "3월 7일 오후에 장자연 시신이 발견됐다. 그런데 그날 저녁 경찰에서 '우울증에 의한 자살이며 부검은 없다'고 발표했다"며 "가족들이나 주변인들이 부검을 막아달라고 하는 경우는 있으나 논란이 되는 죽음은 보통 부검을 하게 돼 있다. 초동수사는 아예 없었고 유가족이 원하지 않

18. 권지담, 「조현오 "장자연 수사 때 조선일보 사회부장 협박, 생애 가장 충격적 사건"」, 『한겨레』, 2019년 5월 8일 수정, 2020년 2월 13일 접속, http://www.hani.co.kr/arti/society/society_general/893105.html.

는 한 부검은 없다고 발표했다"고 말한다.[19] 우울증 외에 자살의 동기가 발견되지 않았을 뿐만 아니라 부검하지 않을 의사意思를 경찰이 나서서 발표하고 자살 판단이 이례적으로 신속하게 이루어진 점, 그리고 경찰 자신도 유서라고 보지 않은 문건을 유서처럼 처리한 점 등은 의심을 사기에 충분하다. 또 장자연의 마지막 문자를 받았고 장자연 사후 그 죽음의 진실을 캐던 김지훈마저도 정다빈, 유니, 최진실에 이어 2013년 12월 12일 주검으로 발견된다.[20]

이 때문에 윤지오는 '왜 나의 언니 장자연이 죽었는가?'를 밝혀달라고 요구했다. 하지만 장자연 죽음의 물리적 원인에 대해서는 검찰 과거사위원회뿐만 아니라 과거사진상조사단조차도 외면했다. 즉 문제로 다루지조차 않았다. 실체가 있는 리스트 증언조서는 실체가 확인되지 않는 것처럼 만들어졌다. 이런 방식으로 윤지오의 증언은 묻혔다. 사건과 그에 대한 증언은 "이번에는 혹시"라는 윤지오의 기대와는 달리, 십 수차례 이어진 증언에 대한 이전의 경험과 마찬가지로 역시 "흐지부지"되고 말았

19. 김원희, 「주진우 "경찰, 장자연 부검 안하겠다고 선언 … 황당"」, 『스포츠경향』, 2019년 3월 6일 수정, 2020년 2월 13일 접속, http://bit.ly/2T5R51w.
20. 표창원, 「나는 알고 있다, 장자연 리스트의 모든 것을」, 『한겨레』, 2013년 5월 23일 수정, 2020년 2월 13일 접속, http://bit.ly/2SNGzxd. 장자연만이 아니라 정다빈, 유니, 최진실도 모두 김종승이 운영하는 기획사에 소속되었던 연예인이다. 최진실과 정다빈은 스타즈 소속이었고 유니는 올리브나인 소속이었으며 장자연은 더컨텐츠 소속이었지만 이 세 기획사의 대표인 제이슨 김, 김○○, 김종승은 동일 인물이기 때문이다.

다. 기록물은, 살인 혐의 공소시효인 2034년까지는 고려조차 하지 않은 기한, 즉 2024년까지만 보존하도록 권고되었다. 불충분을 이유로 한 증언에 대한 묵살, 이것이 재수사를 권고하지 않는 또 하나의 방법이었다.

윤지오 증언의 신빙성을 떨어뜨려 재수사를 포기하도록 만든 자들이 재수사 포기의 책임을 윤지오에게 씌운다

과거사진상조사단과 검찰 과거사위원회는 재수사 권고를 하지 않는 이유로 윤지오 진술의 신빙성 문제에 대해 말하지 않았다. 당연하다. 그들의 수중에는 10년 전의 진술조서들이 있고 각종의 증거자료들이 있기 때문이다. 10년 전의 진술조서를 읽은 사람들은 윤지오의 진술 신빙성에 대해 결코 의심할 수가 없다. 2019년의 윤지오가 하는 말들은 대부분 10년 전에 했던 진술들을 그대로 말하는 것이기 때문이다. 그리고 조사위원인 김영희, 조기영이 공개적으로 윤지오 진술의 신빙성과 그 진술 가치가 논란과는 무관하게 유지된다고 할 수 있었던 것도 이 때문이다. 하지만 검찰 과거사위원회는 윤지오 진술의 신빙성에 대한 부정적 여론[21]을 배후로 삼아 촛불국민의 집단지성이나 여망은 물론이고 과거사진상조사단의 조사보고와도 상치되는 심의결과를 발표하는 행동을 했다. 장자연의 타살 가능성에 대한

---

21. 이것은 마녀사냥에 의해 만들어진 형성물이다.

윤지오의 진술을 묵살하고 "이름이 특이한 정치인"[22]에 대한 진술도 왜곡하거나 묵살했다.[23] (1) "맥주 한 잔 채 마시지 않은 자연 언니의 눈이 풀려 있었다."고 본 바(경험)를 진술하면서 (2) "몰래 마약을 탄 술을 마시고 성폭행당했을 수 있지 않느냐."(추정)는 진술에 대해서는 (2)에만 주목하여 이중 추정이므로 진술 가치가 없다고 가치절하했고 경험에 대한 진술인 (1)은 묵살했다. 앞에서 말했듯이, 성폭행에 관한 유장호의 진술과 마약에 관한 정○호의 진술 및 김종승의 문자 메시지가 윤지오의 경험을 마약과 성폭행이라는 키워드를 통해 설명할 수 있는 근거가 됨에도 불구하고 말이다. 이렇게 검찰 과거사위원회가 증언자의 진술을 묵살, 왜곡, 평가절하하면서도 국민 앞에서 당당하게 발표할 수 있었던 것은 한 달여에 걸쳐 박훈, 김대오, 김수민, 김용호, 〈가로세로연구소〉, 〈숏TV〉, justicewithus 및 속칭 까계정[24] 들에 의해 만들어진 부정적 여론 없이는 이해하기 어렵다. 이것은 윤지오의 증언 신빙성을 떨어뜨려야 할 현실적 필요를 가진 가해세력이 물질적으로 혹은 정신적으로 통제하는 것으로 보이는 마녀사냥꾼들의 선동에 10년 전의 진술조서를 읽지 않은

---

22. 〈정의연대〉는 그 정치인이 〈꽃보다 남자〉의 구준표와 "특이"하게 같은 이름을 가진 사람이며 이와 관련해 홍준표 의원을 수사해 달라고 요구했다.

23. 조기영 조사위원은 이 진술이 윤지오의 착오였고 자진 철회한 것으로 안다고 말했는데 그의 생각은 내가 확인한 사실과 다르다.

24. 인스타그램의 '까계정'이란 상대방을 '까는 것'을 역할로 삼는 계정을 말한다. 『이코노믹리뷰』 최진홍 기자의 2018년 8월 7일 자 연재 기사 「인스타에 벌레가 산다 ①~③」(http://bit.ly/32fNC4y)를 참조하라.

다수의 사람이 휘둘린 것의 결과였다.

서민의 글은 이 격렬한 마녀사냥 선동 공작의 소용돌이 속에 자리 잡고 있다. 그런데 그의 글을 읽어보면 우리는 그것이 "엄청난 공부"는커녕 윤지오의 10년 전 진술조서조차 읽지 않았거나 읽었더라도 모른 체하면서 윤지오의 증언 행동에 대한 까계정식 글을 제도언론의 칼럼으로 내놓는 것임을 분명히 알 수 있다. 다음 구절은 이 점을 또렷이 보여준다.

장자연 리스트를 봤다는 윤씨의 진술도 마찬가지다. 10년 전에 조사를 받을 땐 이에 대해 전혀 언급하지 않아 놓고선, 자신이 쓴 책 『13번째 증언』에선 리스트를 언급하며 총 40~50명이 있다고 했다가, JTBC에서는 30명이라고 슬그머니 줄이는 등 일관성이 없었다.

강조체 부분은 새빨간 거짓말이다. 윤지오는 10여 년 전 장자연 사망 후 불과 일주일만인 2009년 3월 15일 진술에서 자신이 본 문건의 마지막에 "지인분들과 가족분들에게 피해가 가는 일이 없었으면 좋겠습니다, 언니에게 피해가 가지 않았으면 좋겠습니다"라고 씌어 있었다고 분명히 말했다.

봉은사에 도착하여 차량에서 유○○ 매니저가 건네 준 복사본을 읽어보았는데 저에게 남긴 글은 없고 마지막으로 자연이 언니가 "지인분들과 가족분들에게 피해가 가는 일이 없었으면 좋겠습니다, 언니(○○)에게 피해가 가지 않았으면 좋겠다"는 글이 작성되어 있었습니다.

또 사흘 뒤인 2009년 3월 18일 조서에서는 자신이 본 문서가 7장이었다고 분명히 말했다.

문: 장자연이가 작성한 문서를 유장호가 건네주어 읽어 보았다고 하는데 어디에서 문서를 읽어 보았는가요.
답: 봉은사 절에 도착하여 운전은 경호원이 하고 조수석에 유대표가 앉아 있고, 저는 뒤 좌석에 앉아 있는데, 유대표가 상의 안주머니(오른쪽)에서 왼손으로 꺼내서 저에게 주었습니다.
문: 유장호가 건네주었다는 문서는 몇 장의 분량인가요
답: 전체 7장인데 마지막 한 장은 몇 자 글이 적혀 있지 않았습니다.

여기까지 이렇게 증거를 내밀어도 서민은 여기에 장자연 리스트에 대한 증언은 없지 않느냐고 말할 수 있을 것이다. 분명 윤지오의 기억 속에서 7장 속에는 리스트가 포함되어 있었지만, 리스트에 대한 별도의 진술이 나오지는 않는다. 하지만 그것은 윤지오가 감춘 것이 아니다. 이날까지의 심문에서 어떤 수사요원도 윤지오에게 그 7장의 문서의 구성에 대해 질문하지 않았기 때문이다. 즉 오늘날 우리가 구분하는 '피해사례 증언조서'와 '리스트 증언조서'를 구분하여 질문하지 않았기 때문이다. 그런데 약 1년 뒤인 2010년 6월 25일 중인신문조서에서 판사가 윤지오에게 비로소 "증인은 문서의 내용에 대해서 기억이 나는가요?"라고 묻는다. 아래 인용에 그 질문에 대한 윤지오의 대답이 들어있다.

문 : 증인은 문서의 내용에 대해서 기억이 나는가요.
답 : 다는 아니지만 기억은 납니다.
문 : 문서에 사람별로 피해사실이 적혀 있었다는 것인가요.
답 : 피해사실이 적혀있는 것도 있고, 성함과 성상납 강요를 받았다고 기재 되어 있는 것이 있었고, 어떠한 장에는 성함만 기재되어 있으면서 어떠한 언론사에 누구, 어디 무슨 사의 누구라는 식으로 기재되어 있는 것도 있었습니다.
문 : 언론사의 누구라는 것은 접대한 사람을 가리키는 것인가요.
답 : 그것은 잘 모르겠고, 한 페이지에 이름만 쭉 나열되어 있었습니다.

이렇게 자료들은, 윤지오가 10년 전부터 문건이 7장임과 그 속에 "성함만 기재되어 있는" 페이지가 있었다고 진술했음을 명확하게 보여 준다. 그럼에도 불구하고, 박훈에 의해 "팩트"를 기초로 "엄청난 공부"에 "통찰력"을 결합한 놀라운 인물로 추켜세워진 서민은 신문에 쓴 자신 명의의 칼럼에서 "10년 전에 조사를 받을 땐 이에 대해 전혀 언급하지 않아 놓고"라는 거짓말을 어떤 주저도 없이 늘어놓는다. 이 거짓말이 윤지오의 2019년 증언의 신빙성을 얼마나 크게 떨어뜨렸는가를 생각해 보면 결코 가볍게 넘어갈 문제가 아니다. 이런 거짓말 뒤에 서민은 "자신이 쓴 책 『13번째 증언』에선 리스트를 언급하며 총 40~50명이 있다고 했다가, JTBC에서는 30명이라고 슬그머니 줄이는 등 일관성이 없었다"라고 쓴다.

악의적이다. 윤지오는 피해사례 증언조서(문건) 4장과 리스트 증언조서(편지글) 3장이 있었다는 진술을 10년 동안 큰 흐름에서 보면 일관되게 해 오고 있다. 리스트 분량에 대해서는 1장, 1장 반 등으로, 이름의 수에 대해서는 4~50명, 30명 등의 방식으로 굴곡이 있다.[25] 그럼에도 불구하고 편지글에 담긴 리스트의 분량이 3장을 넘지는 않으며 거기에 적어도 수십 명은 되는 많은 사람의 이름이 적혀 있었다고 하는 점에 대해서는 일관되다고 할 수 있다. 김영희 변호사가 말하듯이, 증언에서 진술 일관성이란 디테일의 일관성보다는 큰 흐름의 일관성을 의미한다. 윤지오의 진술은 큰 흐름에서 완전히 일관되다. 그것은 세부기억에서의 편차보다도 훨씬 더 큰 중요성을 갖는 일관성이다.

이에 반해 윤지오 증언의 신빙성을 떨어뜨리는 데 결정적 역할을 한 김대오의 진술은 완전히 비非일관된다. 10년 전의 진술에서는 "문건을 본 적이 없다"고 말했다가 최근에는 "문건을 본

---

25. 윤지오는 이 굴곡과 관련하여, 질문자가 문건과 구분된 리스트에 몇 명이 있었느냐고 질문하는 것으로 보일 때에는 30여 명이라고 답했고 문건을 포함한 리스트에 몇 명이 있었느냐고 질문하는 것으로 보일 때에는 4~50여 명이라고 답한 것이라고 말한다.

적이 있다"고 완전히 상반된 말을 하고 있기 때문이다. 이것은 양의 많고 적음의 차이가 아니라 정반대의 말이기 때문에 "큰 흐름의 일관성"과는 정면 배치된다. 물론 김대오는 문건의 장수도 계속 카멜레온처럼 다르게 말하고 있다. "12장이었다", "초안 14장과 완성본 8장"이었다, "하여튼 4장+알파다", "정확한 장수에 대해서는 말할 수 없다"는 등으로 시시각각 문건의 장수를 다르게 말했다. 그러다가 결국은 "나는 감별사 역할만 맡겠다" 등으로 말을 바꾼 사람이 김대오다. 나는 김대오가 이후에 '장자연이 남긴 문건은 실은 일천 이백 장이었다'고 말하더라도 놀라지 않을 셈이다.

그래서 서민 교수에게 물어보고 싶다. 이런 김대오의 증언은 일관성이 있다고 생각하는가? 무엇을 위해 거짓말을 지어내 윤지오의 일관된 진술을 부정하는가? 이런 수법들은 재수사를 필사적으로 막으려는 가해권력자들의 욕망에 동조하면서 그들과 그 체제를 보호하는 변론-테크놀로지에 다름없지 않은가? 왜 윤지오 진술의 신빙성을 떨어뜨려 재조사를 포기하도록 만들고 거꾸로 그 책임을 윤지오에게 떠넘기는가?

교수와 '교레기'

이제 핵심적 거짓말들에 대해 살펴보았으니 서민이 던져놓은 부스러기 거짓말들에 대해 속도감 있게 살펴보자. 서민은 타격을 위한 표적 설정을 위해 "과거사위에 기대를 한 결정적 이유는 두 달여 동안 매스컴을 화려하게 수놓았던 윤지오의 존재였다"고 말한다. 이번 과거사위가 '혹시~'하는 기대를 주었던 것은 윤지오 때문이라기보다 스스로 촛불정부를 자임하는 문재인 정부가 들어섰고 수십만 국민의 청원 압력 때문에 자기반성의 절차로서 꾸려진 검찰 과거사위원회였기 때문이다. 서민은 윤지오가 "장씨 사건의 유일한 증인을 자처했다"고 주장한다. 하지만 윤지오는 자신보다 더 많이 알고 있을 것이 분명한 사람들 중에 아무도 증언자로 나서려 하지 않는 상황을 안타까워하면서 이○숙, 송○미 등 연예계의 선배들에게 증언자로 제발 나서 달라고 호소했고 자신이 유일한 증언자로 되고 있는 현실을 안타까워했다. 서민은 윤지오가 기자들 앞에서도 주눅 들지 않고 "막말을 해댔"다고 한다. 하지만 윤지오는 주권자로서, 가짜 뉴스를 제작하는 기자들에 대한 분노를 표현했을 뿐이다. 서민은 "실제 조사를 담당한 대검 조사단이 윤씨의 입에 목을 매다시피" 했다고 하지만 조사단은 진상규명을 위해 윤지오 외에 적어도 83명을 조사했다. 서민의 거짓말은 도를 넘는다.

서민은 김수민과 박훈을 따라 "윤지오는 아는 게 거의 없었다"고 말하면서 인텔리들이 좋아하는 아는 것 자랑과 증언을 혼동한다. 증언은 아는 것을 말하는 것이 아니라 경험한 것을 말하는 것이다. 경험을 말하는 데 특별히 알 것이 필요한가? 만약 윤지오가 아는 게 거의 없다면 대한민국 경찰, 검찰, 법원은 왜 그를 십수 차례나 참고인이나 증인으로 불렀는가? 법정에서 이○○ 수사관은 윤지오를 왜 그토록 여러 차례 불러 조사했느냐는 판사의 질문에 "윤지오가 장자연에 대해 가장 많이 알기 때문"이라고 답했다. 불행하게도 서민은 이 모든 것을 외면하면서, "아는 게 거의 없"으면서, 라며 윤지오에 대한 비난의 목청을 높인다.

이것이 끝이 아니다. 서민은 아무 근거도 없이 "윤씨는 자신의 주장과 달리 고인과 별로 친하지 않았다"는 김수민의 말을 받아쓰기한다. 이것 역시 이 사건에 대해 서민이 "아는 게 거의 없"기 때문에 나오는 말이다. 윤지오가 장자연과 친하지 않았다면 유장호가 장자연의 유가족과 만나기 위해 왜 윤지오에게 중개를 부탁했겠는가? 윤지오가 장자연과 찍은 다정한 사진은 무엇인가? 장자연과 윤지오가 김종승의 명령에 따라 수십 차례 접대노동에 불려 나간 강제노동의 동행자였다는 점은 알고 있기나 한가?

서민은 다음과 같은 모독을 퍼붓는 데도 거침이 없다. "윤지오가 '16번이나 증언했다'고 자랑을 했지만, 증언 횟수가 많은 것은 그녀의 진술이 수시로 번복되는 등 신빙성이 없었기 때문이다"는 말이 그것이다. 윤지오의 증언 횟수가 많았던 것은 앞서 말한 것처럼 무엇보다도 경찰을 비롯한 수사기관이 "윤지오가 이 사건에 대해 가장 많이 알고 있다"고 판단했기 때문이다. 이 때문에 경찰, 검찰, 판사, 조사위원 등 그로부터 진술을 받아내고자 하는 사람들이 많았던 것이 증언이 반복된 이유이다. 그런데 이와 반대되는 측면도 있다. 그가 아는 것이 가장 많다는 사실이 가해권력 측에게는 무엇을 의미하는가? 윤지오의 입을 막거나 그의 진술 일관성을 흐트러뜨리고 진술의 신빙성을 떨어뜨려야 한다는 것을 의미한다. 실제로 그의 진술이 흐트러질 때까지 고문형 진술(밤늦게 불러 밤샘 조사하기)을 반복하게 하는 수사가 되풀이된 것도 그의 증언 회수가 많은 이유 중의 하나였다. 하지만 안타깝게도 이런 점들은 서민의 감성과 사고가 닿을 수 있는 영역이 아니다.

서민은 "장씨의 유족 등 고인이 남긴 문건을 본 다른 사람들은 '이름만 나열된 리스트는 없었다'고 입을 모으고 있"다고 말한다. 거짓말이다. 장 씨의 오빠나 유장호 등 봉은사에서 문건과 리스트를 소각하는 현장에 윤지오와 함께 있었던 사람들은 모두 초기진술에서는 편지글 형식 속에 '리스트'와 유사한 것이 있었다고 진술했었다. 서민은 윤지오가 재수사 불발에 대해 "너무나 참담하다. 정말 이게 우리가 원한 진정한 대한민국이냐"고 했다면서, "이런 걸 전문용어로 적반하장이라 한다"고 가르친다. '도둑이 도리어 매를 든다'는 뜻의 상식적 속담에 불과한 '적반하장'을 "전문용어"라고 주장하는 지력도 좀 그렇다 싶지만, 자신의 칼럼 지면을 이용해서 윤지오 증언의 신빙성을 떨어뜨려 재수사를 불발시킨 장본인들 중의 한 사람이라고 할 수 있는 사람이 도리어 윤지오에게 재수사 불발의 책임을 지우려 하는 것이 정확히 적반하장이다.

윤지오는 반복된 증언에도 불구하고 가해자들이 처벌되기는커녕 법 위에서 유유히 노닐면서 동일한 폭력행위를 되풀이하는 현실을 목격했다. 그랬기 때문에 검찰 과거사위원회에서 증언 요구를 했을 때도 선뜻 나서지 않았다. 과거사진상조사단이 기한을 두 차례나 연장하며 조사했지만, 그 진상은 아직 밝혀지지 않았다. 구준표와 이름이 같았던 이름이 특이한 그 정치인은, 과거사진상조사단 검사가 자신에게 조사받으러 나오라고 전화를 했지만 "조사받고 싶지 않다"고 답하면서 도리어 그 검사를 꾸지람했다고 말했다. "언니 사건은 종결 자체가 불가능하고… 서로 헐뜯기에 딱 좋은 먹잇감이고"라는 말이 윤지오가 한 말이 맞다면, 긴 조사가 끝난 지금 그 말이 얼마나 이 사건을 둘러싼 세력 관계를 정확하게 통찰한 것인지 이제 알 수 있다. 장자연 사건은 아직 종결되지 않았고 서민 같은 유의 사람들이 윤지오를 지렛대로 삼아 김영희, 김제동, 김어준, 손석희 같은 사람들을 헐뜯기에 여념이 없으니 말이다.

이제 표적은 윤지오의 말을 보도한 언론을 향한다. 서민은 말한다. "문제는 윤씨에 대한 언론들의 태도였다." 이 진지한 비판자가 주장하는 요점은 윤지오가 "위험을 과장해 과도한 경호를 요청하는 바람"에 "여경 5명이 한 달 가까이 윤씨 옆에서 심부름을 해야 했고, 그것도 부족해 사람들은 경호비에 보태라며 윤씨가 공개한 후원계좌에 아낌없이 돈을 보냈다"고 아까움과 부당함과 억울함을 토로하면서 윤지오의 주장을 "검증도 없이 내보"낸 JTBC를 탓하는 것이다. 그리고 나서 서민은 윤지오가 처했던 실제 상황에 대한 최종 판결을 내린다. "나중에 밝혀졌지만, 실제로 윤씨를 위협한 사람은 그녀 아버지를 제외하면 아무도 없었다"고.

정말 그랬을까? 아버지가 "윤지오가 좌파정권에 이용되고 있다"고 보면서 윤지오가 증언에 나서지 못하도록 막았지만, 윤지오가 가장 큰 위협으로 느낀 것은 아버지가 아니었다. 그것은 기자증을 가진 이른바 '기레기들'이었다. 한국에서 사람들이 '기레기'라고 부르는 기자들은, 『조선일보』 사례가 보여주듯이, 경찰청장을 협박하여 수사 외압을 넣고 자신들의 사주(社主)를 방어하기 위해 TF팀을 꾸려 가짜 혐의자를 내세우거나 자정에 자진 출두하여 거짓 진술을 하는 등 진실 보도보다 성폭력 권력을 호위하는 호위무사로 기능하거나 정치권력이나 기업권력의 끄나풀로 기능하는 경우가 많기 때문이다. 그리고 그것이 윤지오가 경험한 기자의 공포스러운 형상이었다. 그들이 무슨 일을 벌일지 어떻게 알겠는가? 그래서 윤지오는 "저는 다른 것보다 기자들이 무서워요"라고 여러 차례 말했다. 예컨대 그는, 『머니투데이』가 자신의 주소를 알아내 꽃다발을 보냈을 때 두려움을 느꼈다고 말했다. 또 그는 MBN이 자신의 숙소를 알아내 문 앞에 대기하고 있는 것을 발견한 후 불안해하는 엄마와 함께 캐나다로 돌아가기로 결정하지 않을 수 없었다고 말했다. 이럴진대 자신의 행동에 관한 일거수일투족을 의심의 눈, 경찰의 눈으로 바라보고 "막말 해댄다", "해결사처럼 군다" 식의 '막말'을 거침없이 윤지오에게 쏟아내는 이가, 대학교수인들, 윤지오에게 어떻게 느껴질까? 두려움을 주는 교레기로, 신변위협을 하는 사람으로 느껴지지 않을까?

하지만 서민이 쓰듯이 "누구나 실수할 수 있다. 중요한 것은 자신의 실수를 깨달았을 때, 이에 대해 사과하는 일이다." 하지만 윤지오를 거짓말쟁이, 사기꾼으로 모는 데 앞장섰던 언론들과 변호사, 기자, 작가, 교수 중 "누구도 여기에 대해 반성하지 않았다." 서민 역시 그런 사람 중의 한 사람이다. 서민은 SBS 박원경 기자야말로 참기자라고 추켜세우면서 "윤씨와 SBS 박원경 기자의 전화통화 영상"에서 윤지오가 거짓말하는 사람의 반응패턴을 보여준다고 말한다. 윤지오가 SBS 박원경 기자의 마녀사냥식 접근("인터뷰가 아니라 사실관계를 확인하고자 합니다.")을 논박하는 장면("당신이 경찰이에요?")이었다. 서민에게서 증언자에 대한 마녀사냥은 팩트 체크로 인식되고 마녀사냥으로부터 자기를 지키기 위한 반박은 거짓말하는 이의 어떤 반응 패턴으로 인식된다.

그런데 4월 26일 SBS의 「그것이 알고 싶다 ─ 고 장자연 사건 문건 미스터리 : 누가 그녀를 이용했나?」가 방영된 직후인 4월 28일에 김대오는 당일 장자연 육성을 내보낸 SBS를 비난하는 포즈로 이렇게 쓴다.

SBS에선 '그것이 알고 싶다'에선 장자연 문건에 분명 언급된 SBS 고위 간부 출신 해당 당사자에 대해선 설명이 전혀 없네 ㅋㅋㅋㅋㅋㅋㅋ.[26]

---

26. 김대오, 〈페이스북〉, 2019년 4월 28일 수정, 2020년 2월 23일 접속, http://bit.ly/3c1bePa.

왜 『조선일보』만 비판하고 자기비판은 없느냐는 문제 제기일 것이다. 김대오가 말하는 그 SBS 고위 간부 출신은 장자연 문건에 언급되어 있을 뿐만 아니라 윤지오가 술자리에서 열 차례 이상 만난 기억이 있다고 말한 고○○일 것이다. 그는 김종승의 더콘텐츠의 대주주이기도 했다. 여기에서 우리는 장자연 사건과 관련하여 SBS의 기자가 놓여 있는 미묘한 위치에 대한 암시를 엿볼 수 있다. SBS가 어떤 의미에서 장자연 사건의 연루자이며 윤지오와도 무관하지 않은 것이다. 이럴 때 그 방송사의 기자가 윤지오에게 참기자일 수 있을까? 나는 김대오가 장자연 리스트에 관해 거짓말을 늘어놓는 사람이라고 생각하지만 적어도 이 대목에서는 SBS에 뼈 있는 한마디를 했다고 생각한다. 서민이 참교수가 되길 원한다면, 윤지오에게 훈계를 하러 나서기 전에 적지 않은 사람들이 장자연 사건으로 인해 '기레기'라고 평가하게 된 기자 김대오의 이 뼈 있는 암시에서 장자연 사건과 SBS의 진실에 대한 교훈을 "꼭" 먼저 얻길 "바란다."

3장
'거짓진실'을 내세우라

김대오 시각의 세 가지 구성요소

대체 김대오가 누구인가? 그는 2009년 12월 9일 성남지원에서 장자연 문건의 끝 두 줄 외에는 아무것도 보지 못했다고 진술한 사람이다. 또 그는 2009년 3월 12일 봉은사에서 문건을 태울 때는 현장에 있지도 않았다. 반면 윤지오는 누구인가? 봉은사 차 속에서 총 7장의 문건을 읽었고 원본과 사본을 태우는 자리에 유장호 및 유가족과 함께 있었다고 2009년 3월 18일에 경찰에서 진술한 사람이다. 또 윤지오는 2010년 6월 25일에 그 문건에 "성상납을 강요 받았습니다"라는 문구 아래에 리스트가 있었다고 성남지원에서 증언했던 사람이다. 이 진술은 당시 유장호의 진술과도 일치한다.

그런데 2019년 4월에 갑자기 김대오가 윤지오를 향해 "자신이 문건을 보았을 때 거기에 리스트는 없었는데 윤지오가 리스트가 있었다고 거짓말한다"고 우기기 시작했다. 문건을 보지도 않은 사람이 문건을 본 사람의 문건 내용에 대한 기억을 "거짓말"이라고 꾸짖는 셈인데, 우리 속담에서는 이런 경우를 "장님1이 매질하는 격"이라고 표현한다.

김대오의 이 발언이 왜 문제인가? 여러 가지가 문제이지만 사회적으로 중요한 문제는, 그의 이 거짓말을 기초로 윤지오에 대한 고소·고발이 전개되어 국민의 재수사 열망을 좌초시킨 것에 있다. 이 불행한 사태 전개를 극복하고 장자연 사건의 진실을 규명하기 위해서는 김대오의 이 거짓말을 사람들 앞에 명백히 밝히지 않으면 안 된다. 내가 「김대오의 거짓말」[2], 「네 가지 법정과 '김대오는 어디로?'」[3]에 이어 「김대오의 입은 거짓말 제조공장인가 자동 거짓말 기계인가?」를 쓴 것은 이 때문이다.

일관성 없이 흩어져 있는 그의 말들을 취사 선택하여 그가 무의식 속에서 갖고 있는 생각의 가닥을 한 번 정리해 보자.[4] 정리지만 인용을 상당히 포함하므로 인용문 형식으로 표시한다.

첫째, 김종승이 장자연의 불쌍한 죽음의 책임자다. 장자연은 [폭행당하고 착취하다가] 불쌍하게 죽었다. 그의 죽음의 원인은 [그를 폭행하고 착취한] 김종승이 제공했다. 그러므로 김종승이 제대로 처벌받아야 한다.

둘째, 윤지오가 김종승 처벌을 방해했다. 그런데 윤지오가 김종승에게 유리한 증언을 하여 김종승이 제대로 처벌받지 못하

---

1. 장애인에 대한 비하가 담겨 있어 피하고 싶지만 다른 적절한 표현을 찾지 못해서 사용하는 점에 양해를 구한다.
2. 이 책 3장 166쪽 이하 「김대오의 거짓말」 참조
3. 이 책 3장 170쪽 이하 「네 가지 법정과 '김대오는 어디로?'」 참조.
4. [ ]속은 정리하기 위해 내가 삽입한 문구이다.

도록 만들었다. 사자명예훼손으로 단단히 처벌했어야 했는데 윤지오 때문에 못 하게 됐다. 김종승을 처벌하겠다는 판사의 사법 의지 부족이 아니라 윤지오가 김종승에게 유리하게 한 진술이 수사, 기소, 판결 모두에 인용되었기 때문에 처벌이 안 이루어졌다.

셋째, 윤지오는 사기 증언을 통해 출세하려 했다. [윤지오는] "그저 그런 딴따라 년"[5]이다. [윤지오는] 연기력도 부족했고 평소 술을 잘 마시지 않지만 가끔은 많이 마셨고 연애 관계도 활발했다. [윤지오가] 아프리카에서 '벗방' 했는지, 뭔지 그게 뭐가 문제냐. 나[김대오]는 '벗방' 같은 것 너무 많이 봐서 관심 없다. 문제는 아무것도 모르고 성공을 향해 질주해야 하는 그저 그런 "딴따라 년"이 굴레를 벗어나기 위해 할 수 있었던 게 뭐냐는 거고 이번 사건에 대한 연구는 거기에서 출발해야 한다. 굴레를 벗어나는 길은 사기 증언을 통해서 [주목을 받고 돈을 버는 것이다]. 장자연 리스트, 조선일보, 국정원 등은 모두 [윤지오가] 만들어 낸 사기 증언이다. 그런 사기에 속아 넘어가는 김어준, 손석희 등이 "병신"이다. 그래서 내[김대오]가 이 사건을 故 장자연 사건과 윤지오 사기 증언 사건이라고 부르는 것이다.

넷째, 리스트는 윤지오의 사기 증언의 산물이고 진상조사단/김영희도 그렇게 결론 내렸다. "리스트, 증거 있어? 무슨 리스트임…. 도대체 무슨 리스트임? 있으면 구체적으로 검찰이나 수

---

5. 김대오는 이 말이 자신의 표현이 아니라 "당신들의 표현"이라고 에두른다.

사기관 혹은 일반인이 납득할만한 증거를 내놓던가⋯ 유족이 못 봤다는 게 과거사진상조사단의 결론, 이 결론에는 김영희 변호사도 동의했음."[6]

다섯째, 조선일보는 장자연과 상관없다. "조선일보를 찢어 죽이든, 방씨 일가에게 돌을 던지든 죽은 장자연은 내버려 두고 해." "망자에 대한 모욕에 가까운 가짜 진술 몇 줄짜리로 조선일보를 비롯한 기득권층과 싸워보겠다는 자들이 그래서 병신같은 거야."[7]

여섯째, 윤지오가 국정원 직원이라고 말하는 사람은 국정원 직원이 아니며 유장호가 문건을 봉은사에 파묻은 것은 유족 동의 없이는 문건 내용을 세상에 알리지 말라는 나[김대오]의 말에 따른 것이다. 유장호의 경호원을 자처하며 봉은사의 차량 속에 유장호와 동승했던 사람은 장자연이 평소 언니라고 불렀던 L 씨의 연예인 남편의 소속사 대표였다. 봉은사에는 경찰이나 국정원 직원 아무도 없었다. 유장호가 개인적으로 부른 젊은 사설 경호원만 있었다. 유장호의 경호원 역할을 했던 동생에게, 유장호가 자리를 지적하고 문건을 파오라고 했다. 내[김대오]가 "문건 존재는 알릴지언정, 내용은 유족이 결정할 문제"라며 "어떤 유혹이 있더라도 유족 동의 없이 문건 내용을 세상에

6. 김대오, 〈페이스북〉, 2019년 6월 16일 수정, 2020년 2월 23일 접속, http://bit.ly/2VdBwrm.
7. 김대오, 〈페이스북〉, 2019년 6월 16일 수정, 2020년 2월 23일 접속, http://bit.ly/2HLmyko.

알리는 것은 죄악이다. 내가 문건에 대해서 다시 이야기해도 이야기하지 마라"라고 했기 때문에 유장호가 원본을 특정 장소, 봉은사에 묻어둔 것일 뿐이다.[8]

이 여섯 가지가 김대오가 쏟아 놓은 글들에서 내가 추려낸 골자이다. 이렇게 추려놓고 보면 하나의 시각, 분명한 프레임이 드러난다. 장자연 사건을 바라보는 그의 시각 속에 들어있는 여러 가지 요소 중 나는 다음 세 가지가 분석되고 비판되어야 할 핵심적 요소들이라고 생각한다.

(1) 김종승을 장자연 죽음의 핵심 책임자로 지목하여 장자연 사건을 사기업 수준으로 축소함으로써 결과적으로 그 사기업 위에서 작용하는 가해권력을 은폐하는, 가해권력에 대한 소극적 방어의 시각.
(2) 여성 연예인 윤지오에 대해 비하하고 모독하면서 음해하는 성차별주의적이고 성폭력적인 시각.
(3) 리스트, 『조선일보』, 국정원을 윤지오 사기 증언의 산물로 그림으로써 증언자를 범죄자로 만들고 이를 통해 가해권력을 적극적으로 방어하는 시각.

---

8. 김대오, 〈페이스북〉, 2019년 6월 16일 수정, 2020년 2월 23일 접속, http://bit.ly/2VdBwrm.

성차별주의와 가해자중심주의를 뼈대로 하는 이 세 가지 요소는 김대오의 개인적 생각일 뿐만 아니라 성폭력적 성격의 가부장적 자본주의 체제를 떠받치고 있는 기둥들이기도 하다.

김대오의 거짓말

김대오 기자는 지금까지 장자연 문건과 그 문건의 리스트와 관련하여 다음과 같은 요지의 주장을 해 왔다.

(1) 나는 장자연 문건의 원본을 보았고 거기에 리스트는 없었다.

(2) 윤지오는 문건에 "지인분들과 가족분들에게 피해가 가는 일이 없었으면 좋겠습니다. 언니[친언니]에게 피해가 가지 않았으면 좋겠습니다"라는 글이 담겨 있었다고 말하는데 내가 본 문건에는 그러한 구절이 없었다.

(3) 문건의 장 수에 대한 윤지오의 진술이 동요하고 있는데 그 진술들은 내가 알고 있는 장 수와 다르다.

(4) 그러므로 윤지오는 거짓말을 하고 있는 것이다.

윤지오가 거짓말을 하고 있다고 말하는 근거가 모두 자신이 "원본을 보았고" 문건에 대한 윤지오의 말이 "자신이 본 것"과 다르다는 것에 두어져 있다.

그런데 2009년 12월 9일 수원 성남지원에서 이루어진 증인신문조서에서 김대오는 자신이 장자연 문건의 원본도 사본도 본 적이 없다고 증언했다. 그는 자신이 본 것이 있다면, 유장호가 문건이나 그 내용의 공개를 거부하면서 보여준 그 문서의 단 한 구절, 즉 "저는 나약하고 힘없는 신인배우입니다. 이 고통에서 벗어나고 싶습니다. 09.02.28 장자연(주민등록번호) (서명)"뿐이고 그것만을 사진 촬영했을 뿐이라고 진술했다. 검사와 증인 [김대오]의 문답은 이러하다.

문 : 당시 증인 이○○, 박○○ 기자가 장자연이 작성했다는 문서를 본 사실이 있나요.
답 : 없습니다.
문 : 당시 증인은 피고인 유○○로부터 장자연이 작성했다는 문서의 내용을 들은 사실이 있나요.
답 : 없습니다.

조서 작성 전에 판사는 증인 김대오에게 "형사소송법 제148조 또는 149조에 해당하는가를 물어 이에 해당하지 아니함을 인정하고 위증의 벌을 경고"했고, 위의 것은 이에 따라 선서를 한 후 이루어진 증인신문조서에서 한 진술이다.

이런 조건에서 특별한 위증의 동기나 이해관계를 갖지 않은 김대오가 위증했다고 보기는 어렵다. 그러므로 위 진술은 있는 그대로 사실로 받아들이는 것이 옳을 것이다. 바로 이것이 사실인 한에서, 최근 신문 인터뷰, 방송 출연, 유튜브 채널을 통해 계속되고 있고 또 퍼져가고 있는 위의 네 가지 김대오의 주장은 일거에 모조리 무너진다. 그의 말이 거짓말이기 때문이다.

첫째, 장자연 문건의 원본을 보지 못했으므로 거기에 리스트가 있는지 없는지 그가 알 길이 없다.

둘째, 장자연 문건의 원본을 본 적이 없으므로 윤지오의 진술 내용이 거기에 담겨 있는지 없는지 그가 알 길이 없다.

셋째, 문건의 장수가 몇 장인지 그가 알 수 있는 길이 없으므로 윤지오가 말하는 문건의 장수가 맞는지 틀리는지 그가 알 길이 없다.

넷째, 그러므로 윤지오가 거짓말을 하고 있다는 그의 단언[1], 그 자체가 실제로는 거짓말이다.

나는 원성훈 기자가 쓴 기사 「이민석 "윤지오의 진술이 김대오의 진술보다 신빙성 높다"」[2]를 읽기 전까지 리스트 부분을 제외한 장자연 문건 일부분을 김대오 기자가 봤을 가능성도 고려해 가며 글을 써왔다. 하지만 김대오의 증인 조서는 그가 장자연 문건의 문구 하나를 제외한 그 어떤 것도 보지 못했음을 확인해 준다. 박훈은 김수민과 김대오의 말에 기초하여 윤지오가 장자연 사건에 대해 "아무것도 모르"며 언론들이 그런 사람을

1. 「희대의 '공익제보자' 윤지오, 장자연에 대한 5가지 거짓말!!!」, 〈김대오기자스타채널 유튜브〉, 2019년 4월 26일 수정, 2020년 2월 13일 접속, https://youtu.be/-9VF4Ntoioo.
2. 원성훈, 「이민석 "윤지오의 진술이 김대오의 진술보다 신빙성 높다"」, 『뉴스웍스』, 2019년 4월 29일 수정, 2020년 2월 13일 접속, http://bit.ly/2T2i3Hw.

"유일한 증언자"라고 키워주는 것이 심각한 문제라고 말한다. 이후 그는 윤지오를 최초로 고발하는 사법행동을 통해 화제의 인물로 부상했다.

우리는 김수민이 윤지오에 대한 장문의 고발 글을 올린 지난 4월 16일 이후 『조선일보』, 『중앙일보』, 『동아일보』를 비롯한 여러 언론이 김대오를 장자연 문건 "원본의 유일한 목격자"로 키우는 데 얼마나 큰 역할을 했는지 알고 있다. 그런데 "유일한 증언자"를 끌어내리고 "원본의 유일한 목격자"를 올려세워 진실규명의 "마지막 기회"[3]를 차단하려던 증언자격 쿠데타는 윤지오 진술의 신빙성에 무게를 실어주는 4월 27일 SBS 〈그것이 알고 싶다〉[4] 방영을 정점으로 거짓의 열흘 천하의 막을 내리기 시작한 것으로 보인다.

3. 윤지오, 『13번째 증언』, 가연, 2019, 19장.
4. 김병길 연출, 「1166회 그것이 알고싶다 : 故 장자연 문건 미스터리 − 누가 그녀를 이용했나?」, 〈SBS〉, 2019년 4월 27일 수정, 2020년 2월 13일 접속, http://bit.ly/2SP5PD7.

네 가지 법정과 '김대오는 어디로?'

김대오는 2019년 4월 자신이 장자연 문건을 보았다고 주장하면서 그 문건의 유일한 목격자라는 세간의 평가를 얻었고 그 평판 권력으로 유일한 증언자 윤지오를 거짓말쟁이로 단죄하는 데 앞장서 왔다. 증언을 둘러싼 쿠데타였다. 그런데 그는 2009년 12월 장자연 관련 사건 증인신문 과정에서 장자연 문건을 본 적도 그 내용을 들은 적도 없다고 진술한 바 있는 인물이다. 그렇다면 그는 문건을 안 본 사람이면서 동시에 본 사람이다. 이것은 둘 중 하나는 거짓말임을 의미한다.

나는 「김대오의 거짓말」[1] 에서 이 모순에 대해 다뤘다. 그리고 〈정의연대〉는 이러한 사실에 기초하여 김대오를 위증죄로 제소할 수 있다는 뜻을 내비쳤다. 이에 대한 그의 반응이 흥미롭다. 그 반응은 페이스북을 통해서 나타났는데 하나는 산수를 통해 공소시효 7년이 지난 것을 발견하고 안도의 한숨을 내쉬는 것이고 또 하나는 자신이 벙어리가 될 것을 암시하는 우화

---

1. 이 책 166쪽 이하.

를 올린 것이다. 이것이 만약 자신의 거짓말에 대한 응답이라면, 자신은 어느 것이 거짓인가에 대해 아무것도 말하지 않을 것(진술 거부)임을 시사하는 것이다. 특별한 수사권을 가진 특검이 필요하다는 느낌이 드는 것은 이 때문일 것이다.

공소시효가 없는 법정들

그런데 법정은 공소시효를 갖는 사법의 법정만 있는 것이 아니다. 사법의 법정은 시민 상태가 유지되고 있을 때 법정이 취하는 지배적 형태일 뿐이다. 사법의 법정 외에 공소시효가 없는 다른 법정들이 최소한 세 가지가 있다.

하나는 인민의 법정이다. 역사의 격변기에는 항상 인민의 법정이 출현하곤 한다. 그것은 사법의 법정과는 달리 대개는 가차 없고 냉혹한 법정으로 나타난다. 그것은 누적된 모순들, 불의들, 거짓들, 착취들, 기만들로 혼탁해져 있는 낡은 사회상태를 쓸어버리는 태풍과 같은 것이기 때문이다. 인민의 법정이 좋은 것인가 나쁜 것인가, 바람직한가 그렇지 않은가 식의 질문은 태풍이 좋은 것인가 나쁜 것인가, 바람직한가 그렇지 않은가를 논하는 것처럼 무의미한 질문이다. 태풍은 바람직하게 생각하건 그렇지 않게 생각하건 상관없이 불어닥치며 가차 없이 쓸어버린다. 분명한 것은 태풍이 지난 후의 바다는 깨끗하다는 것이다. 이런 의미에서 인민의 법정은 자연 상태와 가깝다.

또 하나는 평판의 법정이다. 이것은 일상에서 끊임없이 진행되는 공통장의 법정이다. 서로 다른 각자들, 객체들은 쉼 없이 평가하면서 관계 맺고 단절한다. 평판은 그 자체가 개개인들에 대한 중단 없는 법정이다. 평판의 법정에는 인민의 법정에서처럼 공소시효가 없다. 그 법정은 보이지 않는 곳에서 열리면서 우리를 상주고 또 벌한다.

마지막으로 양심의 법정이 있다. 사법의 법정, 인민의 법정, 평판의 법정은 모두 타자들이 나를 향해 내리는 심판임에 반해 양심은 나 자신이 나에게 내리는 심판이다. 양심의 법정도 공소시효를 갖지 않는다. 아득한 옛날의 내 행동과 말이 양심의 심판을 받기도 하기 때문이다. 부정적인 나의 행동에 대한 내 양심의 법정의 처벌방식이 자책, 후회, 악몽 같은 것들이다. 이 법정이 선순환적으로 가동되지 않을 때 누적된 문제들이 정신적 질환의 형태로 나타나기도 한다.

김대오 기자는 무엇을 통해 문건의 형식과 분량을 알아냈나?

김대오 진술의 모순은 이미 2009년 당시에 발견되었다. 유장호는 장자연의 문건의 마지막 글귀 외에는 문건을 김대오에게 보여준 적도, 그 내용에 대해 말해준 적도 없다고 진술했다. 이것은 장자연의 문건을 본 적도 그 내용에 관해 들은 적도 없다는 김대오의 진술과 완전히 일치한다. 그런데 2009년 3월 10일 김대오·이지현 기자 명의로 나간 『노컷뉴스』의 장자연 사건 최초보도는 (1) 그 문건의 양이 A4 12장이며 (2) 모두 친필이고 (3)

간인이 찍혀 있다는 사실을 말하고 있으며 그 친필 문건의 내용에 대해서는 "알 수 없다"가 아니라 "현재 함구할 수밖에 없는 상황"이라 하여 그 내용을 알고 있다는 듯이 표현하고 있다.[2]

이러한 기사 내용은 문건에 대해 마지막 글귀 외에는 알지 못한다는 김대오 자신 및 유장호의 진술과 상충할 뿐만 아니라 문건의 양이 A4 네 장 더하기 세 장 총 일곱 장이라는 유장호 및 윤지오의 진술과 어긋난다. 그래서 변호인 1이 "김대오가 문서의 형식, 그 문서에 다른 연예인에 관한 내용이 있다는 것을 어떻게 알고 썼을까요?"라고 물었을 때 이에 대한 유장호의 답은 매우 중요한 의미가 있다. 이 질문에 유장호는 "그것은 피고인도 잘 모르겠습니다"라고 답했다. 도대체 문건을 본 적이 없는 김대오가 『노컷뉴스』에 어떻게 문건의 장 수가 열두 장이고 간인이 찍혀 있고 친필로 되어 있다는 등의 사실을 알고 보도할 수 있었을까? 그는 어디에서 그러한 정보를 얻었을까? 유장호 외에 문건을 접할 수 있었던 다른 경로가 있었던 것일까? 만약 그랬다면 그것이 누구였을까?

『조선일보』 박은주 기자가 만난 장 씨 지인 A 씨는 누구인가?

변호인 1

---

2. 김대오·이지현, 「故 장자연, "고통에서 벗어나고 싶다" 심경고백」, 『노컷뉴스』, 2009년 3월 10일 수정, 2020년 2월 23일 접속, https://www.nocutnews.co.kr/news/561152.

피고인 2[유장호]에게

문 : 피고인이 문서를 보여준 사람이 유가족, 스타일리스트, 이○○ 외에는 없었나요.

답 : 예, 마지막 구절을 본 것은 기자들도 있었습니다.

문 : 윤○○[윤지오]은 지난번에 법정에 증인으로 나와서 그 문서를 자세히 보았다고 하는데 어떠한가요.

답 : 자세히 보지는 못하였고, 봉은사에서 문서를 소각할 때 윤○○[윤지오]이 그 문서를 본 것입니다.

문 : 노컷뉴스에 김○○[김대오] 기자가 쓴 기사를 보면 단순히 마지막 구절만 쓴 것이 아니고, 문서의 형식이며, 그 문서에 다른 연예인에 관한 내용이 있다고 썼는데 김○○[김대오]가 그것을 어떻게 알고 썼을까요.

답 : 그것은 피고인도 잘 모르겠습니다.

같은 날 장자연 사건을 보도한 『조선일보』 박은주 기자의 기사를 보면 문건의 마지막 글귀의 사진만을 찍어왔다는 김대오의 진술이 거짓일 수 있다는 식의 어떤 여지를 남긴다. 그 기사에서 박은주 기자는 (유장호가 아니라) 장 씨의 지인 A 씨를 만나 문건을 본 것처럼 쓰고 있다. 여기서 박 기자는 문건이 최소 두 개가 있는 것처럼 쓴다.

(1) "(3월) 9일 새벽에 만난 장[자연] 씨의 지인 A 씨는 고 장자연 씨가 남긴 장문의 문건 중 일부를 갖고 나왔다. 그는 체념에 빠진

표정이었다."

(2) "장 씨의 고민 상담을 해줬던 다른 기획사 대표 유 모 씨도 장 씨의 심경에 담긴 문서를 가진 것으로 알려졌다."[3]

여기서 (1)의 장 씨의 지인 A는 분명히 (2)의 유장호가 아닌 것처럼 쓰여 있다. 박은주 기자도 "저는 나약하고 … 싶습니다"가 포함된 글귀 외에 그 문건이 "볼펜으로 눌러쓴 A4 용지 여러 장"이었다는 것과 그 "여러 장에는 페이지마다 지장이 찍혀 있었다"고 보도한다. 그리고 박 기자는 A 씨가 "연예인이 된 후 얽힌 사람들로부터 받은 고통이 소상히 기술되어 있지만 원치 않게 선의의 피해자가 나올 수도 있을 것 같아 다 보여줄 순 없다"고 말했다고 썼다.

그런데 박은주 기자가 기사 속에서 애써 구별한 이 두 인물은 아무래도 동일 인물로 보인다. A 씨가 했다는 그 말이 진술서를 보면 유장호가 한 말이며 유장호가 장자연의 지인이기도 하기 때문이다. 필요한 것은, 어떤 동기 때문에 박은주 기자가 동일 인물을 애써 별개의 인물인 것처럼 구별하려고 했는가 하는 문제이다.[4] 이것은 유장호와 박은주/김대오 사이에 보도를 둘

---

3. 박은주, 「"전 힘 없는 신인 … 고통 벗어나고 싶어요" 故 장자연, 장문의 글 남겨」, 『조선일보』, 2009년 3월 14일 수정, 2020년 2월 23일 접속, http://bit.ly/2vVHaDS.
4. 만약 이들이 실제로 별개의 두 사람이라면 그가 누구인지 반드시 밝혀야 할 것이다.

러싼 모종의 협약이 있었을 것임을 시사한다. 그리고 유장호와 윤지오가 말하는 문건 및 리스트의 장 수와 김대오가 말하는 장 수가 커다란 차이를 보이는 이유도 이 협약을 통해 설명될 수 있을 것이다.

장자연 죽음의 최종 책임은 누구에게 있는가?

나는 윤지오를 모른다. 그러나 '장자연 사건'이 '윤지오 사건'으로 옮겨갈 때의 위험성은 안다. 규명되지 않은 사건의 핵심 증인에 대한 도덕적 손상은 결국 사건의 진실을 가리는 데 악용된다. 증언에 대한 진위는 다른 증언이나 정황증거 등을 통해 수사기관이 판단할 몫이지 여론재판의 대상이 아니다.

—김민문정[1]

2011년 김대오는 '장자연 편지 위작 사건'을 계기로 장자연 사건의 본질에 대해 이렇게 말한 바 있다.

(1) 2009년에 이어 2년이 지난 지금까지 이러한 혼란이 반복되는 것은 장자연 사건의 본질에 대한 의혹이 말끔히 해소되지 않았기 때문이다.

(2) 장자연 씨가 남긴 문건의 모호성을 감안하더라도 경찰과 검찰이 의지만 있었다면 장자연을 농락한 연예계의 권력 집단을 충분

---

1. 김민문정, 「[NGO 발언대] 윤지오로 장자연을 지우지 마라」, 『경향신문』, 2019년 6월 16일 수정, 2020년 2월 21일 접속, http://bit.ly/2uVg0wY.

히 파악해낼 수 있었다.

(3) 수사당국은 혐의점이 있는 권력층 인사들을 제대로 조사하지
않았다.

(4) 위작 편지 같은 혼란이 반복되지 않기 위해서, 아니 무엇
보다 연예계 권력 집단의 탐욕에 짓밟힌 장자연과 같은 연예인이
다시 나오지 않기 위해서 지금부터라도 철저한 재수사가 필요
하다.[2]

(2) 문장과 (3) 문장에서 김대오는 "연예계의 권력 집단"과
"혐의점이 있는 권력층 인사들"을 본질적 가해세력으로 규정한
다. 즉 가해세력이 복층적 구조로 되어 있다고 규정한다. 그런
데 네 번째 문장에서 그는 다시 가해세력을 (2)만으로, 즉 "연예
계 권력 집단"으로 환원한다. 그의 의식 속에서 가해세력에 대
한 정체 규정이 열렸다가(확장되었다가) 다시 닫히곤(축소되곤)
한다는 것을 의미한다. 그렇게 그의 의식 속에서 가해세력에 대
한 사유가 축소된다고 할지라도 2011년 당시에 그는 더콘텐츠
대표인 김종승을 장자연 사건의 본질로 보지는 않았다. 설령 김
종승이 포함되어 있다 할지라도 연예계 권력 집단이라고 하여,
집단 책임을 강조하고 있다. 관점의 이러한 동요와 굴절에도 불
구하고 이 당시의 김대오는 지금부터라도 "철저한 재수사"가 필

---

2. 「김대오」, 〈위키피디아〉, 2019년 7월 22일 수정, 2020년 2월 13일 접속, http://
bit.ly/2SPr73E에서 인용. 괄호 번호는 인용자.

요하다는 진취적 입장을 취하고 있다.

그로부터 8년이 지난 2019년, 정작 재수사가 일정에 오를 수 있었던 절호의 기회였던 때의 김대오는 어떠한가? 그는 2011년 과는 달리 장자연 사건의 본질을 권력층도 아니고 연예계 권력 집단도 아닌 일개 기획사 대표 김종승에게서 찾는다. "나는 아직도 故 장자연 사건에 대해 최종적으로 벌을 받아야 할 사람은 김○○(김종승)이라고 생각한다"는 주장이 그것이다. 이것은 당연히 장자연과 김종승의 계약관계에 초점을 맞추는 것으로, 장자연 사건을 최소한의 것으로 축소해서 해석하는 것이다. 이것은, 장자연 사건이 김종승과 싸움에서 이기기 위한 이○숙과 유장호의 사적(기업적) 공작에서 시작되어 신형철 대법관의 '촛불재판 판결독촉 이메일 사건'을 덮기 위한 국정원과 이명박 정부의 정치공작에 이용된 권력형 사건이라고 확대하여 해석하는 『고발뉴스』 이상호의 시각과 정반대의 경향을 보인다. 이상호의 시각을 정치주의적 해석이라고 본다면 김대오의 시각을 경제주의적 해석이라고 할 수 있을 것이다. 이상호의 시각을 국가주의적 해석으로 본다면 김대오의 시각은 기업주의적 해석이라 볼 수 있다.[3]

김종승은 정황상 장자연이 죽게 되는 원인을 제공한 사람

---

3. 물론 이상호도 기업적 맥락을 고려한다. 그런데 여기서도 양자는 차이를 보이는데, 김대오가 더콘텐츠의 김종승을 장자연 죽음의 주요 책임자로 봄에 반해, 이상호는 호야의 이○숙(과 유장호)을 장자연 죽음의 주요 책임자로 본다.

들 중의 한 사람으로 나타난다. 장자연은 배우의 꿈을 갖고 김종승과 계약했다. 그런데 그 계약은 노예계약과 거의 다름없는 계약으로서 노동시간 한도를 특정할 수 없는 계약, 다시 말해 계약 기간 동안의 삶 자체를 송두리째 사장 김종승에게 넘겨줘야 하는 계약이었다. 이 계약은 한편에서는 전前근대적 계약이지만 다른 한편에서는 탈脫근대적 계약이다. 바로 우리가 모두 오늘날 노동시간을 특정할 수 없는 무임노동에 항상적으로 시달리고 있기 때문이다. 자본은 우리의 생산시간만이 아니라, 소비시간, 심지어 휴식시간으로부터도 잉여가치를 수탈해 가는 전방위적 수탈 기계로 전화했다. 장자연은 계약된 소속사에서 연기노동을 해야 했다. 그러나 연기만이 전부가 아니었다. 〈꽃보다 남자〉에 출연했을 때는, 연기에 필요한 진행비, 매니저 월급, 스타일리스트 비용, 미용실 비용 등 모든 걸 부담해야 했다. 또 출연을 미끼로 술자리에 불려 나가 노래를 하고 춤을 추어야 했다. 골프장에 불려 나가 골프 접대를 해야 했다. 이것은 성접대 강요로까지 이어졌다. 여기에 협박과 폭행이 뒤따랐다.

이 모든 것은 "'을'[장자연]은 방송 활동, 프로모션, 이벤트, 각종 인터뷰 등 '갑'[김종승]이 제시하는 활동을 전적으로 수락하여야 하며, 행사 불참 또는 방송사고를 발생시켰을 경우, '을'은 '갑'이 제시하는 민형사상의 모든 책임을 져야 한다"(계약서 4조 다 항)에 의해 정당화되었다. 이것을 참을 수 없어 해약하고자 할 경우에, 그 출구는, "중도해약은 '갑'과 '을'간의 쌍방 합의 시에만 가능하다"(6조 가 항), 그리고 "'을'이 의무사항을 위반할

시에는 위약 벌금 1억 원과 '갑'이 '을'을 관리하기 위해 발생한 비용 중 증빙자료가 있는 모든 경비에 대하여 '을'은 이의제기 없이 계약 해지일로부터 일주일 이내에 현금으로 '갑'에게 배상하고 잔여기간 동안 발생하는 모든 수익 활동의 20%를 '갑'에게 손해배상금으로 지불한다"(7조)에 의해 막혀 있었다. 장자연은 계약의 사슬에 묶여 김종승이 강요하는 노예의 삶을 강제로 받아들이지 않을 수 없었다. 장자연은 문건에서 이렇게 쓰고 있다. "저는 김종승 사장님 회사에 계약되어 일하고부터 ⋯ 끊임없는 사장님의 지인과의 술접대 강요를 받았으며 저는 그로 인해 정신과 치료를 받고 있습니다."

그러므로 김대오가 만약 "김종승은 벌을 받아야 할 사람이라고 생각한다"라고 했다면 그 말은 설득력이 있고 또 현실에 부합하는 주장이었을 것이다. 실제로 강요, 협박, 폭행 등의 직접적 수행에 있어서 김종승에게 큰 책임이 있기 때문이다. 그러나 김대오의 생각은 이와는 다르다. 앞에 인용했듯이 "나는 아직도 故 장자연 사건에 대해 최종적으로 벌을 받아야 할 사람은 김○훈(김종승)이라고 생각한다"라고 하여 최종 책임을 김종승에게 부과하고 있기 때문이다. 이것은 장자연과 김종승과의 계약관계에만 우리의 시선을 제한하고 김종승이 자신의 지인들과 맺고 있는 관계, 그리고 다시 그 관계가 장자연과 맺는 관계라는 측면을 시야에서 사라지도록 만든다. 그런데 그 지인들은 지난 10년간의 증언, 조사, 그리고 취재를 통해 드러난 바 있듯이 큰 기업체의 임원, 법조계의 고위직, 언론사의 사장, 연예계의 권력자, 정치권의 실력자 등 한국 사회의 경제권력과 정치권력을 통제하는 권력자들이었다. 장자연이 문건에서 "김종승과 관련하여 조심해야 할 사람들"(유장호 변론요지서)이라고 표현한 사람들이 바로 저 "사장님의 지인들"일 것이다.

그렇다면 장자연이 술접대를 해야 했던 "사장님의 지인"들과 김종승의 관계는 무엇이었을까? 회사에 돈을 투자하거나 후원해 줄 사람(투자자, 기업가), 캐스팅을 통해 소속 배우에게 출연 기회를 줄 사람(감독, 제작자), 소속 배우를 홍보해 줄 사람(언론), 입법이나 행정을 통해 소속사에 유리한 법적 조건을 조성해 줄 사람(정치가), 탈법에 대해 보호해 줄 사람(법조인) 등등이다. 김종승과 장자연의 계약과 노동은 결코 외딴 섬에서 이루어지는 것이 아니다. 그것은 자본주의 사회, 즉 자본주의적 권력망 속에서 이루어진다. 2009년 7월 김종승의 피의자 신문에서 판사는, 계약서와 윤지오의 증언을 기초로, 김종승이 장자연에게 술접대를 강요했는데 이것은 술접대를 받는 나이 많은 사람들에게 즐거움을 주는 일이고 일반적으로 술집 접대부가 임금을 받고 하는 일인데 술집 접대부가 아닌 연예인들이 무임으로 이런 노동을 하는 것의 부당성을 집요하게 캐묻는다. 이 점은 잘 주목되지 않은 내용이므로 좀 길지만, 해당 진술 내용을 인용해 주의를 환기해 보자.

문: 당시 고○○ 등이 장자연, 윤○○ 등에게 술집 접대부 역할 등에 따른 대가를 지불해 주지 않았으므로 고○○ 등이 그만

큼의 이익을 얻은 것이므로, 결국 피의자가 장자연, 윤○○으로 하여금 술좌석에 참석하도록 요구함으로써, 고○○ 등이 그런 이익을 얻게 된 것이라고는 생각되지는 않나요?

답:그것은 아닌 것 같습니다.

...

문:당시 피의자는 광고대행사 설립을 계획하고 있어 변○○이 대표이사로 근무하는 투자회사인 "보○○○○○"에 투자를 요청하였고, 추후 오○○이 전무이사로 근무 중인 "우○○○○○" 투자제안서 등을 제출하여 투자를 받기 위해 노력을 하고 있었던 때라 판단되므로, 일종의 접대성 술좌석은 아니었나요?

답:아니었습니다.

...

문:그 모임은 장자연을 위한 모임이 아니라 피의자가 계획하고 있던 광고기획사에 투자금을 받기 위해 보○○○○○ 대표이사 변○○, 우○○○○의 전무이사인 오○○을 접대하는 자리이므로, 그 영업에 도움이 될 목적으로 장자연을 동석게 하여 술 시중 등을 들게 한 것이 아닌가요?

답:그날의 모임은 기억이 나지 않습니다.

문:변○○, 오○○의 입장에서는 자신보다 나이 어리고 얼굴도 이쁜 탤런트와 같이 술을 마시는 것은 흔치 않은 경험이 되는 것으로, 누구라도 그런 술좌석에서 탤런트와 같이 술을 마시고 싶어 하는 것이 아닌가요?

답:그 부분에 대해서는 모르겠습니다.

...

문 : 일반적으로 술집 접대부 등이 돈을 받고 다른 사람들에게 술을 따라주면서 노래와 춤을 주는 등 유흥을 돋구는 역할을 하는 것인데 당시 장자연, 윤○○ 등은 술집 접대부는 아니지 않나요?

답 : 그날 일은 기억이 나지 않습니다.

문 : 당시 장자연, 윤○○ 등이 술집 접대부도 아닌데 자발적으로 술집 접대부 역할을 하였다는 말인가요?

답 : 잘 기억이 나지 않습니다.

문 : 당시 장자연, 윤○○ 등에게 그런 역할을 자청한 이유가 있나요?

답 : 잘 기억이 나지 않습니다.

문 : 피의자가 장자연, 윤○○에게 그런 역할을 하도록 요구한 것은 아닌가요?

답 : 잘 기억이 나지 않습니다.

....

문 : 당시 장자연과 같이 술좌석에 참석하였던 윤○○의 진술에 따르면 피의자의 요구에 의해 어쩔 수 없이 그 술좌석에 참석하였다고 하는데 사실이 아닌가요?

답 : 그것은 거짓말이라고 생각합니다.

문 : 윤○○이 거짓말을 함으로써 어떤 이익이 생긴다고 생각하나요?

답 : 그 부분은 모르겠습니다.

문 : 당시 윤○○은 피의자와 맺은 전속 계약 때문에 만약 피의
자의 말을 듣지 않게 되면 계약위반으로 1억 원이 넘는 위약벌
금을 내야 하기 때문에 어쩔 수 없이 그 술좌석에 참석한 것이
라고 하는데 사실이 아닌가요?

답 : 그것도 거짓말이라고 생각합니다.

문 : 그 술좌석 참석은 피의자의 요구에 의해 참석하는 것이며,
연예 활동으로 인정되므로 전속계약서에 따라 미용비 비용 등
을 회사에서 지불해 주며 그 근거로 장자연 윤○○ 등은 머리
손질 사진을 매니저 등에게 전송해 주는 것이며 술좌석이 끝나
면 끝났다고 피의자의 회사 매니저인 조○○ 등에게 보고하는
것이므로 당연히 이 술좌석 참석을 거부하게 되면 계약서에 따
라 "1억 원의 위약 벌금, 해당 연기자에 대한 지출액을 1주일 이
내에 현금배상, 잔여 계약 기간 동안 수익금의 20%" 등을 피의
자에게 지불해야 하는 것이 아닌가요.

답 : 연예 활동에 대해서는 잘 모르겠고 1억 원을 제가 운운한
적은 없습니다.[4]

인용된 문답에서 우리가 상식으로 판단할 수 있는 것은 김
종승이 장자연, 윤지오 등 소속 연예인들의 감정노동과 술접대
노동을 착취하고 수탈하여 투자자를 비롯한 다양한 형태의 권
력자들과 나눠 갖는다는 것이다. 그리고 이것이 판사의 일관된

---

4. 여기서 '피의자'는 김종승이다.

질문 방향이기도 하다. 즉 김종승만이 착취와 수탈의 행위에 참여하는 것이 아니라 김종승의 지인들도 그것에 참여한다는 것이다. 정치경제학적 용어로 김종승이 기업이윤을 챙긴다면 골프접대·술접대·성접대 등을 받은 사람들은 초과이윤, 즉 지대rent 수탈자들이라고 할 수 있다. 그런데 감정노동이나 서비스노동과 같은 인지노동의 특성상 그 지대는 기업가에게 수취된 후 지대 수탈자들에게 재배분되는 것이 아니라 노동 현장에서 직접 지대 수탈자들에게 수탈되는 성격을 갖는다. 분명히 지대 수탈자들은 김종승의 상위에서 초과이윤을 분배받는 것이지만, 그 분배의 방식이 장자연 등의 감정·서비스 노동을 직접 착취하는 형식을 취하는 것이다. 이제 정치경제학적 문맥을 떠나 사법적 술어로 장자연을 피해자로 부른다면 김종승 및 그와 관련해서 조심해야 할 그의 지인들 모두가 가해자, 가해권력이다. 이 연합권력장 내부에서 김종승은 장자연에 대해서는 착취와 가해의 권력이면서 그 상위의 가해권력자들에 대해서는 오히려 자신의 자산을 수탈당하는 피해자라고 할 수 있다.[5]

---

5. 이것은 착취계급인 산업자본가들이 지주들을 자신들에 대한 수탈계급으로 파악하면서 '지주계급의 안락사'를 요구해 온 맥락과 비교하여 이해할 수 있다. 조○천 1심 재판의 판사 오덕식은 조○천이 장자연을 추행했다면 김종승이 가만히 있지 않았을 터인데 가만히 있었고 술자리가 1시간 이상 지속된 것을 보면 성추행이 있었다고 보기 어렵다고 추론한다. 이것은 김종승이 자신의 소속사 배우(즉 '자산')에 대한 누군가의 성적 수탈을 용납하지 않았을 것임을 부당 전제하는 것이다. 하지만 여기서 오덕식은 김종승이 상위 가해권력자들에게 자신의 '자산'을 수탈당하지만, 그 대가로 투자와 법적 보호 등을 받을 수 있다는 사실을 간과하며 이런 조건 때문에 성추행 공범으로 역할할

이런 점을 고려할 때, 김종승을 최종적으로 벌을 받아야 할 사람으로 규정함으로써 결과적으로 김대오는 김종승과 관련해서 조심해야 할 그의 지인들, 지대 수탈자들, 상위 가해권력의 책임을 은폐하는 역할을 담당한다. 김대오의 생각과는 달리, 최종적으로 벌을 받아야 할 사람들은 아직 정체를 드러내지 않고 숨어 있으며 진상규명을 곳곳에서 방해하고 있는 이들 지대 수탈적 가해권력자들이다. 따라서 우리는 장자연 죽음의 최종 책임이 김종승에게 있다고 말하는 것은 바로 이 상위 가해권력의 자기 보호적 시각을 표현하는 것이고 비가해 대중이 이렇게 말할 때 그것은 그러한 시각을 수용하고 내면화한 결과라고 말할 수 있다.

2019년 4월 이후 장자연 리스트에 대한 윤지오의 증언을 "거짓 증언"[6]으로 만드는 움직임이 집단화한 것은 이 지대 수탈적 가해권력자들의 자기보호 공작을 빼놓고는 이해하기 어렵다. 그런데 윤지오의 증언을 거짓말로 만드는 작업은 이미 김종승이 피해자 신문조서에서 보였던 그 태도의 지속이고 확장이다.

문 : 당시 장자연과 같이 술좌석에 참석하였던 윤○○의 진술에 따르면 당시 피의자의 요구에 의해 어쩔 수 없이 그 술좌석에 참석하였다고 하는데 사실이 아닌가요?

수 있을 가능성을 부당 배제하고 있다.
6. 이미나, 「'윤지오 증언' 침묵한 '조선', '거짓증언' 의혹엔 앞장」, 『PD 저널』, 2019년 4월 29일 수정, 2020년 2월 13일 접속, http://bit.ly/2vV13uE.

답 : 저는 윤○○이 하는 모든 말은 믿기 어렵습니다.

　　윤지오가 하는 "모든 말"을 믿기 어렵게 만드는 것, 이것이 증언을 무력화하고자 하는 가해권력의 욕망이며 술책인데 그것은 김종승이라는 한 개인의 행위로 나타나는 것을 넘어 제도언론, SNS, 유튜브 등을 통해 마치 중대 사업을 전개하기라도 하듯 전 사회적 규모로 전개되었다. 여기에는 증언자 보호를 위해 사용된 900여만 원의 호텔비, 그리고 이른바 "추정" 1억 5천만[7] 원의 후원금이 불법이니 반환받자는 선동이 따라붙었다. 장자연의 동료배우였다가 이제 장자연의 증언자가 된 윤지오가 국민을 "기망한 사기꾼"임을 입증하기 위해 1억 5천만 원과는 비교할 수 없을 정도의 천문학적 비용의 인력, 시간, 지면, 화면, 노동이 전 사회적 수준에서 정의justice의 이름으로 아낌없이 매일매일 지불되었다. 대한민국이 이토록 정의로웠던 적이 단군 이래 단 한 번이라도 있었을까 의아할 정도로 말이다. 증언을 혐오하는 이 정의는 도대체 누구를 위한 정의일까? 혹시 이 정의가 언젠가 정의가 아니라 불의였던 것으로 판명 난다면 윤지오와 대한민국은 어디에서 그 막대한 비용에 대한 반환을 청구할 수 있을까? 또 불의를 정의로 꾸며 사람들을 기망한 저 거대한 집단 사기극에 대해서는 누구에게 책임을 물어 단죄할 수 있을까?

---

7. 실제로는 신한은행과 국민은행을 합쳐 1억 3천 4백여 만 원.

박훈이 장자연 리스트를 없애는 놀라운 방법

박훈과 고르디우스 매듭

서구 제국 권력의 놀라운 힘을 과시하기 위해 지어낸 이야기 중에 알렉산드로스 대왕이 고르디우스의 매듭을 푼 방법에 관한 유명한 이야기가 있다. 프리기아의 수도 고르디움에 고르디우스의 전차가 있었고 그 전차에 매우 복잡하게 얽히고설킨 매듭이 달려 있었다. 그 매듭은 오직 "아시아를 정복하는 사람"만이 풀 수 있는 매듭이라고 알려져 있었다. 어느 날 알렉산드로스가 그 지역을 지나가다가 고르디우스의 매듭에 관한 이야기를 듣고는 단칼에 그 매듭을 끊어버렸다는 것이다.

그런데 그런 식으로 단칼에 고르디우스의 매듭을 끊었다고 소문이 난 사람이 한국에 한 사람 있다. 변호사 박훈이 그 사람이다. 그가 드디어 10년 동안 풀리지 않고 있던 장자연 리스트의 매듭을 풀었다고 한다. 그는 장자연 리스트의 실재를 증언했던 윤지오를 거짓말쟁이, 사기꾼으로 만들어 그를 해외로 추방하는 방식으로 이 난제를 단칼에 해결했다고 한다. 그런데 알고 보니 그가 사용한 칼은 어이없게도 "장자연 리스트는 애초에 없었다"는 주장이다. 실제로 애초에 리스트가 없었다면 이제 리스트가 있다고 말하는 사람은 모조리 거짓말쟁이가 되며 그 말로 신변위협을 호소하고 후원금을 받았다면 사기꾼이 되기 때문이다. 이런 방식으로 박훈은 리스트와 관련하여 거명되어 왔던 언론계·정치권·법조계의 모든 사람을 악몽에서 해방하고, 리스트에 대한 부실 수사로 권력자들에게 부역했다는 비난을 들어온 검경의 누명을 벗겨주며 이 사건의 최상위 개입자로 지목되어온 이명박의 청와대와 국정원에 던져졌던 의혹의 시선을 걷어준다. 그는 이런 방식을 통해 장자연의 죽음 자체를 초기 경찰수사(2009년 3월 9일)의 결론처럼 단순 변사에 가까운 것으로 환원함으로써 장자연의 죽음이 가져왔던 지난 10년의 미망에서 전 국민과 세계시민이 깨어나도록 촉구하는 저 단칼의 알렉산드로스가 된 것처럼 보인다.

그런데 정말 그런 것일까? 그간 10년 동안 우리는 미망에 사로잡혀 권력자들을 의심하고 그 의심의 눈 때문에 "장자연 리스트가 있었다"는 환상에 사로잡혔던 것일까? 아니면 "장자연 리스트는 없었다"는 주장, 즉 그가 휘두른 칼이 또 하나의 거짓말일까?

증언은 강제노동이었다

장자연 문건과 리스트는 고르디우스의 매듭처럼 복잡하게

얽히고설킨 매듭임이 분명하다. 그 문건과 리스트는 힘없는 계약직 연예 노동자인 장자연이 노예계약으로 인해 한국의 언론인, 기업가, 정치가, 법조인 등의 권력자들로부터 당한 참을 수 없는 강제노동과 학대의 고통을 적은 눈물의 기록이다. 그것이 유장호의 기획사와 김종승의 기획사 간의 갈등 속에서 만들어진 문건과 리스트라고 해도 이 점이 변하는 것은 아니다. 그런데 이 문건과 리스트 중 언제부터인가 문건만 남고 리스트가 사라졌다. 아니 문건도 리스트도 소각되었으나 문건만이 기적처럼 부활했다고 하는 편이 오히려 정확할지 모르겠다.

지난 10년간 엄청난 수사력이 동원되어 뭔가를 조사하는 듯이 부산스레 움직였지만 두 기획사 대표에 대한 가벼운 처벌이 있었을 뿐 진짜 피의자였던 권력자들은 전부 증거불충분 등으로 무혐의 처리되었다. 긴 수사 과정과 재판과정은 결과적으로 사건을 "흐지부지"하게 만들면서 결국 이 권력자들에게 사법적 정당성을 부여하기 위한 고비용의 절차, 고난도의 테크놀로지와 다름없었다. 윤지오는 이 과정에서 "법 위의 사람들"의 실재를 확인한다. 그는, 대한민국에 법이 있고 법을 다루는 공무원들이 있지만, 법·경찰·검찰·판사 등은 권력자들을 위해 있는 것이지 장자연과 같은 계약직 노동자들을 위해 있는 것이 아니며 법적 처벌은 권력자들에 대해 가해지는 것이 아니라 노동자들을 비롯한 힘없는 사람들에 대해서만 가해지는 무전유죄의 형틀이라는 것을 분명하게 느꼈다.

장자연 사건을 다루는 증언과 조사의 과정에서도 계급차

별은 분명하게 나타났다. 방상훈 같은 자본가는 피의자였음에
도 불구하고 수사관이 『조선일보』로 찾아가 겨우 35분 동안 황
제처럼 모시면서 조사를 하고 윤지오처럼 계약직 노동자였다
가 그 계약이 노예제 계약임을 깨닫고 가까스로 탈출하여 비정
규직 노동자가 된 사람에게는 피의자가 아니라 참고인이었음에
도 수사관이 한밤부터 새벽까지 똑같은 질문이나 실없는 질문
을 돌아가며 반복적으로 던짐으로써 증언을 견디기 어려운 노
동으로 만들었다. 이명박-박근혜 정부에서 윤지오의 이 증언 노
동은 열 번 이상 반복되었다. 이것은, 진실을 외면하기는 쉽지
만, 진실을 말하는 것은 고통스럽다는 것을 뼈저리게 느끼도록
만드는 과정이었다. 진실을 말하는 자에게는 소진燒盡과 정신질
환이 주어질 뿐이라는 듯이 말이다. 증언의 시간은 진실을 밝히
는 뜻깊은 시간이 아니었다. 그것은 증인이 국가에 의해 학대받
는 또 다른 강제노동의 시간이었다. 장자연의 죽음과 더불어 윤
지오가 경험한 대한민국은 이런 나라였다.

촛불의 힘

"이게 나라냐!"라는 집단성찰, 집단절규의 힘으로 박근혜
를 대통령직에서 파면한 촛불혁명이 없었다면 그간의 증언 과
정에서 충분히 실망하고 소진된 윤지오가 다시 증언대에 설 힘
을 얻지는 못했을 것이다. 그가 다시 장자연 사건 인터뷰에 응
한 것은 조○천 강제추행 공소시효 만료가 얼마 남지 않았던

2018년 여름이었다. 가족들의 만류에도 불구하고 〈PD수첩〉의 「고 장자연」 인터뷰에 응했던 윤지오는 이후의 소감을 이렇게 말한다.

> 진실도 때로는 사람을 다치게 할 때가 있다. 하지만 그것은 머지않아 치료를 받을 수 있는 상처라고 나는 믿는다. 오히려 침묵하는 진실은 독이 되는 법. 나는 인터뷰에 응하길 잘했다고 생각했다. 사건이 발생한 지 9년이 지나 새롭게 밝혀진 내용이 사건의 실체를 규명하는 데 새로운 에너지가 그리고 기폭제가 되기를 빌었다.[1]

이 인용구의 첫 문장은 아마도 그간 10년에 가까운 세월 동안 진실을 말하는 것이 자신에게 주었던 힘듦, 실망, 소진의 경험을 표현한 것일 터이다. 그런데 그가 검찰의 소환을 받아들여 과거사진상조사단의 증언에 임한 이후 진실이 사람을 다치게 할 수 있다는 이 명제는 지금까지 겪었던 것과는 비교할 수 없을 정도로 거대하게 폭발한 백래쉬로 현실화하였다. 그 기폭의 도화선이 앞서 언급했던 박훈이고 그가 내친 칼이 "애초에 장자연 리스트는 없었다"는 칼이다.

박훈의 가짜 칼

---

1. 윤지오, 『13번째 증언』, 228쪽.

이제 그의 칼이 어떻게 주조된 칼인지, 즉 "장자연 리스트는 없었다"는 것이 어떻게 구성된 주장인지를 살펴보자. 다행히 그는 자신의 칼[주장]이 만들어져 온 과정과 제조법을 자신의 페이스북에 자세히 공개하고 있다.

그가 처음 윤지오에 대해 부정적 관점을 갖기 시작한 것은 2019년 3월 28일로 나타난다.

고 김광석 부인 서해순을 남편 살해범으로 본 이상호가 윤지오 배우를 통해 장자연 사건을 폭로한다면서 이미숙을 공격하던데 또 다른 참사를 저는 목도하는 바입니다. 서로들 맘대로 씨부린 뒤에 무슨 재가 남는지 알아봅시다. 난 이상호가 하는 일은 나의 일이라 봅니다. 어이 자네 좀 이따 보세.[2]

이것은 『뉴시스』의 반윤지오 비난보다도 열흘은 앞서 나타나고 있는, 그리고 그 『뉴시스』 흐름과는 다른 흐름의 반ᄇ윤지오 기류이다. 이것은 이상호의 서해순 비판이 잘못된 것이고 이상호의 이○숙 비판 역시 잘못된 것인데 윤지오가 이○숙에 대한 이 잘못된 비판의 무기로 이용되고 있다는 시각이다. 이 첫 포스팅에서 윤지오는 박훈의 반ᄇ이상호 전선에서 부차적 위치에 놓여 있는 인물이다. 윤지오의 자율성을 부정하면서 그를 이

---

2. 박훈, 〈페이스북〉, 2019년 3월 28일 수정, 2020년 2월 21일 접속, http://bit.ly/32bPvzs.

상호의 꼭두각시로 간주하고 있기 때문이다. 그로부터 12일이 지난 4월 9일에 박훈은 윤지오에 관한 세 개의 글을 페이스북에 순차적으로 올린다. 4월 7일 윤지오가 민주당 안민석 의원 등의 초청으로 국회를 방문하여 간담회를 가진 직후다.

아놔 진짜! 이상호가 선동한 남편 살해범 서해순을 처단하기 위해 이른바 "김광석 법" 발의에 나타난 안민석, 추혜선이 또 등장했다. 쫌 알고나 했으면 한다마는. 윤지오 배우가 장자연 사건의 진실 독점자인가? 진짜로? 그이가 하는 말은 다 진실인가? 이렇게 막 가겠다는 것인가?[3]

전선이 확대된다. 이상호에 안민석, 추혜선이 더해진다. 윤지오는 이제 이상호의 도구이기를 넘어 민주당 안민석, 정의당 추혜선으로 이어진 범凡진보의 도구로 인식된다. 주요 공격 방향은 이상호-안민석-추혜선으로 이어지는 여권 범진보다. 하지만 이날부터 주요 타격은 범진보가 휘두르는 도구로 인식한 윤지오를 향한다.[4]

중요한 것은 위의 짧은 포스팅에서 윤지오에 대한 이후의 타격 방법의 윤곽이 암시된다는 것이다. 이상호에 대해서는

---

3. 박훈, 〈페이스북〉 2019년 4월 9일 수정, 2020년 2월 23일 접속, http://bit. ly/2umqDIE.
4. 주요타격방향(주타방)은 전략적 공격목표인 주요공격방향(주공방)을 공격하기 위한 전술적 타격목표라고 할 수 있다.

달리 윤지오에 대한 박훈의 입장설정 방식은 적이 아니라 경쟁자이다. "진실 독점자"라는 표현이 그것이다. 독점에 대한 비판은 나누어 가짐分有을 지향한다. 자유경쟁 상태가 독점 비판의 지향점이다. 윤지오가 진실 독점자일 수 없다는 말은 나도 장자연 사건에 대한 진실을 나눠 갖고 싶다는 것을 시사한다. 어떻게 하면 그것이 가능한가? 그것은 윤지오의 말에 거짓이 있을 수 있고 그것을 들춰내어 진실권을 분유 받으려는 전술이다. 그것의 방법론은 대중을 향해 "그이[윤지오]가 하는 말은 다 진실인가?"라고 묻는 것인데 이것이 일주일 뒤 4월 16일 김수민의 입을 통해 「윤지오 씨의 말은 100% 진실일까요?」라는 장문폭로글로 나타났음은 주지의 것이다. 박훈의 전쟁론적 시각을 이 현상에 적용해 보면 김수민은 박훈의 반-범진보 전쟁의 도구다.

이날 4월 9일, 주공방과 주타방을 정한 후에 주공방에 한 통, 주타방에 한 통 도합 2통의 편지를 보낸다. 하나는 주공방 타깃인 이상호에게 보내는 편지다.

[이상호에게]
자네 그만 두게나 / 안타까워 하는 말이라네 / 자비는 없을 것이네 / 그러나 / 윤지오 배우는 놔 주게나 / 부탁이네.[5]

---

5. 박훈, 「이상호에게」, 〈페이스북〉, 2019년 4월 9일 수정, 2020년 2월 23일 접속, http://bit.ly/2vUUAjw.

이것은 장자연 사건으로 이○숙, 국정원을 공격하는 일을 하지 말라는 경고이면서 윤지오를 거기에 이용하지 말라는 부탁형 협박이다. 이것은 이○숙이라는 사적 연예인이, 그리고 국정원이라는 공적 기관이 장자연 사건에 연루되어 있다는 이상호와 세간의 의심과 주장이 허망한 것이라는 강한 비판을 표현한다. 여기까지 윤지오는 어떠한 자율성도 없는 도구 혹은 꼭두각시로 간주된다. 박훈에게서 윤지오의 자율성에 대한 부정은 이후에도 오랫동안 지속된다. 나는 이것이 박훈의 노동운동, 정당운동 체험(과 그 실패)이 남긴 부정적인 유산이며 2000년대 이후 한국 사회에서 등장한 새로운 주체성에 대한 맹목, 그리고 공론장과 구분되는 공통장에 대한 감수성의 미형성이 가져온 박훈 세계관의 사각死角지대라고 생각한다. 이런 점을 고려하면서 박훈이 주타방 대상인 윤지오에게 당일 남긴 편지를 읽어보자.

[윤지오 배우에게 간단한 질문 하나 하겠습니다.]
님이 봤다는 이른바 "장자연 문건"은 두 가지 버전이 있습니다. 장자연 씨가 유장호와 같이 쓴 것이 14장짜리 초안하고, 8장짜리 최종본이 있습니다. (8장짜리 최종본은 내 친구인 김대오 기자가 봅니다. 그리고 이상호와 님이 그걸 까더군요) 그것 님 말대로 전혀 유서 아닙니다. 제가 알기로는 고 장자연 씨가 유장호에게 넘겨준 저 "문건"들은 장례식장에서 다 태워진 것으로 알고 있습니다. 모두 사망 전 일주일 상간으로 쓴 것으로 알고

있습니다. 님이 도대체 본 것이 무엇인지요? 혹여 낸시랭 남편이었던 전준주 (왕진진) 사기꾼이 감옥에서 조작한 내용과 혼동하고 있는 것은 없는지요? 간단한 질문을 한 것입니다. 저는 이 사건에 뛰어들기로 작정했습니다. 실체적 진실을 위해서 말입니다.[6]

실체적 진실! 윤지오와 진실을 나눠 가지려고 한다는 반독점 투쟁으로 출발한 지 아주 짧은 시간 뒤에 박훈은 "실체적 진실을 위해서"를 기치로 내세우는데 이것은 윤지오의 진실이 비실체적이라고 주장하기 위한 포석과 다름없다. 박훈의 목적은 바뀌었다. 그것은 윤지오와 진실을 놓고 경쟁하려 하는 데서 더 나아가 윤지오의 진실을 비실체적인 것으로 규정하여 해체하고 파괴함으로써 자신을 진실 독점자의 위치에 놓는 것으로 이동한다. 그것은 윤지오를 경쟁자가 아니라 적으로 설정하는 것이다. 이 목적 달성을 위해 그가 어떤 수단을 사용하는가?

하나는 장자연 문건에 대한 임의의, 즉 근거 없는 규정을 사용해 자신의 프레임 속으로 상대방을 끌고 들어오는 것이다. "장자연 문건에 두 가지 버전이 있다. 초안 14장, 최종본 8장이 그것이다"는 말이 그것이다. 그런데 이 주장은 터무니없다. 아무런 근거가 없기 때문이다. KBS 보도자료(4장)만이 눈으로 확인된

6. 박훈, 「윤지오 배우에게 간단한 질문 하나 하겠습니다.」, 〈페이스북〉, 2019년 4월 9일 수정, 2020년 2월 23일 접속, http://bit.ly/2VbkWIH.

문건의 일부이며 나머지는 진술로만 확인되는데 유장호와 윤지오는 4장의 문건, 그리고 리스트가 포함된 3장의 편지글이라고 일치된 진술을 한다. (페이스북 포스팅의 순서로 보면) 박훈은 장자연 문건에 대한 검토를 이 글 이후에 본격적으로 착수(뛰어듦)하는 것이 분명해 보이므로 "이 사건에 뛰어들기로 한" 순간의 박훈이 얻은 "문건" 관련 정보는 그의 "친구" 김대오로부터 얻었다고 보는 것이 자연스러운 추론일 것이다.

그런데 김대오는 어떤 인물인가? 『노컷뉴스』 기자였을 당시인 2009년 3월 10일 장자연 문건을 보도할 때 그는 문건이 "12장"이었다고 썼다.[7] 이 12장짜리 문건은 위의 초안과 완성본 중 어느 버전에 속하는가? 아니면 또 다른 버전인가? 수사기관과 법정에서 진술을 한 증인으로서의 김대오는 『노컷뉴스』에서 사건을 보도한 기자로서의 김대오와 전혀 다른 말을 한다. 김대오가 문건을 접하게 된 것은 유장호를 경유해서다. 유장호는 김대오에게 장자연의 마지막 문구("나는 힘없는… 벗어나고 싶습니다")를 사진 찍게 한 것 외에 내용이나 형식 등 일체를 김대오에게 보여준 적이 없다고 말했다. 김대오도 수사기관에서는 물론이고 증인선서를 한 후의 법정 진술에서 자신은 위의 글귀 외에 장자연 문건의 내용이나 형식에 대해 본 바가 전혀 없다고 진술

---

7. "이 문건의 양은 당초 알려진 A4지 4장에서 훨씬 늘어난 총 12장 분량으로 모두 친필로 썼다."(김대오·이지현, 「故 장자연, "고통에서 벗어나고 싶다" 심경고백」, 『노컷뉴스』, 2009년 3월 10일 수정, 2020년 2월 13일 접속, https://www.nocutnews.co.kr/news/561152.)

했다. 그러므로 문건이 12장이었다고 말할 수 있는 언술 권리가 그에게는 없다. 그리고 2019년 4월부터 공개적으로 그는 "장자연 문건을 보았다"고 지금까지와는 정반대의 주장을 하면서 그 분량의 장수를 말할 수는 없고 "4장 + 알파"라는 식의 모호한 이야기를 한다. 그러다가 2019년 4월 24일 YTN 이동형과의 인터뷰에서 "실제로 저는 이 장 수 부분이 굉장히 진짜와 가짜를 구분할 수 있는 명확한 기준이 있거든요. 그래서 그 부분만큼은 앞으로도 이러한 문제들이 계속 발생할 수 있기 때문에 몇 장이라는 부분에 대해서는 제가 말씀드리기가 뭐하고"라며 장수에 대해 언급하기를 회피한 후, "저는 이제 진실을 밝히기보다는 장자연과 관련한 가짜 부분들을 밝히는 데 문건을 본 사람으로서, 만진 사람으로서 그것이 소임이라고 생각하기 때문에 그것에 만족해야 하지 않을까 싶습니다"라고 말한다. 진실을 규명하기보다 감별사 역할을 하겠다는 주장이다.

모두가 패를 깠는데 자기 패는 보여주지 않겠다고 하는 이 궤변, 나는 문건의 장 수에 대한 모든 주장의 초월자라는 궤변을 "나는 모른다" 이상으로 해석하는 것이 상식일까? 문건에 대한 김대오의 진술은 지금까지 우리가 살펴본 것처럼 "(1) 12장이다, (2) 전혀 본 적이 없다, (3) 4장 + 알파다, (4) 말할 수 없다" 등으로 여러 차례 번복된다. 누구보다 증거를 분명히 해야 할 박훈 변호사가 "친구" 김대오로부터 얻은 정보라면서 지금까지의 주장 어디에도 해당되지 않는 다섯 번째 주장을 내놓는다. 그것은 "(5) 초안은 14장, 최종본은 8장"이라는 주장이다. 어떤 일관성도 없는, 그리고 그 무엇에 의해서도 확인되지 않는 김대오의 주장을, 그것도 앞의 네 가지 주장과는 또 다른 주장을 "내 친구"의 말이라는 이유로 받아들이고 믿는 것이 박훈의 변론 방법인가? 박훈은 자신이 변호를 수임할 때는 의뢰자의 말을 무서울 정도로 엄정하게 확인하고 검증한 후 수임 여부를 결정한다고 했는데, 아무런 검증도 거치지 않고 "친구"라는 이유로 그의 말을 받아들여 무턱대고 증언자를 공격하기 시작하는 이런 황당한 방법이 그 "엄정한 확인과 검증"의 방법인가?[8]

다음으로 박훈이 장자연 문건과 관련된 일련의 전후 사정을, 그것도 핵심적인 사정을 전혀 알지 못하는 상태에서 이 사건에 뛰어들어 핵심 증인인 윤지오를 비난하기 시작한다는 것을 지적하지 않을 수 없다. "제가 알기로는 고 장자연 씨가 유장호에게 넘겨준 저 '문건'들은 장례식장에서 다 태워진 것으로 알고 있습니다. 모두 사망 전 일주일 상간으로 쓴 것으로 알고 있습니다. 님이 도대체 본 것이 무엇인지요?"라는 구절이 그것이다. 장자연 장례식은 2009년 3월 7일부터 3월 9일까지 치러진다. 지금 그 누구도 부인하지 않으며 모든 증거와 진술에 의해 뒷받침되고 있는 것은 장례식이 끝난 3일 뒤인 3월 12일에 봉은사에서 문건이 소각되었다는 것이다. 그런데 어떻게 12일에 벌어진 '장자연 문건의 소각이라는 사건'이 7일에서 9일 사이에 치렀던 장례식 장소에서 벌어진다는 것인가? 이런 기적은 모세라고 해도

---

8. 이 부실검증에 대해서는 뒤에서 좀 더 구체적으로 언급할 것이다.

이루어낼 수 없는 일이지 않은가? 윤지오는 너무나 분명하게 말한다. 2009년 3월 12일 봉은사에 도착하여 차 안에서 유장호가 건네주는 사본을 읽었고 땅 밑에서 유장호의 경호원이 파온 원본을 가족들과 함께 보았노라고. 그리고 유장호도 유가족이 오기 전에 차 안에서 윤지오에게 문건을 보여주었다고 말했다. 또 유장호와 유가족들도 모두 윤지오가 그 문건을 보았고 또 소각에 함께했음을 진술했다. 이것이 실체적 진실이며 박훈이 알고 있는 것은 몽상이거나 허구다.

세 번째의 질문은 참으로 유치하고 상투적인 수법이다. 그것은 이미 사기범으로 확인된 전준주(왕진진)와 윤지오를 연결하는 이미지를 통해 윤지오를 사기꾼으로 몰아가는 술책이다. 그것은 조심스러운 형식 속에 간교한 내용을 담은 다음과 같은 질문으로 나타난다. "혹여 낸시랭 남편이었던 전준주(왕진진) 사기꾼이 감옥에서 조작한 내용과 혼동하고 있는 것은 없는지요?" 이 수법은 약 1주일 뒤 김수민의 저 유명한 폭로 글에서 "윤지오가 훔쳐본 리스트"라는 테마로 다시 재활용된다.

박훈은 "실체적" 진실을 밝히기 위해 이 사건에 뛰어든다고 했지만, 그 용감한 돌진은 불행하게도 짙은 안개보다도 더 모호한 김대오의 오락가락에, 그리고 장자연 리스트와 관련된 가장 핵심적인 사실(그리고 조금이라도 이 사건에 진지한 관심을 두는 사람이라면 누구나 알고 있는 사실)에 대한 완벽한 무지와 오판 위에서 출발하고 있다. 돈키호테가 애마 로시난테를 타고 풍차를 향해 돌진한 이유는 그가 풍차를 괴물로 보았기 때문이다. 박훈이 김대오를 타고 풍차를 향해 달려들 때 그는 윤지오를 무엇으로 보고 있었던 것일까? 가짜, 허상을 실체로 보며 반대로 실체를 허상으로 보는 그의 눈에 증언자 윤지오는 사기꾼 윤지오라는 전도된 형상으로 비치고 있었다. 박훈의 저 "실체적 진실"을 향한 돌진이 풍차를 향한 돈키호테의 돌진처럼 웃음을 터뜨리게 하는 것은 바로 이 대목에서다.

4월 10일 박훈은 다시 「윤지오 배우에게」라는 글을 페이스북에 올린다.

내 며칠 전 질문에 답이 없던데. 글쎄요. 그것이 이렇게 넘어갈 성질이 아닌 것 같은데요. 후원계좌 열고, 스토리펀딩한 것 보고, 제가 결정적으로 이것은 아니다라는 생각을 해서 문제제기한 것인데 제 질문에 답을 하시죠. 님이 오히려 "술자리에서 강압은 없었다"고 증언하지 않았나요? 아니면 아니라고 답을 하시기 바랍니다. 님이 본 문건이 무엇이죠? 나의 첫 질문이었습니다. 답하시기를 바랍니다. 내용은 그만두고요. (8장짜리 최종본 봤어요? 14장짜리 초안 봤어요?)[9]

4월 9일의 질문은 4월 10일로부터 "며칠 전"이 아니라 하루 전이다. 나는 그가 윤지오에게 자신의 페이스북에 포스팅한 것

---

9. 박훈, 「윤지오 배우에게」, 〈페이스북〉, 2019년 4월 10일 수정, 2020년 2월 23일 접속, http://bit.ly/2HP8PsM.

외에 어떤 경로로 실제로 질문지를 보냈는지 알지 못한다. 만약 그가 페이스북 포스팅만으로 윤지오에게 자신의 질문이 전달된 것으로 판단한 것이라면, 디지털 커뮤니케이션에 대한 그의 관념과 실제적 소통의 능력을 심각하게 의심하지 않을 수 없다. 게다가 4월 9일 그의 포스팅에는 언제까지 답을 달라는 시한조차 명시되어 있지 않은 채로 하루 뒤인 10일에 답이 없다면서 다그친다. 이런 방식으로 윤지오가 응답을 회피하고 있다는 뉘앙스를 접속자들에게 전달하면서 그는 "내 며칠 전 질문에 답이 없던데. 글쎄요. 그것이 이렇게 넘어갈 성질이 아닌 것 같은데요." 라고 넌지시 협박조로 말한다. 만약 윤지오에게 자신의 질문을 분명하게 전달한 것이 아니라면, 이것은 타인에 대한 인신공격을 위한 자작 쇼에 지나지 않음이 분명하다.

글의 끝에 그는 "님이 오히려 '술자리에서 강압은 없었다'고 증언하지 않았나요? 아니면 아니라고 답을 하시기 바랍니다."라며 장자연 리스트와는 직접 상관없는 다른 문제를 끄집어낸다. "윤지오가 유가족이 아니라 가해자의 편에서 진술했다"는 근거 없는 이 비난은 진술서를 읽지 않고 판결문에 의거하여 진술자 (증인)를 평가하는 엘리트주의적 편견이 낳은 허위주장이다.[10] 이어지는 구절, "님이 본 문건이 무엇이죠? 나의 첫 질문이었습니다. 답하시기를 바랍니다. 내용은 그만두고요. (8장짜리 최종

---

10. 이에 대해서는 1장 60쪽 이하 「박훈 변호사는 어떻게 윤지오의 진실을 가려 버렸나?」와 「박훈의 메아리 : '윤지오 이모부'의 경우」(1장 76쪽 이하)에서 상술했으므로 여기서 더 이상 반복하지 않는다.

본 봤어요? 14장짜리 초안 봤어요?)"가 김대오의 오락가락하고 횡설수설하면서 모든 것을 오리무중에 빠뜨리는 거짓 진술들에 기초하여 만들어진 황당무계한 질문임에 대해서는 앞에서 다루었으므로 넘어가기로 한다.

박훈은 4월 20일 페이스북 포스팅 「내가 어떤 사건에 나설 때」에서 이렇게 말했다.

사건이 진행되고 있는데 서로 공방이 가면 지켜보다 엉뚱한 주장한 쪽의 논리를 깐다. 정봉주 사건이 그랬다. 그러다 내 주장에 동조하는 당사자들이 연락이 온다. 그러면 난 그 주장을 몇 차례 걸쳐 검증한다. (거의 살벌한 취조 방식이다. 대부분 견디어 낸다. 짜증내면 끝낸다.) 검증이 완료되면 싸운다. 검증이 안 되면 손 뗀다. 이것이 내 방식이다. … 하여간 주장을 하다 보면 거기에 관련된 사람들이 제보한다. 나는 그들을 만나 내 방식대로 검증한다. 그리고 교차 검증해서 오류를 최대한 줄이려 한다. 이럴 때는 나는 거의 잠을 자지 않는다. 빠르게 정리하기 위해서다. 그래야 의뢰받은 사건 처리하는 데 지장이 없기 때문이다. 확보된 모든 자료를 검토한다.[11]

자신에 동조하는 사람들의 제보나 주장을 몇 차례에 걸쳐

---

11. 박훈, 「내가 어떤 사건에 나설때」, 〈페이스북〉, 2019년 4월 20일 수정, 2020년 2월 23일 접속, http://bit.ly/3bVufT3.

검증하며 이때 살벌한 취조 방식을 택하고, 검증이 완료된 경우에만 변호 싸움에 뛰어든다는 것이다. 나는 묻는다. 김대오의 제보를 박훈은 "살벌한 취조방식으로" "몇 차례 걸쳐" 그 제보를 검증했는가? 교차 검증했는가? 오류를 최대한 줄였는가? "확보된 모든 자료를" 검토했는가? 내가 보기에 박훈의 검증 결과는 정보에 대한 오인, 불철저한 검증, 교차검증의 누락으로 인해 오류로 가득 차 있다. 이런 점은 아랑곳하지 않고 그는 곧장 이렇게 말한다.

> 그리고 난 공격에 들어간다. 아주 천천히 말이다. 아주 천천히. 상대방한테 퇴각 기회를 주기 위해서다. 그러나 대부분은 퇴각하지 않고 꼭 싸움 걸어야 물러선다. 내 주변 사람들은 이럴 때마다 걱정어린 눈빛으로 침묵한다. 그들이 알았던 것이 아니기에.[12]

박훈은 2019년 3월 28일 처음으로 윤지오 건을 사건으로 지각한 후 불과 열흘 정도 뒤인 4월 9일에 이 "사건에 뛰어들기로 작정"하고 그로부터 14일 뒤인 4월 23일에 윤지오를 김수민 변호인으로서 "허위사실 적시 명예훼손"과 "모욕" 혐의로 고소했고 사흘 뒤인 26일에 윤지오를 "사기 혐의"로 직접 고발했다. 불과 한 달도 안 되는 사이에 전개된 이 초고속 고소, 고발을 박

---

12. 같은 글.

훈은 "천천히", "퇴각 기회를 주"면서라고 부른다. 이때 박훈은 자신이 싸움을 걸면 상대방은 물러선다는 식의 자랑을 덧붙이기를 잊지 않았는데, 그것이 허풍이었음은 윤지오가 박훈이 싸움을 걸었음에도 "물러서기"는커녕 "변호사 양반 박훈"에게 "선처 없는 역제소"를 할 것을 예고하는 것에서 입증된다.[13] 박훈은 자신의 이 돈키호테적 돌진을 보면서 주변의 침묵하는 다중들이 짓는 걱정 어린 눈빛을 그들의 무지(알지 못함) 탓으로 돌린다. 나는 이것이 자신의 조급함을 정당화하는 박훈의 소영웅주의적이고 엘리트주의적인 심리 기제가 아닐까 생각한다. 나는 이러한 심리 기제가 윤지오에 대한 마녀사냥의 경우에는 거짓을 변호하고 진실을 범죄화함으로써 진실을 갈구하는 사람들을 비탄에 잠기게 하고 분노로 들끓게 하는 변론폭력으로 작용한다고 보는데, 이제 그가 장자연 리스트를 어떻게 다루는지를 검토하면서 이 점에 대해 살펴보기로 하자.

윤지오가 장자연 리스트를 보지 못했다는 거짓말

박훈이 장자연 리스트를 없애는 방법은 "장자연 리스트가 없었다"라고 주장하는 것이다. 박훈이 그것을 입증하기 위해 선택하는 방법은 "장자연 리스트가 있었다"라고 증언하는 사람을 제거하는 것(이것을 그는 "가지치기"라고 부른다)이다.

---

13. 이후 윤지오는 박훈을 무고죄로 고발했다.

2009~2010년 사이에 "장자연 리스트가 있었다"고 말한 사람은 최소한 두 사람이다.[14] 한 사람은 유장호이고 또 한 사람은 윤지오이다. 이 중에서 유장호는 장자연 사건의 이해당사자로서 진실을 알고 있지만, 그것을 증언할 의지가 불분명한 사람이다. 그는 과거사진상조사단 면담 전 조사에서 장자연이 "성폭력을 당했다"고 썼는데 자신이 그 진술을 지우라고 했다고 말했다. 보름 뒤에 그는 자신이 그런 말을 한 적이 없다고 말을 바꾼다. 유장호의 이런 애매하고 이중적인 태도 때문에 윤지오만이 장자연 리스트를 증언해 줄 유일한 사람으로 남는다. 그러므로 만약 박훈이 윤지오가 장자연 리스트를 보지 못한 것으로 만드는 데 성공하기만 하면 "장자연 리스트가 없었다"라는 그의 주장은 부정될 수 없는 타당성을 갖게 될 것이다.

윤지오가 장자연 리스트를 보지 못한 것으로 만드는 박훈의 일차적인 방법은 윤지오 스스로 보지 못했다고 자백하도록 협박하는 것이다. 4월 21일까지 박훈은 이 방법에 주력한다.

그는 2019년 4월 16일 페이스북에 세상에 이미 알려진 4장짜리 장자연 문건을 직접 타이핑해서 다시 한번 보여주고 이것이 "현존하는" "장자연 문건"의 "전부"라고 선언한다. 그 "현존하는" 문건은 유장호가 보관하고 있던 사본의 일부로서 KBS가 입수·보도한 것이다.[15]

---

14. 이 두 사람과 리스트와 관련해 유사한 진술을 남긴 고 장자연의 오빠를 포함한다면 세 사람이다.
15. 이 "현존하는" 문건이 "원래부터 있었던 것"의 "전부"라고 우기려는 것이 그의

앞서 이미 살펴보았듯이 이에 앞서 4월 9일에 박훈은 윤지오가 문건을 보지 못했음을 입증하는 근거로 문건의 원본과 사본이 장례식장(3월 7~9일)에서 소각되었으므로 윤지오가 3월 12일에 문건을 봤다고 하는 것은 거짓이라고 판단했다. 4월 9일에 박훈이 페이스북에 올린 「윤지오 배우에게 간단한 질문 하나 하겠습니다.」라는 글이 그것을 보여준다. 이미 인용한 바 있지만 중요한 대목이므로 초점을 달리하여 한 번 더 인용해 보도록 하자.

님이 봤다는 이른바 "장자연 문건"은 두 가지 버전이 있습니다. 장자연씨가 유장호와 같이 쓴 것이 14장 짜리 초안하고, 8장짜리 최종본이 있습니다. (8장 짜리 최종본은 내 친구인 김대오 기자가 봅니다. 그리고 이상호와 님이 그걸 까더군요) 그것 님 말대로 전혀 유서 아닙니다. 제가 알기로는 고 장자연씨가 유장호에게 넘겨준 저 "문건"들은 장례식장에서 다 태워진 것으로 알고 있습니다. 모두 사망 전 일주일 상간으로 쓴 것으로 알고 있습니다. 님이 도대체 본 것이 무엇인지요? 혹여 낸시랭 남편이었던 전준주(왕진진) 사기꾼이 감옥에서 조작한 내용과 혼동하고 있는 것은 없는지요? 간단한 질문을 한 것입니다. 저는 이 사건에 뛰어 들기로 작정했습니다. 실체적 진실을 위해서 말입니다.[16]

전략이다.

박훈의 판단에 따르면 3월 7일에서 9일 사이에 장례식장에서 문건이 불태워졌으니 3월 12일에 윤지오가 봉은사에서 문건을 보는 것은 불가능하다. 그의 판단에 따르면 3월 12일에 유장호, 윤지오, 유가족들이 문건을 태우는 것도 물론 불가능하다. 어떻게 소각된 문건을 다시 태울 수 있겠는가? 이미 확인된 사실들 및 증거들과 너무나 배치되는 잘못된 지식을 갖고 박훈은 돈키호테가 되어 "실체적 진실"을 위해 "이 사건에 뛰어 들기로 작정했다"고 말한다. 그는 윤지오를 전준주로 오인하고 돌진하는 돈키호테가 된다. 미망에 빠진 그에게 이제 윤지오가 말하는 장자연 리스트는 전주주가 조작한 리스트임이 틀림없다. 물론 그것은 사실에 대한 그의 철저한 무지와 윤지오를 사기꾼으로 몰고자 하는 의욕 과잉에서 비롯되는 환상이다. 그는 약 일주일 뒤인 2019년 4월 16일에야 자신의 생각이 틀렸고 윤지오의 말이 맞았음을 비로소 인식하는 것으로 보인다. 문건의 원본과 사본이 3월 7일에서 9일 사이가 아니라 3월 12일에 봉은사에서 소각되었음을 그가 어쩔 수 없이 인정하게 되기 때문이다. 그럼에도 불구하고 그는 윤지오가 그 문건들을 봤다는 것까지 인정하지는 않는다. "아무튼 보지 못했을 수 있다"며 의심을 지속하는 것이다. 자신의 과오를 발견하고도 왜 이렇게 의심을 거두지 않는 것일까? 왜 미망에서 깨어나기를 이토록 두려워하는 것일까?

---

16. 장자연의 문건과 리스트가 장례식장에서 모두 태워졌다는 이 가짜뉴스에 무려 162명이 '좋아요'를 하고 6명이 '공유'를 하고 2명이 긍정 '댓글'을 달고 있는 것이 우리 시대 진실시장의 실상이다. 박훈, 「윤지오 배우에게 간단한 질

4월 13일에 쓴 박훈의 글은 참으로 혼란스럽다.

이 자가 왜 유일한 목격자가 된 것인가? 장자연 문건을 봤다고
주장하기 때문이다. 그 내용을 유일하게 말을 한 사람이 윤지
오다. 그러나 장자연 문건을 실제로 본 사람들은 아무도 아직
까지도 입을 열지 않고 있다. (왜 그럴까? 거대한 권력의 압박
을 받아서? 누구 말대로 국정원 공작 때문에? 아님 고인을 위
해서?)[17]

이 글에서 박훈의 주장은 단 하나도 사실에 부합하지 않는
다. 우선 윤지오는 "유일한 목격자"를 주장하지 않는다. 『13번째
증언』의 표지와 목차에 "유일한 목격자"라는 구절이 들어가 있
지만, 이것은 윤지오의 의지가 아니라 출판사의 인식과 의지의
결과일 것이다. 이 때문에 윤지오는 여러 차례 자신이 유일한 목
격자가 아니라 유일한 증언자라고 강조해야 했다. 장자연 문건
을 본/목격한 (것으로 추정되는) 사람은 여럿이다. 윤지오 외에
최소한 유장호, 스타일리스트 이○○, 유가족, 그리고 국정원 직
원으로 알려진 유장호의 경호원 등이 있다. 둘째로 문건의 내용
에 대해 아직 아무도 말하지 않고 오직 윤지오만이 말하고 있

문 하나 하겠습니다.」, 〈페이스북〉, 2019년 4월 9일 수정, 2020년 2월 23일 접
속, http://bit.ly/2VbkWIH.

17. 박훈, 「윤지오 배우는 자기는 당한 것 없다고 했다.」, 〈페이스북〉, 2019년 4
월 13일 수정, 2020년 2월 23일 접속, http://bit.ly/2v9gIGS.

다는 주장 역시 거짓이다. 문건의 내용은 KBS 보도를 통해 이미 대중에게 공개된 터이기 때문이다. 또 유장호는 문건과 리스트에 대해 2009년부터 말했다. 셋째로 박훈은 문건과 리스트를 구분하지 않고 혼란스럽게 이야기하는데, 양자는 구분된다. 리스트를 본 사람은 정황상으로는 유장호·경호원·윤지오·유가족인데, 리스트의 존재에 대해 말한 사람은 유장호와 윤지오(그리고 장자연의 오빠)이고 그 내용에 대해 일관되게 말을 하는 사람은 윤지오가 유일하다. 박훈은 문건과 리스트를 뒤죽박죽으로 만들어놓고 리스트에서 문건으로, 문건에서 리스트로 왔다 갔다 한다. 이 혼란을 벗어나려면 문건과 리스트가 별도로 있다는 것, 문건을 장자연과 함께 작성하고 편지글 형식의 리스트를 장자연으로부터 받은 유장호가 (1) 문건만을 보여준 사람과 (2) 문건과 리스트를 모두 보여준 사람이 있다는 것을 분명하게 알아야 한다.

4월 18일 박훈은 여전히 문건과 리스트를 혼동하면서 이런 질문을 윤지오에게 던진다.

> 님이 본 장자연 문건에 4, 50명이 있었는데 그게 2009. 3. 12. 봉은사에서 유장호가 보여줬다는 것에 있었는지요? 님이 본 것이 진짜 봉은사에서 본 것이 맞는지요.[18]

---

18. 박훈, 「윤지오 배우에게 마지막으로 질문 합니다.」, 〈페이스북〉, 2019년 4월 18일 수정, 2020년 2월 23일 접속, http://bit.ly/2wIRHmt.

윤지오는 이미 10년 전의 수사기관 진술에서, 박훈의 (것과 동일한 내용의) 질문에 명확하게 대답한 바 있다. 유장호가 넘겨준 문건과 리스트를 봉은사 차 속에서 한 번, 그리고 소각 시에 또 한 번 봤다고. 이미 진술된 것을, 그리고 유장호와 유가족 진술의 교차 검증을 통해 확인된 사실을 왜 묻는 것일까? 윤지오가 "아무것도 보지 못했다"고 강변하기 위한 것이다. 박훈에게서 무지는 단순한 피난처(스피노자)가 아니라 진지陣地(그람시)가 되고 있다.

4월 19일에 박훈은 드디어, 이미 수집되어 있는 모든 증언과 증거를 거스르면서, "장자연이 직접 작성한 리스트는 존재하지 않는다"고 말하기에 이른다. 그리고 윤지오가 봤다는 그 리스트가 무엇인지, 어디서 봤는지도 자신은 알고 있고 누가 작성했는지도 알고 있다는 식으로 말하면서 자신을 폭로자의 위치에 갖다 놓는다. 그렇다면 그 리스트는 누가 작성한 리스트이며 [윤지오가] 어디서 봤다는 것일까? 같은 날 밤, 박훈은 "장자연 리스트의 진실은 이것이다"라는 사뭇 비장감 넘치는 제하에 장자연 리스트라고 불리는 것이 실은 장자연 계좌로 수표를 입금한 사람들의 이름을 경찰이 리스트로 작성한 것이라는 생각을 내놓는다. 즉 장자연이 남긴 문건에는 리스트가 없었고 리스트라 불리는 것은 사후에 경찰이 작성한 수표 송금 리스트라는 것이다. 그리고 그는 "윤지오가 참고인 조사를 받으면서 수사 서류에 있던 '그 명단이나 수사 대상자로 올린 50여 명의 리스트를' 우연히 '잠깐' 봤을 개연성은 있다"고 쓴다. 장자연 리스트는 '왕진진

리스트일 것이다'에서 '수표 리스트일 것이다'로 미끄러져 간다. 김대오의 거짓말이 끝이 없듯이, 박훈의 상상도 끝이 없다.

윤지오의 말에 대한 의심에서 출발하여 가능한 상상력을 총동원하여 쓴 참으로 황당한 소설이라 하지 않을 수 없다. 물론 여기에는 4월 16일 작가 김수민이 다음날 새벽까지 이어진 술자리에서 윤지오에게서 들었다며 한 이야기가 주요 구성요소로 차용되고 있다. 그 이야기에는 윤지오가 리스트를 수사기관에서 우연히 봤다는 내용이 포함되어 있다. 하지만 이런 가상소설은 3월 10일 윤지오가 녹취하여 제출한 유장호와의 통화기록에 등장하는 장자연 관련 "목록"이라는 말, 그리고 유장호와 윤지오가 10년 전에 이미 일관되게 진술하는 편지글 형식 속에 담긴 "명단"에 관한 진술 등 엄존하는 증거물들과 양립할 수 없는 것이다. 즉 이미 물질화되어 존재하는 진술 문서와 통화 녹음 증거를 외면하고서야 성립할 수 있는 상상의 시나리오인 것이다. 하루 뒤인 4월 20일에 박훈은 윤지오가 리스트를 봤다면 그것은 수표 송금 리스트였을 것이라는 종래의 주장을 바꿔, 수표 송금 리스트가 아니라면 "경찰이 작성한 '수사대상자 리스트'이거나 혹은 '전준주 리스트'"일 것이라는 식으로 무책임한 산탄散彈형 주장을 내놓는다. 자신의 주장이 오류로 될 확률을 낮추기 위해 여지를 폭넓게 두는 방식으로 자신의 견해를 수정한 것이다. "장자연 리스트가 있었다"고 말하면 모든 것이 수미일관해지며 증언 및 증거물과도 부합한다. 그런데 왜 그는 장자연 리스트가 없었음에 대한 어떤 신뢰할 만한 분석이나 증거도 내놓지 못하면서 증언 및 증거물과 대립하는 무리수를 두면서 자신의 허구의 변론을 밀고 나가는 것일까? 그 궤변이 누구를 위한 것일까?

"헛소리 지껄이는 변호사"는 어디로?

이때는 이미 김수민, 김대오, 박훈의 발언들이 언론이라는 소문기관을 타고 흘러 윤지오의 증언을 뒤흔들기 시작한 때이다. 박훈은 다음날 자신의 페이스북에 자신의 질문에 대해 윤지오가 내놓았다는 최초의 응답을 올린다. 그 응답에서 윤지오는 박훈을 "헛소리 지껄이는 변호사"로 묘사하고 "헛소리하려거든 본인 일기장에 하고, 자신의 인생이나 똑바로 살아라"라고 거칠게 대응한다. 왜 윤지오의 응답이 이렇게 거칠었을까? 이것은 박훈이 증언자 윤지오를 증언과는 상관없는 문제로 인신공격하고 근거도 없이 장자연 리스트에 관한 그의 증언을 실추시켜 그의 인격을 모독한 것과 무관하지 않을 것이다. 그 모독이 어떤 모독들인가?

첫째로는 장자연 사건 관련 재판에서 윤지오가 가해자 김종승에게 유리한 진술("노래나 춤을 추게 된 것도 강압적인 것이 아니었습니다")을 했다는 비난이다. 윤지오는 김종승과 관련하여 두 번 진술했다. 한 번은 "김종승과 체결한 계약 때문에 어쩔 수 없이 노래나 춤을 추는 자리에 나가게 되었다"고 김종승에게 불리한 진술을 했고(2009) 또 한 번은 김종승이 자신[윤지외에게 "강압적으로 춤을 추게 했는가"라는 물음에, "강압은 없었다"는 취지로 답했다(2010). 그런데 후자가 판결문에서 김종승에게 유리한 진술로 임의로 인용되고 박훈은 이 판결문에서 윤지오가 가해자를 편들었다는 이미지를 끌어낸 후 윤지오를 비난하는 데에 사용한다. 윤지오의 대답은 일견 모순된 것처럼 보이고 후자의 말을 맥락에서 떼 내어 읽으면 윤지오가 가해자 편을 드는 것처럼 느껴질 수 있다. 하지만 우리가 구조적 압력과 직접적인 인신적 압력을 구분해서 접근하면 이 진술은 윤지오 내부에서는 일관된 것이며 사실 그대로이다.

두 번의 진술을 통해 윤지오는, 김종승이 자신에게 직접적인 인신적 압력을 가하지는 않았지만, 계약서를 통해 구조적(계약적) 압력을 가했다고 일관되게 진술한 것이다.[19] 박훈은, 판사가 윤지오의 진술로부터 가해자에게 유리하게 인용한 판결문만을 읽고서 윤지오가 가해자에게 유리한 "거짓" 진술을 했다고 단정해 버린다. 그리고 이것으로부터 윤지오는 장자연을 위한 증언을 할 자격이 없다는 생각을 이끌어낸다.

둘째로 박훈은 윤지오가 의문의 교통사고와 증언으로 인해 "법 위의 사람들"로부터 가해져 올 위험을 언급할 때 그것을 "쇼"로 단정한다. 이것은 유튜버들과 댓글들을 통해 무한 재생산된 윤지오 악마화의 이미지다. 박훈이 이런 생각을 내놓은 이유는

---

19. 이에 대해서는 1장 60쪽 이하 「박훈 변호사는 어떻게 윤지오의 진실을 가려 버렸나?」와 1장 76쪽 이하 「박훈의 메아리 : '윤지오 이모부'의 경우」 참조.

무엇인가?

그럼 그의 주장대로라면 리스트를 수도 없이 본 유장호와 김대
오(Dae O Kim) 기자는 이미 살해됐어야 했다. (실제 이들은 윤
지오가 주장하는 리스트를 본 적이 없다. 왜? 장자연 씨가 만
든 적이 없으니까)[20]

마지막 구절, "왜? 장자연 씨가 만든 적이 없으니까"라는 말
이 잘못이라는 점에 대해서는 앞에서 밝혔다. 유장호는 2월 28
일 장자연과 함께 작성한 문건과는 별도로 3월 1일에 장자연으
로부터 편지글 형식의 리스트[21]를 받았다고 진술했다. 언제, 어
디에서 받았는지까지 진술서에 기록되어 있다.[22] 물론 김대오가
리스트를 본 적이 없다는 것은 사실로 추정된다. 그러므로 그
가 "법 위의 사람들"에 의해 "살해"될 이유도 없다. 그런데 유장
호는 리스트를 보았고 그 존재를 인정했다. 하지만 그는 그 리
스트의 공개를 차단하기 위해 처음부터 필사의 노력을 다한 사

20. 박훈, 「윤지오는 어디까지 거짓말 할 것인가?(1)」, 〈페이스북〉, 2019년 4월 19
   일 수정, 2020년 2월 23일 접속, http://bit.ly/38Ut97U.
21. 유장호가 진술하는바, "김종승 대표를 만날 때 주의해야 할 사람들의 이름"
   이 그것이다.
22. "장자연과 통화하여 만날 장소를 정한 후 2009년 3월 1일 오후 7시경 서울
   강남구 신사동에 있는 '○○○커피숍'에서 제가 장자연과 만났는데, 장자연
   이 저에게 3장의 편지를 주었습니다."(2009년 7월 27일 수원지검 성남지청 진
   술서)

람이고 경호원이라는 신분으로 그를 보호[감시]했던 국정원의 통제를 받는 사람이다. 그러므로 그가 그런 태도를 유지하는 한 그 역시 법 위의 사람들로부터 위협을 받을 일도 없다. 이에 반해 윤지오는 문건과 리스트를 모두 보았고 그 형식, 내용에 대한 증언을 주저하지 않고 있는 사람이다. 앞의 두 사람은 윤지오와 전혀 비교할 수 없는 사람들임에도 불구하고 박훈은 잘못된 비교를 통해 윤지오가 실제로 느끼는 위협을 허구화하고 위협에 대한 발언을 쇼라고 단정한다. 그는 윤지오가 "왜 혼자 법 위의 30명을(원래 4, 50명이었다) 상대하는가? 도대체 이 사람은 어떤 사람인가?"라고 질문하지만, 악의적인 인격적 의심(거짓말쟁이, 사기꾼) 외에 그에 대해 어떤 진지한 관심도 기울이지 않는다.

셋째로 박훈은 윤지오에 대한 이러한 의심의 심리에서 출발하여 윤지오에 대한 경호를 혈세 낭비로 규정하거나 윤지오의 후원계좌 개설을 돈벌이로 규정하는 인신공격을 서슴지 않는다. 급기야 그는 윤지오의 증언 행동을 멈춰 세워야 한다("윤지오는 가고 장자연의 억울한 죽음만이 남아야 한다")고 주장하기에 이른다.

고소, 고발, 그리고 변론의 자가당착

박훈의 이러한 인신공격은 주지하다시피 4월 23일 김수민을 대리하여 윤지오를 허위사실 적시 명예훼손, 모욕 혐의로 고소하는 법률 행동으로 나타났다. 당일 기자회견문에서 그는 이렇게 말한다.

> 윤지오 씨는 고 장자연 씨의 억울한 죽음을 이용하고 있습니다. 윤지오 씨는 조 모 씨 성추행 건 이외 본 것이 없습니다. 그럼에도 "장자연 리스트 봤다" "목숨 걸고 증언"하고 있다고 주장하면서 후원을 받고 있습니다. 윤지오 씨가 봤다는 "장자연 리스트"는 김수민씨의 폭로로, 수사 과정에서 수사 서류를 본 것으로 밝혀졌습니다. 고 장자연 씨는 결코 목록을 작성한 적이 없습니다.[23]

여기서 그는 자신의 가상적인 시나리오를 근거로, 윤지오가 장자연 리스트를 봤다는 사실을 일방적으로 부정하며 "고 장자연 씨는 결코 목록을 작성한 적이 없습니다."라는 사실 왜곡까지 서슴지 않는다. 또 그는 윤지오가 거짓말로 후원을 받고 있다는 자신의 근거 없는 추정이 마치 확인된 사실인 것처럼 목청을 높여 그의 명예를 훼손한다. 또 그는 "윤지오 씨가 봤다는 '장자연 리스트'는 김수민 씨의 폭로로, 수사 과정에서 수사 서류를 본 것으로 밝혀졌습니다."라면서 자신의 상상을 마치 확인된 사실처럼, "밝혀졌다"는 말로 표현한다. 그 수사 서류가 수표 리

23. 임주형, 「[전문] 박훈 "김수민 대리해 윤지오 고소…장자연 죽음 이용하고 있어"」, 『아시아경제』, 2019년 4월 23일 수정, 2020년 2월 23일 접속, http://bit.ly/2VchddT.

스트인지, 수사 대상 리스트인지, 왕진진 리스트인지도 특정할 수 없는 상태에서 말이다. 또 그는 "고 장자연 씨는 결코 목록을 작성한 적이 없습니다"라고 주장하면서 10년 전의 진술 증거와 녹음 기록이 일관되게 보여주는 사실들을 전혀 검토하지 않은 채 자신의 임의적 주장을 확인된 결론처럼 내세운다. 한 인격에 결정적 위해를 가할 수 있는 이러한 허구적 변론폭력이 과연 용납되어도 좋은 것인가?

박훈은 말한다. "나아가 저를 비롯한 진실을 알고자 하는 사람들을 '가해자 편'에 서서 자신을 공격하고 있다고 합니다." 라고. 윤지오의 인격에 대한 공격과 고소·고발 행위가 윤지오 증언의 신빙성을 낮출 것이며 윤지오가 처벌을 기대하며 내놓은 "법 위의 사람들"에 대한 그의 진술이 힘을 잃으리라는 것을 박훈도 알고 있었다. 실제로 당시 박훈의 이러한 행보에 대해 많은 사람이 가해자들을 이롭게 하는 행동이라고 비판했다. 이에 박훈은 자신이 『조선일보』를 싫어하며 『조선일보』와의 인터뷰에 응하지 않을 것이고 자신은 사회주의자라는 혁명가 제스쳐로 자신이 가해자의 편이라는 일련의 비판을 차단하면서 4월 26일 윤지오를 사기 혐의로 고발하기에 이른다. 이 과정에서 그는 자신과 다른 의견을 표현하고 있는 이호진 기자, 손석희 앵커, 노영희 변호사, 정지영 감독, 안민석 의원 등에 대해 불편한 감정을 피력하는 것을 넘어 윤지오의 입장을 지지하는 사람들 일반을 "윤지오한테 농락당하고 있는 것도 모르는 한심한 작자들"이라고 비난한다. 하지만 이런 식의 단순 논리는, 박훈 자신이 권력에 농락당하고 있는 한심한 작자라는 거울 공세에 직면할 수밖에 없으며 그 자신이 장자연의 억울한 죽음을 이용하여 유명세를 탄다는 비난에 노출될 수밖에 없다.

알렉산드로스인가 돈키호테인가?

증언자 윤지오를 향한 박훈의 이 돈키호테적 돌진과 칼질이 성공한다면 그것은 아마도 재수사의 무산이라는 비극적인 결과로 나타날 것이다. 하지만 알렉산드로스와는 달리, 그는 장자연 리스트의 매듭을 결코 끊어내지 못할 것이다. 왜냐하면, 박훈이 장자연 리스트를 삭제하는 방식에는 중요한 약점 즉 아킬레스건이 있기 때문이다. 박훈이, 유장호와 윤지오가 이미 10년 전에 수사기관에서 장자연 리스트를 보고 읽었다고 말한 사실을 끝까지 외면한 것이 그것이다. 이미 확인된 진실을 외면한 것이 그의 아킬레스건이다. 그리고 그는 자신의 변론을, 10년 전에 장자연 리스트는 물론이고 장자연 문건의 마지막 단 한 구절 외에는 문건의 내용도 형식도 본 적이 없다고 진술한 자신의 기자 친구 김대오(가 문건을 보았다는 가정)와 작가 친구 김수민에 기대서 끌어낸다.

그런데 김대오가 문건도 리스트도 전혀 본 적이 없으며 윤지오가 그 둘 모두를 보았다는 사실은 『한국일보』가 대중에게 공개한 「누가 그녀[장자연]를 죽였나?」의 유장호, 윤지오 진술서 디지털 전문자료에서 누구나 확인할 수 있는 사실이다. 이 진술서들이야말로 장자연 리스트가 있었다는 것에 대한 누구도 부인할 수 없는 물질적 흔적이며 가장 중요한 흔적이다. 윤지오의 진술들은 10여 년 전의 진술들이므로, 오늘날의 진술처럼 거짓말이라거나 사기라거나 하는 잡음 없이 읽을 수 있는 것들이다. 여기에 장자연 리스트의 흔적이 또렷이 새겨져 있다. 설령 박훈을 비롯한 사람들이 윤지오를 도덕성의 심급에서 파멸시키는 데 성공하는 경우가 발생한다고 하더라도 윤지오의 이 증언만은 결코 사라지지 않을 것이며 장자연 리스트를 보았다는 그의 증언의 진실 가치는 불변으로 남을 것이다. 나는 박훈이 이 진술을 알면서 모른 체하는지, 아니면 누구나 본 그 진술을 보지 않으려는 옹고집 같은 태도로 윤지오 죽이기를 위한 궤변의 칼을 벼리고 있는지 알 수 없다. 하지만 장자연 리스트의 이 물적 흔적 때문에 장자연 리스트를 없었던 것으로 만들려는 박훈의 칼질은 여론의 일시적 흥분을 이용하여 잠시 성공할 수 있을지는 모르나 결코 장자연 리스트의 실재라는 그 매듭을 끊을 수는 없을 것이다. 그 매듭을 푸는 힘겨운 과제는 과거사진상조사단과 검찰 과거사위원회가 진실규명의 의지를 확고히 하지 않으면 않을수록, 더 분명하게 다중의 집단지성에, 촛불 공통장의 힘에 맡겨질 수밖에 없다.

장자연 리스트를 없애는 것이 실패한 후 나타난 가해권력의 새로운 시도

장자연 리스트를 없애려는 시도가 김수민, 김대오, 박훈 등에 의해 어떤 방식으로 시도되었는지에 대해서는 앞에서 논의했다. 장자연 리스트를 없애는 것은 10년 전 진술증거들의 명확한 실재로 인해 실패로 돌아갔다고 할 수 있다. 과거사진상조사단이 그것의 실재를 인정했기 때문이다. 그런데 리스트의 실재를 부정하기 어렵게 되자 그 속의 핵심 문구나 이름을 지우려는 시도들이 나타났다. 이 중 주목할 만한 것 중 하나는 "꽃보다 남자의 구준표와 특이하게 이름이 같은 정치인"의 이름을 지우려는 시도이고 또 하나는 "성상납 강요를 받았습니다"라는 문구를 지우려는 시도이다. 이제 이 시도들에 대해 살펴보자.

정독해와 이미지 독해

〈정의연대〉 김상민 사무총장이 박훈 변호사를 무고죄로 고발하는 기자회견 자리에서 국회의원 홍준표를 민·형사 소송할 것이라고 말한 바 있다. 이 기자회견을 인용한 윤지오의 인스타그램 포스팅에 한 네티즌이 다음과 같은 댓글을 달았다.

누나 홍준표 의원은 왜요? 누나가 홍의원은 잘못 지목한 거 맞다고 하지 않았어요? 제가 누나 기사들은 거의 다 읽어서 어렴풋이 그런 내용 본 것도 같은데…제가 잘못 본 걸 수도 있으니까 누나가 설명해 줬으면 좋겠어요.

어떤 말이나 글을 듣고 읽을 때 여러 가지 독해 방식이 있겠지만 지금 우리가 다루는 문제와 관련해서는 정독해와 이미지독해가 구분될 필요가 있다. 정독해가 문장/말의 전후 맥락, 지시 관계, 의미연관 등을 정밀하게 따져 읽는 것이라면 이미지 독해는 문장/말이 연상시키는 것을 중심으로 읽는 것이다. 전자는 능동적 독해력을 요구함에 반해 후자는 수동적 독해력을 더 많이 요구한다. 전자는 이성적 능력을 요구함에 반해 후자는 상상적 능력을 요구한다. 영상문화가 지배적으로 되면서 사람들은 이미지 독해의 능력을 얻는 대신 정독해 능력을 잃어버리는 경향이 있다.

윤지오의 증언에 대해서도 정독해보다는 이미지 독해가 널리 유행하면서 오해와 상상에 또 다른 오해나 상상이 누적되어 진실이 가려지는 현상이 나타나고 있다. 이것이야말로 가해권력이 바라마지 않는 것이고 또 적극적으로 이용하고자 하는 것이다. 왜냐하면, 자신들이 그 부풀려진 상상, 환영체계 뒤로 숨을 수 있기 때문이다. 홍준표라는 이름의 문제는 그중 하나다.

이 세상에서 가장 크게 오해된 말:"그 이슈를 이용해서 영리하게"

홍준표 문제를 다루려면 이 세상에서 가장 크게 오해된 말이라고 해야 할 "그 이슈를 이용해서 영리하게"라는 윤지오의 한 마디로 돌아가야 한다. 김수민이 이 구절을 사기 프레임 속에 집어넣어 이미지 독해한 이후로 변호사, 기자, 그리고 군중의 두뇌 속에 확고하게 부정적인 이미지로 굳어져 있는 말이 이것이다. 영리함이라는 말은 그것이 갖고 있는 긍정적 함의를 모두 빼앗긴 채 돌이킬 수 없을 정도로 훼손되어 교활한 사기라는 부정적 의미로만 해석되었다. 그리고 이 말이 사기 프레임 속에서 기능하기 위해서 김수민은 앞뒤 맥락을 모두 절단했다. 책의 출판과 관련하여 계약금, 인세, 홍보비용, 매대 노출, 미디어 노출, 매체 인터뷰, 유튜브 강연, 공연, 방송 출연 등 『13번째 증언』 출판과 관련된 여러 문제에 관해 대화하던 중인 2018년 12월 7일에 윤지오는 이렇게 말한다.

난 책도 책이지만 / 그후 내 행보가 더 중요하고 할 수 있는 일들이 많다고 판단되서 / 지금 만나고다니는 다른사람들도 그렇고 / 책은 그냥 출판자체에 의미를 두는거라 / 많이 안팔려도 나는 별로 감흥이 없을거같아 / 많이팔려도 그렇고 / 하지만 분명한건 이슈는되니까 / 그 이슈를 이용해서 영리하게 / 그동안 못했던 것들을 해보려고 / 그래서 출판하는거고 나는 이 인용에서 윤지오의 말 전체를 통일적으로 파악하기 위해 중간에 끼어들어 윤지오의 말을 분절시키는 김수민의 세 마디 "응 / 응 / 응 책 판매가 그렇게중요한게아니라면 큰 신경 안써도될거야"는 뺐다. 화제는 책인데 위의 인용은 책을 출판하는 것의 위치에 대한 윤지오의 인식을 명확하게 밝힌다. 책에 대해서 윤지오는 (1) 책이 무시할 수 있는 것은 아니지만("책도 책이지만") 그것이 핵심은 아니다("책은 그냥 출판자체에 의미를 두는거라 / 많이 안팔려도 나는 별로 감흥이 없을거같아 / 많이 팔려도 그렇고"). (2) 그런데 책의 출판이 [고 장자연 사건과 관련하여] 이슈가 될 수 있을 것이다("하지만 분명한건 이슈는되니까") (3) 출판을 매개로 한 이 이슈화를 이용해서 영리하게 그동안 못했던 것들을 해보려고 한다. ("그 이슈를 이용해서 영리하게 / 그동안 못했던 것들을 해보려고 / 그래서 출판하는거고") (4) 그것은 나의 이후의 행보에 관한 것인데 지금 만나고 다니는 다른 사람들도 나의 이후의 행보를 규정하는 일부다.

"영리하게"의 목적은 장자연 사건 진상규명과 가해자 처벌이다

여기서 결정적으로 중요한 것은 "그 후 내 행보"와 "지금 만나고 다니는 다른 사람들"이다. 윤지오가 영리하게 "사기를 치고자 했다"는 김수민의 참으로 어처구니없는 이미지 독해법(이것은 변호사 박훈의 동일한 이미지 독해법과 영향을 주고받으며 상승 작용한다)에 따르면 "지금 만나고 다니는 다른 사람들"은 사기와 관련된 사람이어야 한다. 그런데 2018년 12월 초 당시 윤지오가 어떤 사람들을 만나고 다녔던가? 그리고 "그 후 내 행보"의 윤곽이 무엇이었던가?

위의 말을 듣고 김수민이 "그래 너가 알아서잘할거라믿어"라고 말하자 윤지오는 이렇게 덧붙인다.

아녀 / 그냥 하는거지 뭐 / 어차피 인생이 계획한바대로 되는것도아니고 / 뭐든다해봐야지 / ㅋ기대치가 애초에없엉

"그동안 못했던 것을 해보려고", "계획한바", "뭐든다해봐야지", "기대치"는 모두 행보와 연관된 말, 즉 미래의 행동과 관련된 말들이다. 윤지오는 김수민에게 책 출판과 관련해서는 꼼꼼하게 물어보고 또 자신의 생각과 계획도 밝히지만, 미래 행보와 연관해서는 말을 아끼고 구체적인 것을 밝히지 않으며 묻지도 않는다. 즉 김수민이 이 문제에 대해서는 상의할 대상이 아니라는 인식을 드러낸다. 만약 상의할 대상이라고 생각했으면 이런 계획, 이런 행동은 언제 어떻게 하는 것이 좋겠는지 물었을 것이다. 내가 보기에 이것은 윤지오의 "영리하게"가 표현되는 한 양상이다.

그렇다면 그 행보에 대해 우리는 더는 추론할 수 없는 것일까? 그렇지 않다. 그가 비교적 구체적으로 밝힌 말인 "지금 만나고 다니는 다른 사람들"이 그 미래 행보의 단서, 실마리가 될 수 있기 때문이다. 이 실마리를 더듬어 나가기 위해 2018년 12월 7

일 전후 윤지오가 어떤 사람들을 만났는지 살펴보자.

12월 7일은 윤지오가 캐나다에서 한국으로 방문해서 체류하고 있던 시점이다. 그는 두 가지 목적으로 한국을 방문했다. 첫째는 장자연에 대한 조○천의 강제추행 사건의 법정 증인신문을 위해서였다. 또 하나는 검찰 과거사위원회에서 진행하는 고 장자연 사건 재조사에 증인으로 출석하기 위해서다. 이 두 가지 목적은 모두 증언과 관련된다. 그러면 12월 14일 태국으로 친구들과 여행을 떠나기 전까지 만나거나 소통한 사람들은 누구인가? 11월 28일 오후 인천공항에 도착하여 숙소로 이동할 시의 신변보호를 해준 수사관 3명, 11월 29일 과거사진상조사단의 김○○ 변호사와 손○○ 검사, 조○천 강제추행 사건 증인신문조사를 도와줄 민변 변호사들, 법정 출석 시 자신을 보호해줄 보호자 2명, 『13번째 증언』 출판을 맡은 가연 출판사의 대표와 측근들 및 출판 조언을 해준 김수민(12월 10일) 그리고 12월 12일 JTBC 〈뉴스룸〉 전화 인터뷰를 담당한 기자와 앵커 등이다.

여기에 증언과 관련되지 않은 어떤 사람도 없다. 윤지오는 지난 9년간의 증언이 실효를 거두지 못하여 기획사 대표들인 김종승과 유장호만 처벌되고 가해권력자들이 모두 무혐의 처분된 과정을 숙고하면서 어떻게 증언이 실효를 거둘 수 있을 것인가에 집중한다. JTBC 손석희 앵커와의 인터뷰에서 "9년 전에 수사에서도 구체적인 이야기를 하셨을 텐데 지난번에 인터뷰에서 말씀하셨듯이 그 당시 검찰은 그 진술을 믿을 수 없다, 이렇게 결론을 내리지 않았습니까?"라는 앵커의 질문에 윤지오는 이렇게 답한다.

9년 전 검사들은 이 사건을 그저 연예계 곳곳에서 벌어지고 있는 성접대 사건의 하나로 보고 있다는 느낌을 받았습니다. 너도 성상납을 해 놓고 왜 숨기냐 라며 성상납과는 전혀 관련이 없는 저까지 몰아붙이는 질문들이 너무나 화가 났고 억울했습니다. 하지만 그 자리에 있었던 남자들 모두가 제가 거짓말을 하고 있다고 입을 맞춰서 두려웠지만 이게 제 일이었다면 자연 언니도 똑같이 증언을 해주었을 것이라는 확신이 들었기 때문에 저도 진실을 말했습니다.[1]

윤지오는 10년 전 남자들이 "입을 맞춰" 자신의 말을 거짓말로 몰아붙이는 것에서 느꼈던 두려움에 대해 표현한다. 권력자들, 언론들, 변호사들, 기자들, 작가들, SNS 계정주들이 마치 입을 맞춘 듯이 자신을 사기꾼으로 몰아붙이는 지금은 어떤 느낌을 가질까? 아마도 같은 느낌일 것이다. 하지만 윤지오는 "자연 언니"와 자신이 입장이 바뀌었다면 "자연 언니"도 "두려움"을 무릅쓰고 자신을 위해 진실을 증언해 줄 것이라는 확신이 들기 때문에 진실을 말했다고 말한다.

---

1. 뉴스룸, 「장자연 동료배우 "이름들만 적힌 별도 리스트 있었다"」, 〈JTBC〉, 2018년 12월 13일 수정, 2020년 2월 13일 접속, http://bit.ly/2ww2LD3.

다른 요인도 있다. 그것은 이명박 정부하의 검찰과 문재인 신정부 하의 검찰이 보여주는 차이이다. "재판에 증인으로 나서신 것 외에도 검찰 조사에도 적극적으로 응한 것으로 알고 있습니다. 어떤 말씀을 하셨습니까?"라는 앵커의 질문에 윤지오는 "이 사건을 재수사하는 대검찰청 진상조사단 검사님들을 지난 8개월 동안 접해왔습니다. 9년 전과 달리 검사님들께서 편견 없이 그리고 열성적으로 수사한다는 인상을 받아서 더욱 용기를 낼 수 있었고요. 무엇보다 이 사건을 성폭력 사건으로 인정하고 바라본다는 점에서 달랐던 것 같습니다"라고 동문서답한다. 그러나 이것은 실제로는 "동문서답"이 아니라 "영리하게"의 일부이다. 과거사진상조사단에서의 증언내용은 "진상조사단에서 이렇게 진술했다"는 형식으로는 외부에 말할 수 없게 되어 있기 때문일 것이다. 질문에 충실한 형태로는 답할 수 없는 이 간극을 윤지오는, 9년 전 검찰과 현재 검찰 사이에서 본인이 느끼는 정동적 차이를 설명하고 검찰이 이 사건을 성상납이라는 연예계 관행이 아니라 성폭력(즉 성상납 강요) 사건으로 바라보기 시작한 점을 높이 평가하며 이런 것들이 자신으로 하여금 증언의 용기를 낼 수 있게 했던 조건이었음을 설명하는 것으로 채운다.

"성상납을 강요받았습니다"라는 문구와 리스트의 이름들

하지만 "진상조사단에서 이렇게 진술했다"는 형식이 아닌 앵커와의 문답 형식으로 윤지오는 증언의 핵심 내용을 말한다. 2018년 12월 JTBC와의 전화 인터뷰에서다. 당시 윤지오와 인터뷰한 앵커 손석희는 장자연이 피해사실을 문건으로 남겼는데 그것은 4장으로 되어 있고 그것을 세간에서 "장자연 리스트"라고 부른다고 알고 있었다. 장자연이 남긴 글이 유서가 아님은 인식하고 있었지만, 문건에 그 4장 외에 고유한 의미의 장자연 리스트라고 할 수 있는 편지글 형식의 3장이 더 있다는 사실은 모르고 있는 것이다. 그런데 윤지오의 인터뷰는 앵커의 (그리고 시청자의) 그러한 잘못된 앎을 자신의 인터뷰 증언을 통해 바로잡는 과정이다. 자신이 피해사실을 적은 문건을 보았을 뿐만 아니라 앵커가 모르고 있는 것, 즉 "성상납을 강요받았습니다"라는 문구 아래에 이름들이 나열된 "리스트"가 따로 있었음을 밝힘으로써다. 중요한 대목이므로 있는 그대로 인용해 보자.

[앵커] 알겠습니다. 지금 저하고 인터뷰하시는 분께서 이 사건의 핵심 증인으로 불리우는 것은 성추행 현장을 목격했다는 것만이 아니라 장 씨와 같이 신인 배우로서 여러 가지 강요를 받고 피해를 보셨기 때문이기도 한데 실제로 장자연 씨의 경우에 피해사실을 문건으로도 남겼습니다. 그것을 보신 적이 있습니까?
[윤모 씨 / 장자연 '동료 배우'] 자연 언니가 떠난 지 며칠 안 돼서 자연 언니의 문건을 가지고 있던 매니저분에게 연락을 받았습니다. 그래서 서울 봉은사에서 유족분들과 함께 자연 언니가 남긴 문건을 소각하기로 했다고 해서 그렇게 했습니다. 그리고

그때 그 문서를 직접 처음 보게 되었습니다.

[앵커] 피해사실이 적혀 있다는 4장의 문건이 이른바 장자연 리스트라고 불리우는 그 문건입니다. 그런데 언론에서 보도됐던 문건과 같은 내용이었습니까?

[윤모 씨 / 장자연 '동료 배우'] 피해사실을 적은 내용인 건 맞는데 그와 별도로 리스트처럼 사람 이름만 적힌 종이가 있었던 것으로 기억합니다.

[앵커] 그런가요? 저희가 파악하기로는 지금까지 알려졌던 장자연 문건에는 사람 이름만 적힌 건 없는 걸로 알고 있는데 기존에 알려진 문건과 또 다른 문건일 수도 있겠다는 생각을 하십니까?

[윤모 씨 / 장자연 '동료 배우'] 저는 무엇이 세상에 알려지고 알려지지 않았는지는 모릅니다. 하지만 기억하는 것은 그 리스트 맨 위에 '성상납을 강요 받았습니다'라는 문구가 있었고 그 아래에 이름이 있었다는 것입니다.

[앵커] 그러니까 문서 위에 '성상납을 강요 받았습니다'라는 문구가 있었고 그 아래 이름들이 있었다. 혹시 저하고 말씀 나누신 분이 아는 사람들의 이름도 있던가요?

[윤모 씨 / 장자연 '동료 배우'] 이름이 적힌 부분은 있었지만 구체적으로 언급하기는 아직 어려움이 있습니다.

[앵커] 그런가요? 그렇다면 그중에서 장자연 씨와 함께 만났던 인물들도 검찰조사단에 이 얘기는 했습니까?

[윤모 씨 / 장자연 '동료 배우'] 이번에 검찰 과거사위와 조사를

받을 때 사진으로 조사를 했습니다. 제가 만난 적이 있는 사람들을 여기 근거해서 지목했고 그중에 검찰과 언론에 계신 분들이 있었다는 사실을 알게 됐습니다. 그 자리에서 어떤 일이 있었는지에 대해서는 구체적으로 남아 있지는 않습니다.[2]

여기서 윤지오는 피해사실을 기록한 문건 외에 고 장자연이 "성상납을 강요받았습니다"라고 쓰고 그 아래 이름들을 나열한 리스트가 별도로 있었음을 밝혔다. 그런데 이 점은 실제로는 밝힌 것이 아니라 다시 말한 것에 지나지 않는다. 왜냐하면, 8년 6개월 전인 2010년 6월 25일에 윤지오는 거의 어구 하나 틀리지 않는 방식으로 똑같은 내용을 수사기관에서 진술한 바 있기 때문이다. 중요한 것은 이토록 중요한 8년 6개월 전의 진술이 어떻게 국민 대중들에게는 전혀 알려지지 않고 심지어 대한민국 최고의 앵커로 알려진 손석희조차 이 사실을 모를 정도로, 그리고 그 진술을 새삼스럽고 놀라운 것으로 받아들일 정도로 그 진술이 깊이 감추어질 수 있었는가에 있다고 해야 할 것이다. 이것은 '누가 왜 사회적 인지 프레임을 그렇게 왜곡시켰는가?'라는 질문을 남긴다.

책 출판보다 중요한 미래 행보 : 증언과 진실 말하기의 기술

---

2. 같은 글.

"아는 사람의 이름"을 묻는 앵커의 질문에 윤지오는 "이름이 적힌 부분은 있었지만, 구체적으로 언급하기는 아직 어려움이 있습니다."라고 하여 아직 언급의 방법과 기술을 결정하지 못했음을 암시한다. 변호사 박훈이 추후에 어이없게도, "아무것도 모르면서 아는 것처럼 꾸며 국민들을 기망한" 사기술로 단정해 버리는 이 "언급하기의 어려움"은 가해권력 측의 "남자들"이 입을 맞춰 자신의 말을 거짓말로 모는 난감한 상황 속에서 장자연 사건의 진실을 밝히는 미래 행보를 어떻게 "영리하게" 밟아나갈 것인가라는 아직 풀리지 않은 문제에 관한 것이다. 이 사실은 캐나다로 돌아가기 전에 "하고 싶으신 말씀" 있으면 짧게 해달라는 앵커의 질문에 윤지오가 내놓은 답에 고스란히 담겨 있다.

저는 조금 있으면 다시 캐나다로 돌아갈 것이고 조만간 책을 출간할 예정입니다. 책을 쓰는 이유는 자연 언니와 저를 위해서 진실을 밝혀야만 이런 일이 다시는 일어나지 않을 것이라는 믿음뿐이고요. 개인적으로는 이 일로 연예인의 꿈을 접어야 했던 저의 20대를 뒤돌아보고 9년의 세월 동안 저를 따라다니는 장자연 사건의 목격자라는 주홍글씨를 제 스스로 털어버리고 싶기 때문이기도 합니다. 어찌 됐든 저는 어려운 결정을 내리고 법정에 선 것입니다. 그래서 지난 6개월 동안 재판이 두 번밖에 열리지 않았고 다음 재판도 3개월 뒤에나 열리게 됐다는 소식을 전해 들었습니다. 내년 인사 때 재판부가 바뀔 가능성도 있다고 하는데 만일 새로운 재판부에서 제 증언이 필요하다면 다

시 한번 증언석에 서겠습니다.[3]

여기에서 윤지오는 자신의 "미래 행보"의 윤곽을 뚜렷하게 그려서 보여주고 있다. (1) 장자연의 죽음과 같은 일이 다시는 일어나지 않도록 하기 위해 사건의 진실을 알리는 책을 출간할 예정이다. (2) 새로운 재판부가 증언을 요구하면 다시 증언대에 서겠다. (3) 개인적인 차원에서 지난 9년을 따라다니며 연예인의 꿈을 접게 했던 "장자연 사건의 목격자라는 주홍글씨"를 "스스로" 털어버리고 싶다.

실제로 윤지오는 2019년 3월 7일 장자연 10주기에 맞춰 『13번째 증언』을 출판했으며 재판부의 추가 증언 요구는 없었지만, 검찰 과거사위원회 활동 기간 연장으로 인한 과거사진상조사단의 추가조사 요구에 응해 추가 증언했다. 이 시기에 2018년 말과 비교해서 중요한 변화가 발견된다. JTBC 전화 인터뷰에서 말한 저 "언급하기의 어려움"에 대한 윤지오의 나름의 타개 방법이 나타나고 있다. 그 방법은 세 가지로 정리될 수 있다. (1) 지금까지의 소극적 인터뷰 기피에서 적극적 인터뷰 응낙으로의 전환, (2) 가명/가면 인터뷰에서 실명/실면 인터뷰로의 전환, 그리고 (3) 장자연 리스트의 이름들을 공개하는 방법으로, 과거사진상조사단에서는 그들의 이름을 밝히되 언론 인터뷰에서는 그들의 이름을 밝히지 않고 대한민국 형법(사실적시 명예훼손)을

---

3. 같은 글.

위반하지 않는 수준에서 진술한다. 이러한 방법에 따라 그는 과거사진상조사단에서는 리스트의 이름 중 기억나는 이름들을 실명으로 증언한 것과는 달리 언론에서는 리스트의 실명을 밝히지 않고 "언론사 관련, 성이 같은 세 명", "이름이 특이한 정치인"이라는 식으로만 말한 것이다.

홍준표라는 이름이 공개된 경위

윤지오는 어떤 언론에서도 홍준표라는 이름을 실명 전체로 거명하지 않았다. 4월 말경 윤지오의 변호 조력을 제공하고 있던 〈정의연대〉와의 대화에서 이름의 그 특이함을 조금 더 구체화해서 "〈꽃보다 남자〉의 구준표와 특이하게도 이름이 같아서" 그 이름을 기억한다고만 밝혔을 뿐이다. 역시 실명은 "형법상 사실적시 명예훼손에 저촉되지 않는 선에서 증언한다"는 원칙에 따라 말하지 않았던 것으로 보인다. 이러한 진술에 기초하여 〈정의연대〉가 4월 23일 "구준표와 이름이 같은" 정치인이라면 "홍준표"일 것이라는 데 착오가 없을 것으로 보아 홍준표 국회의원을 경찰청에 수사 의뢰함으로써 홍준표가 장자연 리스트에 이름이 있었던 '정치인일 것'이라는 생각이 널리 퍼지게 되었다. 하지만 윤지오는 "영리하게"의 원칙에 따라 장자연 리스트에 홍준표라는 이름이 있었다고 그때까지 말한 적이 없다.

오히려 "구준표와 이름이 같은 정치인"이 홍준표임을 기정사실로 인정한 것은 홍준표 자신이다. 홍준표가 윤지오를 비난하는 유튜브 영상4에서 이렇게 말했기 때문이다. "어떤 여자가", "장자연 리스트에 홍 대표님 이름이 있으니까 잠시 나와 줄 수 없느냐"는 동부지검의 전화를 받았다, "본정신이 아닌 여자가 한마디 하는 것 가지고 그걸 나를 나오라 마라 하느냐" 그 검사에게 야단을 쳤다, "그 뒤에 보니까 또 어느 이상한 단체하고 합작해서 그 리스트에 홍준표 이름이 있었다. 말하자면 뭐 특이한 이름의 국회의원이 있었는데 그게 홍준표였다, 그 여자가 그 말을 했다는 겁니다."

다시 말하지만, 윤지오는 홍준표라는 이름을 과거사진상조사단 외에서는 말한 적이 없다. 그것이 오랜 숙고 끝에 "영리하게" 증언하기 위해 고안한 그 나름의 방법이고 기술이기 때문이다. 과거사진상조사단에서의 실명 언급은 공연성 요건이 충족되지 않고 또 공익성에 따른 것이 분명하기 때문에 형법상 명예훼손에 저촉될 수 없다. 그런데 언론에서의 실명 언급은 공연성 요건을 충족해 형법상 명예훼손에 저촉될 수 있기 때문이다.

"어떤 여자"가 그렇게 말했다고 하고 그 영상에 "윤지오의 거짓말"이라는 이름을 붙여 "윤지오가 리스트에 홍준표라는 이름이 있었다"고 말했음을 자백하듯 대중 앞에 공표한 것은 오히려 홍준표 자신이다. 윤지오가 사실적시 명예훼손죄를 피하면서 "영리하게" 진술한 것과는 대조되는 태도이다. 홍준표는

---

4. 「[홍준표의 뉴스콕] 윤지오의 거짓말」, 〈TV홍카콜라 유튜브〉, 2019년 6월 26일 수정, 2020년 2월 13일 접속, http://bit.ly/2HFKdmp.

오히려 법을 위반하면서 "윤지오가 홍준표라는 이름이 리스트에 있었다고 말했다"고 있지도 않은 사실, 즉 "허위사실을 적시하여" 윤지오의 명예를 훼손하고 나아가 "본정신이 아닌 여자"라는 식으로 인터넷에서 그 인격을 모욕하고 있기 때문이다.[5] 그럼에도 불구하고 적반하장으로 홍준표는 자유한국당 강연재 변호사를 대리로 〈정의연대〉만이 아니라 윤지오까지 명예훼손으로 검찰에 고발했다.[6]

홍준표라는 이름이 지워지는 경위

이런 논란을 거치면서 장자연 리스트에서 윤지오가 기억하는 "특이한 이름의 정치인"의 실명이 홍준표였다는 점이 확인되었다. 그런데 2019년 5월 20일 전북대 조기영 교수는 이동형과의 인터뷰에서 다른 문제에 관한 윤지오의 진술 신빙성은 인정하면서도 "특이한 이름"의 국회의원과 관련해서는 윤지오가 착오를 일으켰고 본인도 그 진술 착오를 인정한 것으로 알고 있다고 말했다. 아래에 그 인터뷰의 해당 구절이 있다.

---

5. 이것은 아마도 공연성이 충족되는 형법상 모욕죄에 해당할 것이다.
6. 2019년 4월 29일로 박훈의 고소·고발에 이어 매우 신속하게 이루어진 고발조치다. 고발 이유는 윤지오가 홍준표 대표의 실명을 거론했다는 것인데, 앞서 말한 것처럼 윤지오는 홍준표의 실명을 거론한 적이 과거사진상조사단 바깥에서는 없다. 만약 고발자가 과거사진상조사단에서의 실명 언급을 명예훼손의 내용으로 삼는 것이라면 그 고발자가 국가기관의 공익적 조사행위 자체를 부정하는 셈이다.

이동형 : 그렇군요. 배우 윤지오 씨 증언과 관련해서는 신빙성 논란이 벌어지기도 했는데, 윤지오 씨의 증언은 대부분이 탄핵된 겁니까? 아니면 받아들여진 것도 있고, 아닌 것도 있습니까?

조기영 : 윤지오 씨 진술 신빙성이 많이 문제가 되고 있는데요. 그 이유가 최근 진술한 내용이 일부 번복되었다는 건데, 전반적으로 수사 당시에 윤지오 씨가 열세 번 증언했는데요. 거기에 나와 있는 수사기록들을 보면, 신빙성이 있습니다. 제 개인적인 판단으로. 다만, 최근 진술 번복, 장자연 리스트나 성폭행 사건 관련해서 신빙성 의심이 되고 있는데, 성폭행 의혹은 윤지오 씨만 제기한 게 아니라 실제 중요 참고인도 처음에는 문건에 심각한 성폭행 부분이 기재가 되어 있었다고 진술을 하기도 했습니다.

이동형 : 윤지오 씨가 방송에서 특이한 이름의 국회의원이 장자연 리스트에 있었다고 이야기하기도 했는데, 이 부분에 대해서도 진상조사단에 조사받을 때 이야기를 했다고 이야기했거든요?

조기영 : 네.

이동형 : 이것은 크로스체크가 됐습니까?

조기영 : 윤지오 씨가 특이한 이름이라고 한 분이 맞는지 조사를 해봤는데요. 그것은 윤지오 씨가 착오를 일으킨 것으로 판단됐습니다.

이동형 : 본인도 인정했습니까? 그 부분에 대해서는?

조기영 : 네, 그런 것으로 알고 있습니다.[7]

이 대화 기사는 아마도 맨 앞에 언급한 네티즌의 기억 속에 "누나가 홍의원은 잘못 지목한 거 맞다고 하지 않았어요?"로 남아 있는 그 내용일 것이다. 조사위원 조기영은 "윤지오 씨가 특이한 이름이라고 한 분이 맞는지 조사를 해봤는데요. 그것은 윤지오 씨가 착오를 일으킨 것으로 판단됐습니다"라는 말을 함으로써 사람들의 뇌리에서 6월 26일 홍준표가 자신이라고 밝힌 그 "특이한" 이름을 장자연 리스트에서 지우는 역할을 떠맡는다. 이것이 본의였는지 아니었는지는 알 수 없고 또 그 점이 중요한 문제도 아니다. 하지만 이 인터뷰 대화는 그 "특이한" 이름의 국회의원 이름이 장자연 리스트에 없었다는 인상을 남기기에 충분했다.

그런데 윤지오의 주장과 진술은 조기영의 생각과는 다르며 착오하고 있는 것은 윤지오가 아니라 조기영일 수 있음을 보여준다. 애초에 윤지오는 장자연 리스트에 "〈꽃보다 남자〉의 구준표와 이름이 같은" 한 정치인의 이름이 있었음을 기억했고, 또 장자연과 함께 술자리에서 한 사람의 국회의원을 만났던 것을 기억했는데 그 두 사람이 동일인일 수 있다는 가정하에서 과거 사진상조사단 재조사 진술을 시작했다. 그런데 재조사 과정에서 당시 국회의원 사진들과 자신의 기억을 대조해 본 결과 이 두 인물이 동일인이 아닐 수 있다는 정황이 나타나기 시작했다.

7. 이동형의 뉴스 정면승부, 「과거사진상조사단 "과거 수사기록만으로 조사, 한계 있었다"」, 〈YTN 라디오〉, 2019년 5월 20일 수정, 2020년 2월 13일 접속, http://bit.ly/2v33jQs.

자신이 술자리에서 본 국회의원의 인상착의와 "〈꽃보다 남자〉의 구준표와 이름이 같은" 그 국회의원의 2009년 당시 사진 이미지의 인상착의가 정확하게 일치하지는 않았기 때문이다. 이것은 무엇을 의미하는가?

조사과정에서 윤지오가 직면한 문제는 '장자연 리스트에서 이름만 본 그 정치인과 술자리에서 얼굴만 본 그 국회의원이 서로 일치하는 인물인가 아닌가'였지, '장자연 리스트에서 국회의원의 이름을 보았는가 보지 못했는가'가 아니다. 다시 말해 (1) 자신이 리스트에서 본 이름은 "〈꽃보다 남자〉의 구준표와 이름이 같은" 그 정치인이라는 것이 맞고, (2) 술자리에서 만났던 국회의원과 리스트에서 이름을 본 정치인이 일치하는가 일치하지 않는가만 불확실하다는 것이다.

이것을 조기영 조사위원이 오히려 착오하여 (2)에서의 불확실을 (1)의 부정으로까지 연장함으로써 윤지오가 (1)까지 부인한 것처럼 잘못 독해하고 또 그대로 발언한 것으로 보인다. 이것 역시 앞서 말한 이미지 독해가 가져오는 폐해이다. 그런데 이 잘못된 독해와 발언에 따르게 되면 장자연 사건과 관련된 국회의원은 모두 사라져 0명으로 된다. 하지만 윤지오의 실제 증언에 따르게 되면 장자연 사건과 관련되었을 국회의원은 "이름이 특이한" 그 사람 한 사람 외에 리스트에 이름이 있었는지 없었는지 기억에는 없지만, 술자리에서 만났던 또 한 사람의 국회의원이 있게 되고, 합하면 2명이 되는 것이다. 실제로 과거사진상조사단도 윤지오에게 이제는 홍준표로 알려진 그 이름이 특이한 정치인 외에 리스트에서 다른 국회의원의 이름을 본 기억이 없는지를 물었고 윤지오는 기억이 불확실하기 때문에 말할 수 없고 혹시 기억이 난다면 그때 말하겠다고 답했다. 결론적으로 윤지오는, 조기영 조사위원의 기억과는 달리, 장자연 리스트에서 본 이름, 즉 구준표와 이름이 같아서 그 특이함 때문에 이름을 기억하는 그 정치인 홍준표에 대한 기억이 착오라고 인정한 바가 없다. 다만 자신이 술자리에서 실제로 만난 국회의원의 이름이 홍준표가 아닐 수 있다는 것만을 인정했을 뿐이다. 그러므로 조기영 위원의 인터뷰 발언은 지워져서는 안 될 이름을 지우는 역할을 한 셈이다.

"성상납을 강요받았습니다"라는 문구는 어떻게 지워졌나?

'홍준표에 대한 윤지오의 기억이 착오였다'는 생각은 과거사진상조사단에 참가했던 조사위원 개인의 언론 인터뷰에 의해 리스트에 있던 이름이 지워지고 윤지오의 증언이 왜곡되는 경우다. 이런 경우 증언 신빙성의 훼손은 심각하다고 할 수 있다. 그런데 더 심각한 것은 과거사진상조사단의 상급 기구인 검찰 과거사위원회가 직접 윤지오의 증언을 왜곡하고 증언의 신빙성을 떨어뜨리는 경우다. 리스트에 대한 기억에서 "성상납을 강요받았습니다"라는 문구를 지우는 과정이 그러하다. 앞서 살펴본 바 있는 대목이지만 이 절의 주제와 관련하여 다시 한번 이 대목을 놓고 살펴보자.

앞서 인용한 바 있는 JTBC 〈뉴스룸〉 전화 인터뷰에서 윤지오는 장자연 리스트에 "성상납을 강요받았습니다"라는 문구가 있었다고 말했다. 그런데 이것은 결코 처음이 아니다. 9년 전인 2010년 6월 25일 진술에서도 윤지오는 거의 똑같은 내용을 말한 바 있다. 그런데 검찰 과거사위원회 심의발표문은 놀랍게도 해당 증언에 대해 이렇게 쓴다.

> 조사단과의 1차 면담에서는 장자연 문건 중 "성상납을 강요받았습니다"라는 제목 아래 사람 이름과 직함이 나열된 문건이 2장에 걸쳐 있었다고 진술하였음. 그러나 이후 사람 이름과 직함이 나열된 문건에는 "성상납을 강요받았습니다"라는 내용이 없었다고 종전 진술을 번복하였음[8]

이 발표문을 읽고 나면 누구나가 "성상납을 강요받았습니다"라는 말이 장자연 리스트에 없었다고 생각하게 될 것이고 윤지오의 증언이 왔다 갔다 하기 때문에 신빙성이 떨어진다고 느끼게 될 것이다. 이 발표문을 읽는 사람에게 이런 생각과 느낌이 강하게 드는 이유가 무엇일까? 그것은 검찰 과거사위원회 심의발표가 윤지오의 증언을 편집하고 조작하는 방식 때문이다.

검찰 과거사위원회 심의발표문은 윤지오가 1차 면담 때 단

---

8. 법무부 검찰 과거사 위원회(주심 문준영), 「『장자연 리스트 사건』 조사 및 심의결과」, 2019년 5월 20일, 18쪽. 다음 링크에서 다운로드 가능하다. https://www.gov.kr/portal/ntnadmNews/1876072.

한 번 "성상납을 강요받았습니다"라는 문구가 있었다고 말한 바 있지만, "이후"에 그러한 내용은 없었다며 종전 진술을 번복했다고 간단히 쓴다. 두 번 중에서 한 번은 있었다이고 또 한 번은 없었다이므로 1 대 1의 비중인데 뒤의 한 번이 앞의 한 번을 부정하므로 현재에서는 그 문구가 없었다가 실효적으로 남게 된다.

게다가 '있었다'에서 '없었다'로의 번복이 이루어지는 시간이 매우 짧다. 심의발표문이 말하는 "1차 면담"이 정확하게 어느 시점의 조사를 지칭하는지도 알 수 없게 쓰여 있지만, 1차 면담이 윤지오가 캐나다에서 한국으로 와서 과거사진상조사단에서 처음으로 증언한 2018년 12월 초를 가리키는 것으로 보면 그 "이후"란 아무리 길어도 불과 수개월에 지나지 않는다. 만약 검찰 과거사위원회 심의발표문이 사실이라면 윤지오가 "성상납을 강요받았습니다"라는 문구가 있었다고 했다가 불과 몇 개월 만에 그 문구가 없었다고 말했다는 것으로 된다.

정말 검찰 과거사위원회의 이 심의발표가 사실일까? 나는 그것이 사실이 아니라고 추론한다. 오히려 그것은 사실에 대한 왜곡이며 그 결정적 문구를 지우려는 검찰 과거사위원회의 조작이 개입되었다고 추론하지 않을 수 없다. 왜 그렇게 추론하는가?

먼저 그 문구가 사라지도록 만드는 실효를 얻기 위해서 검찰 과거사위원회가 어떤 조작 방법을 쓰는지 살펴보자.

첫째로 검찰 과거사위원회는 윤지오가 무려 9년 전의 참고인 진술에서 "성상납을 강요받았습니다"라는 문구가 적힌 장이 있었다고 진술했다는 사실을 빠뜨린다. 이 점은 매우 중요하다. 그 기억을 상기시키자면 이렇다. 2010년(2018년이나 2019년이 결코 아니다!) 6월 25일 수원 성남지원 증인신문조서에서 질문하는 판사에게 윤지오가 한 답이다.

문 : 증인은 문서의 내용에 대해 기억이 나는지요?
답 : 다는 아니지만 기억은 납니다.
문 : 문서에 사람별로 피해사실이 적혀 있었다는 것인가요?
답 : 피해사실이 적혀 있는 것도 있고, 성함과 성상납을 강요받았다고 기재되어 있는 것이 있었고 어떤 장에는 성함만 기재되어 있으면서 어떤 언론사에 누구 어디 어느 사의 누구라는 식으로 기재되어 있는 것도 있었습니다.[9]

성상납 강요에 관련된 문답은 위에 인용한 것보다 더 길게, 356쪽에서 357쪽까지 이어진다. 윤지오의 진술은 모호하지 않고 뚜렷하다. 과거사진상조사단과 검찰 과거사위원회가 9년 전인 2010년의 이 증인신문조서를 참조하지 않았을 리가 없을 것이다. 만약 이 중대한 사건을 재조사하는 과정에서 검찰 과거사위원회가 가장 기초적인 조사자료인 이 진술조서를 참조하지 않고 최종 심의발표에까지 이르렀다면 그것은 국민으로부터 조

9. 이진희 외, 「장자연 사건 진술조서 전문공개 : 누가 그녀를 죽였나」, 『한국일보』, 2018년 7월 6일 수정, 2020년 2월 13일 접속, 356쪽, http://bit.ly/37OV1cp.

사 위임을 받은 국가기관으로서 명백한 직무유기일 것이고 국민이 책임을 물어야 할 사항일 것이다. 그렇기 때문에 나는 이 누락이 실수일 가능성보다 고의적인 누락일 가능성이 훨씬 더 높다고 판단한다.

"성상납을 강요받았습니다"라는 문구가 리스트에 있었다고 9년 전에 처음 진술했는가, 몇 개월 전에 처음 진술했는가는 결정적인 차이를 갖는다. 9년 전에 했다면 정황상 사익취득이라는 사기 목적과 연관될 하등의 동기도 가질 수 없기 때문이다. 그런데 이미 말한 것처럼 윤지오는 9년 전에 이미 동일한 내용의 진술을 증인신문에서 했다. 검찰 과거사위원회는 이 사실을 고의로 누락시킴으로써 윤지오의 진술이 최근에 지어낸 말일 수 있음을 은근히 암시하고 이런 시간 조작을 통해 사익 동기와도 연관시킬 수 있는 여지를 남겨 놓았다. "성상납을 강요받았습니다"라는 문구를 최근에 처음 말한 것처럼 만듦으로써 말이다. 매우 심각한 왜곡이라 아니할 수 없다.

둘째로 검찰 과거사위원회 심의발표는 조사단과의 1차 면담 "이후" 언제, 어디에서 윤지오가 "'성상납을 강요받았습니다'라는 내용이 없었다고 종전 진술을 번복"했는지 밝히지 않는다. "그러나 이후 사람 이름과 직함이 나열된 문건에는 '성상납을 강요받았습니다'라는 내용이 없었다고 종전 진술을 번복하였음"이라는 심의발표 문구에는 누구에게 했다거나 어디에서 했다거나 어떤 방식으로(대면 진술인지 전화 진술인지 혹은 간접 전언인지 등등) 했다거나 하는 육하원칙 상의 핵심 특정이 대부분 빠져 있다. 시간에 대한 규정만이 있는데 거기에는 "이후"라는 막연한 말이 사용되고 있을 뿐이다. 그 "이후"가 언제인지 아무것도 특정하지 않음으로써 심의발표는 사실을 숨기고 왜곡하면서도 그 은폐와 왜곡을 정확하게 밝혀내기 어렵게 만들어놓는 교묘한 술책을 사용한다.

하지만 그래 봐야 소용없는 일이다. 윤지오가 "성상납을 강요받았습니다."라는 문구가 장자연 리스트에 있었다고 말한 것은 검찰 과거사위원회의 심의발표와는 달리 (1차 면담 때) 단 한 번 한 것이 아니라 적어도 네 번에 걸쳐서 했기 때문이다.

첫 번째가 앞서 인용한 바 있는 2010년 6월 25일 증인신문에서다.

두 번째는 검찰 과거사위원회가 쓰고 있는 대로 과거사진상조사단과의 1차 면담 조사 때였다.[10]

세 번째는 앞에서 언급한 바 있는, JTBC 〈뉴스룸〉 앵커 손석희와의 전화 인터뷰에서다(2018년 12월 12일).

그리고 네 번째가 2019년 3월 19일 〈오늘밤 김제동〉에서의 인터뷰 때다.

이 밖에도 내가 알지 못하는 동일한 진술이 더 있을지도 모른다. 이에 대한 윤지오의 진술은 9년간에 걸쳐 일관되며 이 점에서는 번복은 물론이고 변동조차 없다. 적어도 네 번 이상 되

---

10. 조사자료가 미공개상태지만 추정해 보면 2018년 12월 아니면 2019년 3월일 것이다.

는 9년간의 이 일관된 증언을 뒤집고 윤지오가 이 진술을 2019년 3월 19일 이후에 번복했다고 말하는 것은 상식적으로 전혀 납득되지 않는 말이다.

비록 참고인 진술이라 할지라도 증인 신문에서의 증언은 리스트에 이름이 있는 사람들을 중죄로 처벌받게 만들 수 있는 위험한 말이다. 그리고 증인신문 전에 이러한 사실은 통상 증인에게 통보된다. 9년 전의 윤지오가 있지도 않은 문구를 있다고 할 동기가 조금이라도 있는가? 없다. 게다가 권력자들의 이름을 거짓으로 증언했다가 받을 수 있는 보복은 또 어떻게 감당할 것인가? 목숨을 걸고 거짓말을 한다는 말인가? 윤지오가 "성상납 강요를 받았습니다"라는 문구가 장자연이 증언한 재계 정계 언론계 법조계 연예계의 가해권력자의 이름들 앞에 적혀 있었다고 거짓을 말할 이유를 찾아내는 것은 숲속 나무 위에서 헤엄치는 물고기를 찾는 것보다 더 어려운 일일 것이다.

그 9년 후에 윤지오가 지금에 와서 또 무슨 동기로 그러한 문구가 없었다고 이전의 진술을 번복했겠는가? 가해권력자들로부터 뇌물이라도 받았단 말인가? 그랬다면 지금처럼 윤지오가 전 국가적이고 총력전적인 마녀사냥을 당했겠는가? 또 이왕 뇌물을 받고 진술을 번복할 바에는 리스트에 쓰인 문구 하나에 대한 진술을 번복하기보다 차라리 리스트 자체가 없었다고 말해 버리면 훨씬 더 간편한 방법으로 더 큰 대가를 얻을 수 있지 않았겠는가? 아니면 권력자들로부터 협박을 받아 굴복했던 것일까? 역시 이 경우에도 리스트를 부정해 버리는 것이 "성상납을 강요당했습니다"라는 문구가 없었다고 번복하는 것보다 훨씬 안전하고 확실하게 굴복하는 방법이었을 것이다.

이렇게 가정하건 저렇게 가정하건 검찰 과거사위원회의 심의발표에서 주장하는 "성상납 강요 문구에 대해 윤지오가 진술을 번복했다"라는 말은 결코 납득할 수 없는 말이다. 언제, 어디에서, 어떻게, 왜 윤지오가 이런 "번복"을 했는지 검찰 과거사위원회가 증거를 내놓지 않는 한 이 말은 검찰 과거사위원회가 국민에게 한 역사적 거짓말로 남아 있을 것이고 검찰 과거사위원회의 고 장자연 사건 심의결과와 사건종결이 허구임을 증명하는 것으로 기록될 것이며 고 장자연 사건에 대한 재수사가 불가피함을 가리키는 이정표로 남아 있을 것이다.

2부 증언자를 까라

4장
증언자를 타락한 인간으로 만들어라

유튜브, 인스타그램 영상 클립 속의
어떤 '호모 사케르'와 법 위의 가해권력들에 대한 단상

파생을 표절로 둔갑시키기

벗방과 검은 옷에 대한 성찰

유튜브, 인스타그램 영상 클립 속의 어떤 '호모 사케르'와 법 위의 가해권력들에 대한 단상

2019년 4월 말 이후 '윤지오'의 이름을 내걸고 유튜브 구독자를 호객하거나 인스타그램 팔로워를 불러들이는 사업이 유행했다. 유튜브와 인스타그램이 이 사업의 주요 서식처로 되는 것은 아마도 이 플랫폼들이 다른 플랫폼들에 비해 동영상과 이미지에 강점을 보이는 것들이기 때문일 것이다. 이 플랫폼들에 똬리를 튼 사업계정들은 시선을 끌 만한 동영상이나 정지영상으로 손님들을 불러 모았다. 날이 갈수록 치열해지는 경쟁 속에서 이 계정들은, 손님을 더 많이 끌어올 수만 있다면, 불법행위라도 마다하지 않겠다는 모습을 보여주기도 했다.

본론에 들어가기 전에 제기하고 싶은 한 가지 의문이 있다. 저 수많은 동영상 클립들이 어디서 나왔을까 하는 것이다. 만약 윤지오의 이름을 내건 여러 유튜브, 인스타그램 계정주들의 주장대로 그 클립들이 '증언자 윤지오'의 다른 정체성인 어떤 라이브방송 계정주의 방송영상에서부터의 클립이라면 그 클립들의 출처 문제는 참으로 신묘해진다. 라이브방송 계정주 본인도 갖고 있지 않다고 하고 그 플랫폼인 아프리카 방송도 갖고 있지 않다고 하는 그 방송화면들이 어디에 채록, 저장되어 있다가 누구의 손에 의해 지금 무더기로 쏟아져 나와 계정주의 동의도 없이 인터넷에 이토록 광범위하게 불법적으로 유통되는가 하는 문제가 매우 중요한 의미를 갖고 대두되기 때문이다.

이것은 지난 10년 동안 누군가 혹은 어떤 기관인가가 개인의 라이브방송을 녹화하여 보존하고 있다는 것을 의미한다는 것인데 대한민국의 그 수많은 라이브방송 모두를 녹화하여 보존한다는 것은 상식적으로는 이해되지 않기 때문에 특정한 표적을 정하고 필요에 따라 녹화했다고 볼 수 있을 것이다. 그렇다면 누가 어떤 목적으로 그 일을 그토록 끈질기게 해 왔던 것일까?

만약 특정한 개인이 이 일을 행했다면 아마도 그는 영상 클립 속 그 인물의 (아마도 외면당했을) 열렬한 스토커였었다고 가정해야 할 것이다. 이 정도로 열성적인 스토커라면 지난 10년 동안에 충분히 노출되고 또 스캔들로 이어졌을 가능성이 있는데 그렇지 않았던 것을 보면 이 가정은 좀 비현실적이다.

오히려 개인보다는 규모가 큰 기관이 상시적으로 '증언자 윤지오'를 표적 삼아 그의 라이브방송을 기록하고 보존해 왔다고 가정하는 편이 그보다는 훨씬 더 합리적일 것으로 보인다. 내가 읽은 언론자료 중에 전직 국정원 직원의 이런 증언이 있다. 장자연 사후 정확히 한 달 만에 나온 『일요신문』과의 구술 인터뷰에서 전직 국정원 직원이 한 말들이다.

구 정권 당시 국정원에서 근무했던 인사들의 말을 들어보면 국가도 연예인 성접대의 그물에서 자유로울 수 없다. 한발 더 나아가 국가가 연예인을 통한 성접대를 암암리에 이용한 정황이 곳곳에서 드러난다. 다음은 전직 국정원 인사들의 증언을 모아 일문일답 형식으로 정리한 것이다.

▲ 여자 연예인의 성접대가 사회적으로 파장을 일으키고 있다.

- 이것은 비단 어제오늘 이야기가 아니다. 하지만 연예계 성접대 비리는 언제나 고위층과 연결돼 있다. 그렇기 때문에 지금까지 수사가 한 번도 제대로 이뤄질 수 없었다. 이번 정권에선 아직 성접대를 활용하지 않았기 때문에 지난 정권들에 비해 다소 자유롭겠지만 그래도 현직 권력자들 중 일부가 포식자이기 때문에 수사는 쉽지 않을 것이다.

▲ 국정원에서 연예인 성접대에 대해 알고 있는 바가 있나.

- 당연히 있다. 정치인이나 기업인 누가 어떤 여자 연예인과 잠자리를 했고 그들이 즐겨 찾는 연예인이 누구인지까지 파악하고 있다. 이번 장자연 리스트가 터지기 전 KBS에서 이 문건을 입수한 상태라는 것도 이미 국정원은 파악하고 있었다. 리스트 속의 인물까지 파악했는진 모르겠다. 국정원은 과거 국빈들이 방한했을 때 그들에게 성접대하는 일도 했다. 물론 비공식적으로 그런 일을 했다. 군사정권 때만 그런 일이 일어났을 것이라는 것은 착각이다.[1]

---

1. 윤지환, 「남자 연예인들도 성접대 성매매의 늪에」, 『일요신문』, 2009년 4월 7일 수정, 2020년 2월 13일 접속, http://bit.ly/2SNsM9R. 여기서 문답자가 장자연 사건을 성접대 사건으로 바라보는 것은 잘못이다. '성접대' 사건이 아니

국정원이 이렇게·정치인·기업인 연예인의 동태를 샅샅이 파악하고 있었다면 장자연 사건의 증언자인 윤지오의 동태를 살피는 것은 이런 정보기관들의 중요한 과제 중의 하나일 수 있었으리라고 추론하는 것이 결코 지나친 것은 아닐 것이다. 물론 국정원에 버금가는 정보력을 가진 언론사나 기업체에서 자신들의 이익을 지키기 위해 그러한 표적 채록을 수행했을 가능성도 배제할 수 없다. 그렇다면 지금 유튜브와 인스타그램을 통해 유통되는 영상 클립들은 개개 계정주들의 정보입수 창구가 어떠하든 간에, 가해권력과 연관된 어떤 기관에서 유출되는 것이라고 추론할 수 있을 것이다. 그리고 그러한 유출의 목적이 증언자 윤지오를 매장하여 증언의 신빙성을 떨어뜨리고 추가 증언을 불가능하게 만드는 데 있으리라는 것은 현재의 상황과 상식에 비추어 자연스러운 추론이라 할 수 있을 것이다.[2]

이런 추정을 기초로 나는 얼핏 보면 경쟁적으로 보이는 저 유튜브, 인스타그램 계정들의 분산된 경제적 문화적 사업들을, 가해권력을 수호하고 또 가해권력자들이 정권을 차지하는 데[3] 도움을 주기 위한 조직적·정치적 사업의 일환으로 파악할

라 '성접대 강요', 즉 성폭력 사건이기 때문이다.

2. 향후 수년간 지속될 수 있을 것으로 예상되는 사법 투쟁 과정에서 이 영상 클립들의 출처에 대한 수사는 불가피할 것이고 또 개별 계정들이 이 영상 클립들을 어디서 확보했는지에 대한 수사 역시 불가피할 것으로 보인다.

3. 그 정치적 목적은 야당이 된 보수당파들의 재집권이다. 2019년 윤지오를 둘러싼 일련의 논쟁 자료들은, 보수당파들이 윤지오의 증언 행동을 범죄화함으로써 장자연-윤지오를 첨점으로 드러난 반성폭력 촛불-미투 공통장을 무

필요가 있다고 생각한다. 유튜브와 인스타그램에서 유통된 이 클립들을 근거로 서○혁은 윤지오를 통신매체이용음란죄로 고소했는데, 이 서○혁의 사법 행동도 역시 이 조직적 정치적 사업의 일환으로 고찰할 필요가 있다고 생각한다. 실제로 통신매체를 이용한 음란죄와 인권침해를 저지르고 있는 것으로 보이는 것은 유튜브와 인스타그램에서 조직적으로 영상 클립을 유통시키고 있는 저 계정주들이다. 그럼에도 윤지오에 대한 처벌을 요구하며 엄정한 사법 판결을 요구하고 나선 서○혁이 이 계정주들의 불법적 행동에 대해서는 눈을 감아 주면서 심지어 이들과 정보교류 등을 통해 연대하고 있는 것으로 미루어 고발고소라는 사법 행동이 정치적 목적에 종속되고 있다고 볼 수밖에 없기 때문이다.

유튜브와 인스타그램 영상 클립들의 두 가지 목적과 세 가지 목표

이제 본론으로 들어가 보자. 우선 주목할 만한 것은 이들이 임의의 라이브 영상들의 클립을 편집해 보여주면서 그 영상들 속의 등장인물이 윤지오라고 주장한다는 것이다. 나는 여러 영상들에 등장하는 인물이 한 인물의 여러 장면들인지 아니면

력화시키고, 촛불정부를 자임해온 문재인 정부를 범죄기획, 범죄 방조의 정부로 낙인찍어 붕괴시킴으로써 재집권하려는 기획 하에서 움직여 왔음을 보여 준다.

여러 인물들의 여러 장면들인지 알지 못한다. 또 만약 그것들이 한 인물로 수렴될 수 있다고 하더라도 그것이 정말 '증언자 윤지오'인지 아닌지를 나는 알지 못한다. 나는 2009년 직후의 진술자료들에 비추어 윤지오의 증언이 갖는 큰 흐름의 일관성과 신빙성이 증거되고 있다고 보기 때문에 그 라이브 영상 클립들 속의 인물이 누구인지, 어떤 행동을 하는지, 무엇을 말하는지 등은 적어도 내게는 큰 의미가 없다. 장자연 사건에 관한 증언의 일관성과 신빙성은 일차적으로는 진술조서들의 일관성, 다른 여러 진술자들의 진술과의 교차, 남겨진 증거물들과의 조회 등을 중심으로 검증하는 것이 맞고 필요하다면 당대의 사회구성이나 정치구성과의 관련 속에서 판단할 문제이지 직업적 이유나 취미상의 이유를 갖고 행하는 라이브방송의 장면들에 조회할 문제가 아니기 때문이다.

영상 클립들 속의 등장인물의 직업이 엘리트 직종인지 평범한 직종인지, 남자인지 여자인지, 학력이 높은지 낮은지, 영어를 잘하는지 못하는지, 맞춤법에 맞는 언어를 구사하는지 그렇지 않은지, 도덕성이 고매한지 저속한지, 인성이 좋은지 나쁜지, 성격이 까칠한지 부드러운지 따위는 증언을 검증하고 판단하는 자료로 사용될 수 없고 또 그래서도 안 된다. 증언에 대한 검증을 증인에 대한 검증을 통해 할 수 있다는 박준영 변호사 같은 사람들의 일종의 인종주의적인[4] 검증관만이 그런 몰상식을 허

---

4. 이 말로 여기서 나는, 특정하게 자격을 갖춘 종류의 인간만이 증언할 수 있다

용한다. 만약 동영상 클립에서 거짓말을 하는 사람이기 때문에 증언에서도 거짓말을 할 것이라고 추론하여 전자를 후자의 근거로 삼는다면 변호사, 정치가, 성직자는 원천적으로 증언에 부적격한 인종으로 배제되어야 할 것이다. 현대 사회에서 이 세 직업은 거짓말로 먹고사는 직업군으로 알려져 있기 때문이다. 직업상 웃는 사람이 집에 오면 좀체 웃지 않듯이, 거짓말하는 직업을 가졌다고 해서 직업 외의 영역에서 거짓말을 할 것이라고 보는 것은 맞지 않는다.

좀 더 근본적인 것으로는 로버트 펠드먼의 연구가 있다. 그의 연구에 따르면 진실은 "우리 모두가 10분에 세 번 거짓말을 한다"는 것이다.[5] 가장 대표적인 거짓말이 "나는 지금까지 거짓말해 본 적이 없어"라는 말이라는 지적도 상통하는 이야기다. 이런 생각들에 따르면 인류 자체의 증언이 신빙성을 잃어버리므로 증언은 불가능하다는 결론이 나올 것이다. 이것은 인류가 거짓말쟁이라고 말하려는 게 아니라 증언에 대한 검증은 증인에 대한 검증으로 할 수 있는 것이 아니라고 말하기 위한 것이다.

그러면 이들이 영상 클립들을 보여주면서 그것이 윤지오의

는 관점에 따라 증언을 증언자의 신원이나 자질에 종속시키는 경향을 가리킨다.

5. 미국의 대통령인 트럼프도 취임 이후 298일간 1628건의 거짓말(또는 오도된 주장)을 해서 하루 5.5회의 거짓말(또는 오도된 주장)을 한 셈이라는 보도도 있다. 김원철, 「트럼프는 취임 298일간 1628회 거짓말했다」, 『허핑턴포스트코리아』, 2017년 11월 16일 수정, 2020년 2월 13일 접속, http://bit.ly/37OYBmG.

258

음란행위라고 반복해서 주장하는 이유가 무엇일까? 그러한 사업을 통해 추구하는 목적이 무엇일까? 하나는 앞서 말한 것처럼 구독자나 팔로워를 불러 모으기 위한 것, 즉 자신의 계정을 홍보하는 것이다. 이것이 그들의 경제적 동기일 수 있을 것이다. 광고가 있으면 있는 대로 없으면 없는 대로 이들에게 주어질 모종의 대가가 있을 것으로 예상할 수 있기 때문이다. 이런 의미에서는 이 계정들은 우리가 지금까지 그렇게 불러왔듯이 그 나름대로 하나의 사업인 셈이다.

그런데 더 중요한 것은 이 경제적 사업이 거두고자 하는 정치적 효과이다. 이것은 이 사업의 두 번째 목적을 구성한다. 우리는 이 이 두 번째 목적 속에 다시 두 가지 목표가 있음을 발견할 수 있다. 거시적이고 장기적인 측면의 목표는 성차별과 성폭력의 문화, 다르게 표현해서 강간문화와 강간연대를 재생산하는 것이다. 이들의 영상 클립들에 등장하는 것은 한 사람의 여성이다. 이 여성에 대한 영상을 보면서 구독자나 팔로워들이 무엇을 하는가? 그 여성을 훔쳐보고 조롱하며 짓밟는 것이다. 훔쳐보면서 관음적 만족을 취하고, 조롱하면서 자기기만과 위선에 들뜨고, 짓밟으면서 성폭력의 쾌감을 향유한다. 그러면서 그 영상의 제작자(또는 유통자)에게 지지한다, 응원한다, 존경한다고 찬사를 던지고 한 번만 더, 조금만 더 식으로 갈구하기를 멈추지 않는 것이다.

이 강간문화와 강간연대가 남성에 의해 주도되고 있는 것은 틀림없어 보이지만 그 참여자가 남성만인 것은 아니다. 남성 권력의 노예임을 받아들이거나 '나는 다르다, 혹은 나는 예외다'라고 생각하는 여성들이 적극적 참여자인 경우도 결코 드물지 않은 것으로 보인다.[6] 가부장적 성폭력 체제는 억압과 동의로 구성된 헤게모니 질서로서 남성 폭력을 배후에 깔고 있는 점에서는 억압적 질서이지만 동시에 적지 않은 여성들의 협조 위에서 구성된다는 점에서는 동의의 질서다.

이 질서를 재생산하는 것은 남성 권력에 유리한 것일 뿐만 아니라 자본(주의)에게는 사활이 걸린 것이다. 왜냐하면, 지금까지 자본주의는 가사노동을 하는 여성에 대한 무상수탈에 의존해 왔고 또 노동 전반의 가사노동화와 여성화에 의해 특징지어지는 현대의 인지자본주의는 여성 노동을 저비용으로 이용함으로써 착취율을 높이지 않고는 존속하기 어렵기 때문이다. 즉 여성을 별개의 인종으로, 또 이렇게 인종화된 특수계급으로 차별하는 성차별주의는 현대 자본주의 축적의 핵심적 메커니즘이다.

이와 같은 거시적이고 장기적인 목표 외에 2009년 장자연 사회적 타살 사건과 관련된 단기적이고 미시적인 목표가 있다. 물론 이 목표는, 장자연의 죽음 자체가 앞서 말한 성차별주의와 성폭력의 산물이고 이 점에서는 그 사건을 은폐하고 덮어버리려는 것이 성차별과 성폭력의 체제를 재생산한다는 첫 번째 장

---

6. 동영상 클립으로 윤지오를 '까는 일'에 집중하는 사람들을 이르는 이른바 "윤까판"의 주요 계정주들이 여성이라는 점은 분석을 요한다.

기적 목표의 달성과 긴밀히 연관되어 있는 것이다. 하지만 이 영상들이 지금 증언자 윤지오를 무너뜨리고 그의 증언의 신빙성을 낮추려는 매우 구체적인 목표를 지향한다는 점에서 그것은 장기적 목표와는 구별되며, 거시적으로 드러나기보다 그 영상들 속에 미시적으로 감추어져 있는 목표이다.

이 목표를 달성하기 위해 사용되는 수단이 무엇일까? 그것은 임의 편집된 라이브방송 클립들의 등장인물들과 장자연 사건의 증언자 "윤지오"를 동일한 것처럼 혼동시키는 것이다. 한편에서는 지각적 착시 때문에 발생하고 다른 한편에서는 고의적으로 만들어 내는 이 정체성 혼동은 중요한 정치적 동기를 갖고 있다.[7] 윤지오는 2019년 3월 4일 얼굴과 이름을 공개하기 전까지 자신이 지난 10년 동안 "얼굴도 이름도 드러내지 못한 채 숨어 살다시피 했다"고 말했는데 계정주들은 이 클립 영상들이 그 10년 동안에 촬영된 것들이라고 주장하고 있기 때문이다. 이 계정들은 클립 영상 속의 인물과 증언자 윤지오가 동일한 정체성이라고 주장함으로써 증언자 윤지오는 "숨어 살지 않았다"고 말하고 싶어 한다. 즉 증언자 윤지오의 말을 거짓말로 만들고 싶어 한다. 그것이 거짓말이면 증언도 거짓말일 수 있다는 추론이 가능해진다는 억지 논리 위에서 말이다.

그런데 내가 확인한 바로는, '증언자 윤지오'가 10년 동안 대

---

7. 이에 대해서는 나의 글 「"숨어살던" 시기의 공개 활동에 대한 대중과 언론의 지각적 착시」(조정환, 『증언혐오』, 갈무리, 2020, 267~275쪽)를 참조하라.

중에게 얼굴을 보여주지도 이름을 밝히지도 못하고 숨어서 살다시피 했다는 것은 틀림없는 사실이다. 이 글을 읽는 여러분들도, 2019년 3월 4일 얼굴과 이름을 공개하기 전의 TV 탐사 프로그램(예컨대 PD수첩의 〈고 장자연〉)이나 JTBC 전화 인터뷰 같은 데에서 혹은 다른 자리에서 증언을 할 때는 이순자라거나 김지연 같은 가명으로 혹은 이름 없이 성만으로, 혹은 기호화된 이름으로 얼굴과 실명을 가리고 나오는 증언자 윤지오를 본 적이 있을 것이다. 그런데 실명과 얼굴을 공개한 후에 제작된 모든 프로그램에서 윤지오는 얼굴을 뿌옇게 블러blur 처리하지도 않으며 이름을 숨기지도 않는 것을 확인했을 것이다. "숨어 살다시피 했음"을 입증하기 위한 더 이상의 증거가 필요한가?

수년 전에 찍힌 영상 클립들에 등장하는 그 여성은 춤을 추거나 자신의 신체를 노출하거나 혹은 또 다른 동작을 하는 모습을 보여주고 있을 뿐 장자연 사회적 타살 사건에 대해 증언하고 있지는 않다. 즉 증언자 윤지오가 아니다. 그 디지털 여성의 정체성은 설령 생물학적으로 동일인의 영상인 경우라고 가정할지라도 사회적으로는 증언자 윤지오와는 전혀 다른 정체성이다. 수년 전의 영상 클립들의 등장인물이, 2019년 3월 4일에 비로소 얼굴과 이름이 공개된 후 우리가 비로소 알게 된 증언자 윤지오와 형태적으로 유사하거나 동일 인물로 지각된다는 것이, 증언자 윤지오도 숨어 산 것이 아니라 영상 클립 속 등장인물처럼 지난 10년 동안 자유분방하게 살았음을 의미하지는 않는다.

양자의 혼동과 동일시는 우선 서로 다른 두 시간대, 서로 다른 두 활동무대의 인물을 부주의하게, 혹은 고의로 겹쳐 놓음으로써 나타나는 지각적 착시의 효과이다. 얼굴과 이름을 공개한 시점의 인물과 그 전의 인물을 겹쳐 놓음으로써, 그리고 긴장 속에서 성폭력 가해권력자들을 증언하는 인물과 자유분방하게 살고 있는 인물을 겹쳐 놓음으로써 양자가 동일한 정체성으로 오인된다.

혼동과 동일시를 낳는 다른 원인이 있다. 그것은 그 두 시간대와 두 활동무대의 인물을 동일시할 실리적 필요가 있는 사람들의 강한 "자기목적성"[8]이다. 두 개의 정체성을 고의적으로 혼동함으로써 안전을 도모할 수 있거나, 돈을 벌 수 있거나, 한자리할 수 있거나, 더 높은 자리로 옮겨갈 수 있는 사람들의 경우에는 지각적 착시 외에도 이러한 혼동과 동일시를 생산할 실리적 동기가 작용한다. 그 실리적 필요는 물론 살아남은 증언자를 매장하는 것과 관련되어 있다.

실리적 필요에 따른 혼동과 동일시는 그 필요가 사라지기 전까지는 멈추기도 제거하기도 어렵다. 아무리 그것을 부인하는 사실을 제시하거나 그 혼동과 동일시의 논리를 논박해도 그것은 중단되지 않는다. 왜냐하면, 실리적 필요는 사실과 진실에 대한 무관심을 낳기 때문이다. 하지만 그렇지 않은 경우에는 그것이 지각적 착시임을 인지함으로써 그 착시가 낳는 해로운 효과에서 벗어날 수 있다. 달이 손으로 딸 수 있을 듯이 작게 그리고

---

8. 나는 이 용어를 박준영의 글로부터 인용한다.

가까이 있는 것처럼 느껴지는 지각적 착시를 피할 수는 없지만, 그것이 지각적 착시임을 인식함으로써 우리가 손을 뻗어 달을 따려는 어리석은 행동을 하지 않을 수 있듯이 말이다.

이 디지털 영상물의 세 번째 목표가 있다. 그것은 '증언자 윤지오'와 공공연히 활동하는 '영상 클립 속 인물'의 동일시를 통해 그동안 "숨어 살다시피 했다"는 윤지오의 말을 부정하려는 것과는 다른 목표이다. 양자의 정체성 혼동 즉 동일시가 거짓말한다는 이미지를 낳기 위한 조작이라면 이 세 번째 목표는, 두 번째의 동일시에 기초하여, 영상 클립 속 여성이 도덕적으로 타락했다는 이미지를 만들어 내고 그것을 손가락질함으로써 구독자/팔로워들로 하여금 증언자 윤지오를 손가락질하도록 만들려는 것이다. 일종의 집단적 대리만족 장치인 셈이다.

서지현 검사가 말하듯이 성폭력 피해자의 고통은 성폭력을 당했다는 데에서 비롯되지만, 더 큰 고통은 공동체 구성원들의 지탄과 그 지탄에 대한 두려움에서 온다. 한자로 指彈으로 쓰는 우리말 지탄은 글자 그대로 손가락-탄환이라는 뜻이다. 포탄이나 총탄이나 지탄이나 탄환인 한에서 사람을 죽일 수 있다. 그런데 어처구니없는 것은 강간동맹체들에 의해 주도되는 가부장제 성폭력 체제에서는 가해자들보다 피해자들이 늘 지탄의 표적으로 대두되곤 한다는 것이다. 그리고 죽게 되는 것도 이상하게 대부분 가해자가 아니라 피해자라는 것이다. 고 장자연이 이 어처구니없는 체제의 희생제물이었다는 것에 재론의 여지가 있을까?

"타락"과 "성스러움" 사이

우리가 지탄의 무리에 아무 생각 없이 동참하기 전에 한 번 꼭 생각해 봐야 할 것이 있다. 타락^{墮落}이란 무엇인가? 누가 어떤 목적에 타락이란 말을 이용하는가, 하는 질문이 그것이다. '타락'이란 말은 '제사상에 올릴 고기가 풀잎처럼 땅바닥에 떨어지다'는 뜻에서 기원한다.

이것은 지극히 종교적인 용어로서 어떤 것이 신께 바칠 제물로 사용하기 어렵게 되었다는 의미이다. 영상 클립 속 여성이 타락했다는 것은 그 여성이 더럽혀졌기 때문에 제사상에 올리기에 바람직한 여성이 아니라는 것, 즉 가부장적 성권력에게 바칠 제물(이른바 먹잇감)로는 부적절하다는 의미이다. 김종승, 김학의, 승리 등으로 인해 유명해진 (그러나 참으로 잔인한) 현세적 용어를 사용해 보자면 그 여성이 접대에 사용될 수 없는 여성이 되었다는 의미이기도 하다.

권력형 성폭력 사건의 피해자들이 점점 일반 시민으로 되고 있는 것은 권력자들이, 사람들이 타락했다고 평가하는 여성들(예컨대 매춘 여성)을 제물로 접대받기를 원치 않고 접대자들에게 그렇지 않은 여성들로 접대할 것을 요구하기 때문이다. 타락한 여성이란 현세에서 이들 성폭력-권력자들의 접대 상^床에 올릴 제물로 사용되는 것이 허용되지 않는 존재이다. 그런데 이렇게 접대될 자격조차 박탈당한 그 타락한 여성을, 가부장제 성폭력 체제는 그 누가 짓밟는다고 하더라도 그것이 아무런 범죄가 되지 않을 존재로 간주하곤 한다.

조르죠 아감벤은 로마법에서 이런 존재의 원형을 찾아낸다. 호모 사케르Homo Sacer, 즉 "성스러운 인간"이 그것이다. 섹스투스 폼페이우스 페스투스Sextus Pompeius Festus의 『단어의 의미에 관하여』는 호모 사케르를 다음과 같이 정의한다.

어떤 범죄를 저질러서 인민에 의해 고발당한 자를 성스럽다 sacer고 한다. 그를 희생의 제물로 삼는 것은 허용되지 않는다. 그럼에도 불구하고 [누군가가] 그를 죽인다면, 그 사람은 살인죄로 처벌받지 않는다. 왜냐하면 최초의 호민관 법에 다음과 같이 규정되어 있기 때문이다. '인민투표를 통해 성스럽게 된 사람을 죽이더라도 살인에 해당되지 않는다.' 이런 이유로 악하고 불결한 사람을 가리켜 '성스럽다'고 말하는 관습이 있다.

이 인용을 보면, 로마법은 특이하게도 우리가 앞서 타락했다고 표현한 존재를 성스럽다고 표현했음을 알 수 있다. 표현방식이야 어떻든 이 인용은 로마 사회가 인간 접대의 문화를 갖고 있었음도 보여준다. "성스러운 인간"(호모 사케르)은 접대 제물로 사용될 수 없는 존재였으며 접대당할 수 있는 인간이라 함은 그 접대당함을 통해 신의 세계, 신의 질서로 넘어갈 수 있는 인간으로 이해되었다. 조선 시대 일반 백성의 딸이 왕에게 상납됨으로써 왕의 질서(궁녀)로 넘어가는 것에 비교할 수 있을까? 그런데 접대용으로 사용될 수 없는 "범죄자"들은, 그 "성스러움"

때문에 신의 세계로 넘어갈 수 없는 존재이다.

그렇다고 그들이 인간세계의 내부에 자리를 얻는 것도 아니다. 왜냐하면 그들은, 누구나 죽여도 무방한 존재, 항상적 배제 상태에 있는 존재이기 때문이다. 호모 사케르는 경계의 존재이다. 그는 인간의 세계와 신의 세계 모두에서 배제됨으로써 비로소 거기에 포함되는 모순의 존재이다. 아감벤은 로마법 속의 이 개념을 "벌거벗은 생명"이라고 부르면서 우리 시대로 가져와 현대의 국가권력이 본질적으로 로마법에서 말한 이 "호모 사케르 = 벌거벗은 생명"을 창출하는 방식으로 작동한다고 분석한다. 현대의 국가주권은 법을 만들 수 있는 권력이라기보다 법을 멈추고 예외상태를 선포하여 모든 권한을 박탈당한 저 호모 사케르, 벌거벗은 생명을 창출하는 권력이라는 것이다.

이런 식으로 현대적 국가주권에 의해 법질서 외부로 추방당하는 방식으로 법질서에 겨우 포함되는 생명형태들은 수를 헤아리기 힘들 만큼 많다. 나치하의 유대인, 일제하의 조센징, 전후 대한민국에서의 빨갱이, 1990년대 말 이후의 종북, 좌빨, 9·11 이후의 테러리스트, 트럼프하의 미등록자·이주민·난민 등등. 여성을 "호모 사케르"로 만들면서 특별히 붙이는 이름으로는 마녀, 풍기문란녀, 꽃뱀, 매춘부, 창녀 등이 있다. 그런데 아감벤이 말하고자 하는 것은 이렇게 특수한 생명형태들만이 아니라 현대인 모두가 일반적으로 언제 어디서든 국가주권이라 불리는 폭력에 의해 바로 이런 식의 예외존재로 낙인찍히고 법질서 바깥으로 추방당해 임의의 죽임을 당할 수 있다는 것이다.

유튜브, 인스타그램 계정들이 영상 클립 속의 그 등장인물을 도덕적으로 타락한 여성으로 형상화하고 댓글러들로 하여금 그 여성을 마음대로 짓밟을 기회를 제공함으로써 호객을 하는 것은 로마 사회나 현대의 국가주권이 호모 사케르를 창출하는 방식을 흉내낸다. 그런데 영상 속 인물이 로마법에서 말하는 범죄자인가? 그들이 마구 짓밟는 그 영상 속 인물이 타인을 살해하는가? 그 인물이 타인을 성적으로 착취하고 수탈한 후 어쩔 수 없이 죽을 수밖에 없는 상황으로 내모는가? 영상 속의 그 인물이 누구를 폭행하는가? 그 인물이 누구에게 성접대를 강요하는가? 그 인물이 누구에게 마약을 먹이고 특수강간하는가? 그 인물이 누구를 성추행하는가? 그 인물이 누구를 성희롱하는가? 그 인물이 누구를 협박하는가? 그 인물이 증거를 인멸하고 수사 외압을 행사하는가? 가해자를 감추기 위한 부실수사를 하는가? 그 인물이 증거를 빼돌리는가? 그 인물이 불법으로 획득한 영상물을 고객들에게 송출하는가? 그 어느 것도 하지 않는다. 범죄가 될 만한 그 어느 것도 하지 않는다. 나는 윤지오가 터무니없는 무고로부터 보호받아야 하는 것과 똑같이 영상 클립 속 그 인간도 그가 누구이든 터무니없는 지탄으로부터 보호받아야 한다고 생각한다. 누구도 타자의 인권을 침해할 자유를 부여받지는 않았다.

지탄 공동체의 범죄성에 대해

오히려 범죄적 행동을 하는 것은 영상 속 인물을 바라보고 즐기면서 손가락질하고 있는 바로 그 사람들이다. 그 영상 클립들을 올린 사람들이나 그것을 바라보고 조롱하고 댓글을 달고 그 계정을 응원하는 사람들이야말로 누구인지 모를 동영상 속의 실제 인물로부터 어떤 동의도 받지 않은 상태에서 그 인물의 사생활 장면들을 공중 앞에 드러내 공연公然히 전시하거나 그것을 방조한다. 이 지탄의 제의祭儀 속에서 이들은 형제가 되고 자매가 되어 마치 지탄의 공동체를 이룬 것처럼 보인다. 강간연대란 바로 이런 공동체를 지칭하기 위해 만들어진 용어가 아닌가?

그런데 동의 없는 저작물의 사용은 명백히 저작권법을 위반하는 것이고 사실이건 허위사실이건 타인의 명예를 공연히 훼손하는 것은 형법상의 명예훼손죄에 해당하는 범죄 행동임에도 불구하고 계정 운영자들과 "악플러"들은 이런 범죄적 행동을 매일매일 반복한다. 이들은 가부장적 성폭력 체제의 부품이 되어 죄의식도, 도덕 감정도, 양심의 가책도, 주저도 보여주지 않는다. 아마도 대한민국의 경찰과 검찰이 이 불법들을 버젓이 보고 있으면서도 그냥 좌시坐視하고 있기 때문일 것이다.

바로 이들 사실상의 범죄혐의자들이, 실제로는 어떤 범죄 행동도 하지 않는 영상 속 인물의 도덕성을 규탄하고 있는 것은 적반하장식 아이러니다. 이들 중 한 사람인 A 씨는 윤지오를 규탄하는 1인 시위 쇼를 하더니 며칠 전에는 영상 클립 속 인물이 윤지오라고 주장하며 통신매체이용음란죄로 고발9을 하면서

"윤지오를 잡겠다"며 캐나다의 집 앞까지 찾아가 1인 시위를 했다. 『조선일보』를 비롯한 대한민국 언론은 그의 1인 시위와 고발을 대서특필했다. 개인의 이러한 행동은 과잉된 것이고 언론의 이러한 보도는 공정성을 잃은 것이다. 그런데도 한국 사회에서는 이런 행동이나 보도가 경찰이 나아갈 방향을 제시하면서 압박하는 효과를 갖는다.

그런데 『한겨레21』에 따르면 "서○혁"은 2016년 게이오대병원 정신과 의사를 사칭하다 걸렸고, 부동산 전문가를 사칭해 피해자를 만들었으며, 서울시 도시재생 연구 위원을 사칭한 인물이라고 한다.[10] 그가 제출한 고발장의 잉크가 채 마르기도 전에, 그가 숮맨과 짜고 윤지오에 대한 마녀사냥 놀이를 통해 슈퍼챗을 챙기려 한 것이라는 소식까지 들린다. 숮맨은 그 슈퍼챗이 실수로 들어온 것이며 모두 돌려줄 것이라는 황급한 해명을 해야 했다.

"정권을 창출할 수도 있고 퇴출시킬 수도 있다"고 경기지방경찰청장을 협박한 바 있는 『조선일보』가 정권을 쥐고 흔드는 방법이 이런 사칭 전문가의 뒤를 따라다니며 그의 말과 행동을 홍보해주고 그의 이미지를 세탁해주는 것이었다면 참으로 안쓰러운 일이다. 그래도 이제 『조선일보』와 TV조선이 대답해야 할

---

9. 김수민의 인스타그램 포스팅에 따르면 이 사람은 고발장에 자신의 이름을 "서○혁"으로 밝혔다고 한다.

10. 변지민, 「가짜 전문가의 가짜기사가 사라졌다」, 『한겨레21』, 2019년 1월 8일 수정, 2020년 2월 13일 접속, http://bit.ly/39VUsPv.

차례인 것 같다. 언론과 정치인이 "증언자 윤지오"에게 "놀아났다"고 개탄한 바 있는 그 언론과 방송이 정작 왜 자신은 "사칭 전문가"로 알려진 사람에게 "놀아나는" 안쓰러운 모양을 내보이는지?

로마의 노예제 권력이 "호모 사케르"라고 부른 특수한 인간 존재를 창출하고 로마법이 누구나 그를 죽여도 좋은 것으로 인정했다고 해서, 21세기 대한민국의 법률까지 그런 것은 아니다. 대한민국의 법에 누구나 짓밟아도 그것이 죄가 되지 않는 특수한 인간존재는 없다. 로마에서 호모 사케르는 로마법을 위반한 범죄자들이었다. 이 법을 따른다면 누구나 짓밟아도 되는 사람은 영상 속 인물이라기보다 영상 클립의 자의적 이용으로 타자의 명예를 훼손하고 저작권법을 침해하는 계정주와 악성 댓글을 단 사람일 것이다. 하지만 대한민국의 법은 고대 로마법과 다르며 누구든지 짓밟고 죽여도 될 "벌거벗은 생명"을 적어도 법에서는 규정하고 있지 않다. 오히려 누구나 타인의 인권을 짓밟고 명예를 훼손하는 자들은 처벌받도록 규정하고 있다.

확실히 이들은 사법적 단죄가 필요한 대상으로 나타난다. 그런데도 이들에게 왜 이토록 죄의식이 없을까? 법적 처벌에 대한 두려움이 없을까? 어떻게 이토록 국법을 우습게 볼까? 이것에 대한 설명을 위해 우리는 다시 아감벤을 참조해야 한다. 아감벤은 현대의 국가주권이, 부시 정권이 그러했듯이, 법을 중지시키는 권력으로, 법 위의 권력, 법 밖의 권력으로 행세하며 벌거벗은 생명을 창출한다고 말했다. 윤지오도 장자연 사건의 가해권력들을 여러 차례 "법 위에 있는 사람들"이라고 불렀다. 유튜브, 인스타그램의 계정주들도 자신을 예외권력으로 사고하고 있음이 틀림없다. 이것은 이들 계정주들이 의식적으로건 무의식적으로건 가해권력의 일부, 마디, 톱니바퀴, 끄나풀, 심부름꾼, 알바 등으로 기능하고 있음을 보여주는 것이다.

이 범죄혐의자들, 가해권력의 톱니바퀴들은 영상 속 인물 즉 타인의 인권, 명예, 성적 자기결정권, 저작권을 짓밟으면서 자신의 행동에 "정의"의 이름을 붙이기까지 한다. 1980년대 초 살인마 전두환이 광주시민에 대한 자신의 학살행위를 폭도를 처단하는 정의의 행동이라고 불렀던 것과 똑같이 말이다. 당시 전두환(과 노태우)을 정점으로 하는 독재 정당은 〈민주정의당〉(1981~1990) 이라는 이름으로 폭력통치를 수행했다. 그 통치행위가 범죄행위로 입증되기까지(아직도 충분치 않다!) 얼마나 긴 시간과 투쟁이 필요했던가!

유튜브, 인스타그램에 산재한 가해권력의 작은 기계 입들이 나날이 자행하는 인권침해, 명예훼손, 성희롱, 저작권침해 등이 범죄로 입증되는 데에도 그런 정도의 시간이 필요할까? 그렇지 않으리라 생각한다. 전두환은 계엄군으로 광주를 포위할 수 있었고 계엄령으로 전 국민을 공포 속으로 몰아넣을 수 있었지만 지금 윤지오를 2차, 3차…n차 가해하고 있는 장자연 사건의 그 가해권력자들은 돈을 통해 전문가를 매수한다거나 언론을 통해 가짜진실=환상을 창출한다거나 고소·고발의 사법 소동을 벌이는 것 이상의 수단을 사용할 수 없기 때문이다. 즉 진실을 가리는 것 이상의 수단 외에는 마땅히 사용할 수단이 없기 때문이다.

다른 한편, 탈근대적 디지털 세계는 진실을 가리는 것도 쉽게 만들지만, 가려졌던 진실이 지하에서 더 큰 폭발력을 모아 되돌아오기도 더 쉽고 빠르게 만든다. 문제는 누가 언제 어떻게 저 진실을 가리는 환상의 장막을 찢어내어 가부장적 성폭력 체제의 적나라한 범죄적 얼굴을 드러낼 것이며 그것을 대체할 새로운 사회관계, 인간관계의 형상을 새로이 그려낼 것인가에 달려 있다. 세계를 뒤흔든 1968년의 혁명이 아무도 예상할 수 없었던 순간에 뜻밖으로 찾아왔듯이 대한민국을 뒤흔든 2008년, 2016년의 촛불봉기와 촛불혁명도 그렇게 몰래 그리고 갑자기 찾아왔었다. 진실은 어느새인가 우리 곁으로 찾아올 수밖에 없다. 필요한 것은 우리 곁에 진실의 순간이 왔다는 것을 지각할 수 있는 감각과 눈을 갖는 것이다.

맺음말: 우회로도 샛길도 없다

하지만 혁명을 신비화하지는 말자. 2016년의 촛불혁명은 2014년 4월 16일 세월호 침몰 이후 유가족을 주축으로 하는 시민사회의 끈질긴 연대투쟁이 없었다면 있을 수 없었던 사건이다. 촛불혁명의 스모킹건은 태블릿 피시 이전에 세월호 가족 대책위원회의 진상규명 투쟁이었다. 박근혜에 대한 탄핵도, 세월호 7시간을 설명하지 못하는, 정부 책임자의 무책임함 때문이었다. 장자연의 죽음의 진상은 윤지오에 대한 음해공작으로 인해 10년이 지난 지금도 규명되지 못했다. 이제 고 장자연 사회적 타살 사건의 진상에 다가가려면 그것을 켜켜이 뒤덮고 있으며 지금도 진행 중인 윤지오 음해공작의 쌓이는 잔해들을 먼저 걷어치우지 않으면 안 된다. 우회로도 샛길도 없다. 장자연을 죽음에 이르게 한 그 가해권력이 지금 윤지오를 음해하는 바로 그 권력인 한 지금 작동하고 있는 현재의 그 가해권력에 대한 투쟁과 음해 폭력에 대한 진상규명 없이 어떻게 과거의 그 가해권력의 폭력에 대한 진상규명에 도달할 수 있겠는가?

벗방과 검은 옷에 대한 성찰

「〈벗방〉과 사과」[1]에서 이 글의 필자 onugi97은 이제는 지워진 자신의 "질문" 글을 이렇게 복원시켰다.

(장자연 님이 세상을 떠난 후), 지난 몇 년동안, ohmabella씨가 사업도 하고, 친구들과 술도 마시고, 모델 활동도 하시는 비디오도 봤고, 〈벗방〉하는 비디오들도 인터넷을 통해 꽤 봤습니다. 이는 "죄인처럼 고개 숙이고 검은 옷만 입고 다니고 구석에"서 지냈다는 ohmabella님의 주장과 서로 모순되는 것이 아닌가요?[2]

이렇게 복원된 질문에 대한 onugi97 자신의 평가는 이러하다. "어떤 욕설도, 비아냥도 없는 공익적인 질문이었다"!!(2쪽). 그런데 lamer297이 onugi97의 원래 질문 글을 비판하기 위해 그

---

1. onugi97, 「〈벗방〉과 사과」, n.d. 수정, 2019년 6월 10일 접속, http://bit.ly/2TgRNcD. 이하 쪽수는 이 글의 쪽수다.
2. onugi97, 「〈벗방〉과 사과」, 2쪽.

대로 옮겨 놓은 것으로 보이는 onugi97의 질문 글 일절一節은 이러하다.

> 집 밖에도 못나가고 "몇년을 일 자체를 못"한 바로 그 동안 많은 벗방 라이브를 하셨더군요.3

"〈벗방〉하는 비디오들도 인터넷을 통해 꽤 봤습니다."와는 사뭇 다른 어조이다. 이것은 onugi97이 스스로 복원한 글이 있는 그대로의 복원이 아니라 책임을 피할 수 있도록 변형을 꾀한 복원임을 짐작하게 하는 대목이다. 과연 이것이 "어떤 욕설도, 비아냥도 없는 공익적인 질문"인가? 위 문장에 곧 이어지는 문장이 "… 모순되는 것이 아닌가요?"라는 비판적 질문인 점에서 "벗방 라이브를 하셨더군요"는 비아냥이다. 이 점은 onugi97이, 이러한 힐난詰難 성격의 질문 글을 달기 훨씬 전부터 윤지오를 비난하고 모독하면서 윤지오에 대한 "거짓말"4을 꾸며내고 있는 사람들의 시각으로 장자연 사회적 타살 사건과 윤지오 마녀 사냥 사건을 바라보고 있다는 점에서 확연히 드러난다. 그는 그의 말과 달리 "공익적 질문"을 하고 있는 것이 아니라 윤지오에게 도덕적 비난을 하면서 "해명"하라고 압박하고 있는 것이다.

---

3. onugi97, 「〈벗방〉과 사과」, 3쪽.
4. 이 말에 대해서는 이 책의 박훈, 김대오, 김용호, 김수민 등에 관한 절들(1장 60~88, 98~123, 160~222쪽)을 참조.

박훈 변호사, 김수민 작가를 비롯한 인스타그램 (@justicewith-us, @do_remisol)의 계정을 통해 윤지오 님의 모순적인 행동을 지적하는 사람들의 행동이 마녀사냥이라고 보이지 않습니다. 그 사람들은 윤지오 님의 모순적인 행동들에 대해 문제제기를 하고 있습니다.

2019년 6월 초의 상황에서 이런 말은 결코 "공익적"이지 않다. 아무리 좋게 평가한다고 해도 당파적 시각이다. 박훈, 김수민, 김대오 트리오가 윤지오 파괴 전선에서 가로세로연구소, 숯TV 등의 당파들과 연합하면서 얼마나 많은 사람들이, 민주당과 정의당이 윤지오를 자신들의 당파적 이익에 이용한 후 그를 버렸다고 비난하던 시점이었는가? 그러므로 "욕설도 비아냥도 없는 공익적인 질문"이라는 onugi97의 자기평가는 자신의 당파적 관점을 감추기 위한 아전인수我田引水이고 허구적인 평가이다. 물론 이것은 사회 내 지배 당파와 지배 권력이 자신의 이익을 "공익"이라고 주장해온 역사의 맹목적이고 무의식적인 반복이기도 하다.

그런데 나의 눈에는 마녀사냥으로 보이는 것이 왜 그의 눈에는 문제제기로 보이는 것일까? 계급 입장, 세계관, 젠더관, 여성관, 정치전망 등 아주 근본적인 비가시적 차이들이 이러한 시차視差를 가져오는 것이지만 직접 그 비가시적 차이들에 접근할 수는 없으므로 이미 드러난 차이에서 시작해서 그쪽으로 조금씩 접근해 보도록 하자.

onugi97의 주장은 이러하다.

[A]"사업", "술", "모델 활동", "〈벗방〉"을 한 것은 "[B]"죄인처럼 고개 숙이고 검은 옷만 입고 다니고 구석에서 지냈다"는 ohmabella님의 주장과 [C]"서로 모순"되는 것이 아닌가요?[5]

[C]의 "서로 모순"이 성립되려면 [A]와 [B]가 각각 진실한 명제여야 한다. 이제 각 명제의 진실성을 검토해 보자.

[A] 명제, "ohmabella는 벗방을 했다"부터가 거짓명제이다. 그것은 lamer297이 "성희롱 및 온라인 괴롭힘cyberbullying" 혐의를 들어 onugi97에게 사과를 요구하고 있는 명제이다. 이에 대해 이 이 주장을 논하기 전에 먼저 onugi97이 자신의 말에 대해 몇 차례 반성과 사과의 뜻을 이미 밝힌 바 있음에 대해 말해야 한다. 그 반성과 사과가 어떻게 표현되었던가? 가장 분명한 것은 lamer97의 다음과 같은 질문들에 대해 주어진 것이었다.

윤지오 씨에 대한 모욕과 허위주장을 정당화시키는 자기 합리화의 아주 긴 글을 쓰시느라 수고 하셨네요. 당신이 쓰신 글은 진정한 사과문으로 받아 들여지지 않습니다. 제가 질문을 드리기 위해 다음의 '벗방'의 정의에 대한 링크를 보시죠. http://namu.wiki/w/벗방.
1. 다음이 당신이 쓰신 문장이죠? : "집밖에도 못나가고 '몇년.을' 일 자체를 못"한 바로 그 동안 많은 벗방 라이브를 하셨더군요.

---

5. [A], [B], [C]는 인용자.

2. 당신은 윤지오 씨가 "몇년 동안" & "많은 벗방"을 하셨다고 했는데, '벗방'의 정의에 따른 비디오가 실제로 존재하나요?

3. 존재한다면, "많은" 벗방 비데오의 숫자가 몇입니까?

4. "몇년동안"은 언제부터 언제까지입니까?

5. 당신의 윤지오 씨가 "몇년 동안" "많은 벗방"을 했다는 주장이 아직도 타당하다는[타당한] 주장이라고 생각하나요?

6. 당신이 Justice[justicewithus]에 카피해서 올려 놓은 저의 댓글을 보고 저와 윤지오 씨를 야유하고 모욕하는 댓글들에 대해 당신의 생각은 무엇입니까?

7. 그런 댓글들을 보고 당신은 어떠한 반응을 했습니까?

8. 당신은 여성 비하적인 욕설과 끊임없이 윤지오씨를 모독하기 위해 만들어진 Justice[justicewithus]에 댓글을 다는 것이 학교에서 가르치는 분으로서 격에 맞는 일이라고 생각합니까?

9. 당신은 "freedom of speech"가 무엇이라고 생각합니까?

10. 당신은 cyberbullying law in colorado에 대해 찾아보셨습니까?

11. 당신은 직장이나 어디에서라도 sexual harassment & cyberbullying에 대해 교육을 받은 적이 있습니까?

답을 기다리겠습니다.[6]

---

6. ohmabella 인스타그램, 2019년 6월 5일, https://www.instagram.com/p/ByUXygHAtBg/. 의사전달을 가로막는 단순 오타는 수정했다.

이 질문들 각각에 대해 onugi97이 taewook003이라는 계정 명으로 쓴 답은 이러하다. 아래의 답은 위의 질문들과 번호별로 하나하나 대조하면서 읽을 필요가 있다.

1. lamer297께서 링크한 위키에 정의된 '벗방'의 의미를 제가 정확히 알지 못했습니다. 윤지오 씨는 위키에 정의된 '벗방'을 한 적이 없습니다. 저의 잘못입니다. 사과드립니다.

2. 위키에 정의된 '벗방'을 윤지오 씨는 한 적이 없습니다. 저의 잘못입니다. 사과드립니다.

3. 없습니다.

4. "몇년동안"은 저의 잘못된 주장이었습니다.

5. 아닙니다. 저의 발언 취소드리고 윤지오 씨께 사과합니다.

6. 1~5까지의 주장이 잘못 됐기에, Justice[justicewithus]의 글에 카피해 놓은 글은 저의 잘못입니다. 원하시면 내리겠습니다.

7. 댓글들에 신경을 쓰지 못했습니다. 죄송합니다.

8. '벗방'이란 표현은 잘못됐습니다. 가르치는 자의 격에 맞지 않는 표현입니다.

9. '벗방'은 freedom of speech에 해당하지 않습니다.

10. 찾아보았고 잘 알고 있습니다.

11. 네, 매년 교육받습니다. 위키에 기록된 '벗방'이란 표현은 잘못 됐습니다. 그냥 인터넷에 떠도는 용어를 별 생각 없이 사용했는데, 이는 잘못됐습니다.[7]

위키에 정의된 "벗방"을 윤지오가 한 적이 없는데 자신이 "집 밖에도 못나가고 '몇.년.을' 일 자체를 못"한 바로 그 동안 많은 벗방 라이브를 하셨더군요'라고 잘못 말한 것에 대해 사과한다는 요지다. 가르치는 자의 격에 맞지 않는 표현임도 잘못임을 인정했다.

그런데 갑자기 「〈벗방〉과 사과」에서 그는 그것을 "협박에 의한 사과"였다고, "가족을 지키기 위해" 했던 거짓 사과였다고 번복한다. 소용없는 일이다. 그런다고 해서 이전의 반성과 사과가 사라지는 것이 아니기 때문이다. 자신과 가족을 지킨다는 실리를 위해 거짓 사과 말을 하는 사람은, 동일한 논리에 따라, 실리를 위해 타인을 음해하는 거짓말을 할/했을 수 있는 사람이라고 추론될 수 있기 때문이다.[8] 즉 onugi97이 "별생각 없이" 말하고 사과하고 또 번복하는 과정이 이미 [A] 명제의 진실성을 허문다. 사과문이 자신과 가족의 이익을 위해 지어낸 거짓말이라고 스스로 주장하기 때문에, 윤지오가 벗방을 했다는 말 자체가 자신과 가족의 이익을 위해 지어낸 "별생각 없는" 거짓말일 가능성이 얼마든지 있게 되기 때문이다.[9]

---

7. 같은 링크. 의사전달을 가로막는 단순 오타는 수정했다.
8. 이것은 위의 답 11번에 나타나는 "별생각 없이"라는 말 속에 함축되어 있다. 전체주의와 홀로코스트라는 절대악이 "생각 없는" 평범한 사람들(무사유 인간)에서 생성되어 나온다는 것을 아돌프 아이히만의 사례를 통해 밝힌 것은 한나 아렌트였다.
9. 김대오가 장자연 리스트에 대해 말하는 방식이 onugi97이 벗방에 대해 사과하고 번복하고…하는 방식처럼 오락가락이다. 즉 큰 흐름의 일관성을 갖는

이제 [B] 명제에 대해 살펴보자. 이 명제는 ohmabella가 "죄인처럼 고개 숙이고 검은 옷만 입고 다니고 구석에서 지냈다"고 말했어야 진실 명제이다. 정말 그럴까? ohmabella 윤지오는 자신이 그렇게 말한 적이 없다고 말한 바 있다. 고맙게도 onugi97 자신이, 김어준과의 인터뷰에서 했던 윤지오의 말 동영상과 텍스트 버전을 그대로 인용해 두어 사실을 확인하는 데 도움이 된다. 여기서는 onugi97이 [B] 명제를 끌어내는 텍스트 버전을 그대로 옮겨보자.

[1] 이런 일들을 겪었다고 [2] 제가 죄인처럼 고개 숙이고 검은 옷만 입고 다니고 구석에 있고 이럴 필요가 없었는데 [3] 그동안 저는 집밖에도 못 나가고 '몇년.을' 일 자체를 못했거든요.[10]

인터뷰 문장을 분석해 보면 그 속에 세 개의 명제가 있다. [1] 이런 일들을 겪었다 [2] 그렇다고 내가 죄인처럼 고개 숙이고 검은 옷만 입고 다니고 구석에 있고 이럴 필요가 없었다. [3] 그런데 그동안 나는 집밖에도 못 나가고 "몇년.을" 일 자체를 못 했다. 문장 [1]과 [3]은 윤지오 자신이 자신의 경험 및 삶 과정을 서

윤지오의 진술과는 달리 진술로서의 일관성이 전혀 없다. "별생각 없이" 하는 말들인 것이다. "아프리카에서 '벗방'했는지, 뭔지 그게 뭐가 문제냐. 나[김대오]는 '벗방' 같은 것 너무 많이 봐서 관심 없다."는 그의 말은 이런 맥락에서 이해할 수 있다.

10. onugi97, 「〈벗방〉과 사과」, 31~32쪽. 대괄호 속 번호는 인용자.

술한 일반적 긍정 진술문이다. 그렇다면 [2]의 문장은 무엇인가?
가정법에 의한 부정 진술문이다. 이 가정법 부정진술문을 풀면,
"내가 죄인이라면, 고개 숙이고 검은 옷만 입고 다니고 구석에
있고 이래야 했겠지만 내가 죄인이 아니기 때문에 고개 숙이고
검은 옷만 입고 다니고 구석에 있고 … 식의 죄인 같은 태도를
취할 필요는 없었다"로 된다. 윤지오의 긍정 진술은 "집밖에 못
나갔다, 몇 년을 일 자체를 못 했다"이지 '고개를 숙이고 다녔다,
검정 옷만 입고 다녔다, 구석에 있었다'가 아니다.

onugi97은 (그리고 김수민, justicewithus 등의 계정들은) 이
가정법 부정 진술문을 윤지오의 긍정 진술문으로 왜곡한다. 즉
위의 명제 [B]는 onugi97이 지어낸 거짓 명제이다. 이런 정보편
집, 정보 곡해, 정보조작을 통해 onugi97은 (그가 따르는 박훈,
김수민 , @justicewithus, @do_remisol 등과 더불어) 윤지오가
"10년 동안 검은 옷만 입고 다녔다고 거짓말했다"는 거짓 선동
을 일삼고 SNS 여기저기를 돌아다니면서 이러한 거짓말을 퍼뜨
린다.[11] 내가 그를 정보 의용병이라고 부르는 이유는 이것이다.

위 인용문에 대한 분석을 통해 명제 [A]와 명제 [B]가 지금
에서는 유지될 수 없는 거짓 명제로 드러났기 때문에 "서로 모
순"이라는 [C] 주장도 자동적으로 폐기된다.

이제 이 분석에 기초해서 다시 한번 그의 말을 들어보도록

---

11. 여기서 나는 그가 거짓인 줄 알면서 거짓 명제를 조작하는가, 아니면 자신이
    그렇게 하는 줄 모르면서 그렇게 하는가의 차이는 무시한다. 사법적으로는 중
    요한 의미를 갖지만, 여기서는 중요하지 않기 때문이다.

하자.

이것이 인터뷰의 내용입니다. 그러나 웹에 떠도는 윤지오 씨에 관한 많은 비디오 사진들을 보면, 그동안 인터넷 BJ활동도 꽤 하시고, 모델 활동도 하시고, 친구들과 밖에서 술도 마시고, 사업도 하시는 등, 여러 가지 일을 꽤 활발히 한 기간이기도 했다는 생각이 들었습니다. 그랬기 때문에, 이는 죄인처럼 고개 숙이고 검은 옷만 입고 다니셨다는 주장과 모순되는 것 아니냐는 질문을 했던 겁니다. 바로 이런 모순되는 주장에 대해 아프리카 티브이 BJ활동을 하는 동안, 제가 죄인처럼 고개 숙이고 검은 옷만 입고 다니지 않고, 그 동안 "많은 벗방 라이브를 하셨더군요"란 질문도 드린 겁니다. 지극히 합리적인 질문을 한 겁니다.[12]

왜 onugi97은 거짓 명제들에 기초해서 인위적으로 이끌어 낸 "윤지오의 말의 모순"이라는 생각을 "지극히 합리적인 질문"이라고 생각하게 되는 것일까? 이것은 윤지오의 모순이 아니라 onugi97의 사고체계의 폭력성과 거짓됨을 밝힘으로써만 설명될 수 있는 문제로 보인다.

우선 나는 윤지오의 라방(라이브방송)을 벗방으로 보는 onugi97의 시선이 이미 신인배우 장자연을 성적 노리개로 보면서 성착취와 성폭력을 일삼았던 성폭력 체제의 가해권력자들의 시선과

---

12. 가려놓았던 글자가 있지만 드러내 놓았다.

하등 다를 바 없는 시선이라고 본다. 하지만 논점을 집중하기 위해 다른 기회에 별도로 그 문제를 다루도록 하고 여기서는 논하지 않는다. 여기서 집중하고 싶은 문제는 그의 정보편집, 정보 왜곡, 정보조작이다. 그는 윤지오가 행하지 않은 것을 윤지오가 행한 것으로 조작한다.

다시 한번 강조하지만, 윤지오가 한 행동은 "집 밖에 못 나갔다, 몇 년을 일 자체를 못 했다"이지 '고개를 숙이고 다녔다, 검정 옷만 입고 다녔다, 구석에 있었다'가 아니다. 그런데 onugi97은 이로부터 "죄인처럼 고개 숙이고 검은 옷만 입고 다니셨다는 주장"을 윤지오가 했다고 거짓말을 하고, 거짓말에 기초한 자신의 질문을 "지극히 합리적인 질문"이라고 강변한다. 이것이 대학에서 학생들을 가르친다는 onugi97의 합리성 개념이다. 그에 따르면 "합리성 = 정보조작 = 거짓말"이다.

그렇다면 혹시 정보 의용병으로서의 onugi97과 대학교수로서의 onugi97이 모순되는 것일까? onugi97이 두 개의 얼굴을 가진 사나이일까? 대학에서는 지킬 박사이고 SNS에서는 하이드 씨일까? 그런 것 같지 않다. 그의 최근 연구 주제에 비추어 보면 그는 대학에서도 여전히 권력을 위한 정보정규군으로 움직이고 있는 것으로 보인다.

lamer297이 파악했고 onugi97 자신이 인정한 바에 따르면 대학에서 그의 최근의 연구 주제는 두 가지다. (1) 하나는 어떤 종류의 불가 분리한 기술사회적 루틴들technosocial routines이 발생해서 이전의 루틴 양식들을 대체하고 있는가 (2) 새로운 기술

사회적 루틴들이 어떻게 개인적 조직적 사회적 수준에서 안착되고 있는가?[13] 이 두 주제는 하나의 주제로 수렴된다. 과거의 루틴들을 대체하는 새로운 기술사회적 루틴의 발생과 안착이라는 주제다.

먼저 루틴routine이란 무엇인가? 경로/길을 뜻하는 route에 접미사 -ine가 붙은 말이다. route는 자연스럽게 형성된 길인 street(길/산책로)와는 다르고 자동차를 위해 만들어진 물리적 길인 road(도로)와도 다른다. route는 폭력적이고 조작적으로 만들어진 정보적 길이다. 이것은 route가 침입하다, 파괴하다, 깨뜨리다의 뜻을 가진 라틴어 rumpere에서 기원한 것을 통해서도 엿볼 수 있다. 전통적 루틴(일상 패러다임)은 직접적이고 인신적인 폭력(이나 근대에는 경제폭력)을 통해 만들어져 왔다. 그것이 전통적 합리성(대표적으로는 초월 신의 전능함 혹은 자본의 영구함이라는 신화=거짓말)이다.

그런데 일상의 새로운 패러다임과 합리성은 기술과 정보, 미디어를 매개로 만들어진다. 정보편집, 정보조작은 폭력이 조직되는 새로운 양식이다. 그것은 직접적이고 적나라한 폭력의 얼굴을 노출하지 않으면서 사회기술적 방식으로 사람들의 생각과 행동을 일정한 경로, 즉 루틴을 통해 흐르도록 만들 수 있다. 이것이 새로운 합리성(대표적으로는 제4차 혁명이라는 신화=거짓말)이다. 내가 보기에 onugi97은 통제사회를 안착시키려는 제국권

---

13. onugi97, 「〈벗방〉과 사과」, 12쪽.

력의 정보 의용병 및 정보정규군으로 기능하는 것으로 보인다. 이것을 그가 의식하고 있을까? 그럴 것 같지 않다. 왜냐하면, 그는 "별생각 없이" 한 인간을 "벗방"하는 사람으로 둔갑시키고 윤지오가 하지도 않은 말을 했다고 우기는 사람이기 때문이다. 이것은 그가 다중, 저항, 탈주, 투쟁 등을 현실과 동떨어진 것으로 느끼는 것[14]과 무관하지 않다. 그가 속해 있는 유일한 현실은 제국 현실이고 그것과 다투는 다중 공통장의 실재성과 현실성이 그에게는 감각되지 않기 때문이다. 윤지오의 등장은 그에게는 전혀 감각되지 않는 후자의 힘에 기초한 특이점의 출현, 즉 "루틴"을 단절시킬 수 있는 힘의 부상이었다. "루틴"을 조직하는 가해권력자들에 대한 재수사 말이다.

지금 윤지오가 하지도 않은 말을 윤지오가 한 것으로 편집 조작하여 마치 사실처럼 정보망을 통해 유통시키는 "합리적(!)" 행위는 이 통제사회적 폭력의 행사방식이다. 그러므로 새로운 기술사회적 루틴을 정착시키려는 제국권력에 대한 투쟁, 요컨대 AI, 사물인터넷, 제4차산업혁명의 제국적 이용이 인류의 삶에 미칠 수 있는 해악적 영향에 대한 투쟁은 성폭력 체제에 대한 투쟁과 결코 별개의 것이 아니다.

---

14. 그가 이러한 느낌을 표현한 것은 「〈벗방〉과 사과」에서가 아니라 나의 블로그 글을 공유한 이민석 변호사의 페이스북 포스팅에 붙인 댓글들에서다.

파생을 표절로 둔갑시키기

단순히 호랑이 정면 이미지만 가지고 표절이네 아니네 하는 것 자체가 3~40년 뒤떨어진 얘기죠. 표절시비 나올 때부터 우스웠지만 이렇게 증명까지 해야 하는 상황이 슬프네요. 현대예술이 갖고 있는 여러 가지 방식 중에 차용과 패러디 개념이 아직 한국에서는 낯설기만 한가 봅니다. 중요한 것은 개념과 작가의 의도 등등이겠지만 여전히 일차원적인 이미지에만 집착하는 것은 어쩌면 미술작품뿐만 아니라 한국사회 안에서 타자를 바라보는 시선도 동일한 것 같네요.

— 네티즌 white choi

　　윤지오의 작품 〈진실의 눈〉은 푸르게 응시하는 두 눈으로 세상을 바라보는 호랑이를 그리고 있다. 그것은 붉게 부릅뜬 눈이 아니다. 장자연 사회적 타살 사건에서 부패한 권력자들의 치부를 고발한 증언자 윤지오에 의해 그려짐으로써, 호랑이의 그 푸른 두 눈은 우리의 삶을 응시하는 증언자의 진실을 강렬하게 표현하는 진실의 눈으로 다가온다. 윤지오는 이 작품에서 포식자의 눈을 진실의 눈으로 볼 수 있는 하나의 예술적 시선, 호랑이의 눈에 대한 새로운 개념을 제시했다. 이것은 증언자로서의 그의 삶을 예술적으로 극화한 것이며 진실의 가능성을, 인간의 내면에서 발산되는 진실의 능력을 형상화한 것이다. 주로 폭력적이고 군주적인 이미지로 형상화되는 호랑이의 눈은 여기서 폭력에 의해 짓밟히면서도 끝내 진실의 뜨거움, 타자에 대한 사랑을 놓지 않는 여성의 눈으로 다르게 형상화된다.

한국 사회의 연예계 현실을 적나라하게 드러낸 윤지오의 증언 에세이집 『13번째 증언』을 쓸데없는 잡문집으로 만들어 매장했던 권력 집단은 윤지오의 이 〈진실의 눈〉에도 "표절"이라는 프레임을 씌워 매장하려 했다. 이것이 증언자 윤지오를 사기꾼으로 만들어 매장하기 위한 성폭력적 권력 집단의 집단 사기극이라는 사실을 알 사람은 이미 다 알고 있다. 대한민국과 그 국민들을 오도하고 있는 언론집단과 그들의 비호를 받는 권력자들만이 짐짓 모른 체하고 있을 뿐이다. 왜냐하면, 그들이 이 집단 사기극의 몸통이거나 하수인들로서 이 집단 사기극을 공연하고 있는 주역이기 때문이다.

이 사기극의 공연은 지금도 계속되고 있다. 진실에 대한 저들의 두려움이 얼마나 크기에 이 사회적 집체극이 천문학적 비용을 들이면서 나날이 수개월 동안 계속되고 있는 것일까? 사기극은 사기임이 드러나지 않아야 관객을 계속 끌 수 있다. 그런데 2019년 6월 27일 이 집단 사기극의 중요한 장면 중의 하나가 사기임이 드러났다. 윤지오가 〈진실의 눈〉에서 차용한 호랑이 그림의 원작자로 알려진 피터가 〈진실의 눈〉이 표절이 아니며 파생예술작품derivative artwork이라고 천명하고 〈진실의 눈〉을 출판하고 전시할 수 있는 영구적 권리가 윤지오에게 있음을 공

윤지오, 〈진실의 눈〉

개적으로 인정한 것이다. 피터는 한국에서 〈진실의 눈〉을 표절
이라고 고발한 사람들이 표절행위와 파생예술을 구분할 수 있는
눈을 갖지 못하고 있는 것에 대해 개탄했다. 표절은 타인의 작
품을 베끼거나 관념을 훔치면서 자신의 독창물인 것처럼 공표
하는 행위이다. 반면 파생예술은 기존의 일차적 작품에 바탕을
두면서도 형태와 관념에서 독립적이고 독창적인 2차 창작품을
의미한다. 번역이나 오마주, 패러디 등 현대예술의 상당 부분은
1차 원본이 있는 파생예술이며 마르셀 뒤샹은 대표적인 파생예

술가이다. 윤지오가 바탕에 호랑이 그림을 차용했다고 해서, 호랑이의 눈을 포식자의 눈이 아니라 진실의 눈으로 다르게 형상화한 윤지오의 독창성이 부인될 수는 없는 것이다. 문제는 윤지오의 작품 〈진실의 눈〉에 있었던 것이 아니라 그 작품을 표절로 오인하는, 아니 오인하고 싶어 하는, 아니 반드시 그 오인을 보편 진실로 만들고 말겠다는 저 권력자들의 두려움의 눈, 악의에 가득 찬 눈에 있었다.

간단히 넘어갈 수 없는 중요한 문제이므로 피터가 제시한 「예술작품 인가 협정서」의 전문을 인용해 보자.

어제 윤지오 님을 만났고 이제 윤지오 님이 자신이 그린 호랑이 그림[진실의 눈]을 전시하고 출판할 수 있는 적법하게 인가되고 또 적법하게 보장된 전시출판 허락권을 얻었음을 알려드립니다. 윤지오 님은 [〈진실의 눈〉 전시와 출판과 관련된] 이 문제에서 지금까지 충실하고 책임감 있게 행동해 왔습니다. 또 이 특별한 문제는 그 자체로 충분히 적법하게 해결되었습니다.

존경의 마음으로, 피터(Peter Finnie)
2019년 6월 26일

현재의 상황에서 〈진실의 눈〉이 윤지오의 작품임을 인정한 것보다 더 중요한 것은 윤지오가 이 작품과 관련하여 "지금까지 충실하고 책임감 있게responsibly 행동해 왔음"을 밝힌 것이다. "표절"이라는 말 자체가 성립될 수 없는 작품이지만 그럼에도 사람들이 한 무리의 공격자들이 제기한 그 도덕적 의혹에 일부 동조하게 된 것은 피터가 "그녀가 저와 연락한 적이 없다. 그녀가 누구와 연락한 것인지 모르겠다."(〈궁금한 이야기 Y〉, 2019년 6월 20일)고 했기 때문이다. 이것은 윤지오의 "책임감 없음"을 지적한 말이므로 지금 피터가, 윤지오는 "지금까지 충실하고 책임감 있게responsibly 행동해 왔다"고 말하는 것은 〈궁금한 이야기 Y〉가 보도한 피터 자신의 말을 부인하는 것이다. 이것은 피터가, 윤지오가 자신에게 연락한 바가 있음을, 즉 자신의 과오를 공개적으로 인정한 것이다. 윤지오가 원작 관련하여 문의하는 메일을 피터에게 보냈음에도 불구하고 2019년 6월 20일까지 그 메일을 확인하지 않은 상태에서 "그녀가 저와 연락한 적이 없다"고 말한 것은 피터 자신이었다. 윤지오는 지금까지 지속적으로, 원작자에게 연락한 바 있다고 했다. 〈궁금한 이야기 Y〉는 "저는 연락 받은 적 없다"는 피터의 말로, 윤지오의 이 말을 거짓말로 만들었다. 피터가 메일을 받고도 확인하지 않고 윤지오가 자신에게 연락한 적이 없다는 잘못된 정보를 낳은 원인이었음이 드러난 지금 〈궁금한 이야기 Y〉를 비롯하여 지금까지 윤지오의 〈진실의 눈〉을 표절작품인 것처럼 보도해온 모든 언론이 윤지오에게 사과하고 정정 보도해야 할 것이다. 그러한 보도를 하는 데 자료를 제공해온 justicewithus, 김수민 등의 계정들도 글 삭제, 계정 폐쇄 등의 책임 있는 조치를 취해야 할 것이다.[1]

---

1. 2020년 1월 26일 현재 justicewithus 계정은 폐쇄되었고 김수민의 계정은 성

파생작품을 표절로 만드는 국민 기망欺罔 행위를 통해 〈진실의 눈〉과 그 작가를 매장하려다 실패한 이 사태는 우리에게 중요한 교훈을 준다. 대한민국 사회에서 2019년 4월부터 공연되고 있는 윤지오를 둘러싼 논란이 권력자들에 의해 희생당한 고 장자연 사회적 타살 사건을 잊게 하고 장자연의 동료배우이자 증언자인 윤지오를 사기꾼으로 몰아 매장하려는 성폭력 권력자들의 집단적 사기극임을 또렷이 인식할 필요가 있다는 것이다. 파생작품을 표절작품으로 만들기는 그 연극의 이제 실패한 한 장면이다. 우리가 이런 관점에서 윤지오를 둘러싼 논란을 응시하는 "진실의 눈"을 가질 수 있다면 후원금 장면scene을 비롯한 다른 장면들도 총체적 사기극을 구성하는 장면들임이 언젠가는 선명히 드러날 것이라고 나는 확신한다.

우리가 현재의 이 총체적이고 집단적인 사기극의 구경꾼으로서 '나는 저 증언 사기꾼 윤지오와는 다르다'라고 안도하며 위선과 자기 기만의 카타르시스를 느끼는 연극적 도취 상태에 머물러 있을 때 권력의 마수는 우리의 혼魂까지 빼 가버릴 것이다. 우리가 언제 이 정치권력-언론권력-시민사회권력이 공모한 이 총체적 사기극의 집단 환상에서 깨어날 수 있을까? 우리가 언제 진실의 눈으로 권력자들이 드리운 이 어둠을 밝히는 촛불을 켜 들 수 있을까?

격이 바뀌어 운영되고 있으나 이 문제에 대해 책임지는 방식으로서 그렇게 된 것은 아니다.

5장
증언자를 고립시켜라

마녀사냥의 암구호들

"고인을 이용하지 말라"

장자연은 배우가 되고 싶었고 배우를 하고 싶었다. 소속사에 들어간 것은 이 때문이다. 그런데 신인배우가 되는 과정은 자신의 기대와는 달랐다. 출연의 기회를 준다는 명분하에서 실제로는 경제적·정치적·문화적 권력자들에게 "술접대"라고 불리는 가외의 서비스노동을 하도록 강요당하고 심지어는 성폭력을 당하는 과정이었다. 이 부당한 과정은 소속사 사장 김종승(갑)과 맺은 계약서에 의해 정당화되었다.

윤지오의 계약서와 동일한 그 계약서에서 장자연(을)은 "연예 활동 전반에 걸쳐 '갑'의 결정 및 지시에 충실히 따라야"(3조 바) 했고 "방송 활동, 프로모션, 이벤트, 각종 인터뷰 등 '갑'이 제시하는 활동에 전적으로 수락하여야" 했으며 "행사 불참 또는 방송사고를 일으켰을 경우 '을'은 '갑'이 제시하는 민, 형사상의 모든 책임을 져야 했다"(4조 다). '갑'인 김종승의 결정에 따라 지시된 접대 노동은 '갑'에 의해 "[방송 기회를 얻기 위한] 프로모션, 이벤트, 인터뷰"의 기회로 해석 및 주장되었고 계약에 따르는 의무적 활동으로 강제되었다. 이러한 노동이 부당하게 느껴져 중도해약하고 싶을 때는 "위약 벌금 1억 원, 그리고 '갑'이 '을'을 관리하기 위해 발생한 비용 중 증빙자료가 있는 모든 경비에 대하여 '을'은 이의제기 없이 계약 해지일로부터 일주일 이내에 현금으로 '갑'에게 배상해야 했다. 또 잔여기간 동안 발생하는 모든 수익 활동의 20%를 '갑'에게 손해배상금으로 지급"해야 했다(7조). 그러한 악조건의 중도해약마저 '갑'의 합의가 없으면 불가능하게 되어 있었다(6조 가). 또 '을'이 연예 활동을 중단한다 해도, "그 기간만큼 계약 기간은 자동연장"(3조 바)되게 되어 있었다.

이처럼 장자연이 체결한 계약서는 '갑'이 계약 기간 중 노예소유주와 같은 지위에서 노예노동자와 다를 바 없는 '을'의 노동을 임의로 이용할 수 있는 조밀한 장치들을 갖추고 있었다. 소속사는 배우가 되고자 하는 장자연의 희망을 이용하여 그의 생명력을 쥐어짜는 맷돌이었고 그 생명 에너지의 이용자＝소비자는 재계, 정치계, 법조계, 언론계, 연예계의 권력자들이었다. 이것이 가부장적 자본주의 체제와 성폭력 권력이 가동되는 메커니즘이었다.

장자연은 이러한 상황을 견딜 수 없었다. 이 상황에서, 기회가 주어진다면 빨리 빠져나오고자 했다. 그런데 그가 이 노예 상태에서 어떻게 빠져나올 수 있을 것인가? 우리는 이 노예노동에서 빠져나오기 위한 장자연의 필사적 저항과 탈출의 시도가 무엇이었는지 알고 있다. 그것은 자신이 경험한 연예계를 구성하고 재생산하는 마약, 폭력, 협박, 강요, 수탈, 착취, 부당이용에 의한 피해사례들을 낱낱이 문건으로 증언하여 보여주고 자신에게 "성상납을 강요"한 권력자들, "조심해야 할" 권력자들의 리스트를 구체적으로 제시하는 것이었다. 그는 오늘날의 인지자본주의가 어떻게 여성들의 예술적 연예 능력과 성적 에너지를, 요컨대 생명력을 착취하는지를 구체적으로 폭로하고 그 착취를 수행하는 인격적 행위자들을 만천하에 드러내고자 했다.

하지만 이러한 폭로성 증언행위에는 크고 작은 위험이 따른다. 그것은 작게는 연예계에서 고립되어 배우가 되고자 하는 열망을 더는 실현할 수 없게 될 위험이고 크게는 초법적 권력자들의 손에 가족들이 큰 피해를 보거나 자신이 목숨을 잃을 가능성까지 포함하는 것이었다.[1] 증언의 필요와 그것이 가져올 위험 사이에서 장자연의 고뇌는 깊었다. 김종승의 부당한 노동 강요와 폭력, 협박, 강요를 고발하고 권력자들의 성범죄를 폭로하려는 장자연의 의지는 강렬했다. 그것은 김종승의 더콘텐츠와의 싸움에서 장자연의 증언 문건을 자신의 기획사에 유리하게 이용하고자 했던 호야의 대표 유장호조차 성폭행과 관련된 너무 "위험한" 문구의 삭제를 요구했어야 할 만큼 강렬한 것이었다.

하지만 그 문건이 자신의 뜻과는 달리 기획사들의 싸움의

---

1. '리스트'의 끝 구절에서 장자연이 친언니와 지인들께 피해가 가지 않기를 바라는 마음을 적은 것은 이 때문일 것이다.

도구로 임의 유통되는 것을 발견한 후에 그는 그 유통의 위험을 막고자 했다. 그래서 그는 유장호에게, 그 문건을 임의로 유통하지 말고 돌려 달라고 요구했다. 하지만 그 요구는 묵살되었다. 이 시간, 그러니까 2009년 2월 28일 장자연이 문건과 리스트를 작성한 후 약 일주일 뒤인 3월 7일 주검으로 발견되기까지 어떤 일이 있었는지는 자세히 밝혀지지 않고 있다. 하지만 "나는 힘도 없고 **빽**도 없고 미련도 없다"며 자신을 옥죄어 오는 "힘센 자들"에 대한 절규를 표현한 절박한 통화기록이 그의 심경을 가감 없이 전달하는 생생한 기록으로 남아 있다.

기업가들과 권력자들은 그가 살아 있는 동안 그를 철저하게 이용했다. 계약상의 '갑'인 김종승이 그를 노예노동자로 이용했고, 권력자들은 김종승을 매개로 그를 성노예처럼 이용했다. 김종승은 수사기관에서 유장호의 기획사가 자신과의 싸움에 장자연을 이용했다고 진술했다. 이상호 기자는 이명박의 국정원이 장자연의 죽음을 당시의 법란(판사파동)이 가져올 수 있는 사회적 파장을 최소화하여 제2의 촛불봉기로 발전하지 못하도록 막는 데 이용했다고 말했다. 이렇게 장자연의 삶은 자신을 이용하려는 권력들의 몇 겹의 역선力線에 의해 가로질러지고 있었다. 장자연이 죽기 전에 남긴 문건과 리스트조차도 경제적 이용과 정치적 이용의 도구가 되었던 것은 이런 맥락에서다.

윤지오는 증언을 시작하자마자, 아니 증언을 시작하기도 전부터 "고인을 이용하지 말라"는 협박에 시달려야 했다. 누가 장자연을 죽였는가, 누구에게 책임이 있는가를 밝히기 위한 진상조사에서 증언하는 것이 물론 고인을 생물학적으로 되살릴 수는 없다. 하지만 윤지오의 증언은 고인이 희생된 원인을 밝혀 그러한 희생의 재발을 방지하는 데 도움을 줄 수 있다. 다시 말해 그 것은, 장자연이 현대 자본주의의 가부장적이고 노예제적인 성폭력 체제에 저항하다 권력자들에 의해 희생된 인격임을 밝힐 수 있고, 가해자와 책임자를 처벌할 계기를 마련하여 고인과 유가족의 아픔을 위로할 수 있고, 생명 존엄의 체제를 구성하는 데 밑거름이 될 수 있다. 이 증언은 윤지오가 애초의 증언자였던 고인 장자연의 증언을 이어받아 진실을 말하는 것이다. 따라서 이것은 윤지오가 고인이 된 장자연을 이용하는 것이기는커녕 윤지오 자신의 생명을 고인이 된 장자연과 살아 있는 장자연들을 위해 증여하는 우애와 연대의 행위이다.

그렇다면 장자연 문건과 리스트에 이름이 적힌 권력자들은, 그리고 그 권력자들이 만들어 가고 있는 체제는 증언에 대해 어떤 태도를 취할 것인가? 그들이 자신들과 체제를 보호하려고 하는 것은 생리상 당연하다. 그들이 성착취자, 성범죄자, 살생자로 역사에 기록되지 않도록 또 수사와 재수사를 받지 않도록 하기 위해서는 무엇보다도 윤지오의 증언을 막아야 했다. 증언을 막는 것은 다양한 수준의 목표지점들을 갖는다. 첫째로는 증언을 하지 못하도록 막는 것이다. 둘째로는 증언을 막지 못한다면 증언을 축소하는 것이다. 셋째로는 증언을 축소하지 못했다면 증언을 왜곡시키는 것이다. 넷째로 증언을 왜곡시키지 못했으면 증언자를 공격하여 증언의 신빙성을 떨어뜨리는 것이다.

이런 조건을 고려할 때, 윤지오의 생존 방송과 경호 요구, 증인보호법 청원, 비영리단체 구성 등의 노력은 증언을 끝까지 수행하면서 증언의 원천봉쇄, 축소, 왜곡의 시도를 돌파하기 위한 수단이었고 그것을 가능케 할 힘이었다. 권력자들이 증언자에 대한 인신공격을 통해 증언의 신빙성을 떨어뜨리는 넷째의 방법에 총력을 다하기 시작한 것은 윤지오가 다양한 협박을 무릅쓰고 끈질기게 증언을 계속했기 때문에 선택한 최후의 방법(이른바 최후의 발악)으로 이해할 수 있다.

아이러니한 것은 권력자들이 이 공세에서 "고인을 이용하지 말라!"는 구호를 사용한다는 것이다. 앞에서 말한 것처럼 윤지오가 아니라 권력자들과 그 파수꾼들이야말로 이용＝착취의 대가들이다. 이들은 장자연이 살아 있을 때 무시로, 심지어 "어머니 기일"에까지 그를 이용한 사람들이다. 이들은 장자연이 최후로 쓴 문건을 이용한 사람들이다. 장자연이 죽은 후에는 그 죽음을 정치적으로 이용한 사람들이다. 이들은 타인 노동의 착취(이용＝exploitation)를 자기 재생산의 본질로 삼는 자본주의 권력자들이고 체제의 대행자들이다. 이제 이들은 "고인"이라는 이름으로 장자연의 죽음을 기정사실화하고 영구화하면서 증언자 윤지오의 목소리로 귀환하고 있는 장자연의 절규를 다시 땅속 깊이 파묻으려 한다.

2014년에 세월호의 생명을 수장한 바 있는 바로 그 죽음의 권력이 보도, 고소, 고발, 유튜브 채널, 페이스북, 인스타그램, 포털 댓글 등 온갖 수단들을 동원하여 윤지오의 증언을 아귀[餓]

鬼들의 소음 속에 파묻는다. 이것은 윤지오의 목소리로 희미하게 들리기 시작한 장자연의 절규, 그 문건과 리스트를 영원한 침묵과 어둠 속에 파묻는 여론장輿論葬의 행렬이다. 박훈, 김대오, 김수민 트리오가 가로세로연구소 등과 보조를 맞추어 "고인을 욕되게 하지 말라!", "고인을 이용하지 말라!"고 부르짖는다. 윤지오의 은행 계좌를 뒤져 불순한 기록들을 찾으려 하고 가족관계에 있는/있었던 사람들을 이간시켜 증언자를 비난하도록, 혹은 그 비난이 널리 유통되도록 만든다. 이들이, 고인이 된 장자연이 영원히 죽어 있도록, 장자연의 절규가 영원히 잊히도록, 고인의 죽음이 결코 부활할 수 없는 죽음 그 자체로 침묵 속에 남아 있도록 만들려고 하는 주검정치necropolitics의 집행위원들이 아니라고 누가 말할 수 있을까?

"(유)가족을 욕되게 하지 말라"

가족이라는 집단은 흔히 누구도 모욕하거나 경시해서는 안 될 신성한 조직으로 간주되곤 한다. 부모, 자녀, 혈족은 불가침의 영역이며 그 어떤 가치도 그것 위에 있지 않은 것처럼 묘사되곤 한다. 국가, 교회, 학교, 법원, 매스미디어 등이 이러한 가치관을 확대하는 주요 기관들이다. 그래서 장자연 사건과 윤지오 논쟁에서도 유가족을 욕되게 하지 말라, 가족을 욕되게 하지 말라 등의 가족주의 구호가 사람의 행동을 평가하는 절대적 가치 기준인양 무분별하게 사용되고 증언자 윤지오를 비난하는 수단으로 이용된다.

만약 가족이 지배적 국가기관들이 말하는 것처럼 신성하고 불가침한 조직이라면 사람마다 왜 가족의 의미를 다르게 느끼는 것일까? 가족에 대해 느끼는 감정은 또 사람마다 왜 다른 것일까? 어떤 사람에게는 가족이 좋은 삶의 전형임에 반해 어떤 사람에게는 가족이 나쁜 삶의 표상이다. 어떤 사람에게는 가족이 보금자리임에 반해 어떤 사람에게는 가족이 지옥이다. 어떤 사람은 가족으로 인해 생명을 보장받음에 반해 어떤 사람은 가족 때문에 목숨을 잃는다. 어떤 사람에게는 가족이 따뜻한 관계를 상징함에 반해 어떤 사람에게는 가족이 참혹한 관계를 대표한다. 어떤 사람에게는 가족이 서로 돕고 공생하는 공동체 조직으로 나타남에 반해 어떤 사람에게는 가족이 어떤 민주적 가치도 지켜지지 않는 최악의 폭력 조직으로 나타난다. 그러므로 가족에 대한 한 사회의 지배적 통념과 가족의 현실 사이에는 상당한 간극이 있다고 말하는 것이 합당한 것 같다. 가족을 체험하는 방식은 성별에 따라, 계급에 따라, 인종에 따라, 연령과 세대에 따라, 장애 여부에 따라, 성적 취향에 따라, 정치적 지향에 따라 제각각이며 다양하고 또 이질적이다. 누구도 침범할 수 없는 신성한 공동체 조직으로서의 가족이라는 통념이 우리 사회의 일부 구성원에게 타당하고 또 바람직할는지 몰라도 그것이 누구에게나 보편적으로 타당한 생각은 아니다.

자본주의 사회의 국가기관들이 가족을 신성한 것이라고 주장하는 데에는 그만한 체제적이고 물질적인 이유가 있고 또 목적이 있다. 하나는 가족을 통해 여성의 노동을 무임금으로 착취하기 위한 것이다. 여성의 몸은 산업공장이나 사회공장과는 구분되는 신체 공장으로서 그 신체가 노동력의 재생산을 주로 담당하도록 분업화되어 있다. 임신, 출산, 양육, 돌봄, 부양의 노동이 그것이다. 이것은 막대한 시간과 정성과 에너지를 요구하는 인류 재생산의 필수적 요소이다. 자본주의는 여성을 노동력 재생산 노동에 특화하는 성별 분업 체계를 구축한 후 이 재생산 노동을 마치 자연을 수탈하듯 무상으로 수탈한다. 이 수탈체제를 은폐하는 가장 효과적인 방법이 이 재생산노동을 신성화, 신비화하는 것이다. 다양한 유형의 국가기관들에 의해 이 재생산노동은 생물학적인 것, 자연적인 것, 신성한 것 등으로, 즉 이성적 사유 너머에 있는 것으로 묘사된다. 신성하기 때문에 그것에 가격이 붙는 것이 어울리지 않는다고도 주장된다. 여성의 노동은 노동이 아니라 헌신과 사랑이라고 말이다. 이런 방식으로 국가와 자본은 재생산노동을 비임금 노동으로 만든다. 그러므로 가족의 신성화를 통해 달성하고자 하는 첫 번째 목표는 거대한 규모의 여성 노동을 비임금 노동화하여 그것을 수탈하는 것이다.

가족의 신성화가 노리는 두 번째 목표는 계급 질서의 재생산이다. 그것은 가족을 독점적 상속기관으로 만드는 것에 의해 가능해진다. 자본주의 사회에 부르주아지와 프롤레타리아라는 두 개의 계급이 있듯이 상속과 관련하여 가족은 두 종류의 가족으로 나누어진다. 하나는 상속할 양(+)의 재산을 가진 가족과 그렇지 못한 가족이 있다. 상속할 양(+)의 재산을 가진 가족은 일반적으로 부르주아 가족이다. 프롤레타리아 가족의 경우 그렇게 상속할 만한 의미 있는 재산을 갖지 못하거나 오히려 음(−)의 재산, 즉 채무를 남긴다. 그러므로 상속제가 유의미한 것은 주로 부르주아 가족의 경우다. 부르주아지는 가족 경로를 통해 유산을 상속함으로써 계급체제를 대물림하는 데 이해관계를 갖고 있다. 재산의 상속이 불가능하다면 부르주아지는 계급 질서를 세대마다 재생산해야 하는 어려운 상황에 직면하게 될 것이다. 이것은 자본주의가 가족을 신성화해야 할 두 번째 이유이다. 가족을 불가침의 신성 영역으로 만듦으로써 자본가계급은 자본주의 질서의 재생산에 대한 노동계급과 다중의 도전을 효과적으로 봉쇄할 수 있다.

이 두 번째 목표는 첫 번째 목표의 성공에 의해 뒷받침된다. 여성을 노동력 재생산에 할당하는 성별 분업의 유지와 막대한 무상노동의 수탈이 착취적 계급 질서 재생산을 뒷받침해 주기 때문이다. 전자, 즉 성별 분업의 유지는 여성에 대한 남성의 가부장적 지배를 필요로 한다. 성차별주의는 이런 조건 속에서 번성한다. 가부장제 자본주의에서 여성은 그러므로 계급과는 별개의 어떤 범주라기보다 특수한 의미의 계급 개념에 속한다. 이런 의미에서 성차별과 성폭력은 계급 적대가 나타나는 특수한 양상들이다.

장자연의 죽음은 이중적 의미에서 계급적 죽음이다. 장자연이 계약직 노동자였다는 점에서 그것은 비정규직 노동자의 죽음이다. 또 장자연이 성적 서비스 노동과 성폭력을 강요당하다가 죽었다는 점에서 그것은 여성차별적인 죽음이다. 그런데 그가 남긴 문건과 리스트에 대한 관리와 처분의 결정권은 아주 당연한 듯이 유가족에게 귀속된다. 그리고 그것은 유가족의 의사에 따라 봉은사에서 소각되었다.

그런데 그 문건과 리스트는 비정규직 여성 노동자가 힘없음=탈권력으로 인해 겪는 비인간적 고통들과 그 고통에서 벗어나고 싶다는 간절한 희망을 담고 있었다. 그 고통과 희망은 비단 장자연 개인만의 것이 아니라 수많은 비정규직 여성 노동자들이 공유하는 성격의 것이기도 하다. 즉 그것은 가족적 수준의 문건일 뿐만 아니라 동시에 계급적 성격의 문건이다. 그것이 한 인간을 둘러싼 사회적 적대의 조건, 그 구조와 메커니즘 및 양상에 관한 기록이기 때문이다. 이런 점을 고려할 때에도 그것에 대한 관리와 처분의 독점적 권한이 가족에게 귀속되는 것이 정당한가? 그것이 사회적 정의인가?

지금까지 알려진 정황과 사실들에 따르면 장자연 문건 및 리스트가 관리되고 처분된 과정은 이러하다. (1) 2009년 2월 28일 장자연(과 유장호)가 문건 4장을 작성한 후 유장호가 보관한다. (2) 다음 날인 3월 1일 장자연이 리스트가 포함된 3장의 편지글을 유장호에게 전달한다. (3) 이○숙이 문건에 이름이 등장하는 사람들에게 김종승을 압박해 달라고 요구한다. (4) 장자연이 유장호에게 문건과 리스트의 반환을 요구하던 중 사망한다. (5) 유장호가 문건을 공개해야 할 실리적 필요성과 문건/

리스트가 가족에 의해 관리되고 처분되어야 한다는 통념 사이에서 고민한다. (6) 유장호가 가족과의 협의 없이 문건의 존재와 문건의 일부 내용을 언론에 공개한다. (7) 유장호가 윤지오에게 유가족과의 만남을 중재해 달라고 부탁한 후, 문건과 리스트 사본을 보여준다. (8) 유장호가 봉은사 땅 밑에 묻어두었던 원본을 유가족에게 보여준다. (9) 유가족의 결정에 따라 그 원본과 윤지오가 본 사본을 유장호가 대동한 경호원이 소각한다. (10) KBS가 유장호 사무실의 쓰레기통에서 다른 판본의 문건을 입수하여 그 내용을 보도한다. (11) 이후 유가족은, 가족 동의 없이 문건을 공개한 것에 대해 유장호와 3명의 기자를 상대로 사자명예훼손 혐의로 고소한다. (12) 경찰은 사자명예훼손은 술접대의 사실 여부가 가려진 후에만 적용 가능하다고 보고 이 혐의는 적용하지 않았지만, 유족에 대한 명예훼손 혐의는 적용 가능하다고 결론 내린다. 등등.

이러한 과정은 한국 사회에서 가족 중심주의가 작동하는 메커니즘을 보여준다. 첫째, 문건과 리스트의 공개가 유가족의 명예를 훼손하게 된다는 법리적 판단은 한국 사회의 개인들의 행위 공과功過가 무엇보다도 가족에 미치는 영향을 중심으로 평가되고 있는 현실을 보여준다. 둘째, 문건과 리스트의 공개 여부의 권리가 전적으로 가족의 의사에 맡겨져 있음으로써 그것을 공개한 자와 심지어 그것을 보도한 기자까지 고소의 대상이 되었는데, 이것은 가족의 이해관계 판단이 언론자유보다 상위에 놓여 있음을 보여준다. 셋째, 유가족의 결정으로 장자연 문건과 리스트는 적어도 공식적으로는 소각되는데 이것은 계급적 항변을 담고 있는 문건, 즉 사회적 의미가 있는 증거물을 없앨 합법적 권리까지 가족이 갖고 있음을 보여준다.

이러한 현실은 장자연의 죽음의 사회적 진실을 알고 국가가 그러한 사태의 재발을 방지할 제도개혁을 실행하도록 명령할 수 있는 국민-다중들의 기본적 권리와 상충한다. 국민의 이 기본적 권리와 가족의 명예 인격권 사이의 상충에서 가족의 명예 인격권이 우선함으로써, 장자연의 죽음의 비밀을 풀 수 있는 핵심 단서였던 문건과 리스트가 소각되어 사라져 버렸고 그것이 지금까지 이 문제가 풀기 어려운 사회적 논란으로 남게 된 조건 중의 하나가 되었다는 점을 부정하기 어렵다.

그런데 가족주의의 관점에 선 사람들은 유가족의 권리를 이보다 훨씬 멀리까지 주장한다. 유가족이 문건과 리스트에 대한 처분결정권보다도 훨씬 더 폭넓은 권리를 가질 수 있다는 것이다. 김수민을 비롯한 많은 사람은 윤지오가 유가족의 동의 없이 자신의 책 『13번째 증언』을 출판한 것이 부당하다는 논리를 폈다. 이것은 장자연의 문건과 리스트를 넘어 윤지오의 기본권인 사상, 표현, 출판의 자유까지 유가족의 동의 여부에 종속시켜야 한다는 주장이다. 이렇게 유가족의 권리를 국민의 기본적 권리를 상당히 침해할 정도로까지 확장하는 논리를 선택하는 것이 과연 옳을까?

만약 이런 주장이 옳다면 국민들이 장자연 사건의 재조사와 재수사를 국민청원으로 촉구하는 것도 유가족의 동의를 구하지 않고는 부당한 것이 될 것이다. 또 이 사건을 재조사하는 검찰 과거사위원회의 활동 자체도 유가족의 동의 없이는 부당하다는 비난을 면치 못할 것이다. 실제로 유가족들이 문건과 리스트의 소각에서부터 그 문건과 리스트 일부의 언론공개를 명예훼손으로 제소한 것에 이르기까지 지금까지 일관되게 장자연 문건과 리스트의 사회적 공개에 부정적인 태도를 취해온 것을 고려하면 출판이나 조사 등과 관련하여 유가족의 동의를 얻는 것은 거의 불가능할 것이라고 예상할 수 있기 때문이다. 이런 조건에서 유가족의 동의가 증언, 조사, 출판 등과 같은 이 사건에 관련된 모든 활동의 전제라는 주장은 국민들의 기본권리를 침해하고 국민들이 국가권력의 실제적 주체(주권자)로 되는 것을 심각하게 침해하는 결과를 가져올 것이다.

이런 문제점을 갖고 있음에도 불구하고 많은 사람들이 가족(중심)주의를 윤지오의 출판 증언을 비롯한 여러 증언 활동을 억압하고 비난하는 강력한 정동적 무기로 사용했다. 김수민과 그 주변 사람들이 특히 그러했다. 그들은, 윤지오가 증언을 하는 것에 반대하면서 가부장 권력의 힘으로 딸의 의지를 꺾으려 한 아버지의 요구를 윤지오가 거스르는 것, 또 증언 활동과 〈지상의 빛〉을 위해 이에 반대하는 아버지와의 관계까지 단절할 것을 고려하는 것을 "패륜"이라고 불렀다. 패륜이란 윤리에 어그러진다는 말이다. 그런데 그 윤리가 여성의 재생산노동을 무상으로 수탈하는 것의 관습적 정당화 기제를 지칭하는 것이라면, 그리고 사회적으로 성차별적 자본 권력에 의한 성적 서비스 노동의 착취와 성폭력을 통한 여성 수탈을 일상화하는 개념 장치라면 어쩔 것인가? 그것이 성폭력 질서에 대한 증언을 억압함으로써 가부장 질서를 안정되게 재생산하기 위한 윤리라면 어쩔 것인가? 이럴 때 "가족을 욕되게 하지 말라"면서 윤지오를 '패륜아'라고 비난하는 것은, 가부장적 착취체제를 정당화하고 그것에 대한 복종을 정당화하려는 사람들이 그 체제에 도전하는 사람에게 덧씌우는 억압의 굴레 이상이 아닐 것이다.

장자연을 매장하는 정치적 '불도저' 소리

김수민 인스타그램에서 김수민과 그 지지자들이 환호를 지르며 반기는 기사가 있다.[1] 변호사 박민식이 윤지오를 범죄피해자보호기금 부당지원 혐의로 고발했다는 기사다. 박상기, 민갑룡도 직무유기로 함께 고발되었다고 쓰여 있다. 이 기사는 윤지오가 술자리에서 받아 갖고 있었던 유일한 언론인 명함이었던 이유로 조○천 대신에 장자연 성추행 혐의자라는 오해를 받았던 홍○근의 『머니투데이』에 의해 대서특필되었다.

대체 변호사 박민식이 누구인가? 위키에 이런 이력들이 씌어 있다. 아버지는 맹호부대의 정보·통역장교로 베트남 전쟁에 참전했다가 1972년 6월 2일 베트남 중부 빈딘성에서 전사한 박순유 육군 중령이다. 1993년 제35회 사법시험에 합격해 법조인이 되었으며 "불도저 검사"로 불리었다. 장자연이 비통한 죽음을 맞이한 2009년에 그는 무엇을 하고 있었는가?

---

1. 김태은, 「윤지오, 또 피소…"호텔비 지원은 범죄행위" 검찰고발」, 『머니투데이』, 2019년 6월 12일 수정, 2020년 2월 13일 접속, http://bit.ly/37K7Nsv.

·2008년 1월 제17대 이명박 대통령 취임 준비 위원회 자문위원

·2008년 5월 ~ 2012년 5월 제18대 한나라당 국회의원(부산 북구. 강서구갑)

윤지오가 장자연과 관련해 증언을 하고 그로 인해 마녀사냥과 추방을 겪은 2019년에 그는 무엇을 했는가?

·2019년 1월 ~ 현재 : 자유한국당 부산시당 강서구(갑) 당협위원장

·2019년 4월 ~ : 자유한국당 신정치혁신특별위원회 ─ 공천혁신소위원회 위원

·2019년 4월 ~ : 자유한국당 부산시당 21대 총선공약준비위원회 부위원장

·2019년 4월 ~ : 자유한국당 부산시당 21대 총선공약준비위원회 직능분과

장자연을 죽음으로 몰고 갔던 것은 이명박 정권과 그 시기의 성폭력 체제이다. 그는 장자연 사건 당시에는 이명박 정권과 한나라당의 정치적 '불도저'였으며 2019년에는 그 후신인 자유한국당의 정치적 '불도저'다.

김수민의 인스타그램에서 터져 나오고 있는 환호성은 장자연의 목소리가 더는 우리 사회에 들릴 수 없도록 깊이 매장할 목적으로 SNS에까지 울려 퍼지는 불도저 소리의 메아리이다. 누가

윤지오를 범죄자로 만드는지 그 정체가 지금 점점 분명하게 드러나고 있다. 길이 닦였고 손님들이 가득하며 이제 살육의 잔치판을 벌여도 될 시점이라고 생각하기 때문일까?

숫맨, 가해권력, 그리고 포스트모던 사칭술

숫맨은 자신의 방송과 정치를 연결 짓지 말라는 식의 말을 하곤 하지만 그 말은 코미디와 다름없다. 왜냐하면, 그가 유튜브 방송을 통해 하는 말들 속에서 정치적 지향성이 숨김없이 노출되어 있고 그의 정치적 무의식(?)이 명확히 의식적인 형태로 발화되기 때문이다. 그는 장자연 사건의 가해권력이란 좌파정권이 윤지오를 이용해 만들어낸 가공물이라고 주장한다. 이런 주장을 통해서 달성하고자 하는 것이 무엇일까? 두말할 필요가 없다. 윤지오를 범죄자로 몰아 장자연 사건과 성폭력 체제의 가해권력을 은폐하고 비호하는 것이다. 이 점을 조금 더 구체적으로 살펴보자.

우선 그가 캐나다에서 1인 시위를 벌인 서○혁을 주인공으로 한 유튜브 방송을 하면서 무슨 말을 했는지 정리해 보자.

(1) 장자연을 죽인 가해권력은 없다. 그것은 모두 윤지오가 돈을 벌기 위해 캐나다에서 짜 가지고 한국으로 가져온 "완벽한 시나리오"의 일부이다.

(2) 윤지오로 하여금 이러한 시나리오를 짜서 한국으로 가져오도록 한 배후가 있다. 그것은 김영희를 비롯한 한국의 "좌파"이다.

(3) 이들 "좌파"는 윤지오를 이용한 후 버렸다. 이런 의미에서 윤지오는 가련한 희생자다

(4) 그럼에도 윤지오는 자신이 버림받은 줄 모르고 자신의 시나리오를 진실이라고 주장하며 반성과 사과를 하지 않는다. 오히려 뻔뻔하게 그 시나리오가 진실이라고 "거짓말"을 계속하고 있다.

(5) 이렇게 하게 되는 이유는 윤지오가 학력을 위조하고 음란행위를 하는 불량한 인성을 갖고 있기 때문이다. 그래서 자신이 하는 말이 "거짓말"임을 알지 못하고 계속 "거짓말"을 한다.

(6) 많은 고소·고발을 당한 윤지오를 한국의 수사기관이 강제소환해서 구속 수사해야 한다.

(7) 그런데 "좌파" 정권의 통제를 받는 한국 수사기관이 과연 그렇게 할지 의문이다. 그래서 캐나다까지 와서 1인 시위 방송을 함으로써 수사기관을 압박하고자 한다.

"장자연을 죽인 가해권력이 없다"는 주장은 대한민국의 대부분의 사람이 받아들이지 않을 주장이다. 가해권력의 실체가 아직 구체적으로 다 밝혀지지는 않았지만 가해권력이 실재한다는 것은 이미 지난 10년간의 수사, 기소, 재판, 증언, 논란 과정에서 명확하게 드러났기 때문이다. 검찰이 증거불충분, 공소시

효 만료 등의 사법 핑계로 그 실체를 덮어주고 있다는 것은 알 만큼은 다 알려졌다. 숫맨은 그럼에도 불구하고 좌파가 가해권력을 만들어낸 것이라고, 즉 가해권력이 위조된 것이라고 강변한다. 윤지오가 그 위조의 도구로 사용되었다고 덧붙이면서 말이다. 결국, 숫맨은 윤지오를 조사하면 윤지오가 그 위조의 몸통을 실토할 것이고 그러면 가해권력을 위조한 진짜 책임 주체인 좌파의 음모가 드러날 것이라고 공상하고 있는 셈이다.

참으로 기이하고 비현실적인 상상이라고 하지 않을 수 없다. 왜 그럴까? 무엇보다도, 기록과 증거로 남아 있는 엄청난 (빼돌린 것까지 포함한다면 더 엄청날) 물증들을 외면하면서 자신의 주장을 놀라우리만치 폭력적이고 단순하게 제기한다는 것이 놀랍다. 둘째로는 좌파가 윤지오에게 이용당했다는 『조선일보』와 TV조선의 주장과 정반대 방향에서 음모론을 사용한다는 것이다. TV조선이 윤지오의 음모로 본 반면, 숫맨은 좌파의 음모로 본다. TV조선에게는 좌파가 농락의 대상일 뿐이고 숫맨에게는 윤지오가 공작의 도구일 뿐이다. 이 점에서는 숫맨이 『조선일보』보다는 조금 더 현실적인 것으로 보인다. 일개 시민 윤지오가 "좌파" 권력자들과 권력기관을 들었다 났다 했다는 TV조선의 주장은 리얼리티가 전혀 없어 신빙성을 잃고 있기 때문이다. 그럼에도 불구하고 두 음모론 모두 윤지오가 증언을 통해 진실을 말했다는 사실을 외면하는 타조식 사고법을 보여준다는 점에서는 공통된다. 더 중요한 셋째의 점은, 숫맨이 방송을 통해 '자신이 증언자를 2차 가해하는 가해자로 기능하고 있지 않은가?'라는 자기성찰적 태도를 보이지 않고 있다는 점이다. 이 점은, TV조선도 마찬가지다. 가해하는 권력의 경직된 오만함 때문일까, 가해행위에서 느끼는 자기도취적 희열 때문일까?

이러한 질문에 답하기 위해서라도 사법권력이 실체규명을 회피하고 있는 것으로 보이는 저 가해권력의 정체를 밝히는 것을 시민사회가 자신의 중요한 과제로 받아 안지 않을 수 없을 것으로 보인다. 그런데 뜻밖에 숫맨의 이 캐나다 1인 시위 방송이 우리로 하여금 장자연과 윤지오에 대한 가해권력의 얼굴을 엿볼 수 있게 하는 것 같다.

캐나다에서 1인 시위 형태로 윤지오의 자택과 그 주소지를 전 세계에 공개하고 윤지오를 구속하라는 식으로 위협한 서○혁이 누구인가? 그에 대해서는 이미 『한겨레21』이 심층 보도를 한 바 있다.

1978년 출생, 1997~2016년 일본 게이오대 IT 프로페서 코스 (Professor Course) 조교수, 게이오대 병원 신경정신과 수련의, 연세대학교 세브란스병원 임상시험센터 협력교수, 2017~2018년 LH 투자유치자문관, 서천군 투자유치자문관, 서울시 도시재생 연구위원, 일본 게이오대 MBA(경영학 석사), 한국토지정보연구소 수석컨설턴트, 글로벌 자랑스러운 인물 대상. (서 씨가 공공기관에 보낸 이력서에 쓴 내용 포함)

현란한 프로필에 압도된다. 그런데 이 경력들은 상식적으로 이해하기 어렵다. 서준혁씨는 이미 20살에 해외 명문대 교수가 됐다. 그러면서 의대 입학과 인턴·레지던트는 언제 했는지 신경정신과 의사로 변신한다. 그리고 2017년엔 부동산 전문가? 거짓말이다. 〈한겨레21〉이 확인한 결과 일본 게이오대("재직 사실이 없다"), LH("사칭에 대해 이미 경고했다"), 서울시("도시재생 연구위원이란 직함 자체가 없다") 등 상당수 경력이 허위다. 실제 서준혁씨가 생계를 유지하기 위해 해왔던 일은 동대문 의류 도매상과 대리운전 기사 등이다.[1]

이 기사에 따르면, 서○혁은 게이오대 병원 수련의, 연세대 협력교수, IT전문가, 부동산투자자문위원을 사칭한 바 있다고 한다. 어떻게 한 사람이 의사, 교수, IT전문가, 부동산투자자문 등 고도의 전문성을 요하는 각기 다른 넷 이상의 분야의 전문가가 될 수 있는가?, 라는 아주 기초적인 상식에서 출발하여 서○혁을 심층 취재한 이 보도는 각각의 직함이 사칭이며 그 사칭을 감추어 주는 것이 놀랍게도 언론임을 발견한다.

어떻게 언론이 사칭을 감추어 줄 수 있는가? 아니 어떻게 언론이 사칭에 공모하는가? 그 비밀은 기사 출고 거래에 있다. 기사 출고 거래란 기사를 의뢰자에게 유료로 파는 숨겨진 관행을 말한다. 변지민 기자와 조윤영 기자가 취재한 이 기사 출고 거래의

1. 변지민·조윤영, 「가짜뉴스 사서 스펙 만든 현대판 '김선달'」, 『한겨레21』, 2019년 1월 10일 수정, 2020년 2월 13일 접속, http://bit.ly/2T2iDVI.

실태는 충격적이다. 좀 길지만, 해당 대목을 인용해 보자.

전문가도 아닌 서씨가 사칭을 하며 강의까지 다닐 수 있었던 비결은 뭘까. 바로 '기사'다. 〈한겨레21〉이 취재 과정에서 만났던 사람들은 서씨의 직함이 거짓이라는 말에 "기사에 나왔는데…"라며 당황스러워했다. 12월13일 현재 네이버와 다음에서 '서준혁 자문관'으로 검색해보면, 제목에 "서준혁" 이름이 박힌 기사가 쏟아진다. 올 한 해만 서준혁씨와 관련해 50건 이상의 기사가 실렸다. 자세히 뜯어보면 이상한 기사가 많이 보이긴 한다. 예를 들어 "서준혁 자문관, 14일 울산 이마트 문화센터에서 '부동산 명견만리' 강연"이라는 제목의 기사들이다. 올해 8월13일 〈동아일보〉〈중앙일보(미주)〉〈디지털타임스〉〈한국농어촌방송〉〈파이낸스투데이〉〈스페셜경제〉 등 언론에 일제히 보도된 기사다. 생각해보자. 전국 80여 개 이마트 문화센터에서 날마다 수백, 수천 개의 강의가 열린다. 그중 하나인 서씨의 강의는 평균 참가자가 한 자릿수인 비인기 강좌였다. 서씨가 대중적으로 유명한 인물도 아니다. 최소 6개 매체가 동시에 보도할 정도로 기사 가치가 있는지 물음표를 던지지 않을 수 없다. 더구나 8월14일 강의는 기사가 나오기 사흘 전인 8월10일 취소됐다. 6개 매체는 최소한의 사실 확인도 거치지 않아 오보를 낸 것이다. 〈동아일보〉〈한국농어촌방송〉〈파이낸스투데이〉〈스페셜경제〉의 기사 하단에는 각 언론사 기자 이름이 적혀 있다. 〈중앙일보(미주)〉 기사에는 작성한 기자 이름이 없다. 〈디지털

타임스〉 기사는 '인터넷 마케팅 기자'가 작성했다. 〈한겨레21〉의 취재가 시작된 뒤 〈동아일보〉 기사는 삭제됐다. 서준혁씨는 주요 방송에도 출연했다. SBS 〈생활경제〉, SBS CNBC 〈성공의 정석 꾼〉, JTBC 〈아지트〉, 채널A 〈김현욱의 굿모닝〉, 서울경제TV 〈조영구의 트렌드 핫이슈〉 등 정보 프로그램에 비중 있게 소개됐다. 부동산 전문가로 사람들 앞에서 강의하는 모습과 사기 피해를 본 사람을 상담해주는 장면이 연출됐다. 앞서 서씨도 실토했듯 방송 출연 시점에서 그가 쓴 '지자체 투자유치자문관'이라는 호칭은 근거가 없다. 방송사는 최소한의 검증도 없이 그를 5~10분가량 출연시켜 전문가라고 소개했다. 현재 SBS 〈생활경제〉 방송분은 누리집에서 '비공개'로 바뀐 상태다. 그동안 사실이라 믿었던 정보가 거짓으로 드러날 때 사람들은 혼란을 겪는다. 신뢰를 판매하는 언론사에서 나온 정보라면 더욱 그렇다. 공단 관계자는 서씨의 사칭에 대해 이야기하는 기자에게 반문했다. "기자님은 기자가 맞으세요?"[2]

기사와 방송의 권위를 이용하는 사칭인 것이다. 어떤 직함이 기사나 방송에 나오면 대중들은 그것을 사실로 인식하는 경향이 있다. 그러므로 어떤 직함을 사실로 만드는 방법은 간단하다. 자신이 주장하는 바의 직함이 비록 거짓의 직함일지라도 기사와 방송에 나오도록 만들기만 하면 되는 것이다. 극장의 우

---

2. 같은 글.

상(베이컨)의 실리적 차용이라 할 수 있을 것이다. 그렇다면 언론사와 방송사는 어떤 동기에서 사칭을 필요로 하는 사람들과의 기사출고거래에 응하는 것일까?

이제 중요한 질문을 던져야 할 때가 왔다. 서씨와 관련해 검증되지 않은 수많은 기사는 어떻게 생산된 걸까. 기자가 사실 확인을 제대로 하지 않아서? 서씨와 같은 사무실에서 일했던 ㄱ씨는 이런 말을 했다. "서준혁씨가 직접 기사를 쓴 뒤 ㅈ사라는 언론홍보대행사에 돈을 주고 기사를 출고하는 과정을 옆에서 지켜봤습니다." ㄱ씨 주장에 따르면, 일부 언론사들이 매체 간판과 기자 이름을 서씨에게 대여해주고 그 대가로 돈을 받은 셈이다. "서준혁씨가 ㅈ사의 단가표를 보여주며 다른 대행사보다 가격이 싸다고 했습니다." 앞서 8월13일 보도된 울산 이마트 문화센터 강연 오보도 언론홍보대행 ㅈ사를 통해 나간 기사다. ㅈ사 누리집에서 회원 가입을 하면 언론사별 단가표가 나온다. 일반, 병원, 부동산, 서면 인터뷰, (방문)취재 등 서비스별로 가격이 다르다. 그중 '일반' 서비스를 보면 언론사 이름 옆에 가격표가 보인다. 〈중앙일보〉(잠시 중단) 27만원, 〈동아일보〉 23만원, 〈경향신문〉(잠시 중단) 18만원, 〈조선비즈〉(잠시 중단) 15만원, 〈한국경제〉(잠시 중단) 15만원, 〈머니투데이〉 13만원, 〈아시아경제〉 13만원, 〈디지털타임스〉 8만9천원, 〈미주중앙일보〉 7만9천원, 〈스페셜경제〉 6만9천원, 〈한국농어촌방송〉 〈파이낸스투데이〉 5만9천원 등 60여 개다. 부가세는 별도다. 방송은 단가가 높다. KBS 〈생방송 아침이 좋다〉 1600만원, MBC 〈생방송 오늘아침〉 1300만원, SBS 〈생활경제〉 1100만원, JTBC 〈알짜왕〉 900만원(5분), 1100만원(10분), 채널A 〈김현욱의 굿모닝〉 700만원, 서울경제TV 〈조영구의 트랜드 핫이슈〉 300만원 등이다. ㅈ사 관계자는 고객을 가장한 기자의 질문에 "고객님이 직접 방송 출연도 가능하다"고 했다. 돈만 내면서면 인터뷰나 방문 취재도 요청할 수 있고, 언론사에서 주최하는 상도 받을 수 있다.[3]

서○혁과 ㅈ사 대표가 이러한 추론을 부인하자 『한겨레21』 취재진은 실험으로 "12월11일 고객으로 가장한 채 ㅈ사에 돈을 주고 언론사 3곳에 기사 출고를 요청했다." 결과가 무엇일까? 요청한 세 곳 중 "하루 뒤인 12월12일 요청한 기사가 언론사 2곳에 실렸다."[4]

조윤영 〈한겨레21〉 기자는 ㅈ사에 제공한 보도자료에 가상의 대학과 연구기관 경력을 적었고, 가상의 업체 대표라고 자신을 소개했다. 누구든 검색 몇 번만 해보면 거짓말이라는 사실을 쉽게 알 수 있도록 엉터리 정보를 넣었다. 업체명도 '페이크'(거짓)라고 달았고 사업자등록증이 없다고도 밝혔다. 놀랍게도

---

3. 같은 글.
4. 같은 글.

언론사 2곳에서 연락 한 번 없이 거의 그대로 기사가 출고됐다. 돈을 받고 기사 내용은 살펴보지도 않은 채 출고한 것이다. 한 매체에선 서준혁씨의 울산 이마트 문화센터 강연 기사를 썼던 ㄴ기자가 〈한겨레21〉 가짜기사도 출고했다. ㄴ기자는 12월12일 하루에만 기사를 11개 출고했고, 11월 한 달 동안 모두 214개 기사를 출고했다.[5]

우리는 이런 방식으로 조작되었을 수도 있는 기사들을 사실로 받아들이며 살고 있다. 서○혁은 자신이 윤지오를 사칭해서 윤지오 경호회사를 탈세로 고발했다고 자백한 바 있다. 서○혁은 유엔 직원이라고도 주장하고 있지만, 아직 그가 유엔 직원이라는 사실을 분명하게 확인해 주는 것이 나타나지 않고 있다.

숫맨은 전직 『뉴시스』 소속이었다고 한다. 숫맨과 함께 캐나다로 가서 윤지오 가택 주변을 취재한 노○○ 기자는 뉴스핌의 기자라고 한다. 『뉴스핌』은 『뉴시스』 출신의 민○복이 대표로 있는 언론사다. 노○○ 기자도 『뉴시스』 출신이라고 한다. 우리는 『뉴시스』가 2019년 4월 7일 윤지오에 대한 최초의 비난 프레임을 만든 통신사임을 기억하고 있다.[6] 『뉴시스』는 최지윤이 쓴 기사를 윤지오의 항의를 받고 내리지 않을 수 없었다. 그 비난 프레임이 가짜이고 조작된 것임을 스스로 인정한 것이다. 주

---

5. 같은 글.
6. 이에 대해서는 「『뉴시스』와 김수민」(이 책 2장 112쪽 이하) 참조.

지하다시피 『뉴시스』는 홍○근이 대표로 있는 『머니투데이』 계열사이다.

홍○근은 누구인가? 홍○근은 장자연 사후 초기 재수사 당시에 장자연을 강제추행한 혐의를 받았던 인물이다. 윤지오가 장자연을 성추행한 인물의 신체 특징, 그가 했던 말 등에 대해 경찰에게 진술하고 자신이 술자리에서 받아 소지한 명함 전체를 넘겨준 후 그 자료들을 근거로 경찰이 유력 혐의자로 특정한 인물이 홍○근이었다. 이후 강제추행한 인물이 홍○근이 아니라 조○천임이 윤지오와의 대면접촉을 통해 밝혀졌다. 그런데 이러한 관계 때문인지 우리는 최근 윤지오에 대한 2차 가해 흐름에 『뉴시스』가 깊이 연관되어 있다는 것을 느끼게 된다. 이렇게 『뉴시스』와 그 기자에서 시작하여 『뉴시스』 출신 기자, 『뉴시스』 출신이 대표로 있는 언론사, 그리고 그 언론사의 기자 등이 윤지오에 대한 마녀사냥에 참여하고 있다는 정보는 『뉴시스』가 일종의 "무리"로 움직이고 있다는 생각을 지우기 어렵게 만든다.

『한겨레21』의 기자 변지민, 조윤영은 위의 보도기사에서 언론사들이 인터넷 기사 한 편을 올려 주는 데 10만 원(최저가 『브릿지경제』)~28만 원(최고가 『조선일보』, 『중앙일보』)을 받는 현실을 폭로했다. 이 기사에서 두 기자는 "서준혁"이라는 인물이 한 해에만 50건 이상의 기사를 실어 자신을 투자자문위원 등으로 신분위조를 하는 현실을 개탄하며 돈을 받고 기사를 파는 이런 현실이 언론의 공멸을 가져올 것이라고 경고했다.

그렇다면 윤지오에 대한 서○혁의 고소·고발[7]도 언론에 자신의 이름을 내서 자신을 사법상 "정의로운 인물"로 신분 위조하기 위한 아주 저렴한 수단으로 사용되고 있는 것이 아닐까?

『한겨레21』이 사칭 전문가로 지목했던 서○혁은 이제 윤지오를 강제 송환하도록 만들겠다는 명분으로 『뉴시스』 무리의 일부인 숫맨의 방송에 단골로 출연할 기회를 얻었다. "사기꾼"을 고발한다는 이유를 대고서 말이다. 그런데 그런 기회를 얻기 위해서라면 자신을 수사기관과 언론방송에 고발하는 것이 훨씬 빠르고 더 저렴하고 더 센세이셔널하지 않을까?

『한겨레21』 취재에 따르면, 서○혁은 자신에 관한 보도기사를 돈을 주고 사서 위조 신분을 연속적으로 세탁해 온 것으로 볼 수 있다. 이것은 포스트모던한 언론상황이 가능케 만드는 사칭의 새로운 기법이다. 그가 이 포스트모던 사칭방법을 윤지오 음해쇼에 그대로 사용하고 있다고 보면, 숫맨이 그를 1인 시위자로 방송에 계속 장시간 출연시키는 것에 그가 어떤 대가를 지불하고 있으리라고 추론할 수도 있다. 숫맨의 방송은 윤지오를 음란죄로 고발한 "윤지오의 고교동창생"[8]이 라이브 전

---

7. 그는 7월 25일 윤지오를 성폭력범죄처벌법위반(통신매체이용음란죄) 혐의로 강남경찰서에 고발한 외에 윤지오를 경호한 경호회사 대표, 〈지상의 빛〉 김상민 상임이사(현 대표) 등도 고소·고발했다.

8. "윤지오의 고교동창생"이라는 이름으로 숫맨과 전화 인터뷰를 한 사람은 실은 서○혁이었는데 두 사람이 고교동창생이라는 것은 현재까지 입증되고 있지 않다. 따라서 "고교동창생"이라는 이름은 포스트모던 사칭의 하나일 가능성이 높다. 윤지오를 경호해 준 경호회사 대표를 고소하면서도 그는 고소인

화로 인터뷰한다고 광고하여 시청자를 모은 후 슈퍼챗을 받았다. 하지만 그것으로는 크게 수익을 거두지는 못한 것으로 보인다. 오히려 거둬들인 슈퍼챗보다 더 많은 비난을 거둬들였다고 해야 할 것 같다. 그러므로 포스트모던 사칭의 기술에 대해 호기심을 갖게 된 사람들은 슈퍼챗처럼 시청자가 내는 가격이 아니라 미디어 구매료로 출연자가 내는 기사 출고 가격에 주목하게 된다. 〈숫맨 티비〉 출연료로 서○혁이 얼마를 내고 있는 것일까, 다시 말해 〈숫맨 티비〉의 기사 출고 거래가는 얼마일까 궁금해지는 것이다. 앞서 언급한 전화 인터뷰 방송에서 서○혁은 캐나다로 숫맨을 모시겠다고 말했다. 그리고 실제로 숫맨과 서○혁은 캐나다에서 만나 윤지오를 위협하는 1인 시위를 방송했고 나이아가라 폭포를 관광했다. "모신다"는 것이 항공권과 숙박비, 그리고 나이아가라 폭포 관광비 등을 제공하겠다는 뜻이었을까? 아니면 방송 중에 숫맨이 지속적으로 시청자들에게 "응원해 주셔야 한다"면서 "좋아요 눌러주세요, 구독해 주세요, 알림종 눌러주세요"라고 말했는데 그것이 가져올 홍보효과가 그에 대한 보상적 대가일까? 아니면 또 다른 은밀한 대가형태가 있는 것일까? 포스트모던 사칭술에 관심을 갖기 시작한 시민들의 궁금증을 자아내는 이 위험한 탈진실post-truth의 가해 연합에 대해 "진실을 추구하는" 언론들이 취재를 하고 조사를 해서 시민들에게 알려주는 것이 반드시 필요한 것으로

의 이름으로 자신이 아니라 윤지오라는 사칭을 사용했다.

보인다. 증언자 윤지오만이 아니라 언론 일반의 공익성이 심각하게 위협받고 있고 언론에 대한 신뢰가 극단적인 위험에 직면해 있기 때문이다.

포스트모던 사칭술에 대해

나의 글 「숫맨, 가해권력, 그리고 포스트모던 사칭술」에 한 네티즌(ID 김상범)이 "사칭술이면 그냥 사칭술이지, 왜 '포스트모던'이 붙는지 모르겠네요."라는 댓글을 달아 주었다. 내가 윗글에서 그 용어의 의미를 문면 속에 묻어두었지 별도로 끄집어내 설명하지 않았으므로 그 점을 보충해야 할 필요를 느낀다.

사전적 의미에서 '사칭'은 "이름, 직업, 나이, 주소 따위를 거짓으로 속여 이르다"를 뜻한다. '사칭범'이라는 항목에는 "이름, 직업, 나이, 주소 따위를 거짓으로 속여 남에게 경제적인 손해를 입힘으로써 성립하는 죄. 또는 그런 죄를 지은 사람"이라는 정의가 붙어 있다. 그러므로 사칭이란 고의로 실제 지시대상과 유리된 기표signifiant를 사용하는 행위를 의미하는 것으로 볼 수 있다.

정의상 사칭의 주체는 사칭하는 사람 자신이다. 사칭하는 그 자신이 지속적으로 '나는 의사다, 나는 교수다, 나는 IT 전문가다, 나는 부동산투자자문위원이다, 나는 정의로운 사람이다' 식으로 말하고 다니고 그것이 소문으로 떠돌면서 그 사람에 대한 그러한 평판이 주변에 조성되었었는데, 알고 보니 그것이 사실이 아닐 때 보통 우리는 그가 XX를 사칭했다고 표현한다. 이것을 근대적 유형의 사칭이라 부르자.

그런데 그 사칭을 누가 대신해 준다면 어떻게 될까? 이미 근대적 유형의 사칭 속에서 '소문'이 그 '대신해 주기'를 함의한다. 지시대상과 유리되도록 만들어진 기표가 입에서 입으로 전해지면서 그 지시대상과 상당히 강력하게 유착된 가짜 기의^{signifié}를 만들어 내는 것이다. 보통 평판은 이런 식으로 소문을 통해 이루어져 왔고 사칭임이 드러나는 순간은 그러한 평판에 금이 가는 순간일 것이다.

그런데 입에서 입으로 전하는 아날로그적 방식은 좁은 공동체 내에서만 통용되는 가짜 기의, 즉 사칭을 가능하게 한다. 그 공동체를 벗어나면 그 사칭은 의미를 잃게 되고 사칭자는 원점에서 다시 사칭을 시작해야 하는 난관에 봉착한다. 게다가 공동체 속에서는 사칭 자체가 쉽지 않다. 해당 공동체의 성원들이 사칭하려는 의도를 가진 사람들의 실제를 상대적으로 쉽게 알 수 있는 가까운 거리에 있기 때문이다. 이 거리상의 가까움이 갖는 감시기능 때문에 기표를 실제 대상에서 유리시키는 것이 처음부터 곤란한 것이다. 이처럼 근대에 사칭은 공동체 내에서의 장애와 공동체 밖에서의 장애라는 이중의 장애에 부딪히기 때문에 예외적 행위형태였다고 할 수 있다.

메트로폴리스화, 미디어화, 디지털 테크놀로지 및 인터넷의 확산 등 탈근대적 현상들의 대두는 사정을 다르게 만든다. 공동체가 와해되거나 느슨해져 각자가 개체화된 점들로 바뀌고 그 점들을 미디어와 디지털 네트워크가 연결하게 된다. 이것은 사칭의 두 장애가 모두 철거된다는 것을 의미하기도 한다. 전통적 공동체의 자생적 감시기능이 사라지고 아날로그의 공간적 한계가 사라지는 것이다.

이러한 조건에서 나타나는 것이 대의로서의 사칭, 혹은 사칭 대의이다. 서○혁 사건은 이러한 사칭 대의가 직업적으로, 하나의 영업으로서 영위되고 있다는 것을 보여준다. 미디어가, 사칭자를 대신해서 사칭해주는 일을 상품으로 판매하고 있음을 보여준다. 월드와이드웹(WWW)은 구매된 그 사칭상품을 전 세계적으로 유통시키는 사칭 네트워킹 장치로 기능한다. 우리는 실제 대상이 보이지 않는 상태에서 가짜 기의를 품고 흘러다니는 기표만을 만나고 그것과 관계 맺는다. 하나의 기표가 가짜 기의, 즉 사칭의 담지자였음이 드러난 후에도 사칭자는 새로운 기표를 미디어에서 구매하여 그것을 WWW에 유통시킴으로써 새로운 사칭을 해나가는 것이 가능해진다. 실제로는 동대문 의류도매상과 대리운전기사라는 직업을 가졌다고 하는 서○혁이 그때그때 의사, 교수, 투자자문위원, IT 전문가라는 사칭(가짜 기의)을 연쇄적으로 가질 수 있었던 것은, 그리고 지금은 다시 멀리 캐나다까지 가서 "정의로운 고발자", "공익제보자"를 사칭할 수 있는 것은 특정한 역사적 조건하에서다. 그것은 서○혁의 그 사칭을 기사나 방송으로 판매하여 유통시키는 인터넷 신문, 유튜브 방송 등의 미디어와 인터넷이 없이는 불가능하다. 다시 말해 1인 시위 쇼를 벌이는 서○혁의 모습을 인터넷 방송으로 송출하면서 윤지오가 아니라 서○혁이야말로 "공익제보자"라고 속삭이며 공공연하게 사칭해 주는 포스트모던 미디어가 없다면 상상하기 어려운 것이다. 사람들은 이러한 사칭 놀이를 "실재보다 더 실재적인"(장 보드리야르) 것으로 느끼면서 얼마나 즐거워하는가!

이런 의미에서 나는 서○혁의 사칭을 포스트모던 사칭이라 불렀다. 그런데 좀 더 자세히 살펴보면 스스로를 '공익제보자'로 사칭하는 방식은 좀 새롭다. 왜냐하면, 스스로를 '공익제보자'로 사칭하기 위해서 지금까지 자신이 사용했던 사칭이라는 방식을 타자(윤지오)에게 강제로 적용하는 방식으로, 즉 윤지오를 강제로 '사기꾼'이라 칭하는 방법을 통해 이루어지기 때문이다. 이러한 방식은 모든 사람의 이름들, 직업들, 죄목들이 사칭으로 될 수 있다는 탈실재적 가정에 근거한다. 이른바 탈진실의 시대가 포스트모던 사칭의 역사적 조건인 것이다. 사칭자가 미디어를 이용해서 (즉 미디어를 구매해서) 누군가에게 갖다 붙이는 이름이 그 사람의 이름이 되고 직업이 되고 범죄가 될 것이기 때문이다. 여기서 사칭은 예외가 아니라 정상이 되고 특수가 아니라 보편이 된다. 서○혁은 윤지오에게 사기, 음란 등의 죄목을 갖다 붙임으로써 윤지오라는 실제 대상과는 아무 상관 없는 사칭들을 유통시키고 가상실재화 virtualize하는 미디어쇼를 벌인다. 캐나다의 가택 앞으로 찾아가 윤지오에게 이 같은 사칭을 부여하는 1인 시위를 하고 그것을 인터넷 유튜브 방송(미디어)으로 송출하도록 만들어 가상실재화하는 것이다. 자신이 사용했던 사칭의 방법을 타자에게 외부로부터 같은 방식으로 부과하는 것인데, 이것은 사칭의 일반화와 일상화의 질서를 도입하려는 시도이다.

얼핏 보면 이러한 방식은 자신의 전문 특기인 사칭이 지배하는 세계를 만들어 자신의 사칭이 결코 범죄가 아니라 삶의 일반적 논리, 윤리, 관행, 문화, 아니 심지어 법칙이 되기를 갈망하고 또 그것을 구현하는 수단인 것처럼 보인다. 모든 이름을 사칭으로 만들어 평등한 사칭의 세계를 만들어 내고자 하는 것처럼 보인다. 그런데 이 평등해 보이는 사칭의 세계에 크나큰 불평등과 적대성이 도사리고 있다. 사칭의 일반화를 추구하는 이 방법이 자신과 같은 사칭 전문가 유형의 인간이 확실하게 비교우위를 확보할 수 있을 전략을 추구하기 때문이다. 이를 위해 사용하는 방법이 무엇일까? 자신의 사칭은 언론세탁으로 끊임없이 합법화하면서 타자에게 자신이 고의적으로 부여한 사칭은 범죄화하여 처벌을 요구하는 것이 그것이다. 실제로는 유죄인 자신을 무죄 사칭하고 무죄인 사람을 유죄 사칭하는 이 괴이한 행동의 반복을 통해 세상을 거꾸로 물구나무 세우고 그 거꾸로 된 세상에서 지배 권력을 움켜잡고자 하는 기술이 바로 포스트모던 유형의 사칭술이다.

6장
후원자로 하여금 증언자를 배신하게 만들어라

윤지오에게 정부가 경비 '특혜'를 제공했다는 오래된 유행가

증여혐오 : 김수민의 "사기야!"의 경우

최나리 변호사의 '증여의 의사표시 취소로 인한
부당이득 반환청구소송'에 대한 비판

윤지오에게 정부가 경비 '특혜'를 제공했다는 오래 된 유행가

대한민국 정부는 장자연 사건을 재조사하라는 국민의 청원을 받아들여 윤지오에게 이 사건에 대한 증인으로 나서 줄 것을 청탁했다. 대한민국 국민들이 장자연 사건에 대한 재조사를 요구한 것은 지난 10년간 우리 사회에 유령처럼 떠돌았고 2018년 초 미투 운동을 통해 실제로 확인된 권력형 성폭력이 장자연을 죽음으로 몰고 간 핵심 원인일 수 있음을 고려한 것이었기 때문에, 윤지오가 증언에 나선다면 그것은 권력자들과 맞서는 위험한 일임이 분명했다. 실제로 장자연은 최근 SBS가 공개한 육성녹음에서 (자신의 소속사 대표보다 더) 거대한 권력으로부터 "죽여 버리겠다"는 협박을 받고 있다고 다급하게 말하고 있다. 죽임을 당할 수 있는 위험이 윤지오에게는 없겠는가? 위험을 우려한 가족들과 본인이 2018년에 증언 청탁을 거절했지만, 대한민국 정부는 여러 차례 설득하여 증언해줄 것을 요청했다. 이 거듭된 요청을 받아들여 윤지오는 증언을 결심하고 한국으로 왔다. 증언은 살아남은 자, 즉 생존자만이 할 수 있는 것이다. 죽은 자는 증언할 수 없기 때문이다.

2018년 말 증언을 위한 첫 번째 한국 방문 시에 윤지오는 위험을 우려하여 자신의 이름과 얼굴을 공개하지 않았다. 그리고 국가로부터 최소한이지만 경호 조치를 받았다. 국가의 요청에 응답한 증언이었기 때문이다. 2019년 초 두 번째 한국 방문은 『13번째 증언』 출판에 맞춰 이뤄졌다. 그런데 첫 번째 방문 때보다 더 많은 증언 요청이 있었다. 주로 언론사들로부터였다. 때마침 조사 시한이 연장된 검찰 과거사위원회로부터도 추가로 증언 요구가 있었다. 하지만 어떠한 신변보호 조치도 약속되지 않았다. 이런 상황에서 윤지오가 시작한 것이 라이브 "생존 방송"이다. 그것은 국민 대중의 힘으로 자기를 지키기 위한 방법이었다. 그것은 자신의 신체와 생명 활동을 국민 대중의 눈앞에 공개하고 그 눈들이 자신을 지켜보게 함으로써 자신이 느끼는 두려움과 결의를 함께 공유하고 시청자 대중과 자신이 공통의 몸과 마음으로 엮여들도록 만드는 기술적 장치였다. 또 그것은 권력에 대한 두려움 속에서 권력에 맞서면서 진실규명의 공통장을 창출하는 혁신적 과정이었다.

어두운 밤길에서 남성에 대해 여성이 느끼는 두려움을 남성이 체감할 수 없듯이, 권력과 대립하지 않는 사람들(여기에는 권력자 자신은 물론이고 권력 부역자들과 권력으로부터 보호를 받는 사람들도 포함된다)은 권력으로부터 두려움을 느끼기는커녕 오히려 권력을 안전한 것으로 느끼며 안락한 삶의 질서로 느낀다. 이 때문에 이들은 윤지오가 느끼는 두려움과 공포에 공감하기는커녕 그것을 더 많은 돈을 모으기 위한 술수로

독해한다. 그래서 두 번의 교통사고, 스마트워치 오작동, 숙소에서 난 냄새, 잠금장치 파손, 숙소에서 들리는 기계음 등을 호소하며 윤지오가 두렵다고 말할 때 저들은 그것을 거짓말로 단정하고 미디어를 통해 공개적으로 비난한다. 윤지오가 동료 배우 장자연의 의문의 죽음과 더불어 10년을 숨어 살아올 수밖에 없었던 현실을 고려하는 것을 이들은 사치로 받아들인다. 이들은 "단순 교통사고, 스마트워치 조작법 미숙, 침입시도 흔적 없음" 등의 기계적 시선으로 한 인간의 영혼이 포학한 권력의 엄연한 사회적 실재로 인해 겪고 있는 고통을 간과한다. 이러한 감각 및 감성 양식으로부터 "대체 너(윤지오)를 누가 쫓아온다고?!"라는 조롱이 시작된다. 이것은, "나는 (권력이) 편안해, 너는 왜 호들갑이니?"라는 철저히 자기중심적이고 친권력적이어서 권력에 쫓기고 있는 생명에 대한 공감 능력을 완전히 상실한 반-죽은 존재들의 반응 양식이다.

이들은 윤지오의 숙박비로 900만 원을 지불하고 5인의 경호원을 붙인 것에 대해 국고의 과잉지원이라며 목소리를 높인다.[1] 김수민도 이에 호응하여 세금을 개인 윤지오에게 쓰는 것이 부당하다고 항변한다. 하지만 윤지오는 단순한 "개인"이 아니

---

1. 이러한 심리에 기초한 것이 자유한국당 소속 박민식 변호사의 고발이다. 그는 "범죄피해자로 볼 수 없는 윤씨가 피해자인 것처럼 국가와 국민을 속여 범죄피해자에게 사용돼야 할 기금을 부당 지원받았으며 국가를 상대로 사기행각을 벌였다"는 취지로 윤지오를 고발했다. 안대규, 「"윤지오 호텔비 지원은 불법" 박민식 변호사, 박상기 민갑룡 윤씨 등 檢에 고발」, 『한국경제』, 2019년 6월 12일 수정, 2020년 2월 13일 접속, http://bit.ly/2V7J6DT.

다. 장자연 사건은 전 국민의 관심 사안이다. 앞서 말했듯이 윤지오는 국민을 대의하는 정부의 청탁을 받아 증언자로 왔으며 두 번째 방문 시에도 시한이 연장된 검찰 과거사위원회를 위해 증언했다. 국가는 헌법에 따라 국민의 생명을 보호할 의무가 있고 국민이 요청한 증언자를 보호할 의무가 있다. 그런데 그 의무에 따라 지출된 경호, 숙박비를 비난하는 사람들과 언론들이 있다. 윤지오는『조선일보』를 비롯한 언론의 이러한 비난에 맞서 4월 30일 자신의 어머니가 지출한 사설 경호비 지출영수증들과 송금증서들의 사진을 공개했다. 1차 1,250만 원, 2차 1,440만 원, 3차 870만 원, 도합 3,560만 원이다. 증인을 불러와 그 증인에게 국가가 부담한 비용보다 훨씬 더 높은 비용을 사적으로 부담시키는 국가는 아직 나라다운 나라가 아니다. 윤지오가 캐나다로 돌아간 후 "대한민국이 이 정도일 줄 몰랐다"고 탄식하는 것은 이러한 맥락에서 이해되어야 할 것이다.

그런데 과연 누굴까, 지금 국가가 숙박비 900만 원을 윤지오에게 지불한 것이 특혜라고 목소리를 높이고 있는 사람들과 언론들은? 그것은 광주민주유공자라는 괴물집단을 만들어 이들에게 부당하고 불투명한 "특혜"를 제공해 국민에게 폐를 끼치고 있다고 떠들었던 사람들, 세월호 피해자가 배상 "특혜"를 받았다고 헛소문을 퍼뜨려온 세력들이다. 윤지오 특혜론은 이 세력들의 오래된 유행가를 다시 한번 반복하는 것에 지나지 않는다. 그리고 이것이 역사적 주체들[메신저]을 훼손함으로써 역사적 사건의 의미[메시지]를 말살하는 저들의 방법이다. 김수민-김

336

대오-박훈의 윤지오에 대한 비난, 고소, 고발은 필연이든 우연이든, 자의든 타의든 간에 현실에서 이 세력이 휘두르는 거친 방망이로 기능하고 있는 것만은 분명하다.

증여혐오

김수민의 "사기야!"의 경우

'증여'贈與를 순우리말로 표현하면 '주다'라는 뜻이다. 영어에서 증여를 뜻하는 'gift'도 주다는 뜻의 'give'에서 나온다. '주다'는 물건, 시간, 자격, 권리, 역할, 지식, 감정, 경고, 암시, 마음 등 물질적이거나 비물질적인 것을 넘겨주어 그것을 누리거나 느끼게 하는 행동을 지칭한다. 이 말은 투자하다·기부하다 등의 (준)경제적 행동, 수여하다·하사하다·상납하다·선사하다 등의 사회적 행동, 투여하다·베풀다 등의 윤리적 행동과 연관되어 있다. 그리고 '주다'는 '얻다'나 '뺏다'보다는 '받다'에 대응한다. 우리말 '받다'는 위에서 아래로 내려오는 것을 받치는 모양을 암시한다. 즉 '받다'는 물질적·비물질적 은혜를 입는 것을 암시하기 때문에 돌려주어야 할 책무, 즉 '갚을' 의무를 어느 정도 함축한다.

'주다-받다-갚다'의 연쇄는 근대 이전의 시대에 사회를 구성하는 중요한 원리, 아니 기본적 원리였다. 마르셀 모스는 이것을 "증여-수증-답례"의 순환적 반복 연쇄라고 표현했다.[1] 여기서

---

1. 마르셀 모스, 『증여론』, 이상률 옮김, 한길사, 2002.

답례는 새로운 증여이기 때문에 이로부터 새로운 수증과 새로운 답례의 순환이 촉발되기 때문이다. 얼핏 보면 증여사회를 구성하는 이 원리는 근대 이후 사회의 교환원리와 다르지 않아 보인다. 교환사회에서도 상품을 주고 화폐를 받으며 화폐를 주고 상품을 받는 C-M-C나 M-C-M의 부단한 순환이 관철되고 있기 때문이다.[2]

하지만 증여사회와 교환사회 사이에서 주고-받음은 두 가지 커다란 차이가 있다. 증여사회에서 주고-받음은 계약한 두 당사자 간의 주고받음을 전제로 하지 않는다. 어떤 사람에게서 받은 것을 공동체 내의 다른 사람에게 줄 수도 있기 때문이다. 주고받음이 개인들(계약 당사자들) 사이의 주고-받음이 아니라 공동체 구성원들 속에서의 주고-받음으로 이해되는 것이다. 또 하나의 차이가 있다. 교환사회에서는 주는 것과 받는 것은 등가여야 한다는 원리가 작동함에 반해 증여사회에서는 주는 것과 받는 것이 같게 되는 것을 기피하는 경향이 있었다는 것이다. 주는 것과 받는 것이 다르고 부등가일 때 오히려 의미를 갖는 것이 증여였다.[3] 그리고 그 다름이 사회를 구성하는 동력이자 원리로 기능했다. 증여사회의 후기에 관찰되는 포틀래치 경쟁은 이 다름의 원리가 받은 것보다 경쟁적으로 더 많은 것을 줌으로써 자신의 명예 및 권력상의 우위를 확인하려는 문화로 될 때 나

---

2. C는 상품, M은 화폐.

3. 카를 마르크스, 『자본』 I-1/2, 강신준 옮김, 길, 2008.

타나는 역사적으로 특수한 증여와 사회구성의 형식이었다.

이 자리는 증여사회가 어떻게 교환사회로 이행했는지에 대해서 논할 자리는 아니다. 다만 이 문제를 이해하는 데에는 맑스의 시초축적에 대한 분석(『자본론』)이나 실비아 페데리치의 마녀사냥에 대한 분석(『캘리번과 마녀』), 정신병원, 감옥, 임상의학 등의 탄생에 관한 푸코의 분석(『광기의 역사』, 『감시와 처벌』, 『임상의학의 탄생』) 등이 도움을 줄 수 있다는 점만 언급하고 넘어가고자 한다. 이 저자들은 한결같이 이 이행이 자연스럽고 순조로운 이행과정이 아니라고 말한다. 이 과정에 입법도 사용되었지만 이외에 총칼이나 감금, 화형식과 같은 군사적 사회적 종교적 폭력이 동원되었다고 서술한다. 사람들을 교환사회 질서에 순응하도록 만들기 위해 증여사회의 인지 양식, 문화, 관습에 대한 대대적 공격이 필요했다. 증여에 대한 혐오가 필요했음은 물론이다. 부등가의 교통형식인 증여는 등가교환의 질서를 안착시키지 못하도록 막는 장애물이었기 때문이다. 증여혐오는 증여질서의 구성원으로서 그것에 의지하여 살아가는 많은 사람들을 사회질서 바깥으로 추방하거나 강제로 수용하여 감금하는 것으로 나타났다. 마술사, 예언자, 점술가, 음유시인, 떠돌이, 예술가, 혁명가 등이 이 증여혐오의 주요 표적이 되었다.

이수역 사건에서 후원금 요청을 사기로 둔갑시키기

김수민이 사람들의 주목을 받은 것은 2018년 이수역 사건

때이다. 이 사건은 2018년 11월 13일 새벽 4시 이수역 근방의 주점에서 여성 두 명과 남성 네 명 사이에 시비와 싸움이 일어나 여성 한 명과 남성 한 명이 전치 2주의 부상을 입고 기소되기에 이른 사건이다.

이 사건이 발생한 지 이틀이 지난 2018년 11월 15일부터 김수민은 자신의 인스타그램을 통해 이 사건의 여성 피해자를 지지하기 시작했다. 그의 시각에서 본 사건의 양상은 이렇다.

계단에서 밀지 말라고 계속 말을 하는데도 피해 여성의 손목을 잡고 놔주지 않고 남자들은 여성 피해자를 발로 차버리고 계단으로 밀어버립니다.

여기서 김수민은 여성을 피해자로, 남성을 가해자로 파악한 후 남성 가해자들이 경찰 진술, 언론플레이, 동영상 조작, 목격자 진술 조작을 통해 여성 피해자에게 2차 가해를 하고 있다고 비판한다.

지금까지 남자 가해자들은 경찰 진술에서도 언론플레이로도 자기들은 손끝도 때린 적이 없다 건들인 적이 없다. 여자혼자 넘어진거다. 자기들이 되려 폭행당했다며 피해자들을 가해자로 몰아갔습니다. 유튜브 영상에서도 피해자들이 욕한 부분만 편집해서 올려댔고 사람들은 피해 여성들을 또 다시 2차 가해를 하였습니다. 목격자 진술도 주작인 걸로 밝혀졌습니다.

주목할 만한 것은 사건 발생 직후부터 사람들이 여성 피해자를 "사기꾼"으로 몰고 있었다는 점이다. 김수민은 이러한 여론몰이에 맞서면서 "한국 사람들"이 피해자 말은 듣지도 않고 피해자들을 "사기꾼"이라고 하면서 가해자들에게 감정이입하고 편집된 영상만 보고 피해자들에게 2차 가해하고 있다고 비판한다. 언론 보도가 가짜 기사임에도 불구하고 사태의 진실을 확인하지도 않은 채 가해자들의 말만 듣고 피해자들의 목소리를 의심부터 한다는 것이다. 김수민이 보기에 이 의심은 "피해자 증거 사진들", "폭행을 당했다는 피해자들의 호소"를 외면하는 처사이다.

"누가 얼마나 큰 피해를 당했는가?"보다 "누가 시비를 먼저 걸었는가?"로 쟁점을 옮기려는 남성 측 반론에 대한 응답으로 11월 16일 김수민은, 시비를 누가 먼저 걸었는가보다 여성 피해자가 죽을 뻔하다 살아났다는 사실이 중요하다면서 생명의 위험과 여성 인권의 문제를 환기한다.

사람이 다쳤다. 계단에서 남자가 밀쳐서 사람이 다쳤다. 사람이 죽을 뻔하다 살아났다. 그런데 차라리 죽지 그랬냐는 댓글들이 넘쳐나고 그것도 맞은 걸 다행인줄 알라고 말하고 나같아도 때렸을거라고 말하고 맞을짓을 했다고 말하고 있다. 이게 정상인건가?

이렇게 물으면서 김수민은 "중립충을 지향하는 사람들"(방관자), "나와 반대되는 의견을 가지는 사람들"(적대자)을 가리지 않고 이들에 맞서 싸울 것을 선언한다.

사흘 뒤인 11월 19일 김수민은 "가짜 목격자의 증언과 여자들만 욕한 편집된 영상"만을 보고, 가까스로 죽음을 모면한 여성 피해자에게 악성 댓글을 다는 사람들을 집중적으로 비판하면서 이 악플러 군중들이야말로 거짓 기사들을 쏟아내는 언론들과 더불어 "여성 피해자들을 벼랑 끝까지 몰고" 가서 "죽을 뻔한 피해자들을 진짜 죽이는 사람들"이라고 비판한다.

이처럼 김수민은 사건 초기에 이수역 피해 여성들에 대한 공감을 가졌을 뿐만 아니라 이들에게 도움이 되는 여론투쟁을 수행했다. 그것은, 남성 가해자들의 일방적이고 거짓된 주장, 가해자들에게 유리하게 조작된 목격자 이야기, 가해자들에게 유리한 거짓 뉴스를 보도하는 언론, 이것들에 지지를 보내면서 여성 피해자들을 공격하는 악플러들을 비판하고 피해 여성들의 생명과 인권을 옹호하는 것이었다. 이것은 세 가지 성격, 즉 (1) SNS 글쓰기를 통한 여성 인권의 옹호로서의 자기실현이라는 성격 외에 (2) 여성 피해자와의 연대라는 성격을 가지며 나아가 (3) 피해 여성들의 절박한 필요를 충족시키는 언어적 증여행동으로서의 성격을 갖는다.

김수민의 태도에 급격한 변화가 나타난 것은 약 8일 뒤인 2018년 11월 27일경부터이다. 남성 가해자들이 여성 피해자를 "사기꾼"으로 몰아세운다면서 그들과 맞서 싸우겠다고 선언했던 김수민이 자신이 비판해온 그 시각을 자신의 것으로 받아들여 여성 피해자를 사기꾼으로 의심하기 시작한 것이다. 갑작스러운 태도 변화였다. 그런데 그 의심은 혼자 마음속에서 하는 의심에 머물지 않고 여성 피해자를 사기꾼으로 의심토록 만드는 SNS 공론화 행동으로까지 나아갔다. 나중에 살펴보겠지만 이 공론화는 실제로는 피해 여성에 대한 거짓 고발이었다.

지지와 증여에서 비판과 공격으로의 이 돌변 사이에 무슨 일이 있었던 것일까? 공교롭게도 우리는 김수민과 (그에 의해 약 5개월 뒤에 갑자기 사기꾼으로 지목되는 당황스러운 경험을 하게 되는) 윤지오가 나누었던 카톡 대화를 통해 김수민의 이러한 돌변의 이유와 맥락을 어느 정도 짚어볼 수가 있다.

2018년 11월 27일 윤지오가 조○천 강제추행 건에 대한 증언을 위해 캐나다에서 한국으로 오는 날 김수민이 윤지오에게 카톡으로 갑자기 "너 아는 기자있지? 언니 소개 좀 시켜줄 수 있어? 뭐 제보할 게 있는데 이걸 기사화시켜줄 기자가 필요해."라는 부탁의 메시지를 보낸다. 무엇을 위해서 기자가 필요했을까? 그 이유는, "이수역 폭행 피해자들이 나한테 돈을 요구하는 듯한 말을했거든. 페미니스트 욕 먹이는 일일까봐 침묵할려고 했었는데 이 사건을 공론화시킬까말까 고민중이야."라는 말에서 찾아진다.

이 말 속에서 우리는 '페미니스트는 타인에게 돈을 요구하는 일은 해서는 안 된다. 그것은 페미니스트의 순수성을 훼손하는 것일 뿐만 아니라 피해를 빙자하여 돈을 요구하는 사기 행동으로 의심될 수 있다'는 김수민의 사고방식을 읽어볼 수 있다. 이상하게도 김수민은 '여성 피해자가 왜 자신에게 돈을 요구하는가?'라는 기본적인 물음을 던지지 않는다. 즉 사태의 진상에 접근하여 진실을 파악하려는 노력을 기울이지 않는다. 그는, 이수역 사건 여성 피해자의 필요가 무엇인지에 대해 관심을 기울이지 않는다. '페미니스트가 피해를 입었다는 것을 이유로 돈을 요구하는 것은 사기 행동일 수 있다'는 자신의 주관적 규범이 진실을 이해하려는 노력을 중지하도록 만든다. "돈이 필요하니 도와달라"는 피해 여성의 요구에 그는 자신의 이 규범을 기초로 반응하고, 상황에 대한 성찰 없이 즉각적으로 기자에게 제보하려는 선택을 하고 있는 것이다.

돌아보면 초기 대응에서도 이와 유사한 주관적 반응방식이 발견된다. 김수민이 피해 여성을 옹호할 때에도 그는 잘잘못, 시시비비 즉 원인보다 여성이 죽을 뻔하다 살아났다는 결과의 측면에 주의를 집중했고 이 결과를 기초로 남성 측을 일방적 가해자로 단정했다. 그런데 2018년 12월 16일 경찰은 남녀 5명 모두, 즉 쌍방을 폭력행위 등 처벌에 관한 법률 위반과 모욕죄 등으로 검찰에 기소 의견 송치했다. 이어 2019년 7월 30일 검찰은 이들 중 남녀 각 1명씩을 약식기소하고 나머지 3명에 대해서는 불기소처분했다. 즉 쌍방 폭행, 쌍방 가해-피해 사건으로 본 것이다. 이렇게 사건에 대한 이해에서 김수민의 시각과 경찰, 검찰의 시각 사이에 차이가 난다.[4]

---

4. 2019년 12월 3일 서울중앙지법에서 열린 첫 재판에서 남성 측 A 씨는 공동

이런 점을 고려하면서 우리는 김수민이 제기하지 않고 있는 그 중요한 질문을 제기해야 한다. '피해 여성들은 김수민에게 왜 후원금을 요청했던 것일까?'가 그것이다. 피해 여성들은 사건이 법정으로 옮겨가면서 자신들의 입장을 변호할 필요가 있었고 변호사 선임비가 필요했다. 그런데 변호사들은 이 사건이 사회적으로 논쟁적이라는 이유로 수임료를 공개적으로 모집하면 변론을 맡기 어렵다는 태도를 보였다. 변호사들의 이런 수임 조건을 고려하여 선택한 것이 비공개로 믿을 수 있는 사람들에게 의지하는 후원금 모금이었다. 피해 여성들이 김수민에게 후원금을 요청한 것은 김수민이 인스타그램에서 자신들을 지지하는 글을 쓰고 있고 그만큼 믿을 수 있는 사람이라고 판단했기 때문이었다.

하지만 김수민은 "돈을 후원해 달라"는 요청은 피해자가 어떤 조건에서건 해서는 안 될 요청이라는 자신의 강한 주관적 규범에 따라 여성 피해자들의 후원금 요청을 사기로 의심했고 이를 언론에 제보하여 공론화해야겠다고 결심하기에 이른 것이다. 이를 위해 김수민은 윤지오에게 아는 변호사가 있으면 소개해 달라고 부탁했는데 그것은 여성 피해자들의 이러한 방식의 후원금 모집이 법률적으로 어떤 문제점이 있는지를 확인하기 위해

폭행과 모욕은 인정하되 상해 혐의는 부인한 반면 여성 측 B 씨는 이 모두를 부인했다. 송주원, 「[TF이슈] '이수역 폭행 사건' 끝까지 간다⋯칼자루는 법원에」, 『THE FACT』, 2019년 12월 5일 수정, 2020년 2월 21일 접속, http://news.tf.co.kr/read/life/1770487.htm.

서였다. 캐나다에 살고 있었던 탓에 이수역 사건을 모르고 있었고 김수민을 통해 이 사건을 처음 들은 윤지오는 알고 있던 모 언론사 기자 2명과 민변 변호사를 김수민에게 소개해 주었다.

바로 다음 날인 11월 28일 김수민은 자신의 인스타그램에 이수역 피해 여성들이 후원금을 보내 달라고 한 메시지의 일부를 공개하면서 "이 일은 꼭 사람들에게 공론화시켜야 하겠습니다. 당신들이 나에게 보낸 메시지를 내가 숨길 필요도 침묵해 줄 필요도 없다고 생각합니다"라고 쓰고, 이것은 "당신들이 나와 사람들을 속인 거", 즉 사기라는 강한 함의를 대중에게 전달한다.

나 지금 좀 회의감이 들려고 하네 / 내가 그동안 뭘 위해 그렇게 싸워왔던건지 / 진심을 다해 싸워왔던 마음마저 무너질려하네 / 난 내 아픔을 진심으로 말했던건데 / 글쎄 당신들 아픔이 진심인지는 모르겠네 / 결국 원한 건 무엇이었나 / 침묵을 가장한 본심이었나 / 진심을 이용한 거짓이었나 / 날 후회하게 만들지마 / 당신들이 나와 많은 사람들을 속인거라면 / 큰 실수한거야.

이러한 공론화의 정체가 무엇일까? 피해를 빙자하여 후원금을 모으는 사기꾼을 세상 사람들에게 알린 것일까? 그게 아니라, 돈이 없어 변호사를 구하기 어려운 절박한 곤경에서 벗어나고자 후원금을 필요로 하고 있었던 여성 피해자를 김수민 자신이 사기꾼 혐의를 씌워 '2차 가해'한 것일까? 이것은 당시 여성들이 어떤 상황에 놓여 있었고 왜 후원금을 요청했는가를 살피지 않고는 판단할 수 없는 문제이다. 그런데 이것이야말로 김수민이 외면하고 있는 문제이다.

이수역 사건 피해 여성이 후원금을 요청한 실제 이유

우선 우리는 당시 김수민 및 피해 여성 측 사이에서 양자 모두와 소통할 수 있었던 ㅎㅇ의 반응을 통해 사건의 진실에 한 걸음 접근해 갈 수 있다. ㅎㅇ은 맨 처음 김수민으로부터 이야기를 듣고는, 피해 여성의 후원금 요구가 합리적으로는 이해되지 않는다며 김수민의 생각에 공감하는 대화를 나누었다. 김수민이 피해 여성으로부터 받은 후원금 요청 메시지를 ㅎㅇ과 공유하면서 어떻게 생각하느냐고 물었을 때 ㅎㅇ도, 개인 후원을 비밀리에 요청한다는 것이 이상하고 변호사가 공개 모금한 돈으로는 수임을 받을 수 없고 비공개 방식으로 모금한 돈으로만 수임을 받겠다고 한 것도 이해되지 않는다고 반응한 것이다. 하지만 ㅎㅇ은 김수민보다는 신중하게 피해 여성들과 함께 일해온 지인에게 사정을 더 알아보고 연락하겠다고 말한다.

그런데 그 연락이 도착하기도 전에 김수민은 자신의 인스타그램에 피해 여성의 후원금 요청을 사기로 보는 자신의 주관적 해석을 공개해 버린다. 위에 인용한 구절이 그것이다. ㅎㅇ은 김수민에게 이 공개가 문제적이라고 지적하면서 김수민에게 자신이 파악한 내용을 말해 준다. 피해 여성과 함께 일해 온 지인이 "변호사가 사회적으로 격렬한 쟁점이 되고 있는 문제에서 공개리에 모금을 하여 자신이 변호사임이 공개되면 여론상 사건을 수임할 수 없다고 말한 것이 사실이고 이런 사정 때문에 첫 변호사가 사임하여 두 번째 변호사를 선임하는 방법으로 비밀, 개인 후원 방법을 선택하게 되었다"고 말했음을 알려주면서 ㅎㅇ은 김수민에게 인스타그램에 공개한 글을 보관으로 돌려 달라고 요청한다. 하지만 이 요청을 거부하고 김수민은 그 글을 공개상태로 유지한다.

이 때문에 개인 후원금을 요청하는 메시지를 보냈던 피해 여성이 이 글을 읽고 김수민에게 직접 메시지를 보냈는데 이것은 이 사태의 진상을 짐작할 수 있게 하는 직접적 증언의 목소리들 중 하나이다.

작가님께서 올리신 새로운 인스타 피드를 보게 되었습니다. 저희가 드린 메세지가 오해를 살 수도 있었겠다 하는 생각에 해명을 해야 할 것 같아 다시 메세지 드립니다. 그간 있었던 무수한 일들을 짧은 메세지로 축약해 보내는 과정에서 저희의 상황이나 의도가 온전히 전달 되기 어려울 수 있다는 것을 간과했습니다. 많이 당황스럽고 부담스러우셨을 수도 있단 생각이 들어 정말 죄송합니다. 혹시 의아하신 점이나 짚고 넘어 가고 싶으신 점 등이 있다면 얼마든지 연락주십시오. 저희는 모든 이야기를 가감없이 솔직하게 해 드릴 수 있습니다. 작가님께 부담이나 스트레스를 남겨드릴 마음은 전혀 없었습니다 혹시라도 불쾌하시거나 오해를 살만한 점이 있었다면 대화를 나누면서 자세히 말씀드리고 싶습니다. 괜찮으시다면 연락 부탁드립니다.

여기에서 피해 여성은 자신들의 불찰로 오해의 소지가 있었음을 인정하고 "당황스럽고 부담스러우셨을 수도 있단 생각이 들어 정말 죄송합니다"라고 사과한다. 그리고 대화를 통해 오해를 풀고 싶으니 연락을 달라고 말한다.

제3자인 ㅎㅇ의 사태조사(즉 지인의 말)와 피해자의 직접적 해명은 일치한다. 만약 이 해명이 사실이라면 이 상황은 김수민이 여성 피해자를 2차 가해하는 상황으로 읽을 수밖에 없다. 그런데도 여성 피해자는 앞서 본 바처럼 김수민을 비판하기보다 자신의 불찰을 성찰하고 사과와 대화를 통한 오해 풀기를 제안한다.

지금까지 여성 측이 남성 측을 가해자로 몰면서 "피해자 코스프레"를 해 왔다고 주장해온 남성 측 지지자들[5]이 김수민의 이러한 변화를 반길 만도 한데 그렇지 않았다. 오히려 그들은 김수민의 이러한 돌변에 대해 이수역 사건의 당사자 여성을 사기꾼으로 몰면서 자신은 빠져나가고 사건 당사자 여성에게 독박을 씌운다는 식으로 반응했다.

---

5. 나무위키의 '이수역 폭행사건' 항목은 이 남성 측 입장과 관점을 재현한다.

그니까… 어쨌든 작가란 X도 병신짓 했고 이제서야 깨달아서 이래나 저래나 까발려지면 매장 될 판인데 좀 살 수 있는 루트 만들어서 자기는 쏙 빠져나가고 저 이수역 X들이 다 독박 씌우겠다 이거네???

김수민으로서는 난처할 반응들이 이렇게 연속된 것이다. 왜 이런 상황이 발생한 것일까? 이것은, 자신이 피해 여성에게 제공한 언어적 증여가 답례로 보답받기는커녕 오히려 추가의 화폐 증여 요구로 이어졌다고 느끼면서 언론 제보와 인스타그램 피드 공개로 대응한 것이 가져온 응보였는지 모른다. 어쨌든 여기에서 우리는 화폐 증여에 대한 김수민의 혐오 반응을 읽을 수 있다. 김수민은 요청받지도 않은 언어 증여(남성 가해자 측에 대한 비판과 여성 피해자 측에 대한 지지)를 피해 여성을 위해 자발적으로 제공한 바 있다. 그런데 왜 요청까지 받은 화폐 증여는 있을 수 없고 결코 있어서도 안 된다는 식의 혐오 반응을 보인 것일까?

피해 여성이 김수민에게 해명과 사과 및 당부를 담은 위의 메시지를 보낸 후 김수민이 이에 응답한 글이 이 질문에 대한 답을 어느 정도 암시해 준다.

네 많이 불쾌하고 혼란스러웠습니다. 공식적인 후원도 아닌 갑자기 디엠을 보내서 계좌번호 던져 주고는 후원 부탁한다 대신 침묵해 달라 알려져선 안 된다 주변 사람에게 이야기를 전달해 달라 부담 없이 읽어달라는 건 무슨 뜻이죠 저한테는 듣는 순간 부담이 무척 되더군요 그거 알죠 그쪽과 저랑은 일면식도 없는 사이입니다 많은 페미니스트들이 그리고 저도 당신들을 위해 싸워주고 분노해 주고 해명해 주는 거 변호사 모금을 후원해 주는 거 이중에서 그 어떤 것도 당연한 건 없습니다 단지 같은 여자라는 이유만으로 당신들 편을 드는 게 아닙니다 그리고 당신들은 아무런 잘못이 없고 무조건 억울한 피해자라고도 생각하지는 않습니다 당신들이 잘해서 그렇게 당신들을 위해 글을 쓰고 해명하려고 노력하고 당신들 편을 들어주는 게 아니란 말을 하고 싶었습니다 딱하나 분명 서로 잘못은 있지만 어찌됐던 여자는남자 보다 약자고 그쪽은 수가 더 많았고 남자쪽은 다친 것이 없었고…

여기서 김수민이 피해 여성 후원금 모집을 사기로 보는 글을 올려 공개한 것[6]을 정당화하는 두 가지 논리가 있다. 첫째는 원래 피해 여성 측에도 잘못이 있었다는 것이다. 즉 과실은 쌍방에 있었다는 것이다.[7] 둘째는 공식 후원 형식을 따르지 않는 후원 요청 방식에 문제가 있었다는 것이다. 이러한 인식을 표명하고 그것을 공개함으로써 김수민은 이제 이수역 사건 여성 내부고발자가 된다. 여성 측에게도 잘못이 있음을 인정할 뿐만 아

---

6. 이것을 김수민은 "공론화"라고 부른다.
7. 이 시점에 사건에 대한 김수민과 수사기관 사이의 이해방식의 차이는 사라진다.

니라 나아가 여성 측이 피해자를 가장한 사기꾼일 수 있다는 2차 생각을 퍼뜨리는 역할을 담당하게 되는 것이다. 김수민의 이 내부고발로 인해 피해 여성들은 사기꾼이라는 누명을 뒤집어쓰고 여론의 질타를 받게 된다.

그런데 피해 여성들의 입장에서 첫째 논리는 사실을 가지고 다투어야 할 쟁점 사항이지만, 둘째 논리는 참으로 억울한 것이었다. 왜냐하면, 후원금을 비공개로 모금했던 것은 첫 번째로 선임된 변호사가 사임하고 새로 변호사를 구해야 하는 상황에서 변호사들이 공개모금 방식을 거부한 데 따른 불가피한 방법이었기 때문이다.

대체 애초 피해 여성이 보낸 디엠이 어떠했길래 김수민이 "공식적인 후원도 아닌 갑자기 디엠을 보내와서 계좌번호 던져 주고는 후원 부탁한다 대신 침묵해 달라 알려져선 안 된다 주변 사람에게 이야기를 전달해 달라 부담 없이 읽어달라는 건 무슨 뜻이죠"라고까지 반응한 것일까? 김수민 작가에게 피해 여성 측에서 보낸 애초의 인스타그램 디엠은 다음과 같다.

부끄럽지만 현재 저희에게 도움을 주시겠다는 분들이 많았음에도 불구하고 공식 모금을 열지 못했습니다 변호사들이 모두 사건에 쏠린 여론, 변호사로서의 이후 본인 커리어에 영향을 줄지도 모른다는 이유로 모금을 통한 변호사 선임을 거절했기 때문입니다 따라서 변호사 선임, 치료비 등 그간 약 8백만 원에서 1000만 원에 가까운 비용을 본인이나 최측근들이 부담할 수밖에 없었던 열악한 상황이었습니다 현재 변호사를 재선임 해야 하는데 역시 공개적인 모금을 원치 않으며 모금이 없어야 변호사 선임 가능성이 조금 더 올라 갑니다 하지만 말씀드린 바와 같이 금전적인 문제의 큰 어려움을 겪고 있습니다 그래서 어느 정도 몸을 추스린 저희가 직접 한분 한분께 연락을 드리며 도움을 요청 하는 중입니다 비용에 대한 부분은 투명하게 진행 할 것을 약속드립니다 갑작스러운 긴 텍스트에 놀라셨겠지만 금전적 후원이 가능하시다면 도움 주시길 간곡히 부탁드립니다 조심스럽게 다시 한번 말씀드리지만 이 모금과정이 누설되면 저희측의 변호사 선임이 불가능해질 가능성이 매우 높아져 비밀 엄수를 꼭 부탁드립니다 더불어 조금 모순되는 말이지만 주변에 정말 신뢰 가능한 분들이 계시다면 저희 이야기를 전달해주실 수 있을까요 계좌는 시티은행…

읽는 사람마다 받아들이는 방식이 다를 수 있음을 감안하더라도 이 디엠에는 비공개 방식의 사적 후원 방식을 선택한 이유가 분명하게 서술되어 있다. 처음에 김수민의 이야기를 듣고 김수민의 말에 공감했던 ㅎㅇ도, 이러한 방식의 후원금 요청이 사기가 아니라 불가피한 사정에 의해 선택된 불가피한 조치였다는 것을 열심히 김수민에게 설명해 준다. 사실을 확인해 보니 피해 여성들이 사기를 치고 있는 것이 아닐까, 라고 보았던 자신의 처음의 의심이 사실과 다르고 오히려 피해 여성이 처음 김수민 작가에게 보냈던 메일의 문구 그대로가 사실이라고 말이다. 다음은 ㅎㅇ의 말이다.

이수역 피해자분들이 지금 여러 가지로 언론도 그 누구도 못
믿고 일이 틀어질까 봐 걱정도 되고 또 이런 식으로 선임을 거
부할까 봐 최대한 몸 사리며 하고 있는 중이라서 더 그랬던 것
같다고, 사기나 이용하려던 건 정말 아니라고 하는데 이 분은
제가 개인적으로 많이 만나고 하는 분이라 신뢰도가 있거든요.
작가님도 많이 혼란스럽고 당황스러우셨겠지만 그쪽에서 답장
이 올 때까지 조금만 기다려줄 수 있으실까요?ㅠ

이런 조사를 기초로 ㅎㅇ이, (자신과 김수민의 오해와는 달
리) 피해 여성들이 변호사 선임했다가 계약 파기되고 재선임하
고 있는 것이 사실로 보이니 인스타그램에 올린 글을 보관으로
돌려달라고 요청하지만 이에 대한 김수민의 응답은 냉담하고
확고하다.

공론화하는 게 맞는 거 같아서요. 침묵해 주는 게 옳지 않는
것같아요. 그럼 그들은 뒤에서 계속 그렇게 비밀스럽게 돈을 달
라는 메시지를 보낼 것이고 사람들한테 피해자든 뭐든 분명 저
건 옳지 않아요.

"피해자든 뭐든 분명 저건 옳지 않아요"라는 말은 사실보다
규범이 우선이라는 자신의 확신을 표현한다. 이렇게 시간을 두

고 기다리면서 사실을 더 확인해야 할 순간에 자신의 주관적 규범을 앞세움으로써, 김수민은 이수역 사건 여성 피해자들에 대한 지지자, 언어적 증여자에서 내부고발자 형식의 2차 가해자로 변신하는 것으로 보인다. 남성 가해자들로부터 신체적 1차 피해를 입은 여성 피해자들이 김수민의 이 내부고발(?)로 다시, 사기로 후원금을 모금하고 있다는 비난을 받아야 했기 때문이다.

이 변신의 순간에 김수민 자신이 피해 여성에 대한 자신의 이전의 언어적 지지가 증여였음을 분명히 밝히는 대목은 흥미롭다. 앞서 말한 지지의 세 가지 성격[8] 중 '자기실현'이나 '연대'의 성격을 제외하고 '증여'의 성격을 부각하는 것이다. 다음은 김수민의 말이다.

그쪽과 저랑은 일면식도 없는 사이입니다 많은 페미니스트들이 그리고 저도 당신들을 위해 싸워주고 분노해 주고 해명해 주는 거 변호사 모금을 후원해 주는 거 이중에서 그 어떤 것도 당연한 건 없습니다.

이 짧은 응답에서 '주다'(증여)라는 동사가 네 번 등장한다. "싸워 주고, 분노해 주고, 해명해 주고, 후원해 주다"가 그것이다. 감정의 증여, 해명의 증여, 투쟁의 증여, 후원(금)의 증여. 이 네 가지 증여 중 "당연한 건 없습니다"라는 말은 무엇인가? 증여

---

8. 이 책 343쪽을 참조.

에는 일정한 답례의 의무가 따른다는 것이다. 자신은 이미 분노의 증여, 해명의 증여, 투쟁의 증여를 했다. 그런데 수증자로부터 돌아온 것이 답례 증여이기는커녕 추가의 증여, 그것도 화폐 증여에 대한 요구였다. 현대 사회에서 화폐는 교환수단이며 교환수단이기 때문에 지불수단, 축장 수단으로 사용된다. 그런데 그것이 증여수단일 수 있을까? 김수민은 이에 부정적으로 답한다. 화폐는 증여의 수단일 수 없다. 이런 관점 때문에 김수민은 화폐적 형태의 후원금 요구를 사기로 파악하면서 그 요구를 거절할 뿐만 아니라 피해 여성을 사기 가해자로 묘사하는 글을 인스타그램에 공개하기에 이른다.

윤지오의 증언 증여와 이에 대한 후원금 증여를 사기로 둔갑시키기

김수민이 인스타그램을 통한 2차 가해의 흔적을 지운 것은 자신이 이수역 피해 여성을 사기꾼으로 몰아세움으로써 자신의 살길을 도모한다는 비난이 쏟아진 이후였다. 그로부터 몇 개월 뒤인 2019년 4월 23일 김수민은 아이러니하게도, 이수역 사건에서의 사기 혐의를 "공론화"[9]하기 위해 기자와 변호사를 소개해 달라고 부탁한 바 있었던 윤지오를 자신에 대한 명예훼손 혐의로 고소한다. 이 고소에서 김수민이 든 주요 고소 사유는 윤지

___
9. 피해 여성 입장에서는 무고일 것이다.

오가 자신을 "이수역 사건 2차 가해자"라고 "비난했다"는 것이었다. 이것은 무엇을 의미하는 것일까?

두 사람의 개인적 관계 차원이 아닌 사회적 차원에서는 2019년 4월 16일 김수민이 "윤지오의 말은 100% 진실일까요?"라는 글을 인스타그램에 올려 윤지오의 고 장자연 사건에 대한 증언과 후원금 모집이 "사기"라고 비난하기 시작한 것이 파열의 결정적 시발점이라고 해야 할 것이다. 이러한 비난과 관련하여 윤지오가 김수민과의 관계에서 자신이 이수역 피해 여성과 동일한 입장에 처했음을 깨닫고 김수민이 자신에 대한 2차 가해자인 것처럼 이수역 사건 피해 여성에 대한 2차 가해자라고 대응했기 때문이다.

김수민은 윤지오와 수개월 동안 카톡으로 대화를 나누어 왔고 2018년 12월에는 한 차례 윤지오를 만나기도 했다. 이 과정에서 김수민은 윤지오와 도움을 서로 주고받으면서 윤지오의 입장을 이해하고 받아주며 지지하는 "언니"로서의 역할을 맡는다. 2018년 11월 27일 이수역 사건과 관련해 윤지오로부터 JTBC 기자를 소개받은 후 김수민은 "지오야 진짜 고마워. (윤지오 : 고맙긴요 한것도 없는데.) 왜 한게없어 이렇게 도움을 마니주는데. 우리 서로 지금처럼 서로에게 도움도 되고 의지도 하면서 좋은 인연으로 살아가자"고 말하는데 이 말이 두 사람의 관계와 분위기를 엿볼 수 있게 한다. 윤지오도 이에 대한 화답으로 "앞으로 잘부탁해요 울수민언닝♥ / 난 늘 언니편이니까 / 힘내 / 우리 힘내자"고 말하고 다시 김수민도 "우린 의리! 나도 언제나 늘 너 편이야"라고 화답한다. 이러한 관계는 우리의 논의 맥락에서 보면 증여에서 증여로 이어지는 비적대적 증여 관계이다. 여기에서 서로 돕는 것은 교환의 관계라기보다 서로 가 필요로 하는 것을 주고받는 증여-수증-답례의 반복적 순환 을 통한 협력관계를 의미하기 때문이다.

이 협력관계의 파열을 사회적으로 선언하는 "윤지오씨 말은 100% 진일일까요?"가 나오기 전에 두 사람 사이의 이 증여적 협력관계가 위기에 처하는 두 번의 순간이 있었다.

공교롭게도 그 첫째 위기는 카톡을 통해 만난 두 사람이 오 프라인에서 처음으로 만나기 위해 약속을 정할 때이다. 김수민 이 12월 10일 윤지오를 만나기 위해 광주에서 서울로 온 것은 12월 9일이었다. 그런데 12월 10일 약속 당일 새벽 2시에 윤지오 로부터 "언니 언제까지 서울에 있어요?"라는 문자가 와서 "언니 너땜에 올라왔지. 너보구내려갈거야 왜? 오늘 안볼려고?"라고 묻는다. 이에 윤지오는 "아 오늘만 잇다가 내일가요? 언니 일정 이 어찌돼요? 몸이 안좋아서 ㅜㅜ 술을 못마실거같아서. 맛난 거먹고 수다수다는 좋아요. 종검[10]하고 못쉬고 계속 사람들 만 나가지고 ㅜㅜ"라고 답한다. 김수민이 관계의 단절까지 고려할 정도의 불쾌의 감정을 드러낸 것은 바로 이 순간이다.

언니 너랑 약속 아니였음 부산에서 바로 광주내려갔어 일부러

---

10. 종합검사.

서울 가는 케텍스 시간때문에 부산에서 저녁까지 기다리다가 어제 12시에 서울도착한거야 언니는 안피곤할거같니? 넌 다른 사람들하고의 약속은중요하고 언니하고 약속은안중요해? 니 맘대로 미뤄도되는거야? 너14일까지 밖에 시간없다고해서 또 13,14는 너 약속있다고해서 피곤해도 얼굴이라도볼려고올라왔더니 이게무슨 행동이니 내가 너 보자고 사정하는거야? 언니기분매우안좋다 언니도 머리아픈일많고 안좋은일많고 너무피곤하고쉬고싶어도 그래도 지금아니면또못만나니까 힘들어도왔더니 너 약속당일날 이게 무슨태도야? 나랑 술안마시면 못보고 그러는거야?? 내가너한테 어떤 사람인지는모르겠으나 지금 너의 그런태도는 실수인거같다. 만나서 우리가 술먹는것밖에는 할게없었니?? 그래?? 너는 그래서 언니를볼려고했어? 너 푹쉬고 볼일들보고 잘 돌아가라

"나"의 몸도 마음도 좋지 않은 상태지만 나는 너와의 약속을 중요하게 생각해서 서울까지 어려운 걸음을 했는데 당일에 갑자기 약속을 변경하는 것은 나와의 약속을 중요하지 않게 여기는 것으로 보이고 이렇게 하는 것은 "실수"하는 거다, 라는 지적이며 "너"를 더 이상 보지 않겠다는 일종의 절교 선언이다. 이수역 피해 여성을 향해서도 김수민은 "날 후회하게 만들지 마 / 당신들이 나와 많은 사람들을 속인거라면 / 큰 실수한거야" 라고 말했었다. 이에 윤지오는 이렇게 대응한다.

언니 너무 극단적으로 말하시는거같아요. 언니에게도 상황이 있듯이 저도 상황이라는게 있고 당연히 언니가 저보러온것도 고맙고 언니를 술마시면 보고 안마시면 못보고 이런게아니라 위에다보면[11] 언니 내일가는지 일정이 어떤지 물어보고 종검후에 사람들 계속만나서 술못마셔서 맛난거먹고 얘기하는거 좋다고한거에요. 저도 제일이 사건자체도 크고 저는 10년을 넘게 겪어오고 이번에 판사도 판결안하고 또 넘겨주고 귀국전에도 그렇고 언니도 이수역일로 힘드신거 알기에 저도 기자나 변호사 연락하는거 저도 도우려했고 언니 가족분들이랑 시간보내시고 그런 일정도 있으시니까 컨디션좋을때 좀 쉬다가 보던지 아니면 오늘 가볍게보던지 하려했던거고요 언니야 말로 절 어찌생각하는지 모르겠네요. 아직 절 한번도 보시지 못한상태에서 문자 몇개로 너는 그런애구나라고 판단하고 말하시는거에 저는 더 상처받았어요

윤지오가 만나지 못하겠다고 한 것이 아니라 만나서 수다를 떠는 것은 좋은데 술을 마셔야 할 것 같으면 날짜를 바꾸고 싶은데 일정이 되는지 물었던 것은 대화 맥락에서 분명하다. 김수민이 윤지오의 이 질문을 "오늘은 못만나겠으니 일정을 바꾸자"고 한 것으로 잘못 이해하고 감정적으로 과잉대응한 것이다. 즉 "실수"는 오히려 김수민 편에 있었다. 이를 깨닫고 김수민은 자신

---

11. "위의 카톡 내용을 모두 훑어보면"이라는 뜻으로 읽힌다.

의 이 "실수"에 대해 다른 정황을 들어 변명한다.

언니 오래된팬이 내가 정말 믿었던사람인데 언니친분을이용해
서 뒤에서 내 지인들과 사람들에게 돈을요구했다는 소식을 알
았다 지금 확인된사람들만5명이넘어 손이떨린다 언니가 충격
도크고 오늘 대표가 회사로찾아가봤는데 그런회사도없고 언니
도 진짜마녀힘들다 언니때문에 상처받았다면 미안하다 널 상
처주려고한게아닌데 지금 내가 많이 예민해져있어서 그런가보
다 미안하다지오야 언니가 흥분을해서

믿었던 사람의 사기 행각 때문에 충격을 받은 나머지 윤지
오에게 상처를 주는 실수를 저질렀다는 사과인 셈이다. 그런데
김수민이 사기라고 판단하여 인스타그램에 올린 이 사건도 당사
자가 김수민을 반박하는 글을 올려 이수역 사건과 동일한 논쟁
상황 속으로 들어갔고 이 때문에 김수민이 "머리가 복잡하다"
는 이유로 자신의 인스타그램을 비활성화한 점을 고려하면, 김
수민이 윤지오에게 처음에 했던 말, 즉 자신의 팬으로서 자신이
믿었던 그 사람이 자신과의 친분을 이용해 사기행각을 벌였다
는 주장은 비판적으로 고려될 필요가 있는 김수민의 일방적 주
장으로 일단 판단을 유보해 둘 필요가 있다. 아무튼, 이 위기의
경우는 김수민이 사과하고 윤지오가 그것을 받아들이는 방식
으로 파국에 이르지 않고 넘어갔고 두 사람은 첫 만남(이자 마
지막이 될 만남)을 가졌다.

그런데 두 번째 위기는 바로 파국으로 이어졌다. 시점은 2019년 3월 7일[한국 시각 3월 8일]이다. 윤지오가 김수민에게 청와대 국민청원 게시판에 오른 "윤지오 씨 신변보호 요청" 청원 글 링크를 김수민에게 알려주고 동의 서명을 해 줄 것을 요청한 것으로 보인다. 이것은 도움을 요청하는 것이고 우리의 주제 안에서는 내가 당신을 필요로 한다는 것을 알리는 증여의 요청이다. 이에 대해 김수민은 이렇게 답한다.

너는 언니 연락을 두번이나 계속 씹더니 니할말만 딱 하러 나한테 톡 보내니?? 그리고 글에 페미 저격글을 그대로 올렸던데 너 나보라고 쓴 글이야?? 너는 니가 필요하고 뭐가 궁금할 땐 신나게 연락하더니 너 다른 사람한테도 이런식으로 연락하니?? 니할말만 딱 내뱉어?? 내가 너 부탁들어주고 모른거있음 알켜주고 그런 사람이야? 나한테 글 올려주란 부탁을 참 쉽게 도한다 너 ㅎㅎ 일 잘봐라

이 대화 전에 김수민이 두 번 카톡 메시지를 보냈고 윤지오의 응답이 없었다는 것은 사실이다. 한번은 3월 5일에 "책 온라인판매시작한거야?"라고 물었고 또 한 번은 3월 7일에 "8시뉴스 인터뷰한거봤어 한국나오자마자 계속 인터뷰하고다니느라 진빠지겠다"고 말했다. 두 번째 메시지에서 김수민도 말하고 있듯이 장자연 10주기인 이 시점에 윤지오는 매우 바쁜 일정을 소화하고 있었다. 윤지오는 그 상황을 "저는 한국에 도착하자마

자 시차적응할 시간도 갖지 않은채 '김어준 뉴스공장' 생방송 인터뷰에 임했습니다. 그후 어제 자연언니의 10주기에 맞춰 '김현정의 뉴스쇼', '이이제이', 'SBS 8시 뉴스', 'KBS 9시 뉴스' '연예가중계'에 생방송과 녹화촬영을 진행하였습니다. 공중파와 종편을 포함하여 2곳의 언론사를 제외하곤 연예소식을 전하는 매체부터 각종 매체에서 출연제의를 받았습니다."라고 3월 7일[8일] 인스타그램에서 묘사한 바 있다.

이 빡빡한 일정과 증언 행동에 대한 두 가지 반응이 있었다. 하나는 "더러운년. 최소한 고인의 아픔을 덜어주는게? 고인을 니 야욕에 이용하지 말라. 더불어 정치액션 그만둬"(sim1****), "시체팔이 그만해라"(thde****), "장자연이는 죽어서도 좌빨들 노리개 신세로구나 ㅎㅎㅎㅎㅎㅎㅎ!!~*"(inte****) "책 홍보하러 나오셨나봐요~그저 좋게만은 안보이네요"(show****) 등과 같은 비난 반응이고 또 하나는 "미투 어쩌구저쩌구 하던 여성가족부 한마디도 없네 신변보호라도 해줘야 하는거 아니니 세금 축내면서"(kol3****), "정말 큰 용기가 필요햇겟다. 이렇게 거악에 맞선 사람들은 국가차원에서 신변을 보호하고 보복이 잇을시엔 가중처벌을 해야 한다"(tlag****), "이분 대단하시네 신변보호확실히 재줘라 이 썩어빠진 나라야"(ckj8****) 등과 같은 지지반응이다. 모두 3월 7일[8일] 전후 하루 이틀 사이의 반응이다.

이런 두 가지(가해권력중심주의적 반응과 피해자중심적 반응이라고 부를 수 있을 것이다) 반응 경향이 있다는 것을 알고 있었던 윤지오는 김수민의 반응을 본 후 김수민이 자신을 "전혀 배려하고 있지 않다"고 판단하기에 이른다.

> 언니 말을 좀 너무 쉽게하시네요. … 저는 잠한숨 못잔체 인터뷰 7개를 했고요. 언니야 말로 제 신상을 올리기도전에 제 얼굴을 올리시고 응원글을 올리겠다고하셨었고 이번에 제 동의도 없이 글이 아닌 함께 찍은 사진도 올리셨는데 기분이 내키지 않았지만 아무말하지 않았습니다.[12] 말씀 그렇게 함부로 하시는거 아닙니다. 절 전혀 배려하시지 않음을 잘 알게되었고요. 지금 제가 처한 상황을 한번이라도 생각하셨더라면 저런 말씀은 안하셨으리라 생각됩니다.

첫 번째 위기 순간과는 달리, 이 두 번째 위기 순간에는 윤지오의 이런 항변이 김수민의 마음에 전달되지 않는다. 도리어 이 순간 김수민은 위에서 언급한 첫 번째 가해권력중심주의적 반응 방향을 취하면서 갑자기 윤지오에 대한 비난자로 변신한다.

> 그리고 너가 10년동안 계속 숨어지냈다고 말하는거 좀 웃기지 않니. 너랑 나랑 나눈 대화들이 있는데 책 홍보도 좋다지만 너 나한테 장자연이랑 그렇게 깊이 친하지는않았다고 말했는데 그냥 너가 어려서 널 애기야라고 불렀다고 넌 위약금내고 나간

---

12. 사진이 문제로 되는 것은, 윤지오가 자신의 이름과 얼굴을 공개한 것이 2019년 3월 4일이기 때문이다.

후에는 모른다고 말하더니 너 방송에서나 인터뷰에서나하는 말들보니 좀 가식이 많이느껴지더라 너 그리고 니 신상을 올리기도전에 니 얼굴을 올렸다고 이미 너 인스타 프로필 네이버에다 떠있는거 보고올린거다 내가 사진밑에쓴말은 안읽었니? 그리고 방송은 니 욕심에서 하는거아냐?? 솔직해져라. 니가 니 욕심이없다고 장자연만을 위해서라고 니모든걸걸고 말할수 있어?? 사람이 가식이느껴지는건 어쩔수가없더라 일보고가라 그리고 니 사진은 지울란다.

이에 대해 윤지오가 "절 생각하는 지인들은 함부로 연락조차하기 어려워하고 상황이 정리될 때 연락을 달라고합니다. 언니가 변호사의 도움을 필요하다고 말씀한 순간에 제가 어떤상황이었는지 알고도 계셨고 제 상황도 버거웠지만 도움드렸고요. … 언니? 말 앞뒤 자르고 그렇게 인식하시는거 아니에요. 저는[13] 누굴 위해 단한번이라도 증언하신적있나요? 법적인 공방과 지난 사건으로 언니가 함부러 말하는 바람에 언니는 스트레스 많이 받고 함구했고 저는 그런 경솔한 행동에도 도우려했습니다"라고 말한다. 하지만 소용이 없다. "ㅎㅎㅎ 가식이나그만떨어라 못봐주겠다 너랑나랑 지금껏 나눴던대화들 톡 공개하면 볼만하겠네ㅎㅎ죽은사람가지고 니 홍보에 그만 이용해라"가 답이었다. 윤지오는 김수민이 "영리하게"라는 말을 오독하여 악용하

---

13. '언니는'으로 읽어야 문맥에 맞다.

고 있음을 느끼고 "위에 말한것은 그 이슈를 이용해서 영리하게 그간 못했던 말을 한다고 했도[고] 그러고 있어요"라고 해명해 보지만 역시 돌아온 것은 "ㅎㅎㅎ"였다.

이 대화 중의 김수민의 응답 속에 이후 윤지오에 대한 마녀사냥에 사용되는 기본 프레임의 상당 부분이 노출된다. (1) 10년 동안 계속 숨어지냈다고 말하는 것은 거짓말이다. (2) 고인이 된 장자연을 이용하여 책을 홍보한다. (3) 장자연과 윤지오는 깊이 친하지 않았다 (4) 윤지오가 자신의 욕망을 위해 방송과 인터뷰를 한다. 한마디로 요약하면 윤지오가 자신의 이익(돈벌이)을 위해 가식을 떨고 거짓말을 한다는 것이다.

김수민의 감정적 반응에서 시작하여 결별과 적대에 이르는 이 대화는 3월 7일[8일] 불과 10분 사이에 이루어진 것이고 김수민이 "8시뉴스 인터뷰한거봤어 한국나오자마자 계속 인터뷰하고다니느라 진빠지겠다"고 (공감이 담긴 메시지를 윤지오에게 보낸 때로부터) 불과 16시간 정도 뒤에 벌어진 대화이다. 이 짧은 시간 동안에 김수민의 관점은 180도 뒤바뀌어 지지자에서 비난자로 돌변한다. 이것이 이수역 사건 피해 여성에 대해 보인 돌변에 이어 김수민이 보인 두 번째 돌변이다.

첫 번째 돌변과 더불어 김수민이 이수역 사건 여성 피해자에게 '피해자를 빙자한 사기' 혐의를 씌웠듯이 두 번째 돌변과 더불어 김수민은 윤지오에게 '고인을 이용한 사기' 혐의를 씌운다. 이 비난 작업은 2019년 4월 16일 SNS에 올린 "윤지오씨 말은 100% 진실일까요?"에서 본격화되어 이후 수 개월간 지속적으로 그리고 점점 강도 높게 이루어진다. 이수역 사건 피해 여성에 대해서 김수민은 그 후원금 모집의 비공개성을 사기의 단서라고 고발했는데 윤지오를 사기로 문제 삼기 위해 김수민은 윤지오의 증언이 허위사실이라고 주장하려 한다. 그래서 그는 자신의 글에서 다음처럼, 즉 (1) 윤지오는 장자연에 관해 증언할 만큼 친하지 않았다.(왜냐하면, 윤지오가, 자기는 장자연이랑 친하지 않았다고, 어울리지도 않았고, 개인적 연락도 없었다고 말했으며 장자연이 겪은 경험을 자기는 알지 못했다고 말했기 때문이다.) (2) 윤지오는 장자연 문건을 본 적이 없다.(왜냐하면, 윤지오가 경찰 조사를 받는 중에 책상에 놓여 있는 문서를 우연히 봤다고 말했으며 유명한 사람들의 이름도 거기서 봤다고 말했기 때문이다.) (3) 윤지오는 장자연 사건에 대해 아무것도 모른다(왜냐하면, 윤지오가 과거사진상조사단과의 대화에서 김종승이 장자연 씨 추행한 것이나 방○○ 얼굴 본 날짜, 장소, 상황에 대해 아무것도 기억이 나지 않는다고 말했기 때문이다.)고 씀으로써 윤지오의 증언이 거짓말이라는 극단적 주장을 하기에 이른다. 모두가 사실에 기초한 것이 아니라(윤지오가 한 적이 없다고 주장하는) 윤지오의 말에 근거한 일방적 주장이다.

증언의 진실

그러므로 사실을 가져와 김수민의 주장을 검증하는 것이 필요하다. 김수민의 이 주장들 중 (1)이 사실이 아님은 여러 증거가 보여준다. 그 증거는 무엇보다도 윤지오가 지난 10년간 어떤 보상도 주어지지 않고 오히려 위험만이 따르는 열여섯 번의 증언을 고 장자연 사회적 타살 사건의 진실을 규명하기 위해 감내한 것에 의해 입증된다. 수사관들도 윤지오가 수십 차례에 걸쳐 가해권력자들을 만나는 술자리에 장자연과 동행했고 어느 연예인보다도 장자연에 대해 더 많이 알고 있으며 핸드폰 통화 기록에 그 사실이 나타나 있기 때문에 윤지오에 대한 참고인조사를 남보다 더 많이 요청했음을 인정했다. 이뿐만이 아니다. 윤지오가 장자연의 죽음에 관한 소식을 듣자마자 자정 시간에 빈소로 달려가 조문하고 사흘을 장례식장에서 유가족과 함께 보내면서 조문객을 맞이하고 맞절을 하기도 하였다는 점, 고 장자연 씨의 시신을 화장하고 유골을 뿌리는 과정을 유가족과 함께했다는 점, 유장호가 자신과 말조차 섞기 싫어하는 유가족과 장자연이 남긴 문건 문제에 대해 이야기하기 위해 윤지오에게 유가족과의 만남의 장소와 날짜를 조율하는 중간매개자 역할을 부탁했다는 점, 유장호가 장자연의 문건을 보여준 (유가족 이외의) 유일한 사람이었다는 점, 유가족과 함께 문건을 읽고 소각하는 현장에 있었다는 점 등은 김수민의 말이 사실과 다름을 분명하게 보여준다.

(2)의 주장도 사실이 아니다. 그것은 2009~10년 전의 진술 자료들이 명확히 증명해 주고 있다. 이 점에 대해서는 장자연 리스트에 관해 다루는 글들[14]에서 상세히 비판하고 있으므로 여기서는 더는 논하지 않는다.

(3)에서 언급되는 윤지오와 검찰 과거사위원회 위원과의 대화에 대해서는 우선 증언자의 안전에 대한 어떤 고려도 없이 증언을 요청하는 검찰 과거사위원회의 요구를 거부하기 위해 윤지오가 사용한 기술적 답변이라는 점에 대한 고려 없이 김수민이 맥락에서 분리하여 읽음으로써 오독한 것이라는 점을 고려해야 한다. 이보다 더 중요한 것은 이 주장이 괄호 속에 서술된 문제들과 관련해서 김수민이 사실을 모르기 때문에 발생하는 왜곡된 주장이라는 점이다. 왜냐하면, 윤지오는 장자연이 방○○을 만난 것을 본 적이 없기 때문에 그 만남의 날짜·장소·상황을 당연히 알 수 없고 기억할 수도 없다. 따라서 김수민의 이러한 예시는 김수민이 말들을 임의로 지어내고 있으며 이 사건에 대해 얕은 차원에서 잘못된 정보를 갖고 접근하고 있다는 것을 보여준다. 즉 언론이나 SNS의 잘못된 혹은 악의적 정보들에 무방비 상태로 노출되어 있음을 의미한다.

증언이 거짓이라는 이 주장들은 무엇으로도 입증될 수 없는 김수민의 혼잣말로 남아 있다.[15] 이런 식으로 김수민은 이수역 사건에 뒤이어 다시 장자연 사건에서 "윤지오는 사기를 쳤고 나는 속았다"고 주장한다. 이것은 '나는 윤지오에게 여러 가지를 증여했지만, 그는 나에게 그에 상응하는 답례를 하지 않았다'는

14. 이 책 3장 177~250쪽 참조.
15. 그럼에도 불구하고 TV조선이나 SBS를 비롯한 제도 방송과 여러 신문이 김수민의 이 근거 없는 혼잣말에 어떤 진실이 담긴 양 보도를 위한 자료로 인용하고 있는 것은 참으로 놀라운 일이다.

인식을 표현한다. '윤지오는 이기적이고 일방적이며 의존적이었다', '윤지오의 태도가 불만스러웠지만 나는 최선을 다해 관계를 유지했다'는 생각이 그러하다. '서로 증여하며 살자고 했지만, 나의 증여에 그가 답례하지 않았다'는 느낌은 '윤지오는 변덕스럽고 믿을 수 없는 사람, 표리부동하고 배은망덕한 두 얼굴을 가진 사람, 위선적인 사람, 거짓말쟁이'라는 생각들로 표현된다. 김수민이 이수역 사건의 피해 여성과 결별한 것이 후원금 요청, 즉 언어 증여를 넘는 화폐 증여의 요구였던 것처럼, 그가 윤지오와 결별한 것도 청원에 대한 동의 서명 요청 즉 새로운 증여의 요청이었다. 이에 비추어서 우리는, 김수민이 '자신이 상응하는 답례를 받았다고 생각하지 않는(그것이 양자 관계에서 사실인가 아닌가는 여기서 중요치 않다) 증여-수증의 관계를 사기로 판단하는 경향'이 있음을 발견할 수 있다. 그리고 또 우리는 여기서 김수민이 '화폐(돈)는 증여의 수단일 수 없다는 판단을 기초로 화폐를 증여해 달라는 요구를 사기라고 보는 경향'이 있음을 발견할 수 있다. 전자는 증여를 교환으로 환원하는 경향이다. 그리고 후자는 화폐(돈)는 교환수단이지 증여수단일 수 없다는 생각이다. 이 두 경향은 본질적으로는 증여에 대한 부정, 증여에 대한 혐오, 증여를 교환으로 대체하려는 의지를 표현한다. 인간들 사이에는 오직 교환만이 가능하며 등가가 교환되는 관계 외의 관계는 사기라는 인식은 이러한 의지에 기초한다.

그런데 현실에서 김수민은 스스로 증여행동을 한다. 자신과 "일면식도 없는" 이수역 피해 여성을 옹호하기 위한 여론투쟁에 에너지를 쏟고 윤지오의 질문들에 답하며 카톡을 통해 애정의 표현들을 준다. 그런데 이것들은 등가로 교환될 수 없는 것들이다. 바로 이 등가로 교환될 수 없는 증여관계를 모든 것은 등가로 교환되어야 한다는 자신의 주관적 관념 아래에 종속시킴으로써 김수민은 스스로 증여행동을 하면서 등가교환을 기대하는 모순에 빠진다. 이 모순된 기대가 충족되지 못할 때 김수민은 돌변하여 자신과의 증여-수증-증여의 호혜 관계에 있었던 사람들을 갑자기 사기꾼으로 모는 악순환 속으로 들어가곤 한다. 그리고 이것은 김수민과 증여관계를 맺는 사람들에게는 치명적 상처를 남긴다.

"사기야!"의 종국과 본질

증여-수증-증여의 호혜적 순환은 자본주의적 상품사회와는 별개의 논리와 메커니즘을 갖고 가동되는 다른 질서다. 증여관계는 오늘날 자본주의적 시장사회의 바탕에서 시장질서의 한계를 보충하는 보조적 기능을 담당하는 데 머물고 있는 것으로 보인다. 그래서 사람들에게 증여관계는 언젠가 시장질서가 더 완전해지면 사라질 그 무엇으로 인식되곤 한다. 하지만 그 반대가 진실일지도 모른다. 등가의 시장질서야말로 가치로 측정할 수 없는 것들의 공통장, 즉 호혜적 증여관계 위에서 파생된 역사적으로 일시적인 질서일지 모른다. 증여의 공통장이 시장보다 더 근본적인 것일 수 있다. 이러한 생각은 시장질서가 점점 더

폭력, 수탈, 절도, 사기에 의해 지배되어가는 현대적 경향 속에서 좀 더 분명해지는 것 같다. 시장의 완숙이 철저한 등가 질서를 확립하는 것이 아니라 예상과는 달리 오히려 철저한 부등가의 질서, 불평등의 질서, 사유화의 독재를 가져오고 있기 때문이다. 맑스의 생각을 참조하면 시장질서 속에 과연 등가교환이라고 할 만한 것이 있었는지, 등가의 질서가 단 한 번이라도 일관되게 성립한 적이 있었는지 의심을 가져야 한다. 왜냐하면, 맑스는 우리가 등가교환으로 알고 있는 상품교환의 질서야말로 부불노동의 절도라는 부등가교환을 그것의 내적 비밀로 삼고 있기 때문이다. 잉여가치, 이윤은 등가를 지불하지 않은 것이고 그것이 자본주의의 본질이다. 자본주의는 잉여가치의 절도에 전적으로 의존하는 질서이다. 이런 관점에서 보면 현대의 시장이 점점 강탈·절도·사기에 의해 지배되어 가는 것은 결코 우연이 아니다. 그것은 시장질서의 세포관계인 상품교환 그 자체가 애초부터 내포하고 있었던 부등가교환과 절도의 맹아가 만발하여 등가교환 질서를 침식하고 파괴하기에 이르는 것과 다름없을 것이기 때문이다.

김수민은, "윤지오의 귀국 목적은 증언이 아니라 돈과 명성이었다, 윤지오는 자기 홍보에 장자연을 이용했다, 윤지오는 출판과 사업을 통해 돈을 모으려 했다, 윤지오는 돈을 모으기 위해 위험을 과장했다, 윤지오는 유가족의 뜻을 무시했고 유가족을 비난했으며 그들과 나눠야 할 할 돈을 독차지했다" 등등의 말로 윤지오의 증언을 돈벌이를 위한 사기 수단으로 폄하했다.

김수민의 고발 논리는 윤지오의 증언은 1억 원 이상 화폐 후원금과 교환될 수 없고 또 교환되어서도 안 된다는 인식이 자리 잡고 있다. 김수민의 생각대로 그것이 가식과 가짜의 증언이라면 더욱 그럴 것이다. 그 증언은 제로 가치(0원)일 것이고 그러니 1억 원과 교환될 수는 없는 가치이기 때문이다.

이렇게 김수민은 시장근본주의적 인식 속에서 증언과 증여라는 현상을 파악한다. 이러한 인식을 정당화하기 위해 그는 10년 동안에 걸친 16번의 증언을 모두 돈을 목적으로 한 사기 행동으로 만드는 불합리한 시간 소급까지 행해야 했다. 그리고 그것은 장자연을 죽음에 이르게 한 재벌, 정치권, 언론계, 법조계, 연예계의 성폭력 권력이 문제가 아니라 '윤지오라는 새로운 권력이 문제다'라는 표적 변경을 가져왔다. 이후 그는 사기꾼 타도라는 구호 아래에서 윤지오를 죽이는 데 총력을 기울였다. 김수민은 말로는 "장자연 사건이 희석되기를 바라지 않는다"고 하면서도 실제로는 『조선일보』, SBS 등 장자연 사건에 연루된 것으로 의심되는 이른바 '가해권력'과 손잡기를 주저하지 않았다. 김수민이 이 방송사들의 프로그램에 출연하여 "윤지오의 증언은 거짓이고 사기"라고 말할 때, 이 가해권력들은 확실한 면죄부를 얻고 장자연 사건의 본질을 돌이킬 수 없을 정도로 희석할 수 있었다. 문제는 성폭력 가해권력이 아니라 윤지오의 증언 신빙성으로 되기 때문이다. 이런 점 때문에 사람들이 김수민을 가해권력이 증언 대오에 들여보낸 트로이의 목마로 보는 것도 무리가 아닌 것으로 보인다.

이렇게 김수민은 모순에 찬 자신의 증여 혐오를, 한 번은 이수역 피해 여성을 향해 그리고 또 한 번은 증언자 윤지오를 향해 표현했다. 이들을 돈벌이를 목적으로 한 사기 행위자로 고발한 두 번의 행동이 그것이다. 이솝우화 속의 양치기 소년도 두 번 "늑대야!"라고 외쳤지만, 그 소년은 늑대가 없다는 것을 알고 있었다. 김수민은 자신이 사기꾼으로 고발한 사람들이 사기꾼이 아니라는 것을 알고 있었을까? 이수역 사건에서 ㅎㅇ가 김수민에게 피해 여성이 사기를 친 것이 아니라는 것을 알려주었음에도 김수민은 모른 체하며 이른바 "공론화"[16]를 멈추지 않았다. 윤지오가 김수민에게 "당신이 나에 대해 행하는 것은 이수역 사건 피해 여성에 대한 2차 가해와 동일한 2차 가해이자 무고"라고 알려주었음에도 김수민은 이에 아랑곳하지 않고 오히려 그 말이 자신에 대한 명예훼손이라 주장하며 변호사 박훈과 함께 고소를 했다. 정황을 보면 김수민은 이들이 사기꾼이 아님을, 혹은 적어도 아닐 수 있음을 알고 있으면서 모르는 체하는 것으로 보인다. 이것은 결국 알고 모름, 즉 인식이 근본 문제가 아니라 상대방을 무너뜨리고 처벌받게 하고 싶다는 감정, 의지, 욕망이 근본 문제임을 보여준다.

양치기 소년은 실제로 늑대가 몰려온 세 번째 순간에도 "늑대야!"라고 외쳤지만 아무도 그 말에 관심을 기울이지 않았고 양들은 늑대의 먹잇감이 되었다. 김수민도 이 양치기 소년처럼

---

16. 앞에서도 말했듯이, 피해 여성 측에서 보면 2차 가해이자 무고일 것이다.

"사기야!"라고 외쳐야 하는 세 번째 계기를 맞게 된다. 서○혁이 나타나 숫맨과 손잡고 윤지오에 대한 유튜브 방송 까판을 벌렸을 때다. 처음에 김수민은 이들과 손잡고 윤지오 비난 까판에 합류했다. 하지만 얼마 뒤 김수민은 서○혁이 사칭 전문가임을 알게 된다. 김수민은 지금까지 반복해서 그래 왔듯이 이들로부터 등을 돌리고 이들이 윤지오 까판을 슈퍼챗(후원금)을 얻는 데 이용한다며 다시 한번 "사기야!"라고 외치게 된다. 이번에는 진짜 늑대가 나타난 것이다. 하지만 사람들은 더는 김수민의 말에 귀를 기울이지 않았고 도리어 김수민을 비난하기 시작했다. 사기꾼과의 투쟁이라는 미명하에, 한 번은 피해자를, 또 한번은 증언자를 사기로 몰아 여론의 뭇매를 맞게 만듦으로써 가해자를 유리하게 만들었던 김수민의 "사기야!"는, 실제의 사칭 전문가가 나타났을 때는 어떤 경보기능도 하지 못했으며 늑대들이 양들을 먹어 치울 수 있도록, 즉 사칭과 사기가 여론을 지배할 수 있도록 활짝 문을 열어주었다. 그리고 피해자와 증언자를 사기꾼으로 만들어 내는 과정에서 독을 내뿜는 화기로 사용되었던 김수민의 인스타그램은, 드디어 진짜 사기가 나타났을 때는 그것과 싸우는 무기로 기능하기는커녕 안온한 일상의 혼잣말로 돌아가 그 진짜 사기를 방조하는 평화로운 잡담 장소로 기능하기 시작했다. 윤지오라는 새로운 권력에 대한 고발의 본질이 진짜 가해권력을 돕는 것에 있었고, "사기야!"의 본질이 진짜 사기를 돕는 것에 있었음을 자백이라도 하려는 듯이.

시장근본주의의 폭주

지금까지 우리는 김수민의 증여 혐오 감성을 사례로 증여사회와 교환사회의 관계에 대해 고찰했다. 교환사회에서도 증여관계는 소멸하지 않는다. 심지어 증여관계는 교환사회의 바탕에서 교환의 가능 조건을 제공하고 교환사회의 한계를 보충하며 교환사회를 넘어 도래할 사회에 대한 상상을 제공한다. 김수민은 증여사회에 한 발을 딛고 있으면서도 관념상에서 증여를 부정하고 특히 화폐적 형태의 증여(후원금)에 대해서는 혐오 알레르기를 보인다. 이수역 사건 피해 여성, 고 장자연 사건 증언자 윤지오가 후원금과 관련되자마자 김수민은 "사기야!"를 외쳤다. 그는 증여관계의 실재를 부정하고 교환관계만을 유일하게 합법적인 것으로 간주하는 시장근본주의적 태도를 보였다. 김수민의 변호인을 자청한 박훈의 사회주의도 이 시장근본주의, 즉 교환지상주의에서 멀지 않다는 것은 양자의 협력관계를 통해 반증된다.[17]

김수민의 세 번째 "사기야!"와 그 이후의 행보, 그리고 그 주변에서 벌어지는 사태들은 시장근본주의가 교환의 가상 아래

---

17. 그런데 이들의 경우에는 관념과 정동 사이에 괴리가 있고 모순이 있다. 즉 시장근본주의가 소극적 형태로 나타난다. 이들과 달리 5월 이후 윤지오에 대한 고소·고발에 나선 최나리, 강연재(홍준표), 박민석 등은 시장근본주의를 의식적으로 추구하는 뉴라이트적 태도 속에서 사건을 바라본다. 문제가 더욱 심화되는 것이다.

에서 본질적으로는 진정한 사기행각을 벌이는 체제임을 가감 없이 보여준다. 사칭은 언론사와의 교환 계약을 통해 합법화된다. 즉 누구든 돈만 내기만 하면 의사, 부동산투자자문가, 교수, 기자 그 무엇으로도 될 수 있다. 언론이 돈을 주는 사람에 대해서는 그 사람이 누구이건 뭘 하는 사람이건 그가 원하는 바로 그 직업의 사람이라고 기사 홍보를 해주기 때문이다. 내가 'X'라고 사칭할 필요가 없다. 언론이 화폐와의 교환 조건으로 내가 말하는 것을 사칭해 주기 때문이다. 성폭력을 한 사람도 돈만 내기만 하면 무죄의 사람으로 세탁될 수 있다. 피해자나 증언자 같은 무죄의 사람도 언론과 변호사에게 돈만 내기만 하면 가해자, 사기꾼 같은 유죄의 인간으로 만들 수 있다. 증여에 대한 혐오를 기초로 드높아진 김수민의 교환에의 열정은 이처럼 폭력, 절도, 사기 등 등가교환이 추방하고자 했던 모든 어두운 관계들과 행동들을 뒷문으로 불러들이는 열정임이 드러난다. 이 대목에서 우리는, 증여사회에서 교환사회로의 이행이 시초축적을 위해 생산수단으로부터 생산자를 분리시키는 국가권력의 사기적 입법 폭력, 무자비한 인클로저enclosure 폭력, 그리고 여성을 오랜 세월 동안 익숙해진 생활환경에서 분리시키고 남성에게 종속시키는 마녀사냥 폭력 등에 의해 강제되었음을 상기하지 않을 수 없다. 교환사회가 폭력, 강탈, 사기에 의해 탄생했던 만큼 그것의 지속과 재생산도 교환의 탈을 쓴 폭력, 강탈, 사기에 의해 이루어지고 있는 것이다.

최나리 변호사의 '증여의 의사표시 취소로 인한 부당이득 반환청구소송'에 대한 비판

들어가며

변호사 최나리가 오○영 외 438인을 대리하여 윤지오를 고소한 것은 2019년 6월 10일이다. 이 고소장의 주체들은 두 가지 방식으로 윤지오에게 뭔가를 청구한다. 하나는 주위적 청구원인으로서 '불법행위에 기한 손해배상 청구'이고 또 하나는 예비적 청구원인으로서 '증여의 의사표시 취소로 인한 부당이득반환 청구'이다. 용어가 어렵다. 하지만 그 골자는 쉽게 알 수 있다. 전자는 손해배상 청구를 한다는 것이고 후자는 부당이득반환 청구를 한다는 것이다. 주위主位 청구란 우선 청구를 의미한다. 예비 청구란 우선 청구가 해당 사항 없다고 판단되어 기각될 때 내미는 그다음 청구라고 보면 될 것이다. 다시 말해 손해배상청구의 근거로 삼은 불법행위가 인정되지 않아 손해배상청구가 기각된다면 증여자의 증여 의사표시 취소로 윤지오가 얻은 부당이득이라도 반환받을 수 있게 해 달라는 것이다. 부당이득이 발생하는 이유로 삼는 것은 후원자들이 2019년 4월 23일 이전에 했던 후원금 증여의 의사표시를 최나리의 고소장을 통해 취소하기 때문이라는 것이다.

그런데 기묘하게도 이 고소장이 불법행위로 본 것도 기망행위이고 증여의 의사표시의 원인으로 삼은 것도 똑같은 기망행위이다. 전자의 행위가 기망으로 인정되지 않아 손해배상 청구가 기각되는 것이라면 후자의 증여의 의사표시 원인인 행위도 기망으로 인정되지 않게 되는 것인데 어떻게 예비 청구가 성립될 수 있는지 의문스럽다. 하지만 여기서 이 문제는 건너뛰고 최나리가 주위적 청구원인이나 예비적 청구원인으로 삼고 있는 그 기망행위라는 말이 도대체 무엇을 가리키는 것인지, 그리고 그것이 타당한 주장인지 살펴보기로 하자.

먼저 "주위적 청구원인"으로서의 "불법행위에 기한 손해배상 청구"에서 최나리가 말하는 "기망"이 무엇을 가리키는지 살펴보자.

앞서 상술한 바와 같이 피고는 2019.3.18 자신의 인스타그램 계정에 '국가에서 지원되는 신변보호만으로는 여전히 신변의 위협이 따르기 때문에 앞으로 발생되는 경호비 등으로 후원금을 쓸 예정'이라는 요지의 글을 게시하여 신한은행으로 계좌를 공지하였고 2019.4.11. '5대 강력 범죄 피해 사례에 해당되지 않아 보호시설을 지원받지 못하는 피해자와 제2의 피해자인 목격자와 증언자가 보호받을 수 있는 시설, 24시간 보호할 수 있는 경호 인력 등을 지원하기 위한 비영리단체 지상의 빛을 설립했다.'고 밝히며 국민은행 계좌를 공지하여 후원을 독려한 바 있습니다. 그러나 피고가 후원금을 받을 목적으로 천명한 신변의 위협 등은 위와 같이 허위이거나 극히 과장되어 있으며 특히 피고 본인이 자처한 '고 장자연 리스트의 목격자'라는 부분에 대해서는 신빙성이 떨어지는 상황입니다. 또한 피고는 지상의 빛이라는 비영리단체를 통하여 모금한 후원금의 사용처를 '1. 굿즈제작비용 2. 키트제작 재료비용 3. 배송비용 4. 포장비용 5. 인건비'로 게시한 바 있는데 이는 위 단체의 설립목적과 명백히 배치되는 것이며 또한 현재까지 어떠한 명목으로 얼마만큼의 금액을 소비하였는지 일절 밝히고 있지 아니합니다. 그렇다면 이러한 피고의 행위는 법적으로 사회적으로 용인될 수 있는 과장을 넘어선 허위사실의 공표, 즉 기망행위에 해당한다 할 것입니다.

윤지오의 행위를 법적 사회적 용인 수준을 넘어서는 허위사실 공표, 즉 "기망행위"로 단정하기 위해 최나리가 끌어오는 근거는 두 가지다. 첫 번째 것은 후원금을 받을 목적으로 천명한 이유가 신빙성이 없거나 극히 과장된 것이라는 것. 그리고 두 번째 것은 〈지상의 빛〉으로 모금한 후원금 사용처가 단체 설립목적과 배치된다는 것. 이제 최나리가 든 이 각각의 이유가 합당한지 또 그것이 "기망행위"에 해당하는지를 검토해 보도록 하자.

비영리단체 〈지상의 빛〉에 대한 무지와 무고의 의지

우선 두 번째 이유부터 검토해 보자. 비영리단체 〈지상의 빛〉은 회원단체이며 등록되지 않은 임의단체이다. 임의단체인 이유는 100명 이상의 회원 수, 일정한 활동경력, 회의록 등 활동 기록자료 등 일정한 자격요건을 갖춘 단체에 대해서만 관계기 관이 단체의 등록을 허용해 주기 때문이다. 등록되지 않았다는 것은 그것이 신생의 단체라는 의미이며 등록되지 못해 국가의 혜택을 거의 받지 못한다는 의미이다. 많은 단체들은 임의단체 에서 시작하여 경력을 쌓고 회원 수를 늘린 후 등록단체로 나 아간다. 그러므로 막 시작 단계의 〈지상의 빛〉이 등록단체로 되 지 못한 것은 자연스럽다.

그러면 임의단체의 구성요건은 무엇인가? 2인 이상이며, 대 표나 관리자가 있고, 규약과 총회 회의록을 갖추면 관할 세무서 에 신고하여 비영리단체를 설립할 수 있다. 이 요건이 충족되면 관할 세무서장은 고유번호증을 발급한다. 〈지상의 빛〉은 이 모 든 요건을 충족하여 관할 세무서로부터 고유번호증을 발급받 은 합법 단체이다.

그렇다면 후원금의 사용처가 설립목적과 명백히 배치된다 는 최나리의 주장은 타당한가? 전혀 타당하지 않다. 〈지상의 빛〉 윤지오 대표는 모금된 후원금을 마중물로 사용하여 굿즈 를 제작·판매함으로써 〈지상의 빛〉 기금을 확충하자는 아이디 어를 인스타그램을 통해 제안한 바 있다. 이 아이디어는 〈지상 의 빛〉 설립 이후 밀어닥친 4월의 잔인한 마녀사냥 파도 속에서 물론 실행되지 못했다.

그렇다면 기금의 이러한 활용은 기망인가? 결코 그렇지 않다. 비영리단체의 본질은 수익사업을 하지 않는 것에 있지 않고 발생된 수익을 구성원 간에 분배하지 않는 것에 있다. 즉 수익사업을 한다고 하더라도 거기서 발생한 수익을 공익이나 친교 등 설립목적에 따라 사용하는 것이 본질이다. 물론 비영리 임의단체의 고유증 번호로는 수익사업을 하지 못하도록 되어 있다. 비영리 임의단체가 수익사업을 하려면 별도의 사업자등록증을 발급받아 그것으로 수익사업을 전개해야 한다. 그러므로 〈지상의 빛〉 기금 증식을 통해 더 많은 피해자, 증언자 등에게 혜택이 돌아갈 수 있도록 하기 위한 방안으로 제시된 윤지오 대표의 제안 같은 경우는 별도의 사업자등록증을 발급받아 수행하면 되는 것으로 단체의 설립목적과 전혀 배치되지 않는다.

최나리는 이토록 합법적인 제안을 기망으로 오해할 뿐만 아니라 심지어 사용처를 공개하지 않는 것까지 기망행위에 해당한다는 어처구니없는 주장을 펼친다. 우선 정말 윤지오가 사용처를 공개하지 않았던가? 그는 수차례에 걸쳐 한국에 도착하여 캐나다에 돌아오기까지의 경비는 사비로 사용했으며 국민은행에 입금된 후원금은 한 푼도 사용한 바 없다고 밝힌 바 있다. 〈지상의 빛〉 기금의 본격 사용은 박근혜 탄핵 공신 노승일 씨에게 매월 30만 원씩을 지급하기로 한 2019년 7월 10일부터 이루어졌고 그것 역시 언론을 통해 공개된 내용이다.

한 푼도 사용한 바 없다는 것만큼 투명한 공개가 있을 수 있을까? 또 재정공개는 정기 총회에서 보고하면 되는 것이지 단

체에 속하지 않은 임의의 사람들에게 단체 재정을 공개할 어떠
한 의무도 없다. 그런데 왜 최나리는 비영리단체 〈지상의 빛〉이
마치 모든 사람에게 재정을 공개해야 할 의무를 갖고 있는 것
처럼 억지 주장을 펼치며 압박 때문에 부득이 이미 그 내역(제
로지출)까지 밝힌 바 있음에도 마치 기금의 사용처를 숨기고
있다고, 즉 기망행위라고 허위사실을 주장하는 것일까? 〈지상
의 빛〉 대표 윤지오를 허위사실을 주장해서라도 처벌받게 하려
고 하는 목적, 즉 무고의 의지에 사로잡혀 진실의 감각을 잃었
다는 것 외에 다른 이유를 발견할 수 있을까? 그 목적이 누구의
목적일까?

장자연 리스트에 대한 증언과 위협 경험에 대한 증언을 기망
행위로 몰기

이제 윤지오의 행위를 기망행위로 보는 (최나리의) 첫 번째
이유로 거슬러 올라가 보자. 그것은 "후원금을 받을 목적으로
천명한 이유가 신빙성이 없거나 극히 과장된 것"이라는 주장이
었다.

여기서 먼저 살펴야 할 것은 최나리가 신빙성이 없다고 하
는 것이 무엇인가, 하는 문제이다. 이제는 누구나 짐작할 수 있
듯이 그것은 장자연 리스트에 대한 윤지오의 진술이 신빙성이
없다는 주장이다. 이미 우리는 『뉴시스』, 박훈, 김수민, 김대오
로부터 SBS, 『조선일보』까지, 그리고 최근에는 조○천 강제추

행 사건 1심 판사 오덕식에 이르기까지 마치 입을 맞춘 듯 장자
연 리스트에 관한 윤지오의 진술에 신빙성이 없다고 주장해 왔
음을 알고 있다. 그리고 그것이 고 장자연에 대한 가해권력자들
의 필요와 정확히 부응하는 주장임도 잘 알고 있다.

그런데 이러한 주장은, 윤지오 진술의 신빙성을 뒷받침하
거나 확인시켜 주는 10년 전의 진술 자료나 검찰 과거사위원
회 진상조사단의 보고, 그리고 조○천 강제추행을 기소한 검찰
의 기소사유 등을 거스르며 자신의 희망과 욕망을 객관적 사태
속에 투사하는 주관주의적 방식으로 이루어지고 있다. '신빙성
이 없다'는 여론과 사회적 판단을 만들어 내기 위해 객관적 사
태 위에 '나는 믿고 싶지 않다, 신빙성이 없어야 한다, 신빙성이
없게 만들고 싶다'는 욕망, 당위, 의지의 덮개를 씌우는 것이다.

이러한 주장을 뒷받침하기 위해서 김대오는 "자신이 문건을
본 적은 결코 없지만, 그 문건 속에 결단코 리스트는 없었다"는
기이한 주장을 펼쳤다. 김수민은 "그 리스트라는 것이 윤지오가
참고인조사를 받는 과정에서 수사관의 책상에서 얼핏 훔쳐본
것일 뿐"이라는 말을 지어내었다. 변호사 겸업을 하고 있는 시인
박훈은 이번에는 이 두 거짓말을 조합하여 근거로 삼으면서, 윤
지오가 장자연 리스트에 대해 아무것도 모르면서 거짓말로 펀
딩사기를 벌이고 있다는 소설을 썼다.

최나리는 이 기이하거나 날조된 주장들을 자신의 논고의 숨
겨진 근거로 삼고 있는데, 이것이 설득력을 갖도록 만들기 위해
서는 2009년과 2010년의 진술조서, 수사발표, 언론 보도 등을

송두리째 태워 없애고 최소한 그 2년의 시간을 역사에서 파내 버릴 수 있어야 가능할 일이다. 윤지오가 10년 전의 진술들 속에 리스트가 있었음을 화석처럼 분명하게 새겨놓았고 그것은 유장호와 장자연 오빠 장○○의 진술에 의해서도 교차 검증되는 것이기 때문이다. 그리고 이 사실은 당시의 수사발표나 언론 보도 속에도 역시 화석들로 남아 있기 때문이다.

나는 「'장자연 리스트' 논란과 그 성격에 대해」[1], 「김대오의 거짓말」[2], 「김대오의 입은 거짓말제조공장인가 자동거짓말기계인가?」, 「박훈이 장자연 리스트를 없애는 놀라운 방법」[3], 「김수민, 살아 움직이는 모순」[4] 등에서 장자연 리스트에 관한 윤지오 진술이 갖는 부인할 수 없는 신빙성에 대해 이미 충분히 논했기 때문에 여기서 그것을 다시 되풀이할 필요를 느끼지는 않는다. 이런 노력을 기울일 필요가 없는 또 하나의 이유는 최나리가 자신의 고소장에서 장자연 리스트에 대한 윤지오의 진술이 신빙성이 없다는 주장을 하면서 어떤 논증도 하지 않으며 고소장 밖에서 이루어진 허구적 주장과 조작된 여론[5]을 마치 이미 확인된 사실인 것처럼 인용하는 데 그치고 있기 때문이다. 진술이 신빙성 없음을 기망의 이유로 삼은 것은 최나리이므로 진술 신

---

1. 조정환, 『증언혐오』, 갈무리, 2020, 3장 206~218쪽.
2. 이 책 3장 166~169쪽.
3. 이 책 3장 189~222쪽.
4. 이 책 2장 116~123쪽.
5. 주로 김수민이 지어낸 말들이 그 원천이다.

빙성이 없음을 입증할 책임도 그에게 있는 것은 분명한데 아직 그는 이에 대해 아무것도 입증하지 못했다.

두 번째로 살펴야 할 것은 최나리가 "극히 과장된 것"이라고 부르는 것이 무엇인가, 하는 문제다. 고소장을 보면 이것은 신변위협에 관한 윤지오의 증언에 관련된 것으로 보인다. 그런데 신변위협 과장에 대한 최나리의 논증 역시 장자연 리스트에 대한 논증만큼이나 허술하기 짝이 없다. 대체 기망의 다른 이유로 삼은 신변위협 과장이라는 주장이 어디에 근거하고 있는 것일까?

그가 들고 있는 하나의 근거는 2019년 3월 30일 윤지오가 청와대 게시판에 올린 국민청원이다. 거기서 윤지오는 경찰 측에서 지급해준 위치추적장치 겸 비상 호출 스마트워치가 작동되지 않아 신고를 한 후 9시간이 더 경과했음에도 아무런 연락조차 되지 않고 있음을 들면서 자신이 호출 버튼을 누른 이유에 관해 쓴다. 벽 쪽에서 기계음이 들리다가 이제 화장실 천장에서 동일한 소리가 들린다, 환풍구의 끈이 날카롭게 끊어져 있다, 출입문 잠금장치가 고장 나 수리를 했는데 문 쪽을 확인해보니 오일로 보이는 액체가 문틀 맨 위에서 흘러내린 흔적이 있다, 문을 열 때 이상한 가스 냄새가 났다…이런 이유로 수면을 제대로 못 취하는 중에 소리가 반복되어 비상 호출 버튼을 눌렀다는 것이다.

윤지오의 청원은 국민이 국가의 보호를 받을 권리가 있는데 국가가 신변보호를 해주지 않아 두려움에 떨고 있는 현실에 대한 경험적 증언이며 증인이 사비로 24시간 경호원을 고용하여 증언 일정을 소화해야 하는 현실은 부당하다는 고발이고 이 부당한 현실이 바로 잡혀야 한다는 개혁의 요청이다.

다행히 윤지오의 청원이 일부 받아들여져 문재인 정부와 경찰청은 청원 마감일이 오기 전에 윤지오에 대한 일정한 경호 조치를 취했다. 원경환 서울지방경찰청장은 "보복이 우려되는 중요범죄 신고자나 피해자 보호는 경찰의 중요한 본분임에도 불구하고 이번 사건에 미흡한 업무처리로 윤지오 씨는 물론 국민 여러분께 심려를 끼쳐드려 죄송하다"고 사과했다.

이후 4월 하순경 경찰이 신고사항에 대한 과학적 조사결과 발표라는 이름으로 기계음, 환풍구, 출입문, 가스 냄새 등에 대해 어떤 상황설명을 했는지 우리는 이미 알고 있다. 윤지오가 위협으로 느낀 일련의 흔적들과 현상들이 조사결과 실제적 위협의 흔적이나 현상은 아니었다는 설명이었다. 공교롭게도 이러한 설명은 윤지오에 대한 마녀사냥이 본격화된 바로 그 시점, 즉 김수민이 박훈 변호사를 앞세워 윤지오를 고소한 바로 그날(4월 23일)에 이루어졌다. 우선 그날 경찰은 스마트워치 조작상의 특성을 윤지오가 잘 몰라서 조작을 잘못해서 스마트워치가 잘못 작동되었다고 설명했다. 그런데 확인 결과 경찰조차 그 스마트워치 조작상의 특성을 전혀 알지 못하고 있었고, 스마트워치를 전달하면서 윤지오에게 그 조작법을 설명해 준 바도 없었다. 이것은 명백한 책임 전가다. 게다가 몇 가지 개개의 흔적과 현상에 대한 경찰의 설명은 납득하기 어려운 점이 많았다. 심지어 언론은 가스 냄새가 났다는 문제 제기에 대해 "어떻게 호텔에서 가스 냄새가 날 수 있습니까?"라는 호텔 직원의 해명을 반박 자료로 인용했다. 호텔에서 가스 냄새가 난다고 말해서는 안 될 사람으로부터 가스 냄새가 났을 리 없다는 반문 형식의 부정을 받아내고 그것을 근거로 내놓은 것이다.

백 보 양보하여 그 상황적인 설명들이 모두 맞는다고 하더라도 그것이 "보복 우려"에 대한 반증이 될 수는 없다. 다시 말해 그것이, 중요범죄 신고자에게는 "보복 우려"(와 예방 공격의 위험)가 따른다는 보편적 사실, 즉 서울지방경찰청장이 인정하고 사과한 바 있는 그 보편적 사실을 부정할 수는 없다. 당시 윤지오가 느낀 기계음이나 환풍구 출입문 가스 냄새 등이 설령 위협이 실행되고 있었다는 것의 증거가 아니었다고 하더라도 증언자가 예사롭지 않은 어떤 흔적이나 현상들로부터 우려를 느끼고 두려움을 느끼는 것은 단순한 심리적 현상이 아니라 실재적인 것이다. 증인이 느끼는 위협감과 두려움은 경찰이 제시한 설명으로 그 원인을 제거할 수 있는 것이 아니다. 그것은 실재보다 더 실재적인 잠재적 실재성(보드리야르)이기 때문이다.

예방이나 보복은 일반적으로 다양한 유형의 폭력 형태로 가해져 오는 것인데 그것에 대한 우려와 두려움을 과연 과장이라고 말할 수 있는가? 만약 최나리가 진정으로 이렇게 생각한다면 그러한 생각은 국가가 증언자나 피해자를 보호할 의무를 지지 않아도 됨을 지시함으로써 국민들을 엄청난 위험 앞에 노출하는 위험한 발상이라 아니할 수 없다. 만약 그런 생각에 따라 국가가 실제로 국민을 방기한다면 국민들은 가해권력의 폭력에 무방비로 노출될 수밖에 없기 때문에 국가와 별도로, 아니 국가에 맞서 스스로를 보호하기 위한 자경단이라도 조직하지 않으면 안 될 것이다. 실제로 윤지오가 공익제보자 보호를 위한 비영리단체 〈지상의 빛〉을 설립한 것은 국가가 국민을 보호해 주지 않고 있는 상황에서 자경단은 아닐지라도 비정부기구를 통해 공익제보자를 돕자는 취지를 반영한 것이다.

최나리가 드는 "위협 과장" 사례의 또 하나는 윤지오가 2019년 4월 11일 JTBC 〈뉴스룸〉에 출연하여 자신의 신변위협을 과장했다는 것이다. 정말 그럴까? 손석희 앵커와 가진 윤지오의 이날의 인터뷰는 전직 『조선일보』 기자였던 조○천 강제추행 건에 대한 증언, 한국에서 활동하다 캐나다로 떠나게 된 이유, 2018년 6월과 12월 JTBC와의 익명의 전화 인터뷰 이후 당했던 두 번의 교통사고와 가해권력들로부터 받은 위협들, 그리고 앞으로의 계획 등에 관한 것이었다.

이날 윤지오는 앵커로부터 증언에 대한 보복이나 위협에 대한 질문을 받고 자신이 위협감을 느낀 세 가지의 사건을 언급한다. (1) "장자연 문건에 언급된 유력 언론사"(『조선일보』)가 향초 납품업체와 교회에 전화를 해서 윤지오 씨와 연락이 안 된다며 소재를 물은 것. (2) 이전의 매니저 권○○이 JTBC와 인터뷰한다는 것을 어떻게 알았는지 "JTBC가 너를 이용하는 기분이 드니" 인터뷰를 하지 않았으면 좋겠다고 하고 정작 자신은 『뉴시스』와 인터뷰를 하여 "지오는 옛날부터 유명해지고 싶어 한 친구", "실제로 지오는 자연이와 친하지 않았다"는 식의 허위주장을 한 것. (3) JTBC와의 전화 인터뷰 이후 교통사고가 좀 크게 두 차례가 있었고, 근육이 찢어져서 손상되면서 염증이 생긴 것.

최나리는 윤지오가 신변위협이라 느끼는 (1), (2)에 대해서는 언급조차 없다. 그는 오직 (3)번 항을 신변위협에 대한 과장이라고 규정하고 그 근거를 김수민으로부터 가져온다. "김수민은 피고가 당한 신변 위협은 조작된 것인데 그중 특히 2019.1 발생한 교통사고는 눈길에서 미끄러지며 뒷차가 충격을 가한 단순한 추돌사고였으며 가해자 차주는 평범한 아이의 아빠라는 사실을 이미 피고가 알고 있었음에도 불구하고 위 JTBC 〈뉴스룸〉[에] 출연 당시에 파손이 심한 뒷차 즉 가해자의 차량을 자신의 차량인 것처럼 기망하여 조작을 가하였고…"가 최나리가 해당 사건에 관해 쓴 문장이다.

정황상 "가해자의 차량을 자신의 차량인 것처럼 기망하여 조작을 가하였고"라는 문장은 논박할 필요가 없을 만큼 분명한 허구라 할 수 있을 것이다. 윤지오가 거대방송사 JTBC의 자료화면을 조작할 수 있는 위치에 있다고 판단되지 않기 때문이다. 이런 주장6을 하려면 최나리 변호사가 JTBC 측에 확인하여 사실과 상황을 확인하는 정도의 노력은 기울였어야 마땅할 것이다. 더 중요한 문제는 최나리가 근거로 인용하고 있는 것, 즉

---

6. 당시 인스타그램 까계정들이 이와 유사한 확인되지 않은 주장을 퍼트리고 있었다.

이 사건에 대한 김수민의 비꼬인 해석이다. 카톡 대화 속에 그 교통사고가 "애기 아빠가 일 끝나고 애들 데리러 가다가 과실로 발생한 것 같아 마음이 아팠다"는 윤지오의 말이 나온다. 김수민의 해석은 전적으로 이 카톡 구절에 의지하고 있다. 그런데 사람들이 귀 기울여 듣지 않는 것은 그런 카톡 이후에 윤지오의 마음속에 일어난 변화이다. 그는 이미 여러 차례 이에 대해 밝힌 바 있다. 처음에는 평범하고 단순한 교통사고라 생각했으나 이후에 가족을 비롯한 주변 사람들로부터 사고를 위장한 가해 공격일 수 있지 않느냐, 앞으로 더 조심하라는 이야기를 듣고 점점 그 사고에 대한 의심이 생기기 시작했다는 것이었다. 그럼에도 불구하고 최나리는 윤지오의 이러한 말은 전혀 참고하지 않고 김수민보다 한술 더 떠서 JTBC에서의 인터뷰를 "과장, 조작, 기망" 등의 언어로 도배해 버린다. 이 인터뷰를 할 당시 앵커 손석희는 윤지오의 말을 듣고 이미, "거기에 대해서 의구심을 갖는 사람들은 교통사고는 일어날 수 있는 것 아니냐[고 생각하지 않겠는가?]"고 있을 수 있는 반론을 의식하며 질문을 했다. 이에 대해 윤지오는 자신이, 증언으로 인해 불특정 다수의 권력자들로부터 공격을 받을 수 있는 입장에 놓여 있고 교통사고를 이 맥락에서 받아들이게 되는 조건을 토로한다.

그런데 JTBC에 제가 전화 인터뷰에서 사실을 기록한 사건을 다룬 책을 쓴다라고 한 시점부터, 제 행방을 추적하시는 어떤 분들이 계셨고. 또 사실 어떠한 한 언론사만 주목을 하시는데 사실은 한 곳이 아니라 저는 개인 혼자지만 제가 상대해야 될 분들은 A4용지 한 장이 넘어가는 거의 한 30명에 가까운, 공권력을 행사하실 수 있는 법 위에 선 분이시기 때문에 불특정 다수에게서 저는 공격을 받을 수밖에 없는 입장이고. 그분들에 대해서 또 언급을 직접적으로 하면 명예훼손으로 걸리기 때문에.[7]

평범한 교통사고로 보일지라도 그것이 불특정 다수로부터 가해져 오는 위장된 공격의 하나일 수 있다는 답변이다. 가해자는 법 위에서 권력을 행사할 수 있는 다수의 사람들이고 그렇게 특정하기 어려운 다수로부터 보복이나 예방 공격을 당할 수 있는 것이 증언자가 놓인 위치임을 부정할 수 있을까? 이 말이 설득력을 갖는 한에서 어떻게 교통사고로부터 위협을 느꼈다는 인터뷰 진술이 과장, 조작, 기망이라고 주장할 수 있는가?

오히려 2019년 4월 이후의 사태 전개는 특정하기 어려운 가해권력들로부터 공격을 받을 수밖에 없는 입장이며 위협을 느끼고 있다는 윤지오의 말이 참이었음을 뚜렷이 입증해 준다. 왜냐하면, 증언자 윤지오에 대한 마녀사냥식 공격이, 『조선일보』·SBS 『뉴시스』를 비롯하여 수를 헤아릴 수 없는 수많은 언론사와 통신사, 홍준표를 비롯한 정치가, 박준영 박훈 최나리 강연재 등의 변호사, 김대오 김용호와 같은 기자, 서민과 같은

7. 뉴스룸, 「[인터뷰] 윤지오 "폭로 이후 교통사고 2차례… 신변 위협"」, 〈JTBC〉, 2019년 4월 11일 수정, 2020년 2월 13일 접속, http://bit.ly/3c0JSZp.

교수, 김수민과 같은 작가 등의 지적 법률적 정치적 미디어적 화력을 총동원하면서 윤지오에게 집중적으로 퍼부어지는 것을 우리가 똑똑히 보았기 때문이다. 이 총력전 과정을 통해 윤지오가 대한민국 시민사회로부터 추방되고 배제된 현실을 고려하면, 윤지오가 자신에게 닥쳐온 위협을 과장했던 것이 아니라 오히려 과소평가하고, 과소대비했다고 말하는 것이 오히려 상황을 더 잘 설명해 주지 않겠는가?

재테크로서의 증여?

이에 비춰보면 윤지오가 신변위협을 과장하여 기망행위를 했다는 고소장의 주장은 거짓말이라고 해야 할 것이다. 오히려 이후에 명백히 확인되는 것은 가해권력이 벌인 거대하고 집중적이며 스펙타클적인 기망 작전이었다. 이 작전이 국민들을 밑도 끝도 없는 거짓의 수렁 속에서 방황하도록 만들면서 진실을 알아야 할 권리를 무참할 정도로 짓밟은 것이 현실이기 때문이다.

이런 실태를 모르는 철없음 때문일까? 아니면 눈 뜬 사람 코를 베려는 야욕 때문일까? 변호사 최나리는 이렇게 쓰고 있다.

원고들은 피고의 위의 기망행위를 신뢰하여 '피고의 신변보호와 증인들에 대한 지원 등을 목적으로' 피고의 신한은행 계좌에 후원금을 지급하였는바, 그 금액은 적게는 1,000원에서부터 많게는 150,000원에 이르며 총 10,231,042원에 이르는 금액을 지출하였습니다. 그러나 앞서 본 바와 같이 피고가 후원을 독려할 당시 밝힌 사용목적은 허위이거나 극히 과장되어 있으며, 피고 본인의 영달을 위하여 후원금을 사용하였다고 볼만한 충분한 사정이 있습니다. 그렇다면 원고들은 피고의 기망행위로 인하여 각 후원금에 상응하는 경제적 손해를 입었으며 피고의 진실성을 믿고 소액이나마 후원을 하였던 선의가 짓밟히는 등 회복할 수 없는 정신적인 상처를 입게 되었습니다. 한편 정신적 피해에 대한 위자료에 대하여는, 원고들과 피고의 관계, 이 사건 피고가 수많은 언론플레이를 하며 공신력을 쌓은 후 이 사건 기망을 하였던 점, 이에 대한 피고의 책임의 정도, 이로 인하여 원고들이 앞으로 선한 의도의 기부나 후원활동이 위축되어질 것이 염려될 정도로 크나큰 정신적 충격을 받은 사실 등 제반사정을 참작하여 볼 때 그 액수는 20,000,000원이 상당하다 할 것입니다. 이에 피고는 원고들에 대하여 경제적 피해에 대한 손해배상금으로 10,231,042원과 정신적 피해에 대한 위자료로 20,000,000원 즉 총 30,231,042원을 배상하여야 할 것이며 이 사건 소장부본 송달 다음날부터 다 갚는 날까지 소송촉진 등에 관한 특례법이 정한 연 12%의 비율로 인한 지연이자를 지급하여야 할 것입니다.

원고들이 4월 23일 이전에 윤지오의 신변보호 등을 목적으로 후원한 돈은 최나리 변호사도 동의하듯이, 증여贈與, gift로 볼 수 있다. 증여는 법률적으로는 "일방一方의 당사자贈與者가 자기 재산을 무상으로 상대방에게 준다는 의사를 표시하고 수증자가 이것을 수락함으로써 그 효력이 발생하는 계약"(민법 554조)을 의미한다. 그리고 그 증여는 우리가 알다시피 이미 이행되었다. 이미 이행된 증여에 대해 증여[계약]이 해제될 수 있는 경우란 수증자가 증여자에게 폭행 등 범죄행위(불법행위)를 저지른 경우뿐이다.

과연 윤지오가 원고들에게 어떤 범죄를 저질렀는가? 이 질문에 대해 최나리는 증여 후에 저지른 범죄나 불법행위가 아니라 증여를 유발한 행위를 불법행위로 단정하고 또 증여 후에 후원금이 목적과 다르게 사용되었을 것이라는 임의의 추정을 자신의 소송의 근거로 삼는다. "피고가 후원을 독려할 당시 밝힌 사용목적은 허위이거나 극히 과장되어 있으며, 피고 본인의 영달을 위하여 후원금을 사용하였다고 볼만한 충분한 사정이 있습니다."라는 주장이 그것이다.

그런데 지금까지 살펴본바 최나리의 이 주장은 허위다. 후원금 계좌를 공개하면서 (이상호 기자가) 내건 사용 목적은 증언자 보호였는데, 그것은 사실이었다. 실제로 경호비가 사비로 지출되고 있었기 때문이다. 그리고 고 장자연 사건 증언자가 보복이나 예방 공격에 노출될 위험이 있다는 점 역시 서울지방경찰청장도 인정했듯이 누구도 부인하기 어려운 사실이었다. 예컨대 윤지오는 정권을 창출하기도 퇴출시키기도 한다고 자임하는 언론사인 『조선일보』의 전직 기자의 강제추행 혐의에 대해 증언했고 그 사주의 성폭력 혐의에 대해 증언했다. 이후 해당 언론사는 수십 차례에 달하는 보도로 윤지오의 진술 신빙성을 떨어뜨리고 사기꾼으로 몰면서 인성과 도덕성을 실추시켰다. 이것은 교통사고는 비교할 수 없을 정도로 훨씬 더 가혹하고 잔인한 공격이었다. 이런 점에 비추어 볼 때 잠재적이거나 현실적인 신변위협에 대한 당시 윤지오의 증언은 과장되기는커녕 오히려 과소평가되었다고 보는 것이 합당할 것이다.

그리고 "피고 본인의 영달을 위하여 후원금을 사용하였다고 볼만한 충분한 사정"이라는 표현은 무고를 해서라도 어떤 형태로건 윤지오를 처벌토록 하려는 최나리의 야욕과 상상 속에만 존재하는 것이다. 경찰도 통장조회와 압수수색을 통해 확인한 바 있듯이 후원금은 개인적 영달을 위해 전혀 사용되지 않았다. 그러므로 그 돈을 윤지오가 "개인적 영달을 위해서 사용하였다고 볼만한 충분한 사정"은 최나리의 잘못된 사태 인식과 상상 세계에만 존재하는 것이며 조작된 사태 판단이다.

최나리는 고소장에서 원고들이 "피고의 기망행위로 인하여 각 후원금에 상응하는 경제적 손해를 입었다"거나 "피고의 진실성을 믿고 소액이나마 후원을 하였던 선의가 짓밟히는 등 회복할 수 없는 정신적인 상처를 입게 되었다"며 읽는 이로 하여금 실소를 금치 못하게 만든다. 원고들이 선의에 따른 자신들의 증여행동을 "경제적 손해"로 오인하기까지, 그리고 윤지오로 인해 "정신적 상처"를 받았다는 식의 일종의 착란을 경험하기까지 언론방송들의 마녀사냥용 가짜뉴스 폭탄이 얼마나 광범위하게 퍼부어졌던가? 수증자를 고소하기에 나선 증여자(원고)들뿐만 아니라 그 누구라도 이런 상황에서는 제정신을 갖고 사태를 이해하기가 어려울 지경이었다.

이에 때맞춰 김수민의 인스타그램은 변호사(최나리)가 무상 변호를 제공할 예정이니 제발 후원금 반환소송에 나서 달라고 얼마나 간곡한 호소를 했던가? 오랜 호소에도 불구하고 몇 명 밖에 신청하지 않아 "아무래도 어렵겠다"는 좌절감까지 피력하면서 말이다. 신청자만 나타난다면 바로 착수될 준비를 갖추고 있었던 이 무상 고소가 한참 시간이 지난 뒤인 6월 10일에야 비로소 이루어질 수 있었던 것은 자신의 선의의 증여행위를 경제적 손해로 오인하고 증여행위에서 얻은 자긍심을 정신적 상처로 오인하는 원고 집단(그것도 전체 후원자의 10분의 1도 채 되지 않는 집단)을 만들어 내는 데 그만큼 긴 시간과 어려운 노동이 요구되었기 때문이라고 보지 않을 수 없다.

최나리의 고소장은 신뢰·선의와 같은 도덕적 언어와 피해·손해 등의 경제적 용어, 그리고 기망·사기 등의 법률적 언어를 엮어서 만든 그럴듯한 장식물로 치장되어 있다. 그런데 그 장식들을 벗겨 보면 무엇이 남을까? "1,000만 원 투자하여 한 달 만에 3,000만 원으로 만들기"의 재테크 기술이다! 게다가 여기에는 "이 사건 소장부본 송달 다음 날부터 다 갚는 날까지 소송촉진 등에 관한 특례법이 정한 연 12%의 비율로 인한 지연이자"를 지급받을 수 있다는 유혹적인 고리대 조건도 붙어 있다. 성공만 한다면 수입이 짭짤한 것이다.

일정한 금액을 증여한 후에 수증자를 사기꾼으로 만들어

그 수증자로부터 증여액의 세 배 이상에 달하는 재산을 가로챌 수 있다는 최나리의 이 소송을 나는 신종 재테크 사기술을 실험하는 것이 아닌가 의심하지 않을 수 없다. 이러한 수법이 만에 하나 성공한다면 그것은 이미 시장 교환의 지배에 억압당하고 있는 증여의 문화를 송두리째 도려내고 파괴하는 결과를 가져올 것이다. 증여를 수익성 높은 재테크 기술로 만드는 이러한 소송사건을 통해 사람들은 "선한 의도의 기부나 후원활동"에 대해 철저하게 의심하게 될 것이고 따라서 그것이 "위축되어질 것"은 불을 보듯 뻔하다. 이런 결과에 대한 책임은 윤지오가 아니라 최나리(와 원고 집단)가 져야 할 것이다.

물론 이 재테크 실험은 성공하기 어려울 것이다. 그렇지만 중요한 것은 누군가가 이 소송의 혜택을 이미 얻고 있다는 사실이다. 그들이 누구일까? 후원금 반환소송의 제기를 통해 윤지오의 증언 신빙성을 떨어뜨림으로써 고 장자연 사회적 타살 사건의 가해권력자라는 지탄을 벗어나고자 하는 세력들이다. 이들은 이 소송을 '후원자들까지 돌아섰다'는 여론조작의 도구로 사용함으로써 윤지오의 증언은 믿을 수 없는 것이라는 이미지를 퍼뜨려 그것의 직접적 수혜자가 되었다. 이 상황의 본질을 통찰할 수 있었던 일부의 사람들이, 한때 윤지오에 대한 증여자였던 수백 명의 원고 집단이 이들 성폭력 가해권력이 휘두르는 여론용 몽둥이로 변질되어 가해권력을 위해 이용되는 것에 안타까움과 분노를 표했던 것은 이런 맥락 속에서만 이해할 수 있는 사건이다.

증여 윤리 타락의 극점 : 수증자를 채무자로 만들기

그런데 소장의 구성방식을 보면 최나리가, 자신이 제시한 주위적 청구원인(불법행위에 기한 손해배상 청구)이 법리적으로 성립되기 어렵다는 점을 이미 알고 있었던 것으로 보인다. 그것이 기각되리라는 것을 미리 예상하고 예비적 청구원인을 준비하고 있는 점이 그러하다. 그러므로 본 소송의 실제적 핵심은, 윤지오가 수증자로서 불법행위를 했다는 식의 여론을 조성하기 위해 만들어진 '불법행위에 기한 손해배상청구'에 있다기보다, '증여의 의사표시 취소로 인한 부당이득반환 청구'에 있다고 보아야 할 것이다. 그런데 그 청구는 과연 법리적 타당성이나 근거를 갖고 있는가?

가사 위와 같은 불법행위가 민법 제750조에서 규정하고 있는 불법행위에 해당하지 아니하여 주위적 청구가 기각된다 하더라도, 원고들은 피고의 기망행위, 즉 사기를 원인으로 하여 증여의 의사표시를 취소하는 바이며, 그 취소의 의사표시는 이 사건소장으로 갈음하는 바입니다. … 원고들이 후원금에 대한 증여의 의사표시를 민법 제110조 제1항에 의하여 취소하는 이상, 피고가 받은 후원금은 법률상 원인 없이 이익을 얻은 것이므로 부당이득에 해당하여 원고들에게 반환하여야 할 것입니다. 한편 피고는 악의의 수익자라 할 것이므로, 원고들이 지급한 후원금 총 10,231,042원에 연 5%의 비율로 법정이자를 붙여

반환하여야 할 것이고(다만 그 기산점은 계산의 편의를 위하여 이 사건 원고들 중 최후로 후원금을 지급한 2019.4.23을 기준으로 합니다) 이 사건 소장부본 송달 다음날부터 다 갚는 날까지 소송촉진 등에 관한 특례법이 정한 연 12%의 비율로 인한 지연이자를 지급하여야 할 것입니다.

민법 750조에는 "고의 또는 과실로 인한 위법행위로 타인에게 손해를 가한 자는 그 손해를 배상할 책임이 있다"고 되어 있다. 최나리는 피고의 기망행위가 원고들에게 손해를 배상할 책임을 갖는 위법행위가 아니라서 주위적 청구원인이 기각된다면 이제 동일한 원인, 즉 기망행위＝사기를 근거로 하여 이 고소장으로 "증여의 의사표시에 대한 취소"를 갈음하니 이 "악의의 수익자"로부터 부당이득을 돌려받게 해 달라고 청구한다.

이 청구에서도, 비록 손해배상 청구에 비해 청구금액은 축소 조정되었지만(손해배상금을 뺀 약 1,000만 원) 고리대 원칙은 동일하게 적용되어 있다. 법정이자 5%와 지연이자 12%. 즉 선의의 증여를 고리대를 착복하기 위한 악의적 수단으로 변질시키고 있는 것이다. 최나리가 사용하는 이런 악의적 방식을 통해 증여자가 채권자로 변신하고 있기 때문에, 증여자의 선의를 받아들인 그 수증자는 고리대 채권자로 변한 그 증여자에게 원금과 이자 상환을 독촉당하는 억울한 채무자로 위치 지어질 수밖에 없다.

증여가 채권으로, 수증이 채무로 둔갑하는 이 경악스러운 상황에 직면하게 되면 우리는 대체 '증여가 무엇인가? 인간은 왜 증여하고 수증하는가? 증여와 수증의 성격이 현대 사회에서 왜 이런 변질을 겪는가?'라는 본질적인 물음들을 던지지 않을 수 없다. 이 물음들에 답하기 위해서는 마르셀 모스의『증여론』에서 시작되어 레비스트로스(「마르셀 모스의 저서에 대한 서론」)와 모리스 고들리에(『증여의 수수께끼』[8])에 의해 비판적으로 정정/확장되었으며 가라타니 고진(『세계사의 구조』[9])에게서 정치적 대안 원리로까지 받아들여진 이 증여의 문제의식과 그것의 유효성을 검토하는 것이 반드시 필요할 것이다.[10]

다만 여기서 나는, 증여의 윤리의 관점에서 볼 때 한편에서는 경악스럽고 다른 한편에서는 우스꽝스러운 이러한 고소 사태에 대한 제대로 된 이해는, 애초에 '후원자들이 왜 윤지오에게 후원하고자 하는 의지(선의)를 갖게 되었던가?'라는 질문을 떠나서는 해명될 수 없다는 점만을 강조해 두고 싶다. 즉 후원자들의 증여에서 출발해서는 안 되고 그에 선행했던 윤지오의 증여에서 출발하는 것이 필요하다는 것인데, 이것은 '윤지오가 후원자들에게 무엇을 주었길래(원-증여) 후원자들이 그를 후원(답례-증여)하고자 하는 마음을 갖게 되었던가?'라는 물음을 우리가 놓쳐서는 안 된다는 점을 강조하기 위한 것이다.

---

8. 모리스 고들리에, 『증여의 수수께끼』, 오창현 옮김, 문학동네, 2011.
9. 가라타니 고진, 『세계사의 구조』, 조영일 옮김, 도서출판b, 2012.
10. 하지만 이곳이 그 작업을 하기에 적합한 자리는 아니므로 다른 기회로 미루어두고자 한다.

그런데 이 물음은, 윤지오의 증여가 아니라 후원자의 증여를 출발점으로 삼은 증여-수증의 과정을 놓고 그것이 '사기였던가 아니었던가?'라는 프레임 속에 우리를 가두는, 철저히 시장주의적이고 개인주의적인 (박훈-최나리의) 소송행렬 속에 묻혀 제기조차 되지 않고 있다. 이것은 '3월 15일까지 후원 의지를 가진 사람들의 거듭된 계좌공개 요구를 받아들이는 데에 주저하던 윤지오가 왜 3월 18일에 후원금을 받아들이기로 결정했던가?'라는 물음을 포함하는 것이다. 명백히 이것은, 수증이 기회라기보다 의무가 되고 수증 거부가 연대의 거부와 전쟁의 선포로 되는 상황 속에 윤지오가 놓여 있었음을 보여주는 것이기 때문이다.[11]

아무튼, 최나리는 이 소장에서 윤지오를, "증여의사 표시의 취소"를 한 원고들의 채무자로 사로잡는 데 집중한다. 여기서 그는 민법 110조 1항("사기나 강박에 의한 의사표시는 취소할 수 있다")을 그 포획의 그물로 사용한다. 그런데 그것으로 법률적 포획이 가능한가? 나는 이미 앞에서, 그가 사기 = 기망의 근거로 든 것들이 실제로는 근거가 없다는 점에 관해서 설명했다. 장자연 리스트는 2009년에 그 실재가 인정되었던 것이고 2019년의 진술들에 의해 창작된 것이 아니므로 그 신빙성이 의심될 여지는 없으며 증언자에 대한 가해권력의 위협(보복이나 예방 공

---

11. 마르셀 모스는 포틀래치적 증여 경쟁에 대한 분석을 통해 이러한 상황의 맥락과 의미를 설명한 바 있다. 마르셀 모스, 『증여론』, 이상률 옮김, 한길사, 2002 참조.

격의 가능성)은 윤지오에 의해 과장되었다기보다 오히려 과소인
식되고 과소평가되었다고 보는 것이 합당하다고 말이다. 그러므
로 사기＝기망의 혐의는 최나리에 의해 욕망되고 상상되고 있
는 것일 뿐 실재하지는 않는다고 보아야 마땅할 것이다. 사기가
없었던 한에서 증여의사 표시의 취소는 물론 법률적으로 허용
되지 않는다. 따라서 부당이득반환청구는 근거를 잃는다. 그래
서 오히려 윤지오의 증언들을 사기＝기망의 행위라고 주장하면
서 부당이득반환청구의 소장을 내미는 이 집단고소행위야말로
허위사실을 가지고 윤지오를 고소하여 고리대 수준의 부당이
득을 취하려는 행동이 아닌가 생각하게 된다.

　이런 점을 스스로도 의식하고 있었던 것일까? 최나리는 소
장의 결론 부분에서 이렇게 덧붙인다. "이 사건과 동일한 사실
관계로 박훈 변호사에 의하여 서울지방경찰청에서 피고에 대
한 사기고소가 이루어진 상황이므로, 해당 사건의 추이를 보
고 추가로 주장 및 입증을 하도록 하겠습니다." 실제로 최나리
는 장자연 리스트에 대한 진술이 신빙성이 없다거나 증언자가
위협을 과장하고 있다는 등의 자신의 청구원인에 대한 어떤 객
관적 입증도 하지 못했으며 유일하게 "윤지오 씨의 말이 100%
진실은 아닐 수 있다"는 김수민의 폭로문건에 그 근거를 의존
해 왔다. 하지만 그 문건은, 내가 여러 차례 논증했듯이, 김수민
의 편견·상상·감정 등에 의해 얼룩져 있는 에세이로서 법률적
으로 인용할 수 있는 성격의 자료가 아니었다.

　이러한 점을 의식한 때문인지 결론 부분에서 그는 자신이

청구의 원인으로 삼은 기망행위 = 사기와 관련해 박훈의 사기 고발에 의존하려는 나약한 태도를 보인다. 그런데 박훈의 바로 그 사기 고발 행위가, 2019년 8월 2일 〈정의연대〉에 의해 '윤지오에 대한 명예훼손과 무고'로 고발되었다. 최나리가 의존하려고 한 지지대가 몸을 기댈 만큼 든든하지 못하게 된 것이다. 이제 자신의 청구를 정당화하기 위해 최나리는 어디에서 의지할 곳을 찾으려고 할까?

7장
증언자를 권력자의 꼭두각시로 만들어라

박준영 변호사의 글 「공범」을 검증한다

『조선일보』가 고삐를 쥐다

박준영 변호사의 글 「공범」을 검증한다

국민 개개인에 대해 인간주의적 이해보다 국가의 비용 배분의 향방과 양을 우선시하는 관점이 관료주의다. 관료들은 '내(국가)가 너희(인간)에게 은혜(복지)를 베푼다. 너희의 선함을 나에게 입증하라'라고 주장한다. 관료들은 이렇게 국민 앞에 자신이 시혜집단임을 내세움으로써 자신을 국민 위에 옹립할 뿐만 아니라 국민이 그 관료집단에 세금으로 천문학적인 비용을 지불하고 있다는 사실을 감춘다. 관료집단에 지출되는 국가 비용이면 가난한 국민들의 대다수가 선함을 입증하지 않고도 행복한 삶을 꾸리는 데 충분할 것이다. 왜 국민이 자신들의 노복들 servants에게 선함을 입증해야 하는가?

박준영 변호사는 국민의 한 사람인 윤지오에게 정말 "헤어샵으로 와 달라고 통보"한 적이 있는지 물어 사실 확인을 했는가? 만약 그런 사실이 있다고 했다면 "왜 그렇게 했는지", "경호원과 함께 택시 타고 오는 게 어려운 일이 아니었을 텐데 왜 그렇게 하지 않았는지" 물어보았는가? 국민이 국가기관을 시켜 대한민국으로 불러온 증인에게 국가가 보호 목적으로 지출하는 비용에 대해 박준영 변호사가 자신의 경험("저는…을 본 적이 없다")을 잣대로 비난의 글을 올리는 것이 과연 정당한가?

박준영 변호사가 술접대 자리에서 권력자들의 비위를 맞추기 위해 억지로 노래하고 춤춰 본 적이 있는가? 박준영 변호사가 실세 권력자들의 불의와 부정을 증언하는 자리에 서 본 적이 있는가? 증언 후에 누가 뒤따라오지 않나 뒤돌아보는 경험을 해 본 적이 있는가? 걸려오는 전화마다 녹음해 두지 않으면 안 되겠다고 느끼는 불안의 경험을 해 본 적이 있는가? 인기척에 소스라쳐 떨어본 적이 있는가? 이 사회가 적대로 가득 차 있고 맹수처럼 이빨을 드러낸 사람들이 약자들을 향해 으르렁대고 있음을 느껴 본 적이 있는가?

우리는 안다. 박준영 변호사의 페이스북 이미지에 왜 아이들이 앞모습을 보이지 않고 뒷모습을 하고 있는지를. 가해자들에 대한 두려움 때문이며 아이들의 안전을 보호하려는 노력이다. 그런데 박준영 변호사는 왜 자신의 두려움은 당연하고 필연적인 두려움이고 윤지오가 느끼는 두려움과 그에 대한 표현은 "가해의 실체에 대한 의혹을 부풀리는 의도"의 표현으로서 부당하고 의심스러운 두려움인가?

박준영 변호사는 묻는다. "긴 시간 윤지오와 함께했던 사람들이 이런 윤지오의 문제점을 몰랐을까요." 어떤 문제점 말인가? "나는 건강하다. 나는 절대 자살하지 않는다"며 정신감정 결과를 제출한 것 말인가?! 얼마나 많은 사람이 이 대한민국에 살면서 죽임을 당하지 않을까 두려워하며 사는지 모르는가? 장자연의 주검이 부검도 없이 유족의 뜻에 따라 경찰에 의해 처리된 후 대한민국은 10년이 넘는 사회적 갈등 속에 휩싸여 있다. 그 죽음이 자살이라는 명확한 증거조차 확보하지 않은 채 시신을 처리함으로써, 그 무엇보다 결정적인 증거인 시신을 불투명하게 처리함으로써 왜 국가기관은 이토록 국민들을 혼란 속에서 방황하게 만드는가? 대한민국에서, 국가기관이 명확한 죽음의 이유를 밝히지 못하는 의문사들이 얼마나 많은가? 나는 자살하지 않을 것이므로 내가 죽게 되거든 유가족이 뭐라 하든 부검해 달라는 윤지오의 이 유언 아닌 유언이 왜 문제인가?

'윤지오는 악한 인간'이라고 고발하는 일에 그의 가족인 이모부도 동참했다. 만약 윤지오에게 그가 두려워하는 일이 실제로 발생한다면 그 일이 그의 유가족의 뜻에 따라 처리되어도 되는가? 박준영 변호사는 윤지오의 정신감정 결과 제출에 대해 문제점을 느꼈다고 자신 외에 과거사진상조사단의 그 누구로부터 또 이야기를 들었는가? 확인했는가? 만약 그렇게 하지 않았다면, 왜 "이를 알거나 알 수 있었으면서 침묵했던 모두가 공범입니다"라며 애매한 가정법 기술을 써서 윤지오를 범죄자로 모는가? 박준영 변호사는 말한다. "뒤늦게 이야기한 저도 공범이구요." 박준영 변호사가 어떤 유형의 범죄자일지는 모르나, 윤지오는 범죄자가 아니며 따라서 박준영 변호사의 공범일 수 없다. 왜 변호사의 신분을 갖고서 헌법 제27조 제4항 무죄 추정의 원칙에 반해 한 인간을 유죄로 단죄하는가?

박준영 변호사는 『조선일보』 기자의 추행 건에 대한 윤지오의 증언에 대해 폄하할 생각이 없다고 말한다. 하지만, 만약 윤지오 증언자가 박준영 변호사의 무고로 인해 증인으로서의 신빙성을 잃어버리게 되면 결국 그 『조선일보』 기자도 무혐의 처분에 준하는 약한 벌을 받게 될 것이다.[1] 이것이 증언을 폄하하여 가해자를 구제하는 실제적 방식이 아니고 무엇인가? 이것이 『조선일보』의 전직 기자를 구하고,『조선일보』를 구하는 실행 방법이 아니면 대체 무엇이 『조선일보』 구하기의 행동인가?

윤지오 증언자의 증언에 대한 검증이 이루어지지 않았는가? 왜 과거사진상조사단 구성원들은 바보들로 만들고, 그들을 모독하는가? 박준영 변호사가 그럴 자격이나 권리를 갖고 있는가? 그들은 나름대로 다양한 증언들을 교차 비교하고 물적 증거와 대조하여 사실인 것을 취하고 버릴 것은 버리면서 나름대로의 검증작업을 하지 않았겠는가? 적어도 과거사진상조사단에서는 윤지오 증언의 신빙성이 유지되었다.

우리가 더 이상의 검증을 요구한다면 검찰 과거사위원회의 최종 심의발표가 과거사진상조사단의 조사와 일치하는지, 또 과거사진상조사단의 조사가 충분히 증인들의 증언과 증거를 실사구시적으로 비교 검토했는지, 증인은 충분히 확보했는지, 강제 수사력이 없음으로써 생길 구멍이 무엇이었는지 등에 관한 것이어야 할 것이다.

---

1. 실제로 그 『조선일보』 기자는 2019년 8월 22일 1심에서 무죄선고를 받았고 2심에서도 역시 무죄선고를 받았다. 윤지오의 진술을 신빙하기 어렵다는 것이 그 이유였다.

이러한 공적 검증과정 바깥에서 박준영 변호사가 윤지오의 증언이 아니라 증인 윤지오에 대한 검증을 요구함으로써 어떤 결과가 나타났는가? 인간 윤지오의 사생활을 발가벗기고 증언자를 심문대에 세워 마녀사냥을 한 것 아닌가? 박준영 변호사가 원한 것이 그것이었는가? 노출이 어느 정도인지, 학력은 속이지 않았는지, 왜 그리 학력이 보잘것없는지, 작품이 표절은 아니었는지, 정치색이 뭔지, 평소에 거짓말을 얼마나 하는지, 왜 말할 때 눈을 굴리는지, 계좌에 후원금은 얼마나 모였는지, 왜 자신의 계좌를 공개하지 않는지, 계좌에서 사적 목적으로 쓴 돈은 없는지, 왜 기자들에게 오만하게 구는지, 목소리가 왜 그렇게 짜증 나는지, 유가족을 비난한 적은 없는지, 왜 왕진진의 글이 가짜라는 것을 식별하지 못하는지…. 이 악무한적 의혹들과 비난들의 광기가 "증인도 검증되어야 한다"고 박준영 변호사가 제안하면서 의도했던 그것이었는가?

　2019년 늦봄과 초여름에 대한민국은, 윤지오 증언자를 사기꾼으로 만드는 전 시민 사회적이고 전 국가적인 사업을 통해 앞으로 대한민국에서 권력자를 고발하는 증언을 하려는 자는 반드시 사생활에 대한 철저한 검증을 받아야 한다고 세계만방에 천명했다. 국민의 기본권을 철저히 짓밟는 이 반헌법적 광기의 선봉에 박준영 변호사가 서 있다는 사실을 직시해야 할 것이다.

　이미 공인인 박준영 변호사의 말과 삶은 이제, 그가 윤지오에게 요구했던 바로 그 방식으로, 한 구절 한 구절 일거수일투족 검증되어야 할 것이다. 혹시 그가 출마의 기회를 얻거나 관직을 얻거나 돈을 벌거나 하는 등의 사적 목적으로 윤지오의 의혹을 부풀리고 있지나 않았는지/않은지 검증되고 또 검증되어야 할 것이다. 이후 박준영 변호사가 국회의원 후보로 공천을 받거나 공직에 진출하거나 치부를 하거나 언론의 칼럼 자리를 얻거나 하는 식의 이득 취득의 현실이 드러나게 된다면 그것이 윤지오의 의혹을 사적 목적을 위해 부풀려 얻은 사익이 아닌지 검증되어야 할 것이다.

『조선일보』가 고삐를 쥐다

2019년 6월 14일 『조선일보』는 증언자 윤지오의 증언에 대한 마녀사냥 놀음을 "거짓 증언 논란"으로 거꾸로 부름으로써 5월에 유행했던 "증언 신빙성 논란"이란 이름을 한 단계 더 부정적인 이름으로 불렀다. 신빙성에 대한 의심에서 거짓이라는 주장으로 나아갔기 때문이다. 이렇게 유일한 증언자를 거짓 증언자로 만든 후, 『조선일보』는 "윤지오와 함께 하는 의원모임"을 만들었던 9인의 국회의원과 청와대를 그 거짓의 방조자, 협력자로 고발하는 정치공세에 나서고 있다. 6월 14일 자로 나온 몇 개의 기사 제목들이 그것을 단적으로 보여 준다. 「안민석, 책임론 제기되자 뒤늦게 궁색한 사과」, 「"윤지오 보호 소홀" 경찰 질책했던 靑 … 거짓 증언엔 침묵」, 「'윤지오 방패막' 자처 여야 의원들, 거짓증언 논란 깊어지자 … 두 달 안에 안민석 탓 돌리기」, 「안민석 "윤지오 제 탓" 페북 글 올린 날 … "폴란드 간다" 엄지척」 등이 그것이다.

이것을 보면, 『조선일보』가 지금도 정권을 "창출"하기도 하고 "퇴출"시키기도 하는 권력으로 행세하고 있는 것은 분명한 것 같다. 경기지방경찰청장을 협박했던 그 『조선일보』가 이제 국회의원을 무릎 꿇리고 청와대를 질책하고 있기 때문이다. 나라가 거꾸로 서 있다. 제대로 된 나라라면 그 나라를 구성하는 사람들이 주인이어야지 사기업체가 주인이어서는 안 된다. 주권이 나라 사람들로부터 나와야지 사기업체에서 나오면 안 된다. 국민들이 정권을 창출하기도 하고 퇴출시키기도 해야지 일개 사기업체의 신문이 그런 짓을 하게 해서는 안 된다. 그런데 현실은 그렇게 돌아가고 있다. 『조선일보』는 정권을 창출하고 퇴출할 뿐만 아니라 불과 수개월만에 유일한 증언자를 거짓 증언자로 만드는 엄청난 능력을 보여주고 있다. 이제 변호사 직함을 가진 자유한국당 소속인 박민석, 강연재, 그리고 『조선일보』의 친구인 최누리, 그리고 사법행동에서 이들과 공조하고 있는 '사회주의자' 박훈 등이 고소·고발로 윤지오를 짓밟아 그가 들고 있던 증언 촛불의 마지막 불씨까지 구둣발로 비벼 끄고 나면, 그리하여 지금은 "거짓 증언자"로 부르는 윤지오를 "사기꾼 윤지오"로 부르는 날이 오게 되면 『조선일보』는 대한민국에서 그 누구도 건드릴 수 없는 언론 권력으로, 공식 체계 바깥에서 공식적 대의권력을 쥐고 흔드는 비선실세秘線實勢의 권력으로 우뚝 서게 되지 않겠는가?

　대체 어떻게 이러한 헌법 유린이 가능해지는 것일까? 어떻게 사람들의 주권이 이토록 무참히 짓밟히고 비선秘線의 의제된 주권이 들어서는 것일까? 여러 가지 조건과 이유가 작용하고 있겠지만 국회의원 안민석이 2019년 6월 14일 페이스북에 올린 글[1] 속에 그것을 이해할 수 있는 비밀이 표현되어 있는 것 같다.

안민석입니다.

우리 사회의 큰 잘못이었던 장자연 사건의 진상을 밝혀 억울한 죽음을 위로하고 가해자들을 찾아내어 다시는 이런 일이 일어나지 않게 하고 싶었습니다. 그래서 증언자로 자처한 윤지오 증인을 만나게 되었습니다.

그런데 최근 선한 의도로 윤지오 증인을 도우려 했던 여야 국회의원들이 난처한 입장에 처했습니다. 모두 제 탓입니다. 그분들은 저의 제안으로 선한 뜻으로 윤지오 증인을 도우려 했습니다. 윤지오 증인 국회 간담회에 참석한 의원들은 이후 한 차례도 모이지 않았습니다. 증인이 국회의원들에게 도움을 요청하지 않았기 때문입니다.

윤지오 출판기념회는 성직자 한 분께서 선의로 도와 달라고 요청하셔서 제가 도와 준 것이니 다른 국회의원들과는 상관없음을 밝힙니다. 저 역시 두 달 전 출판기념회 이후 윤지오와 접촉하지 않았습니다. 그녀가 도움을 요청하지 않았기 때문입니다. 오보 기사를 쓴 기자에게 유감을 표합니다.

윤지오 증인을 도운 것이 국민들의 판단을 흐리게 했을 만큼

---

1. 『조선일보』는 이 글을 "궁색한 사과문"이라고 부른다. 누구에 대한 사과문인지는 뒤에서 밝혀질 것이다. 안민석, 〈페이스북〉, 2019년 6월 14일 수정, 2020년 2월 23일 접속, http://bit.ly/2wBlLjC.

국민들이 어리석지는 않다고 저는 믿습니다. 저는 평소 공익제보자는 보호되어야 한다는 믿음이고 노승일 부장 박창진 사무장 박관천 경정과 호형호제하는 사이로 서로 도우며 지내고 있습니다. 혹시 모를 피해를 걱정해서 공익제보자들이 내미는 손을 외면하는 비겁한 정치인이 되긴 싫습니다.

앞으로도 그들이 내미는 손을 따뜻하게 잡아 줄 것입니다. 정치인의 도리이기 때문입니다. 앞으로 더욱 열심히 의정활동 하겠습니다.

"장자연 사건의 진상을 밝혀 억울한 죽음을 위로하고 가해자들을 찾아내어 다시는 이런 일이 일어나지 않게 하고 싶었습니다"는 대부분의 사람들이 공유하는 욕망이었다. 그런데 윤지오가 "증언자로 자처"했는가? 아니다. 윤지오를 증언자로 불러들인 것은 대한민국의 국민을 대의하는 정부(법무부)였고 직접적으로는 검찰 과거사위원회였다. 이후 국민의 이 부름에 응한 후, 윤지오가 자신을 유일한 증언자로 부를 수밖에 없었던 것은 자신보다 잘 알고 있을 사람들이 증언, 즉 진실 말하기에 나서지 않고 있는 현실에 대한 유감과 안타까움을 함축한 것이었다. 홀로가 아니라 함께 진실을 말하자는 제안을 담은 것이었다. 안민석은 윤지오가 마치 스스로 "증언자"로 자처하고 나선 것처럼 표현함으로써, "증언자로 자처하고 신변위협을 과장해 국민을 기망한 사기꾼"으로 몰아붙이는 가해권력자들의 마녀사냥에 힘을 실어주고 있다.

이어 안민석은 곧장 "윤지오 증인을 도우려 했던 여야 국회 의원들"의 "난처한 입장"에 관심을 돌린다. 그러면서도 지금 가해권력자들의 유도^{誘導}에 따라 수천수만 명의 군중의 손가락질과 욕설을 한 몸으로 받으면서 죽은 장자연과 성폭력에 고통받는 여성들, 노예계약에 시달리는 연예 노동자들, 그리고 권력자들에게 개돼지로 학대당하는 국민들의 열망을 모아 촛불증언의 십자가를 지고 골고다 언덕을 오르는 증언자 윤지오의 고통과 "난처"라는 말로는 표현하기 어려울 만큼 깊은 곤경에 대해서는 전혀 관심을 기울이지 않는다.

어떤 사람들은 스스로 윤리적인 체하며 핏발선 눈으로 외치곤 한다. 허언증 환자, 사기꾼, 탕녀는 감옥으로, 라고. 로마 권력자들의 눈에는 예수도 자신을 "하나님의 아들"이라 계속 주장하는 허언증 환자, 미친 사람이었고 천국이라는 헛소리로 사람들을 기망하여 주변에 불러 모으는 사기꾼이었다. 얼마나 많은 사람이 예수를 비난했는가? 심지어 십자가에 못 박힌 강도들조차 예수를 비난했다.

왜 십자가의 역사가 교훈이 되지 않고 동일하게 반복될까? 왜 안민석은 "증언자 윤지오"와 동행하겠다고 약속했다가 지금은 윤지오를, "선한 의도"로 그를 도우려 했던 의원들을 난처한 입장에 빠뜨리는 마치 악한 의도를 가진 말썽꾸러기처럼 묘사하는가? 동행하겠다는 약속의 침이 마르기도 전에, 그리고 제기된 혐의가 재판은커녕 기소조차 되기 전에 왜 안민석은 가해자들의 안내를 받아 군중이 윤지오에게 덧씌운 범죄 혐의를 마치 기정사실인 것처럼 묵인해 버리는가? 윤지오의 증언이 사실이 아닌 것으로 입증된 것이 전혀 없는 상황에서, 아니 오히려 지난 10년간 조작되어온 가짜진실들을 바로 잡아 온 것이 명확하다고 볼 수 있는 상황에서 왜 그 증언, 공익제보를 외면하는가? 왜 안민석은 "촛불국민이 부른 윤지오"의 증언을 배신하는 유다의 길을 선택하는가?

물론 안민석도 "모두 제 탓"이라고 하며 십자가를 짊어진다. 그 십자가가 누구의 십자가인가? 국민의 십자가인가? 촛불국민의 십자가인가? 아니다. 동료 국회의원들을 위한 십자가일 뿐이다. 여야 가릴 것 없는 동업자 국회의원들의 십자가일 뿐이다. 안민석은 말한다. "장자연 사건의 진상을 밝혀 억울한 죽음을 위로하고 가해자들을 찾아내어 다시는 이런 일이 일어나지 않게 하고 싶었"다고.

윤지오가 위험을 무릅쓰고 증언을 하는 동안 국회의원들은 무엇을 했는가? 장자연 사건의 진상을 밝혔는가? 그의 억울한 죽음을 위로할 수 있도록 가해자들을 찾아냈는가? 안민석은 윤지오 증인이 국회의원들에게 도움을 요청하지 않았기 때문에 윤지오와의 동행을 약속한 국회의원들이 "한 차례도 모이지 않았다"고 말한다. 그것이 국회의원의 동행 방식인가? 국민을 대표한다는 국회의원들이 손 놓고 있을 때 국민이고 증언자인 윤지오는 국정감사보다 살벌하고 청문회보다 더 가혹한 신상털이를 당하고 있었다. 오직 힘없는 네티즌들만이 도움의 손길을 내밀고 있었다.

국민과 증언자가 도움을 요청할 때에만 도움의 손길을 내밀 겠다는 것이 국회의원들이 선의를 표현하는 방식인가? 물에 빠진 자가 살려달라고 외치며 손을 뻗어 구조를 요청하지 않을 때는 방관하겠다는 것이 국회의원들의 윤리학인가? 그 윤리학이, 침몰하는 세월호에서 구조요청이 들려오지 않는다고 손 놓고 있었던 해경의 방관과 무엇이 다른가? 촛불국민, 미투 여성, 윤지오가 탄 증언의 세월호가 마녀사냥의 암초에 부딪혀 침몰하고 있는 지금 그 배에 동행을 약속했던 국회의원 안민석이 하고 있는 행동이 어떠한가? 해경 123정을 타고 기관원들(동료 국회의원들)과 함께 가장 먼저 줄행랑을 친 세월호 선장의 행동과 무엇이 다른가?

안민석은 말한다. 나의 동료 국회의원들은 윤지오와 "상관 없"다고. "저 역시 두 달 전 출판기념회 이후 윤지오와 접촉하지 않았다"라고. 나의 몸은 깨끗하다고…. 자신의 결백을 믿어달라는 이 말은 누가 들으라고 하는 것인가? 촛불국민들에게 하는 말인가? 미투 여성들에게 하는 말인가? 증언자 윤지오에게 하는 말인가? 호형호제하며 지내는 공익제보자들에게 하는 말인가?

국민은 "나의 결백을 믿어 달라"는 안민석의 당부의 말이 촛불국민, 미투 여성, 증언자 윤지오, 공익제보자들보다는 『조선일보』와 장자연 사건 가해권력자들의 귀에 들리도록 하는 말임을 모를 만큼 어리석지는 않다. 또 국민들은 안민석이 『조선일보』를 비롯한 권력자들 앞에서 무릎 꿇고 비는 모습에 상황 판단이 흐려질 만큼 "어리석지는 않다." "공익제보자들이 내미는 손을 외면하는 비겁한 정치인이 되긴 싫"어서 앞으로 "그들이 내미는 손"을 "따뜻하게 잡아줄" 그 손이 이후에 공익제보자들을 결정적으로 범죄자로 만들 덫일 수 있다는 것을, 이번 경험을 겪고도 모를 만큼 어리석지는 않다. 그리고 『조선일보』와 장자연 사건 가해권력이 국민의 대표들에 대한 집요한 대인 공격을 통해 그 대표들이 국민을 배반하고 자신들 앞에 무릎 꿇게 함으로써 국가권력의 비선 실세가 되고 있다는 것을 모를 만큼 어리석지도 않다.

8장
대중으로 하여금 증언자를 조롱하는
미디어 총체극과 사법극장의 구경꾼이 되게 하라

SBS, "악플러보다 더한 사람들"

SBS 〈궁금한 이야기 Y : 장자연 사건의 증언자 윤지오〉(이하 줄여서 〈Y〉)를 보면서 대개의 사람에게는 거짓말이나 사기로 지각되지 않을 수준 높은 거짓말과 고도의 사기술이 어떻게 성공할 수 있는지를 '배울'(?) 수 있었다. 2019년 4월 이후 대한민국에서 유행한 마녀사냥 놀이처럼, 이 프로그램이 윤지오를 거짓말쟁이·사기꾼으로 만드는 공작工作형 프로그램이었기에 더 밀도 높은 수업이 되지 않았나 싶다. SBS 〈궁금한 이야기 Y〉가 자신들의 하이테크high-tech 거짓말과 사기술을 통해 출연자 윤지오를 거짓말쟁이·사기꾼으로 만들어 냈던 비법은 무엇일까?

나는 이 기법을 이해하기 위해 2013년 『레이디경향』에 실렸던 〈궁금한 이야기 Y〉 이덕건 PD의 방송 "뒷이야기"를 참조했다. 가장 먼저 눈길이 가는 것은 다음 대목이다.

어렵게 털어놓는 이야기임을 누구보다 잘 알고 있다. 그래서 사소한 부분까지 모두 귀담아들으려고 하고 혹여 작은 실수에도 처음의 의도와 다르게 편집되지는 않을까 언제나 조심하고 조심한다. 특히 갈등을 전제로 하는 사연들 역시 한쪽의 이야기를 듣기보다는 최대한 중립의 입장에서, 객관적으로 사실만을 전달하고자 한다. 그렇지만 이심전심은 참으로 힘든 일이다.

그 뒷이야기는 다음처럼 이어진다.

저희가 '강자'라고 생각하고 만든 적이 한 번도 없어요. 오히려 출연자들의 입장에서 그분들의 이야기를 담으려고 하죠. 그렇지만 간혹 편집이라는 과정을 이해하지 못하는 분들은 방송 후 왜 이야기가 다르냐고 불만을 털어놓기도 하시고, 촬영 때와 다른 말씀을 하시는 분들도 계시고, 그렇더라고요. 칭찬보다는 욕을 많이 먹는 일이 일상화되어가다 보니 이제는 조금 무덤덤해지는 면도 있어요. 소심한 사람들은 절대 못 할 거예요.(웃음) 오지랖이 넓어야 해요.[1]

〈장자연 사건의 증언자 윤지오〉가 방송된 후 윤지오는 방송 전에 한 말과 방송에서 하는 말이 너무나 다르다며 SBS와 〈Y〉에 "참으로 실망스럽다"는 소감을 털어놓았다.

양심이라고는 사라진 지 오래인 그들. 당신들이 악플러보다 더

---

1. 김지윤, 「'궁금한 이야기 Y' 이덕건 PD의 방송 뒷이야기」, 『레이디경향』, 2013년 11월호, 2013년 11월 22일 수정, 2020년 2월 13일 접속, http://bit.ly/2PchjhS.

한 사람들이라고 본다. 칼로 베이고 찢긴 상처를 찔러놓고 사과 몇 마디로 인생 참 쉽게 사십니다.

분노가 깊게 배인 반응이다. "악플러보다 더한 사람들"이라는 평가가 그렇다. SBS가 윤지오에게 처음 인터뷰하자며 접근할 때는 〈궁금한 이야기 Y : 세월호에 갇힌 가족들을 아시나요〉가 2014년 4월 16일의 고통을 안고 살아가는 유가족의 이야기를 그렸듯이 장자연 사건의 증언자 윤지오가 2009년 3월 7일의 고통을 안고 살아가는 증언자의 이야기를 그릴 것처럼 샘플까지 보내주었다. 그런데 막상 방송된 것은 증언자 한 사람을 십여 명의 고발자들과 진행자가 근거도 없는 말들로 짓밟아 증언자를 사기꾼으로 만드는 내용이었다. 제작진이 캐나다 현지까지 날아가서 "8시간 동안 진행한 윤지오와의 집중 인터뷰"는 오로지 윤지오를 거짓말쟁이로 만들기 위한 소재로만 사용되었다.

SBS가 그려내는 윤지오의 초상은 어떤 모습인가? 한때 증언자를 자처하면서 방씨 성의 세 사람과 이름이 특이한 정치인의 이름을 장자연 리스트에서 보았다고 했지만, 알고 살펴보면 모두 거짓말이고 결국 윤지오, 그는 거짓말쟁이였다는 것이다. 이런 방송 메시지를 전달하기 위해 윤지오의 말 한마디에 그것을 비판할 사람들을 한두 사람씩 배치하는 구도로 각본이 짜인다.

윤지오 후원을 독려했다고 자처하는 여성[2]이 얼굴을 가리고 나와 자신 때문에 피해자가 생겼다며 후회하고 죄송하다며

운다. 윤지오의 신변보호 청원을 했었고 후원을 했다면서 이후 후원금 반환소송에 참여했다는 인물[3]이 얼굴을 가리고 나와 자신이 속았다고 호소한다. 변호사 최나리가 이들 후원자들의 선의가 악용되었다며 고발장을 제출한다. 이런 방식으로 〈Y〉는 증언자 윤지오가 사람들을 기망했음을 입증하기 위한 장면들을 프로그램 앞부분에 집중적으로 배치한다.[4] 프로그램의 의도가 노골적으로 드러나는 편집방식이다.

〈Y〉는 JTBC와의 전화 인터뷰 이후 모 언론사의 추적이 있었고 이후 교통사고가 났으며 경찰이 제공한 숙소에서도 이상한 징후들이 발견되었고 이 때문에 긴급하게 스마트워치를 눌렀으나 몇 시간 동안이나 경찰의 응답이 없었다는 윤지오의 증언에 대해서는 경찰의 해명으로 일차 정리한다. 외부침입 흔적은 없었고 스마트워치는 조작 미숙이었다는 것이다. 그런 후 윤지오를 비난하는 폭로 글을 쓴 김수민으로 하여금 자신에게는 교통사고 당시 "살짝 다쳤을 뿐"이었다고 말하고는 〈뉴스룸〉에

---

2. 〈Y〉는 이 인물이 언제 어떻게 후원을 독려했는지 검증하지 않는다.

3. 〈Y〉는 얼굴을 가리고 인터뷰에 응한 이 사람이 실제로 반환소송에 참여한 사람인지, 또 실제로 신변보호 청원을 한 사람인지는 검증하지 않는다. 이 인물은 신한은행 계좌 공개를 요구한 사람으로 다시 한번 등장하는 데 그 역시 〈Y〉는 검증하지 않는다.

4. 〈Y〉는 최나리 변호사가 『조선일보』가 후원하는 2019년 대한민국소비자만족도 1위 상을 수상한 법률사무소 로앤어스 소속이라는 사실에는 주의를 기울이지 않는다. 『조선일보』는 윤지오가 증언에서 가해권력으로 지목한 바 있는 언론사였다. '왜 이혼 전문 법률사무소인 로앤어스의 최나리 변호사가 무료로 이 소송을 맡겠다고 나섰을까?'에 대해 당시 네티즌들이 광범위하게 갖고 있던 궁금함도 〈궁금한 이야기 Y〉는 고려대상으로 삼지 않는다.

서는 마치 큰 사고였고 누군가가 고의로 가한 "테러"인 것처럼 말하는 것에 놀랐다고 말하게 한다. 증언자가 느낄 수 있는 두려움을 완전히 무시하는 편집이며 신변위협에 대한 윤지오의 진술을 모두 허위로 만드는 방식이다.

이어서 〈Y〉는 "방씨 성의 세 사람과 이름이 특이한 정치인"의 진술을 허위진술로 만들어 간다. 이 작업에도 작가 김수민의 말이 이용된다. 2018년 윤지오가 PD수첩과 인터뷰했을 때 윤지오가 "『조선일보』 사장 동생"을 사진에서 "본 적이 있는 인물"로 지목하는 걸 보고 깜짝 놀란 과거사진상조사단이 윤지오에게 연락을 해서 『조선일보』 사장 동생에 대한 기억에 대해 말해 달라고 요구했는데 윤지오가 그 요구에 대해 "아무런 기억이 없다"고 답했다는 내용을 김수민이 진술한다. 이 역시 윤지오가 사건에 대해 전혀 모른다는 것, 이후에 보거나 안다고 말한 모든 것이 거짓말이라는 주장을 뒷받침하기 위한 진술이다. 그런데 이것은 대화의 핵심논점을 이해하지 못한 데서 발생하는 가짜 진술이다. 윤지오가 과거사진상조사단의 김영희 변호사에게 "『조선일보』 사장 동생"인 방○훈에 대해서 기억나는 것이 없다고 말한 것은 "그를 본 적이 없다"고 말을 뒤집은 것이 아니라 "그와 만났던 구체적인 날짜, 장소, 상황이 기억나지 않는다"고 말한 것일 뿐이기 때문이다. 여기에 해당 대화 내용이 있다.

김영희 : 지난 번에 김종승이 장자연씨 추행한 건(술자리에서 가슴 만진 건)하고 방용훈 얼굴 언제 봤는지에 대한 것 힘드시

겠지만 말씀해 주시면 감사하겠습니다. 제가 기자가 아니라 과거사조사단이니 진상을 밝히는 일을 도와주시면 좋겠습니다. 이건 언론에 보도되는 게 아니라 저희가 조사하는 데 꼭 필요한 일이라서요.

윤지오 : 말씀 못드리는 게 정확한 날짜나 장소 상황 기억이 안납니다. 진상을 밝히기 위해서 처음부터 조사에 협조했었고요. 그 당시에도 기억이 없었고 이슈가 되고 화제가 된다고 해서 제가 없었던 기억을 만들 수는 없습니다.

"방○훈 얼굴 언제 봤는지"에 대해 말해 달라는 김영희 변호사의 요구에 윤지오는 "정확한 날짜 장소 상황 기억이 안 납니다"라고 말한다. 김수민이 윤지오의 "기억에 안 난다"는 말을 과잉 일반화하여 "윤지오는 아무것도 모른다"로 왜곡하여 전달하고 있는 것이다. 〈Y〉는 이처럼 중요한 왜곡의 문제는 건드리지도 않은 채 일방적으로 논점을 잘못 이해한 김수민의 말만을 내보냄으로써 그의 말을 'PD가 하고 싶은 말'을 시청자에게 각인시키는 도구로 삼는다.

또 〈Y〉는 이제는 홍준표로 알려진 "특이한 이름의 정치인"에 대한 윤지오의 진술도 몇 가지 말들을 편집하여 일관성이 없는 진술로 만들어 놓는다. 윤지오가 본 정치인은 안경을 쓰지 않았는데 홍준표 의원은 안경을 썼으므로 리스트에서 홍준표라는 이름을 보았다는 기억이 잘못된 것이라는 것이다. 하지만 윤지오의 진술은 명백하다. 자신은 리스트에서 "구준표와 이름이 같은 정치인"의 이름을 보았다. 그리고 술자리에서 국회의원 배지를 달고 나타났던 한 사람의 정치인을 만났다. 그는 안경을 끼지 않았다. 그러므로 내가 술자리에서 만났던 정치인은 "구준표와 이름이 같은 정치인"이 아니고 다른 정치인일 가능성이 높다. 즉 한 사람은 리스트에서 이름을 보았고 다른 한 사람은 술자리에서 얼굴을 보았다는 것이다.[5] 〈Y〉는 이렇게 반드시 확인해야 할 사항을 빠트림으로써 오도된 정보를 시청자에게 전달하며 증언자 윤지오를 일관성 없이 말을 지어 만드는 사람으로 만든다.

고 장자연이 마약을 탄 술을 마시고 성폭행당했을 가능성에 대한 진술은 박준영 변호사를 불러와 비판한다. 박준영은 "네 동생[장자연]하고 약했다"라는 김종승의 말을 [장자연의] 언니를 협박할 의도로 지어낸 말로 해석한다. 가해자 편에서 사건을 임의로 해석해 주고 있는 것이다. 또 기억은 흐려지는 것인데 윤지오가 10년 전에 마약에 대해 모른다고 하고서 이제 기억이 난다고 하는 것은 거짓말이라고 주장한다. 이것은 뇌국소론적이고 기계론적인 기억개념에 입각한 것으로서 오래전의 기억이 또렷이 상기되는 현상이 있음을 몰각하는 잘못된 주장이다.[6] 또 박준영 변호사의 이런 주장들은 마약에 관한 장자연 문건의 해당 구절, 정○호 감독의 진술, 성폭행에 관한 유장호의 진술 등

---

5. 이 문제에 대한 상세한 논의는 이 책 236쪽 이하 참조.
6. 이에 대해서는 이 책 1장 89쪽 이하 「박준영 변호사의 뇌국소론적 기억론 비판」에서 자세히 논했으므로 여기에서는 상술하지 않는다.

을 윤지오에 대한 불신[7]의 관점에 따라 오독하거나 간과하는 것이다.

또 〈Y〉는 장자연의 남자친구라고 자칭하는 사람[8]을 불러와 "이름 한 번 들어보지 못한 애(윤지오)"가 "자기를 알리려고" 거짓말을 하고 있다는 식의 발언을 한다. 장자연과 윤지오의 매니저를 자처하는 사람 역시 "윤지오는 장자연과 친하지 않았고 거짓말로 책을 팔러 나왔다"라고 말한다. 얼굴을 가린 이 인물은 권○○ 씨일 것으로 추측되는데, 이 추측이 맞는다면 우리가 우선 고려해야 하는 것은 그가 『뉴시스』에서 윤지오를 비난하는 인터뷰를 하고 윤지오로 하여금 JTBC와 인터뷰하지 않도록 영향력을 행사하려고 했던 인물이라는 점이다. 그런데 이 인물의 말은 윤지오가 장자연과 오랫동안 동행했고 장자연에 대해 가장 아는 것이 많다는 경기지방경찰청 소속 이 수사관의

---

7. 그것은 증언에 "다른" 목적이 개입되어 있다는 것이다. 박준영 변호사에게서 그 "다른" 목적이란, 윤지오 개인의 수준에서는 '돈을 벌 목적'으로 상정되고 정치적 수준에서는 '윤지오를 정치적으로 이용하려는 사람들의 이익을 충족시킬 목적'으로 상정된다. 박준영 변호사는 이렇게 윤지오가 사적으로 이익을 취하려는 욕심에 사로잡혀 '거짓' 증언을 함으로써 그 증언으로 정치적 이익을 도모하려는 집단(집권여당)의 음모에 봉사하고 있다고 본다. 즉 '집권여당의 정치적 음모가 있'으며 적폐청산이 그 음모의 정치적 표현이라는 음모론이 박준영의 기본 시각인데 이 시각은 반윤지오 입장의 사람들이 두루 공유하고 있는 시각이다.

8. 〈Y〉는 그가 정말 장자연의 전 남자친구인지 아닌지 검증하지 않는다. 그의 말과 발언의 방향은 지금까지 드러난 사실적 정황들과 너무나 어긋난다. 실제로 그가 윤지오의 이름을 한 번도 들어보지 못한 사람이라면, 그의 말 자체가 처음부터 의심될 필요가 있었는데도 말이다. 『한국일보』에서 전문 공개된 진술서에도 '전 남자친구'의 진술서는 발견되지 않는다.

말에 의해 부정된다.

윤지오에게 적대적인 이런 인물들의 근거 없는 발화들 뒤에 ⟨Y⟩는 너무나 유명한 말 "영리하게"에 대한 김수민의 악의적 해석을 갖다 붙인다. 유족의 동의도 구하지 않고 출판을 해석 영리하게 돈을 벌려고 했다는 주장을 하기 위해서다. 이 "영리하게"의 맥락과 의미에 대해서는 다른 곳에서 여러 번 해석하고 설명했기 때문에 여기서 반복하지는 않는다.9 다만 여기서는 그 "영리하게"가 거짓말을 꾸며서가 아니라 지금까지 십수 차례의 증언에도 불구하고 가해자를 무혐의로 방면했던 과정을 성찰하면서 증언의 실효성을 높일 방법을 지혜롭게 발명한다는 의미라는 점을 강조해 두고자 한다. 그 방법에는 (1) 실명과 실면을 공개한 증언을 한다 (2) 출판이나 언론 인터뷰를 통해 수사기관의 벽을 넘어 국민 대중에게 직접 증언한다 (3) 명예훼손 고소·고발을 피하면서 증언을 지속하기 위해 혐의자의 실명을 조사·수사기관 밖에서는 발언하지 않는다 등이 포함되어 있었다.

또 ⟨Y⟩는 인스타그램 까판에서 유통되던 동영상을 주저 없이 공개하여 윤지오가 음란한 인물이라는 이미지를 남긴다. 윤지오의 해명 기회를 제공한다고 홍보했지만, 이 프로그램은 윤지오에게 이 동영상들에 대한 어떠한 의미 있는 반론권도 주지 않았다. ⟨Y⟩는 이 음란의 이미지 다음에 그의 학력에 대해 비난하는 장면들을 배치한다. 4년 과정을 1년 만에 졸업할 방법

9. 조정환, 『증언혐오』, 갈무리, 2020의 2장 참조.

은 없다는 캐나다 교육계 인물들의 인터뷰가 그것이다. 리벤디
티 교장은 "1년에 22코스를 끝낸 학생은 없다"고 말하고 토론
토지방교육위원회 담당자는 "1년 만에 4년 과정 학점을 사탕처
럼 나눠주는 것은 불가능하다"고 말한다. 그런데 〈Y〉는 자기모
순적이게도 캐나다에서 1년 만에 4년 과정을 마칠 수 있는 학교
가 있었고 윤지오가 다닌 학교가 바로 그런 학교 중의 하나였을
것임도 동시에 보여준다. 윤지오의 성적표와 졸업장이 법률적으
로 아무 문제가 없었음을 스스로 입증해 준 것이다.[10]

또 〈Y〉는 호랑이 그림의 작가 피터와의 인터뷰를 배치하
여 윤지오의 그림 〈진실의 눈〉이 표절이라고 주장하고 싶어 한
다. 확실히 〈Y〉에서 피터는 윤지오가 자신에게 연락해 온 바
가 없었기 때문에 그 그림이 합법적이지 않다고 주장한다. 하지
만 방송이 나간 후 피터는 윤지오가 자신에게 메일을 보냈는데
자신이 그것을 미처 확인하지 못했다는 점을 인정했고 이 점에
대해 윤지오에게 사과했다. 오히려 그는 한국에서 〈진실의 눈〉
을 표절이라고 주장하는 사람들이 표절작품과 파생작품을 구
분하지 못하는 것을 개탄하면서 윤지오의 작품은 자신의 호랑
이 그림에서 파생된 파생예술작품derivative artwork이라고 규정하
고 〈진실의 눈〉을 출판하고 전시할 수 있는 영구적 권리가 윤지
오에게 있음을 공개적으로 인정했다. 〈진실의 눈〉을 표절이라고

---

10. 〈Y〉는 윤지오가 다닌 학교가 폐교된 것을 발견하고 "학점수여기관이 캐나다
기준을 따르지 않을 때 폐교 조치한다"고 덧붙이지만 학교가 폐교된다고 해
서 그 학교를 다닌 학생에게 이미 수여된 학점이 철회되는 것은 아니다.

주장하여 음란한 사람, 학력을 속이는 사람, 표절하는 사람을 엮으려는 시도는 이렇게 실패로 돌아갔다.

마녀사냥이라고 부를 수 있는 〈Y〉의 최종타격목표는 신한은행 통장이다. 이것이야말로 윤지오를 사기꾼으로 만들 수 있는 최상의 표적이기 때문이다. 가장 먼저 〈Y〉는 윤지오가 〈지상의 빛〉 국민은행 통장은 "쓴 돈이 없다"며 보여주면서도 신한은행 통장을 보여주지 않는 것을 비난한다. 〈Y〉는 녹음된 "윤지오의 아버지"의 음성으로 "4시간 만에 1억 3천의 돈이 들어왔다"[11]는 것을 시청자에게 밝힌 후[12] 윤지오에게 신한 통장 내역의 공개를 압박한다. 왜 윤지오가 신한은행 통장의 공개를 꺼렸던 것일까? "신한은행 통장을 공개한 것은 고발뉴스 이상호 기자이고 고발뉴스의 입장을 듣고 고발뉴스와 협의를 거친 후에야 공개가 가능하다"라는 것이었다. 〈Y〉는 『고발뉴스』 담당 변호사와의 통화를 통해 윤지오 씨가 공개 여부를 결정해도 좋다는 『고발뉴스』 측의 의사를 윤지오에게 전하면서 다시 신한은행 통장의 공개를 요구한다. 〈Y〉는, "이 요구에 대해 윤지오가 다시 '통장을 공개할 의무가 없다'라면서 통장을 공개하지 않았다"라고 전하면서 윤지오의 신한은행 통장에 말 못 할 큰 비리가 있는 것 같은 암시를 남긴다.

---

11. 아버지의 이 말은 사실과 다르다. 15시간여에 걸쳐 입금된 돈은 1억 1천8백여만 원이다.
12. 이것은 윤지오를 비난하는 데 앞장섰던 계정주 '윤지오의 이모부'가 만든 유튜브 동영상에서 가져온 것이다.

그런데 이로부터 약 80일 뒤에 윤지오는 서울경제TV를 통해 신한은행 통장을 전면 공개했다. 좀 길더라도 그 전문을 인용해 보자.

'장자연 사건의 증인' 윤지오씨가 경호비 명목으로 후원받은 돈을 사적으로 사용하지 않은 것으로 확인됐다. 윤씨가 지출한 금액은 후원금 모금 명목이었던 경호비 200여만원이 전부였다. 기존에 잔고 약 180만원을 감안하면 실제로 후원금에서 지출된 금액은 약 80만원이다. 10일 윤씨가 서울경제TV에 보내온 신한은행 계좌내역에 따르면 윤씨에게 경호비 명목으로 후원된 금액은 총 1억1,788만9,937원으로 확인됐다. 이 가운데 윤씨는 경호비로 220만7,500원을 사용했다. 나머지 돈은 그대로 계좌에 남아 있는 상태다. 이 신한은행 계좌는 윤씨가 서울 행당동 한양대지점에서 개설한 것으로 2019년 3월17일부터 6월7일까지의 입출금 내역이 기록돼 있다. 총 거래건수는 5,766건으로 엑셀파일을 PDF로 변환해 출력한 페이지수는 총 120쪽이다. 윤 씨는 "이 신한은행 거래내역은 경찰이 확인한 것과 동일한 자료로 알고 있다"라고 설명했다. 계좌를 보면 3월20일과 21일, 4월22일, 5월21일 총 5건, 약 40만원이 통신비 자동이체 등 사적인 용도로 출금됐다. 하지만 이 계좌에는 윤 씨 개인 돈 약 177만원이 들어 있는 상태였다. 결국 윤씨는 경호비 명목으로 받은 후원금을 사적인 목적으로는 단 한푼도 사용하지 않은 셈이다. 윤씨가 한국에 머물면서 사비로 지출한 경호비용은 약 5,000

여만원에 이르는 것으로 알려졌다. 윤씨는 "장자연 피해 사건의 증인으로 언니의 억울한 죽음을 밝히기 위해 16번의 증언을 했다"며 "많은 국민들이 응원해주시고 후원도 해주셨는데, 이번 계좌 공개를 계기로 불필요한 오해가 풀렸으면 좋겠다"고 밝혔다. 앞서 지난 3월 18일 고발뉴스는 경호비용 지원을 위한 후원금을 모금한다며 윤씨의 신한은행 계좌를 공개했다. 당시 윤씨는 신변보호를 위해 이미 사비 1,000만원 정도를 사용한 것으로 알려진 상황이었다. 이후 여론이 급속히 악화되면서 윤씨의 후원금을 두고 논란이 일었다. 일부 후원자들이 후원금 반환을 요구하기도 했고, 박훈 변호사는 윤씨를 사기 혐의로 고발하기도 했다. 일각에서는 윤씨가 후원금을 사적으로 사용했다는 의혹이 퍼져나가기도 했다.[13]

기사의 결론은 "윤씨는 경호비 명목으로 받은 후원금을 사적인 목적으로는 단 한 푼도 사용하지 않은 셈"이라는 것으로 〈Y〉가 암시한 비리 같은 것은 전혀 발견되지 않았다. 윤지오가 이때까지 통장 공개를 거부한 것은 많은 비난자와 악플러 들이 신한은행 통장을 사기의 단서로 몰아붙이면서 증여를 불법화하고 있는 상황에서 그 통장이 〈Y〉에 의해 어떻게 취급될지도 알 수 없었고 또 그것의 공개가 가져올 파장이 무엇일지를 알

---

13. 전혁수, 「윤지오 신한은행 후원금 계좌 보니 … "사적 사용 없었다"」, 〈서울경제TV〉, 2020년 2월 4일 수정, 2020년 2월 13일 접속, https://www.sentv.co.kr/news/view/561860.

수 없었기 때문일 것이라고 추정하는 것이 합리적일 것이다.

〈Y〉는 증언자를 검증하는 것조차 용납하지 않던 상황에서 이제 증언자를 검증할 수 있도록 상황이 바뀐 것을 다행이라고 주장하면서 검증의 결과물을 내놓았다. 지금까지 살펴본 것처럼 〈Y〉의 여러 방송 장면과 주장들은 부당하게 비대칭적인 편집, 윤지오에 대한 비난자들이나 적대자들 혹은 경쟁자들의 말에 대한 일방적 인용, 사실에 대한 불충분한 확인, 중요한 논점의 회피나 생략, 불필요한 암시 등으로 짜인 조악한 내용들이었다. 그것은 하이테크를 사용한 거짓말에 가까운 것이었으며 사실을 왜곡하는 이미지적 사기와 다름없는 것도 포함하고 있었다. 우리는 이미 살펴본 이덕건 PD의 "뒷이야기"의 이면을 더듬어 가면서 〈궁금한 이야기 Y : 장자연 사건의 증언자 윤지오〉의 PD가 사용했을 하이테크 마녀사냥의 기법이 무엇인지를 추상해 볼 수 있다.

첫째 출연자들(취재원)에게는 "출연자들의 입장에서 당신들의 이야기를 담겠다"고 약속한 후 출연자들의 진심보다 제작자가 의도한 다른 이야기를 만들어 내라.

둘째, 취재원의 사소한 부분까지 귀담아들어라. 하지만 그것들 중에서 가해권력의 비위에 맞고 대중의 광기에 불을 질러 시청률을 높일 수 있는 이야기, 돈이 될 만한 이야기를 골라내라.

셋째, 한 방울 마음속에 찌꺼기로 남아 있을지 모를 양심 때문에 취재자가 취재원의 진심에 이심전심 되지 않도록, 취재원에게 동화되지 않도록 주의하고 취재원으로부터 냉정한 거리를 유지하라.

넷째, 작은 실수로 인해 제작자가 처음 의도한 목적과 다르게 편집되지 않도록 취재원의 어떤 감동적인 이야기나 사실에도 귀를 기울이지 않도록 조심하고 또 조심하라.

다섯째, 갈등을 전제로 하는 사연들은 최대한 중립의 입장에 서서 하는 것처럼 보이도록 하면서 가해권력자들의 비위를 맞추고 대중의 광기에 호응하여 돈벌이에 이용할 사연들만을 기술적으로 부각해라.

여섯째, 방송 후 왜 이야기가 처음과 다르냐고 털어놓는 출연자의 불만에는 애를 써서 무관심하라. 가해권력의 비위를 맞추면서 대중의 광기를 이용하여 돈을 벌기 위해서는 욕 정도는 일상으로 알고 받아들일 수 있어야 한다.

일곱째, 이 목적을 위해서는 절대 소심해지지 말고 오지랖을 넓혀야 한다.

여덟째, 명예훼손 고소로 인해 발생할 수 있는 벌금 같은 것은 "김밥값" 정도로 여기고 필수비용으로 받아들여라.

아홉째, 일단 방영된 후에는 출연자들이 방송으로 인해 죽든 말든 뒤돌아보지 말고 다음 프로그램 준비에 매진하라.

열째, 출연자들이 프로그램에 갈아 넣어질 원료라는 사실을 스스로 눈치채지 못하게 교묘하게 유혹하고 이용하라.

열한 번째, 시청자 대중이 혹시 자신이 거짓말과 사기에 속아 넘어가는 바보가 아닌지 스스로 돌아보고 진상을 눈치채지 못하도록 영상과 스토리에 취할 수 있는 화려한 스펙터클을 제공하라.

이것들은 SBS가 거대하고 고도화된 까계정의 하나임을 보여준다. 이러한 기법이 성공했을까? 어쩌면 그러했을지 모른다. 하지만 몇몇 사람들은 〈궁금한 이야기 Y : 장자연 사건의 증언자 윤지오〉를 본 후 이렇게 반응한다.

증언자에게 백 퍼센트 결백을 기대하면서 누군가에게 유리한 입장을 주려고 방송을 내보내고 있지 않나 하는…아니 이렇게 방송을 이렇게 음습하지만 치밀하게 할 줄 아는 사람은 정말 많을 텐데 그러한 능력이 약자인 피해자일 때는 왜 발휘되지 않나요?(Alice)

방송기술을 가해자들을 위해 사용한다는 비판이다. 거기에 동물 학대를 옹호하던 〈Y〉가 이제 여성을 혐오하는 방송을 내보낸다는 비판도 잇따른다.

궁금한 이야기 Y는 변함이 없네…동물 학대하고 죽인 남고생들 옹호하는 방송도 내보내더니 이제는 내레이션을 하는 남배우와 함께 의도가 뻔히 보이는 식의 전개를 하고 연출을 하고…얘 뭔가 이상하지? 하면서 겁나 자신들이 핸드폰으로 튼 영상을 카메라로 찍은 영상과 증거 논리적인 듯이.(Alice)

SBS가 시류에 따라 이랬다저랬다 하면서 일관성 없는 태도를 보이고 있다는 비판도 있다.

불과 얼마전에 했던 같은 방송 그것이 알고싶다 에서 윤지오의 진술은 신빙성이 있고 심지어 장자연의 사장 김종승의 증언을 애절하게 부탁한 놈들 아니었냐 김종승은 사생활이 그리 깨끗해서 증언 해달라 한 거냐. sbs가 이 정도로 급변한 이유 그것이 참 알고 싶다(기**)

이런 생각은 SBS가 방송국이길 포기했다는 총체적 비판으로까지 이어진다.

왕진진이 문서로 질문 잘못한 건 김현정이고 윤지오 아빠 말이 맞다면 4천명이상의 후원자 중 3600명은 반환에 동의 안 한다는 건데 이건 중요치 않냐 그리고 의도적으로 윤지오의 신경질적 반응을 확대하고 심지어 개인 사생활 방송 중 노출 있는 거 골라서 보여주다니 니들은 방송국이길 포기했구나.(기**)

반환에 동의하지 않는 사람 수는 이보다 많았다. 후원자는 4천 명보다 많은 5,745명이었고 반환소송에 참여한 사람은 439명이었으므로 3,600명보다 더 많은 5,306명이 반환에 동의하지 않은 것이다. 공정성을 잃은 〈Y〉의 시각은 네티즌에 의해 철저하게 비판된다. 의도적으로 윤지오의 신경질적인 표정을 골라냈을 뿐만 아니라 단추를 여미는 모습을 아래쪽에서 잡아 시청자로 하여금 윤지오를 경멸하도록 만들고 당황한 장면을 클로즈업하여 윤지오가 거짓말을 하는 사람이라는 인상을 부각했다. 방송이 이런 식으로 인권을 침해하는 것을 우리가 허용해도 되는 것일까? 이런 점들을 고려하면 사람들이 SBS는 "살인 병기"라고까지 말하지 않고 있는 것은 아마도 상당히 자제하고 있는 상태이기 때문이라고 보아도 좋을 것이다.

고 장자연 사회적 타살 사건과 SBS

「박준영 변호사의 글「공범」을 검증한다」를 쓰면서 나는 〈궁금한 이야기 Y〉(2019. 6. 21)에서 박준영이 한 인터뷰 내용에 대해서도 검증해 보고 싶었으나 다른 기회로 미루고 그의 페이스북 글만을 다루었다.[1] 오늘 그의 인터뷰 내용 중 특히 "네 동생 (장자연)이랑 함께 마약 했다"는 김종승의 문자메시지에 관해 박준영이 한 인터뷰 말과 〈궁금한 이야기 Y〉(이하 〈Y〉)의 해설자가 덧붙인 말에 대해 네티즌 lamer297이 해당 프로그램을 검증한 것으로 보이는 글이 있어 해당 대목 전체를 인용하고 나의 생각을 조금 덧붙여 본다.

박준영은 윤지오 씨가 2009년에 무엇에 대해 '모른다'라고 했는지 확실히 밝혀야 합니다. 만약 이것이 사실이라면 이 증언 기록은 어디에 있습니까? 윤지오 씨가 그 문자 메시지를 장자연 씨가 받은 것에 대해 모른다고 했는지, 장자연 씨가 마약을 한

것에 대해 모른다고 했는지 밝혀야 합니다. 박준영은 다만 윤지오 씨가 거짓말을 하고 있다라는 인상만을 주고 있습니다. 윤지오 씨의 증언에 대해 왜 장자연 사건을 담당하지도 않은 박준영씨가 평가를 합니까? 실제로 장자연 사건을 담당했던 여섯 분의 진상조사위원 중 단 한분도 인터뷰를 하지 않았습니다. 박준영은 (1) 윤지오는 거짓말쟁이이며, (2) 진상조사위원이 윤지오 씨께 최근에 마약에 관해 주입시켰다. (3) '니 동생이랑 함께 마약했다'는 문자 메시지는, 실제로 장자연이, 누가 몰래 마약을 장자연 씨께 주입시켰든 어쨌든, 오직 협박이었다는 것을 시청자에게 '주입'시키고 있는 겁니다. '장자연 씨가 마약에 의해 강간당했을 가능성' 만이 공소시효가 남아 있고, 이 가능성이 증언에 의해 증거로 받아들여지는 단하나의 경우에만 가해자들을 처벌할 수 있기 때문에 이 가능성만 제거하면 가해자들은 영원히 발 뻗고 편히 잠 잘 수 있게 되겠죠? 박준영은 장자연 씨가 마약에 의해 강간당했을 가능성을 전면부인하도록 가해자들의 총알받이로 전면에 나선 것처럼 보입니다.

박준영은 방송에서 이렇게 말합니다. "네 동생 (장자연)이랑 함께 마약 했다' 그것은 장자연 씨가 마약했다는 것이 아니라 공격하기 위한 '협박 의도'로 보낸 문자였다고 했는데 그 문자를 근거로 (2009년에) 경찰이 질문했을 때 (윤지오 씨가) 모른다고 했는데, 지금에 와서는 '언니가 마약을 했다는 근거다'라고 조사단원애서 오히려 주입하려 했단 말이에요. 이거 모순 아니에요?" 그러나, (1) 장자연사건 진술조서 전문에는 2009년에 경찰이 윤지오 씨께 이 문자 메시지에 관해 질문한 기록도 없고, (2) 윤지오 씨가 2009년에 이 문자 메시지에 대해 대답한 기록도 없습니다. (3) 박준영은 저 문자 메시지가 사실이 아니고 다만 '협박 의도'라고 어떻게 확신하죠? 그 확신의 근거는 무엇입니까? (4) 박준영이 주장하는 진상조사단원이 윤지오 씨에게 '언니가 마약을 했다는 근거다'라고 주입하려 했단 증거가 무엇입니까? 이 주장은 진상조사단원에 대한 아주 심각한, 법적으로도 큰 문제가 될 수 있는, 비난이라고 보입니다.

궁금한 이야기 방송 중, 윤지오 씨는 "그 두 줄에 대해 단 한 번도 그동안 질문조차 없었다"라고 하자, 궁금한 이야기 해설자는 "그동안 아무도 묻지 않아 말을 할 수 없었다는 윤 씨, 그런데 과거 수사기록과 재판기록에는 이 내용이 여러 차례 등장합니다"라고 말합니다. 해설자의 말은 마치 윤지오 씨가 거짓말을 했다라고 말하는 것 같이 들리죠? 그러나 이 말의 모순은 (1) 윤지오 씨에게 아무도 마약에 관해 질문을 안 한 것 하고, 마약에 관해 (2) '다른 증인들'이 증언 한 것하고 무슨 상관이죠? 한국일보가 제공한 장자연사건 진술조서 전문에는 윤지오 씨에게 마약에 관해 질문한 것을 찾아볼 수 없습니다. 그러나 장자연 씨와 마약에 관해 다른 증인들이 언급한 것은 있습니다.

lamer297의 이 글에서 우리가 주목해야 할 요점은 무엇인가? 박준영이 〈Y〉 인터뷰에서, 김종승이 "네 동생(장자연)이랑 함께 마약했다"고 장자연의 언니에게 문자메시지를 보낸 동기를 단순한 "협박 문자"였다고 말(인터뷰)했는데, 김종승의 말에 대한 이러한 자의적 해석의 첫 번째 효과는 가해자들이 장자연에게 마약을 먹여 성폭행했을 가능성을 지워 없애버리는 것이라는 점. 즉 특수강간 혐의 제기 자체를 불가능하게 만들고 장자연 사회적 타살 사건의 재수사 가능성을 영구히 말소하는 것이라는 점이다.

이것을 확실히 하기 위해 필요한 장치가 윤지오의 증언을 거짓말로 만드는 것이었다. SBS는 이 목적을 박준영과 〈Y〉 해설자 두 사람의 확인되지 않은 말들을 함께 엮어 짜는 방송편집 기술을 통해 달성한다. 박준영은 (1) 2009년에 그 문자메시지에 관해 경찰이 질문했을 때 윤지오가 모른다고 해놓고 (2) 2019년에 과거사진상조사단에서 그 문자메시지가 "언니가 마약을 했다는 근거다"라고 주장했다고 한다. 이것은 윤지오의 증언에 일관성이 없다(즉 모순된다)고 주장함으로써 그 증언의 신빙성을 떨어뜨리려는 술책이다.[2]

lamer297은 박준영에게 "윤지오 씨가 2009년에 무엇에 대해

---

2. 여기서 나는 "조사단원애서(원문 그대로 옮김) 오히려 주입하려 했단 말이에요"라는 박준영의 불명확한(아니 비문이라 할 수 있는) 말을 lamer297님과 다르게 해석했다. 이 비문에서 "주입하다"의 주어는 윤지오일 수도 있고 조사단원일 수도 있다. lamer 297은 그것을 "조사단원"으로 읽어 (4) 즉 과거사진상조사단에 대한 모독의 문제점을 추론했다. 나는 박준영이 "조사단에서"를 "조사단원애서"로 잘못 말한 것으로 보아 그 주어를 '윤지오'로 읽었다.

'모른다'라고 했는지 확실히 밝혀야" 한다고 말했다. 진술조서에서 수사관은 윤지오에게 "마약은 어디에서 어떻게 하였으며 장자연에게 피해를 준 사실에 대해 알고 있는가요?"라고 묻는다. 윤지오는 "어디에서 마약을 했는지 모르고 장자연 언니에게 피해가 있는지 모릅니다."라고 답한다.

박준영은 이 문장(위의 윤지오의 답변)을 "언니(장자연)"에게 마약을 주입하여 성폭행했을 가능성에 대한 최근의 진술과 모순되는 것으로 본다. 그리고 이것을 윤지오의 최근의 진술이 사적 목적을 갖고 지어낸 것일 가능성에 대한 근거로 이용한다.

분명히 마약의 피해에 대해 모른다고 한 사람이 10년이 지나 마약에 의한 피해 가능성을 제기하는 것은 얼핏 보면 일관성이 없어 보인다. 그런데 이 두 진술이 서로 모순되는 것이며 둘 중 하나만 옳은 것일까? 그렇지 않다. 인간의 인지는 정보의 축적이라기보다 정보들의 네트워킹이다. 새로운 사실, 새로운 경험과의 접속은 과거에 대한 새로운 지각/인지를 준다.

장자연이 입었을 마약의 피해에 대해 모른다고 한 당시의 윤지오는 22살로 마약을 하는 사람을 본 적이 없고 마약이 무엇인지, 마약이 주입된 사람이 어떤 증상을 나타내는지 전혀 알지 못했다. 다시 말해 자신의 바로 옆에 마약을 하는 사람이 있다 해도 그가 드러내는 상태를 통해서는 그가 마약에 취했기 때문인지 다른 이유 때문인지 알 수 없는 인지 상태에 있었다. 윤지오는 당시 장자연이 맥주 반 컵도 채 마시지 않은 상태에서 온몸에 힘이 풀리고 동공에 초점이 없는 상태를 본 경험이 있었지만, 그것을 "언니가 술이 약한가 보다" 이상으로 해석할 수 있는 인지체험과 인지력을 갖고 있지 못했다. 그런데 그 이후 특히 캐나다에서의 사회적 간접경험을 통해 얻은 인지력의 변화로 "맥주 반 컵도 채 마시지 않은 상태에서 온몸에 힘이 풀리고 동공에 초점이 없"었던 언니의 상태를 술이 약한 사람들의 신체 상태가 아니라 마약에 주입된 사람들이 보이는 신체 상태로 새롭게 인지할 수 있게 되었다.

이를 근거로 윤지오는 과거사진상조사단 진술에서 장자연이 마약에 강제 주입되어 성폭행당했을 가능성을 진술하고 그에 대한 수사를 요구하게 된 것이다. 이러한 점을 고려하면 마약 문제와 관련해 윤지오는 거짓말을 하고 있는 것이 아니다. 오히려 박준영이 시공간 변화에 따른 인간의 인지 변화 가능성의 측면을 간과하여 현재의 윤지오의 말을 사적 목적을 가지고 지어낸 거짓말로 오인하고 증인 윤지오에 대한 검증이라는 과도한 대응을 하도록 만든 것으로 보인다.

박준영 외에, 〈Y〉에서 해설자가 개입하여 "그동안 아무도 묻지 않아 말을 할 수 없었다는 윤씨, 그런데 과거 수사기록과 재판기록에는 이 내용이 여러 차례 등장합니다"라고 했다는 lamer297의 지적은 참으로 흥미롭다. 해설자야말로 SBS가 〈Y〉를 통해 시청자들의 뇌 속에 어떤 생각을 주입하려 했는지를 보여주는 지표이기 때문이다.

과거의 다양한 수사기록과 재판기록에 마약 관련 내용이 그토록 "여러 차례" 등장하는데 수사기관은 왜 장자연의 사회적 타살을 이와 연관 지어 수사하지 않았는가? 그리고 검찰 과거사위원회는, 윤지오가 제기한 마약주입과 성폭행 가능성에 대한 추정을 정○호 감독의 교차 증언이 있음에도 불구하고 왜 무시하는가? SBS가 진정한 언론이었다면 "과거 수사기록과 재판기록에는 이 내용(마약 관련 내용)이 여러 차례 등장합니다"로부터 국민들의 이러한 공적 관심사에 대한 질문을 끌어내고 그 방향으로 탐사를 했을 것이다. 그런데 SBS는 이로부터 "그동안 아무도 묻지 않아 말을 할 수 없었다"는 윤지오의 진술과 "수사기록과 재판기록에 이 내용이 여러 차례 등장한다"는 사실 사이에서 윤지오 진술이 거짓이었다는 섣부른 결론을 도출하는 데 여념이 없다. 공적 방송이 아니라 사적 방송의 길을 선택하는 것이다. 목적 달성을 위해서라면 악플러보다 더한 사람들이라는 비판 정도는 기꺼이 감수하겠다는 태도로.

그런데 "그동안 아무도 묻지 않아 말을 할 수 없었다"는 윤지오의 최근 진술을 어떻게 이해해야 할까? 그것이 10년 전 수사기관에서의 질의와 답을 기억하지 못했기 때문에 나온 말일까? 그것보다는 오히려 장자연이 보인 특정한 신체 상태를 10년 전과는 달리 인지하고 해석할 수 있게 된 것, 즉 마약주입 후 성폭행했을 가능성에 관해서 아무도 묻지 않았다는 말로 해석해야 할 것이다. 이러한 시각에서 보면 lamer297이 지적하듯이 (1) 그동안 아무도 묻지 않아 말을 할 수 없었다는 윤지오의 진술과 (2) 과거의 다양한 수사기록과 재판기록에 마약 관련 내용이 여러 차례 등장한다는 것 사이에는 어떤 모순도 없다.

그런데 왜 해설자는 (1)과 (2)를 상반相反 관계를 표현하는 접속부사인 "그런데"로 연결하는가? 이것은 명백히 고의적이고 또 악의적인 해설이다. 윤지오 진술의 진실성과 신빙성을 의도적으로 상처 내는 것이다. 나는 해당 프로그램의 결론 부분에서 "대의를 위해 작은 거짓말은 해도 된다는 생각은 잘못된 것이다"라는 취지의 해설자 발언이 있었던 것으로 기억한다. 여기에서 해설자는 중립성을 내팽개치고 윤지오를 "거짓말"하는 사람으로 단정하는 폭력 주체로 발 벗고 나선다. 이것은 SBS가 공익성을 저버린 유사언론임을 스스로 입증하는 것이 아닌가?

그런데 조금이라도 진실의 감각을 가진 사람이라면 그 누구에게라도 눈에 들어오는 이토록 뻔한 조작과 폭력을 SBS가 수백만 명의 국민을 대상으로 행사하는 이유가 무엇일까? 대의를 위해서라도 작은 거짓말조차 해서는 안 된다고 훈계하면서 정작 자신은 거대하고 화려한 거짓말을 일삼는 이유가 무엇일까? 다시 말해 이들이 방송으로 국민들을 기망하는 이유가 무엇일까? 나는 그 동기를 앞에 쓴 다른 글에서 "권력의 비위를 맞추면서 돈을 버는 일"이라고 보았다.[3] 그런데 네티즌 흰동가리가 2019년 6월 22일 나의 블로그에 댓글로, 나의 글이 밝히고 있지 못한 중요한 점을 지적해 주었다. 그것은 그 "권력"의 실체 중의 하나에 대한 지적이다.

---

3. 이 책 422쪽 이하 「SBS, "악플러보다 더한 사람들」 참조.

SBS 임원(총괄상무), SBS USA 대표이사를 지냈던 고○화는 장자연 사건 당시 ㈜올리브나인의 대표이사였으며, (주)올리브나인은 더 컨텐츠의 주식 54%를 소유했던 실질적 소유주였습니다. 버닝썬 사건 최초 보도로 장자연 사건 덮기, 장자연 전 남친 기사 최초보도, 궁금한 이야기 Y의 왜곡 보도 등 SBS에서 윤지오 씨를 공격하는 것은 이러한 맥락에서 이해해야 할 것입니다.

이 지적은, 마약 투약과 성추행 혐의로 수배되고 일본으로 도주했던 김종승이 대표로 있었던 (주)더콘텐츠가 실질적으로는 SBS와 모종의 연관이 있었다는 이야기 아닌가? 그렇다면 이것은 우리가 장자연 문건에서 마약, 술접대와 성접대 강요, 협박, 폭행 등의 주역으로 여러 차례 등장하는 김 사장(김종승)을 실제로는 'SBS'와 연관지어 읽는 것도 필요함을 의미하지 않는가? 진상조사가 한창 진행 중인 2019년 4월 27일 SBS가 〈그것이 알고 싶다 : '故 장자연 문건 미스터리 — 누가 그녀를 이용했나?'〉를 통해 장자연의 육성 절규를 공개하면서 『조선일보』 방○훈, 방○오에게 집중적으로 포커스를 맞춘 것은 SBS가 자신에게로 향할지도 모를 화살을 피하고자 사용한 연막전술이었다고도 볼 수 있지 않은가? 이런 관점에 설 때 비로소 우리가, lamer297이 박준영의 〈Y〉 인터뷰와 해설자의 말을 검증함으로써 드러난 SBS의 "마약–성폭행 지우기 공작" 및 "증언자 윤지오 사기꾼 만들기 공작"의 실상과 그 정치적 사법적 의미를 분명히 직시할 수 있지 않을까?

TV조선과 증언자 윤지오

2009년 3월 7일 직후의 첫 언론 보도(사실은, 조작)로 인해 국민 대다수는 지난 10년간 장자연이 유서를 남기고 자살한 것으로 오인하게 되었다. 2009년 3월 10일, 『노컷뉴스』의 기자 김대오, 『조선일보』의 기자 박은주가 호야엔터테인먼트의 대표 유장호와 합작하여 만들어낸 이미지가 장자연이 유서를 남겼다는 가짜−이미지다. 김대오는 장자연 문건을 "유서성격의 심경고백 글"이라고 보도했고 박은주는 사망하기 직전 남긴 "장문의 글"[1]이라고 보도했다. 김대오는 제2보에서 그 글이 "혹시 나에게 무슨 일이 생길지 모르니 가지고 있어달라"고 장자연이 부탁해서 보관하고 있었던 글이라는 유장호("장자연의 한 측근")의 말을 아무런 검증 없이 그대로 인용 보도함으로써 그 글이 유서임을 의심하기 어렵게 만들었다.

하지만 장자연의 문건을 실제로 본 경찰, 검찰, 법관은 그것

---

1. '유서'의 사전적 의미가 바로 죽기 전에 남긴 글이다. 하지만 장자연의 문건은 전혀 죽음을 예상하지 않고 고통스럽지 않게 살기 위해 쓴 글이다.

이 유서가 아님을 분명히 알고 있었다. 하지만 이들은 언론이 대중을 대상으로 꾸며낸 이 가짜 이미지를 바로잡으려는 노력을 하지는 않았다. 왜 그랬을까? 국민으로 하여금 유서라고 오인하게 하는 것이, 또 그 오인을 방치하는 것이 가해권력을 무혐의로 만드는 데 유리했기 때문이었을 것이다. 장자연의 죽음이 자살이 아닐 가능성은 배제되는 것이며 이렇게 됨으로써 그 죽음에 연루되었을 수 있는 다층의 다양한 가해권력들이 샅샅이 노출되는 것을 방지할 수 있기 때문이었을 것이다.

이것은 언론 권력, 경찰 권력, 검찰 권력, 사법 권력이 계약직 연예 노동자의 죽음과 관련해서는 국민을 기망하는 연합된 사기권력으로 행동했음을 보여준다. 이들은 "알고 있으면서" 국민을 속이는 고의적인 국민 기망의 권력으로 행동했다. 이 권력은 국민에 의해 선출되지도 않고 통제되지도 않는 권력이라는 공통점이 있다. 따라서 국민들이 자신의 안전을 위해서 가장 큰 관심을 갖고 감시해야 할 것은 이 권력들이 국민들을 속일 위험이라는 문제다. 그리고 필요한 것은 국민의 안전이라는 시각에서 그 위험을 통제할 장치를 실제적으로 고안하는 문제다.

윤지오는 장자연이 남긴 글이 유서가 아니라 문건임을 증언한 유일한 증언자이고 그 문건에 "명단"이 포함되어 있었음을 일관되게 증언해온 유일한 증언자이다. 시민사회는 몰랐지만, 장자연이 남긴 글이 유서가 아니라 증언조서("문건"과 "리스트")라는 것은 법정에서는 공인된 사실이었으며 이상호가 재판과정에 대한 취재를 통해 대중 앞에 드러낸 사실이고, 심지어 장자연이 남긴 글을 "유서 성격의 심경고백"이라고 보도했던 김대오도 (아무런 설명도 사과도 없이 말을 바꿔) 인정한 사실이다.

윤지오의 『13번째 증언』과 언론 인터뷰 이후 한국 국민 중에 장자연의 글이 문건이 아니라 유서라고 우길 수 있는 사람은 더는 없게 되었다. 장자연이 유서를 남기지 않았다는 것, 즉 장자연의 글이 유서가 아니라는 것은 장자연의 죽음을 자살로 단정하기에는 무리가 있음을 의미한다. 또 그 글이 유서가 아니라 문건이라면 장자연이 그 문건을 왜, 어떤 정황 속에서 작성하게 되었는지 명백한 조사가 필요하며 국민들에게 그것들이 설명되어야 함을 의미한다. 그리고 이것은, 그토록 오랫동안 왜 국민이 장자연이 남긴 글이 유서라고 잘못 알게 되었는지, 왜 국민이 그토록 장기적인 오해와 무지 속에 방치되어 왔는지 조사되고 규명되어야 하며 진실을 은폐한 책임자를 찾아내 문책해야 함을 의미한다.

윤지오의 증언으로 인해 분명해진 것은 대한민국 국민이 지난 10년여 동안 가해권력자들을 무혐의로 풀어주는 데 봉사해온 언론, 경찰, 검찰에 의해 기망欺罔당했으며 그 이득을 편취騙取한 것은 가해권력자들이라는 사실이다. 이제 국민을 대신해서 수사를 맡아온 사람들과 기관들은 장자연의 글이 유서가 아니라 문건이라는 관점에서 국민에게 장자연의 억울한 죽음에 대한 합리적인 설명을 해내야 하며 그 관점에서 범죄 행위자를 다시 조사해서 처벌해야 한다. 이것이 2019년 3월 18일 문재인 대통령이 장자연, 김학의, 버닝썬 등의 사건에 대한 철저한 수사 및 엄정한 처리를 지시하게 된 조건이다.

윤지오의 증언은 바로 이런 맥락 속에 놓여 있다. 그는 증언을 통해 대한민국 수사기관과 사법기관에 진실을 알리고 처벌을 촉구했다. 그는 2018년 말 조○천 성추행 사건에 대해 증언했을 뿐만 아니라 자신의 증언들에 힘을 실어 실제적 처벌로 이어지도록 만들기 위해 2019년 3월에는 다칠 위험을 무릅쓰고 얼굴과 이름을 공개하기까지 했다.

그가 공개적으로 책을 내고 방송 인터뷰에 응한 이유는 무엇인가? 자신이 진실을 증언해도 진실이 국민에게 전달되지 않는 것을 10년 내내 경험했기 때문이다. 국민이 가해자를 비호하는 권력기관들에 의해 철저히 기망당하는 것을 보았기 때문이다. 언론·경찰·검찰 담당자들이 사실을, 즉 장자연이 남긴 글이 유서가 아니라 법정 투쟁용 문건이고 증언조서임을 알고 있으면서 국민에게는 그것을 숨기는 것을 보았기 때문이다. 경찰과 검찰이 수사를 부실하게 할 뿐만 아니라 가해권력자들을 무혐의 처분하는 것을 보고 겪었기 때문이다. 사건을 취급하는 조사기관 및 수사기관과 국민 사이의 간극 속에서 국민들이 조작된 무지 상태에 방치되고 허구가 진실을 대체하는 어처구니없는 현실을 보았기 때문이다. 그는 국민의 힘으로 장자연 사건이 재조사 대상으로 오른 것("이슈화")을 이용하여 허구가 가려버린 진실을 "영리하게" 드러내고자 했다.

그는 이를 위해 2018년 11월 말부터는 과거사진상조사단의 조사에 적극적으로 협력했고 이와 별도로 조사기관이나 수사기관의 매개를 거치지 않고 국민에게 직접 사실을 널리 알려서 국민의 힘으로 가해자들을 처벌할 수 있는 조건을 만들 수 있기를 바랐다. 이것이 지난 10년간 계속된 자신의 증언 경험을 토대로, 국민의 힘으로 부패한 권력을 탄핵·파면하고 이어 권력형 성범죄자들을 단죄해온 촛불과 미투의 경험을 자기성찰적으로 이해하고 수용하는 그의 방식이었다. 그는 이것을 "이슈를 이용하여" "지금까지 해 보지 못했던 것을 영리하게 해 보려한다"는 말로 표현했다. 이 영리한 행동이라는 계획은 인지자본주의에서 다중이 스마트 몹smart mob으로 등장하는 현실[2]을 반영하는 것이면서 내가 『절대민주주의』(2017)에서 "국가권력에 대한 다중의 절대민주주의적 섭정攝政"이라고 불러온 것, 즉 아래로부터 민주주의를 절대화하는 다중의 삶정치적 운동과 상통하는 생각이다.

일정 기간 이 영리한 섭정의 행동은 국민의 지지 속에서 성공적으로 전개되었다. 하지만 청원 행동에 나선 국민은 아직 스스로를 수평적으로 조직화한 연합세력이 아니었고 흩어져 있으면서 그때그때의 상황과 역관계에 반응하는 흩어진 개인들이고 언론의 영향에서 자유롭지 못한 여론적 존재였다. 일부 여성단체들과의 협력이 있었지만, 일시적 협력이었고 윤지오는 개인인 증언자로서 움직였다.

아래로부터의 섭정력이 충분히 자기 조직화되지 못한 상태

---

2. 하워드 라인골드가 2002년에 출간한 *Smart Mob*은 한국어로는 '영리한 군중'이 아니라 『참여군중』(이운경 옮김, 황금가지, 2003)이라는 제목으로 출간되었다.

에서 윤지오의 증언행동과 그에 대한 시민연합은 인스타그램을 비롯한 SNS, 유튜브와 같은 기업형 소셜네트워크에 의지하고 있었다. 그래서 〈녹색당〉과 같은 원외 정당, 〈정의연대〉와 같은 일부의 시민단체를 제외하면 증언을 통해 제기되는 이슈를 사회적 의제로 전환할 수 있는 힘을 갖지 못했다. 윤지오의 증언이 첨예한 것에 비해 그것을 뒷받침하고 사회이슈로 전환할 수 있는 조직화 역량이 미약한 상태였기 때문에 시민들은 개인으로서 국민청원을 통해 검찰 과거사위원회 조사 기간 연장을 청원하거나 윤지오 증언자에 대한 신변보호 요청을 하거나 경호를 위한 후원금을 제공하는 것 이상의 행동적 연대를 하지 못하고 있는 상황이었다.

이런 상황에서 윤지오에 대한 보호를 자처하고 나선 것은 안민석을 비롯한 몇몇 국회의원들(이른바 "동행모임")이었다. 지금 수개월에 걸쳐 점점 규모를 키워가며 지속되고 있는 사기꾼 만들기 집단 음해공작의 강도에서 반증되다시피, 윤지오의 증언행동은 상당한 위험을 수반하는 것이었다. 이 때문에 보호가 필요했던 것은 엄연한 사실이었지만 이 국회의원들이 윤지오에 대한 실질적 보호조치를 했는지, 그 보호조치가 아래로부터 시민사회의 연대력의 취약성을 보완하는 힘을 발휘했는지는 의문이다.

안민석이 페이스북에서 스스로 밝혔듯이 4월 8일 윤지오 국회 초청 간담회를 가진 이후 이들은 윤지오를 보호하기 위한 어떤 실질적 조치도 취하지 않았으며 "동행모임"이라는 이름이 무색하게도 서로 단 한 번도 만나지 않았다고 한다. 이들은 국회의원으로서 플러스가 될 수 있는 이미지, 즉 '공익제보자를 돕는다'는 이미지를 챙겼음에도 불구하고 4월 중순 이후 윤지오에게 실질적인 음해시도가 시작되고 위험이 분명해졌을 때에는 사실상 어떤 보호 노력도 기울이지 않았다. 이들은 수수방관했으며 자신들에게 미칠 악영향을 계산하고 자신들을 방어하기에 급급했다. 거의 동시에, 윤지오에게 우호적이었고 또 윤지오를 통해 구독자를 늘렸던 〈고발뉴스〉, 〈뉴스공장〉 등의 유튜브 채널도 윤지오에 대한 가해권력 측의 공세가 뚜렷해진 4월 말 이후 윤지오와의 관계를 청산하거나 유보했다.

윤지오가 국민의 부름을 받아 과거사진상조사단에서 증언을 하고 여성단체와 연대하여 세종문화회관에서 발언했을 때 그는 비록 단단하게 자기 조직화된 시민들의 지지는 아니라 할지라도 결코 무시할 수 없는 전 국민적 여론의 보호를 받았다. 그런데 윤지오가 보호자를 자처한 동행자 국회의원들과 연결되자마자 윤지오는 정파 투쟁과 정권 투쟁의 회오리 속으로 빨려 들어갔다. 보수 정파와 보수 언론이 빠르게 결집하여 증언자 윤지오를 반反정권투쟁의 초점으로 삼기 시작했을 때 동행자를 자처한 세력들은 신속하게 증언자 윤지오와 거리를 두기 시작했다.

어떤 사람이 조롱조로 말하듯이, 윤지오가 현 집권 세력이 기대하는 바의 큰 정치적 플러스 효과를 갖다 주지 못한 탓이었을까? 내가 보기에 그 이유는 윤지오가 제기하는 문제들(『조선일보』 방씨 세 사람 및 이름이 특이한 정치인, 의문사와 타살 가능성, 국정원의 개입, 마약주입과 성폭행 가능성 등)이 현 집권 세력으로서는 다루기 어려울 뿐만 아니라 이 문제를 원칙적으로 다루어 나간다면 현 집권 세력 자신도 그 일부로 속해 있는 가부장제 성폭력 질서 자체를 위태롭게 하는 것으로 나아갈 가능성이 있었기 때문으로 보인다. 이 무렵 여성주의 이슈가 문재인 정권에 대한 남성 20대의 지지율을 떨어뜨린다는 보고서까지 제출되었다. 이 보고서는, 집권 세력이 남성 20대 지지율을 높이고 총선에서 표를 얻기 위해 장자연-윤지오를 둘러싼 쟁점에서 물러나는 쪽으로 작용했을 것으로 보인다.[3] 왜냐하면, 이 쟁점은 본질적으로 가부장제 성권력 체제와 성폭력 문제를 제기하는 것이기 때문이다.

지금까지 장자연 사건에 대한 가해자로 지목되어 지탄받아 온 『조선일보』는, 윤지오에 대한 성폭력적이고 인권 말살적인 융단폭격을 퍼부은 지 약 2개월여에 만에, 이제 자신을 (장자연에 대한 가해자가 아니라 피해자로 묘사하면서) 사기꾼 윤지오를 단죄하고 사기꾼을 방조한 정치인들을 꾸짖는 정의의 언론으로 내세우기 시작한다.[4] 비굴한 항복의 느낌을 남긴 6월 14일 안민석의 페이스북 글은 이러한 전환점을 보여준다. "정권을 창출하기도 하고 퇴출시키기도 한다"는 『조선일보』의 위력은 피해

---

3. 이에 대해서는 뒤에서 다시 다룬다.
4. 전혁수, 「조선일보, '메신저 공격'으로 장자연 사건 본질 흐리기」, 『미디어스』, 2019년 6월 5일 수정, 2020년 2월 13일 접속, http://bit.ly/2HHSjLb.

자를 가해자로 만들고 피해자의 조력자에게 비겁한 변명을 하게 만들면서 자신을 정의의 투사처럼 우뚝 세우는 교활한 정치 공작술을 통해 다시 한번 유감없이 발휘되었다.

〈탐사보도 세븐〉(이하 〈세븐〉) 2019년 7월 19일 자 "누가 윤지오에게 놀아났는가?"는 이 정치 공작술의 연속이면서 동시에 하나의 종합판본이다. SBS의 〈궁금한 이야기 Y〉가 윤지오를 거짓말쟁이, 사기꾼으로 만들기 위한 편집 노하우를 보여주었다면, 〈탐사보도 세븐〉은 〈Y〉가 만들어낸 이미지를 기초로 집권 여당계 정치인들이 윤지오에게 이용당할("놀아날") 만큼 어리석었다는 것을 보여주는 편집 노하우를 보여준다. 나는 10년 동안 경찰과 검찰이, 장자연의 글이 유서가 아니라 문건(증언조서)이라는 것을 국민 몰래 알고 있었듯이, 지금 『조선일보』나 SBS도 국민 몰래 윤지오가 사기꾼이 아니라는 것을 명확하게 알고 있다고 본다. 왜냐하면, 그들이야말로, 윤지오를 포함해 83명에 대해 포괄적 조사를 수행했던 과거사진상조사단처럼, 폭넓은 취재망을 통해 팩트를 알 수 있는 권력을 갖고 있기 때문이다. 문제는 언론이 팩트를 말하는 기관이 아니라 팩트를 자신의 필요에 따라 편집하는 기관이고 진실을 말하는 기관이 아니라 대중이 소비할 진실을 자신들의 필요에 따라 만들어내는 기관이라는 점에 있다.

교활한 사기꾼에게 이용당하는 무능한 권력은 존재 이유가 없다는 메시지를 통해 정권교체의 필요성을 주장하는 것이 〈세븐〉의 기획 의도라는 것은 의문의 여지가 없다. 여기서 〈세븐〉

은 윤지오에 대한 음해를 집권 권력에 대한 공격의 수단으로 삼는다. 윤지오를 둘러싼 내기 판이 점점 커져갔다. 『조선일보』와 자유한국당이 총선을 앞두고 무고한 시민이자 장자연 사건의 피해자이고 또 장자연 사건의 증언자인 윤지오를 정쟁의 볼모로 이용하기 시작했기 때문이다. 〈세븐〉의 진행자 유오성의 형인 유상범이 서울중앙지방검찰청 3차장검사로 재직할 당시 정윤회 문건 유출 사건 수사를 지휘했고 이 사건으로 인해 문재인 정권이 들어선 직후인 2017년 7월 법무연수원 연구위원으로 좌천되었다는 것도 이 프로그램의 이러한 정치적 배경 맥락을 이해할 수 있게 하는 여러 요소 중의 하나일 것이다.

이런 점들을 고려하면 "거짓 증언자 윤지오", "사기꾼 윤지오"라는 구호는 『조선일보』를 비롯한 가해권력들이 이런 정치적 이유에서 만들어낸 날조된 구호와 다름없다고 해야 할 것이다. 이들은 총선에서의 다수당화와 차기 집권을 위해 이 구호를 향후 수년간 밀고 나갈 것으로 보인다. 젠더 입장에서나 계급 입장에서 여성-계약직-연예-노동자였던 윤지오나 장자연보다는 오히려 가해권력과 더 큰 공통점을 가진 현 집권 세력은 윤지오를 방어하고 증언자 윤지오와 함께 고 장자연 사건 진상규명을 위한 재수사와 가해자 및 책임자 처벌을 위해 싸워나갈 어떤 준비도 되어 있지 않다. 이미 이들은 이 사건을 (바둑에서의) '내준 집'으로 간주하고 정치적 악영향을 최소화하는 방향으로 나아가고 있다.

고 장자연 사건을 규명할 힘은 다시 아래로부터 나올 수밖에 없게 되었다. 2019년 7월 8일 350여 개 여성 단체들이 〈미투 운동과 함께하는 시민행동〉(미투 시민행동)을 조직하고 고 장자연 사건과 김학의 사건, 버닝썬 사건을 통해 드러난 경찰과 검찰의 행태를 규탄하고 진실을 규명하기 위해 매주 금요일 서울 광화문에서 '페미시국광장'을 무기한 열기로 했던 것은 이런 맥락에서 볼 때 시사적이었다. 첫 집회는 7월 12일 저녁 7시 동화면세점 앞에서 열렸는데 이들은 장자연 사건과 관련하여 『조선일보』를 적폐 언론으로 규정하고 『조선일보』의 폐간을 주장했다. 여기에서 이들은 "검경 개혁, 여자들이 하자"고 외치기도 했다. 이들이 시작한 싸움에 여성들이 얼마나 결합하는가는 결정적으로 중요한 문제이다. 하지만 이 싸움의 궁극적 귀결은 성폭력 체제의 주된 행위자들로 기능하는 남성들이 그 싸움에 얼마나 동참하게 되는가에 의해서 상당 부분 결정될 수밖에 없다.[5]

성별을 횡단하는 이 싸움에서 정부의 역할은 무엇이어야 할 것인가? 필요한 정부는 국민에게 제대로 "이용당하는" 정부, 국민에게 "놀아나는" 정부이다. 지금까지 너무 많은 정부가 국민을 개돼지로 무시하면서 재벌에, 미국에, 일본에 "놀아났"기 때문이

---

5. "남성이 같은 방향으로 운동을 시작하지 않는다면, 우리 사회에서 여성이 가부장적 관계의 울타리를 깨고 나오는 것은 가능하지 않다. 가부장제에 반대하는 남성의 운동은 시혜적인 온정주의에서 비롯되는 것이 아니라, 스스로 인간적 존엄과 존중을 되찾으려는 갈망에서 비롯되어야 한다. 남성이 여성을 존중하지 않는다면, 어떻게 자기 스스로를 존중할 수 있겠는가? 마찬가지로, 과개발된 사람들은 저개발 경제의 발전 모델이 되고 있는 계속 증가하는 상품 생산과 소비의 경제적 패러다임을 거부하고 넘어서기 시작해야 한다." 마리아 미즈, 『가부장제와 자본주의』, 최재인 옮김, 갈무리, 2014, 454쪽.

다. 그것의 피해는 고스란히 다중이 받아야 했다. 권력형 성폭력 가해 혐의를 받고 있는 『조선일보』, TV조선 같은 권력들이 (일본의 반도체 소재 수출규제 사태에서 나타나듯이) 그러한 반국민적 매판 정부를 "창출"해 왔을 뿐만 아니라 자신들의 의사에 반해 국민에게 "놀아나는" 정부가 들어서면 그것을 "퇴출" 시키는 데 온 힘을 쏟아 왔기 때문이다. 따라서 "누가 윤지오에게 놀아났는가?"라는 TV조선의 비난성 질문은 "누가 국민이 아니라 재벌, 미국, 일본을 위해 놀아났는가?"로 TV조선에게 되돌려져야 한다. 윤지오가 권력형 성폭력에 맞서 국민이 필요로 하는 증언을 하는 한에서 "누가 윤지오에게 놀아났는가?"라는 비난은, 정부가 국민을 위하지 말고 재벌, 미국, 일본을 위하라는 언론 권력의 반동적이고 매판적인 명령에 지나지 않기 때문이다.

가해권력과 가해자중심주의의 논리

조○천 강제추행 사건에 대한 오덕식 판사의 판결에 대해

2019년 8월 22일 서울중앙지법 6관 509호의 풍경

2019년 8월 22일 서울중앙지방법원 2층 "오늘의 공판" 게시판에는 몇 번씩이나 확인했지만 조○천 공판 게시글이 보이지 않았다. 강제추행이라는 죄목이 딱 하나 있었는데 조○천이 아니었다. 인터넷을 검색하여 이전 공판이 형사20단독 오덕식 부장판사가 했다는 사실을 확인한 후 다시 "오늘의 공판" 게시판으로 가서 마침내 오덕식 부장판사 이름을 찾았다. 6관 509호를 사용하는 판사였다. 그런데 6관 509호의 오전, 오후 공판 일람에는 이미 확인했듯이 조○천 강제추행 건 공판이 게시되어 있지 않았다. 그래도 509호로 갔다. 바로 그곳에서 재판은 이미 진행 중이었고 들어설 틈이 없었다. 이 경험이 의미하는 것이 무엇일까? 나는 피고인에 대한 '조직적 은폐'를 의심하지 않을 수 없다. 아마도 사건번호를 모르는 적지 않은 사람들이 이 문턱에서 공판 참관에 어려움을 겪었거나 공판 참관을 못 하고 돌아갔을 것이다.

나는 509호실 우측 입구에서 발돋움하며 선고 내용을 들어

보려고 귀를 기울였다. 어디선가 가느다란 목소리가 모깃소리처럼 들리고 있었지만, 그 내용을 알아들을 수는 없었다. 간간히 "윤지오가 …", "윤지오는 …" 하는 소리가 들렸지만, 그다음에 뭐라고 하는지 문장 맥락을 따라잡기는 완전히 불가능했다.

아마도 그 목소리의 주인공일 부장판사 오덕식은 어디에 있는지 보이지 않았다. 판사석의 높은 의자의 한 귀퉁이가 조금씩 움직였지만, 인물은 전혀 보이지 않았다. 흰색 상의를 입은 사법경관(?)이 방청석을 마주하고 판사석 정면에 서 있었기 때문이다. 아무것도 알아들을 수 없는 상태로 누군가의 독백을 듣는 무료한 시간이 한참 지났을 무렵, 그 경관이 다리가 아픈지 몸을 오른쪽으로 기울이는 그 짧은 순간에 한 사람이 판사석에 앉아 앞으로 웅크린 자세로 청중을 외면한 채 손에 든 판결문에 시선을 파묻고 그것을 읽고 있는 모습을 보았다. 좀 우스꽝스러운 풍경이었다. 그리고는 그 경관이 다시 바른 자세로 서고 나서는 그 경관 뒤에 숨은 그 인물의 모습을 다시는 볼 수가 없었다.

판사석을 바라보는 중앙 피고석에는 정장 차림의 한 사내가 서 있었다. 아마도 조○천일 것이었다. 그 사내 때문에 검사석에 앉은 사람들의 모습도 제대로 보이지 않았다. 약 30여 분이 지난 뒤 갑자기 재판정이 술렁이더니 조○천이 뒤돌아섰다. 살짝 미소가 배인 얼굴이었다. 이 때문에 선고를 알아듣지 못했지만, 조○천에게 유리한 판결일 것이라는 느낌을 받았다. 조○천이 피고석에서 걸어 내려오더니 몇 사람과 함께 나의 옆을 지나 황급히 법정을 빠져나갔다. 그는 선고 이후 법정을 나와 "재판부의 현명한 판단에 감사드린다"고 말했다고 한다. 그랬을 것이다. 얼마나 고마웠겠는가!

법정은 벌써 다음 피고를 불러내 다음 재판을 시작하고 있었다. 주변 사람들에게 선고형량이 뭐냐고 물어도 잘 알지 못했다. 이리저리 확인하고서야 무죄가 선고되었다는 것을 알 수 있었다.

강제추행 가해자를 지목하기까지 어떤 일이 있었나?

2008년 8월 5일 김종승 생일날에 김종승, 변○호, 조○천(당시 39세), 장자연, 윤지오 등이 22시 30분에서 23시 30분까지 청담동의 한 가라오케에 있었다는 것은 이제 확인된 사실이다. 윤지오는 당시 좌석 배치도를 제출하면서 그곳에서 벌어졌던 강제추행 상황을 이렇게 처음으로 진술한다.

술 테이블에 자연이 언니가 올라가서 춤을 출 때 밑에 앉아 있는 김종승과 손님들이 자연이 언니가 마침 치마를 입고 있었기 때문에 밑에서 치마 속 팬티를 보는 경우도 있었고 심지어는 손님 중에 신문사에 사장님이 자연이 언니를 테이블에서 손목을 잡아당겨 자기 무릎에 앉혀 치마 속으로 손을 넣어 만지고, 곁으로 가슴을 만졌을 때 자연이 언니가 하지 말라고 말을 하고 자리로 돌아갔습니다.

그렇다면 이 강제추행을 한 것이 누구인가? 그 사건의 장소,

일시, 어느 신문사인지 등 인적 사항을 묻는 수사관의 질문에
윤지오는 이렇게 답한다.

날짜는 잘 모르고 장소는 청담동 엠넷 방송국 건너편에 있는 가
라오케이고 어느 신문사인지 모르고, 나이는 약 50대 초반으로
일본어를 유창하게 잘했고, 그 당시 5명 정도가 참석을 하였습니다.[1]

이후 윤지오는 자신이 받아두어 보관하고 있던 명함 중에
서 유일하게 언론사 사장 직함이었던 『머니투데이』의 홍○근이
강제추행한 사람의 이름일 것이라고 추정하면서 사흘 뒤인 3월
18일 참조인 조사에서 거의 동일한 질문에 이렇게 답한다.

정확한 날은 기억이 나지 않지만 제가 카키색 반팔 티에 청바지
를 입고 갔으니까 여름이고, 김 대표님 생일이기 때문에 기획사
사무실 3층 VIP홀에서 직원들과 소속 연예인 고○○, 장자연
이 참석을 하고, 대표님이 부르신 머니○○○ 홍○근 대표, 보
○인베스트먼트 변○호 대표가 참석하여 식사를 마치고 저녁
9시경에 자리를 옮겨 청담동 엠넷 방송국 건너편에 있는 상호
는 모르는데 5층 정도 건물에 2~3층에 가라오케에 갔습니다.[2]

그러자 수사관은 『머니○○○』 홍○근 대표와 보○인베스

---

1. 2009년 3월 15일 진술서.

트먼트 변○호의 인상착의에 대해 진술하라고 한다. 수사관은 남자 셋 중 김종승 대표를 제외한 나머지 둘 중에서 강제추행 가해자를 찾고 있는 것이다.

머니○○○ 신문사 대표 홍○근은 나이는 약 40대 중반이고 신장은 약 168정도이고 체격은 보통이고 안경은 착용하지 않았고 얼굴형이 넓은 편이면서 얼굴이 긴 편이고 머리 스타일은 그 당시 하이칼라 형이면서 양머리가 짧은 편이고(윗머리는 일편), 밝은 계통의 남방을 입은 것으로 기억하고, (진술인이 제출한 명함 참조) 주식회사 보○인베스트먼트 대표 변○호는 나이는 약 50대 초반이고 신장은 약 170 초반이고 체격은 좋은 편이지만 근육질이 아니라 살이 많았고 얼굴형이 보통 사람보다 옆으로 큰 편이고 피부가 검은 편이고 쌍꺼풀은 없고 머리스타일은 그 당시 나이에 비해 많은 편이고 하이칼라를 하였는데 양쪽 머리는 짧은 편이고 그 분은 항상 정상(장)을 입었는데 그 날은 남방에 마이를 입은 것으로 기억이 납니다.(진술인이 제출한 명함 참조)

이 진술로써 변○호는 강제추행 혐의자에서 배제된다고 할 수 있다. 왜냐하면, 그는, 윤지오가 "항상 정상[장]을 입었는데"라고 말할 정도로 윤지오가 잘 아는 사람이었고, 만약 그 사람이 강제추행을 했다면 그 당사자를 지목하는 것은 너무 쉬웠을

2. 2019년 3월 18일 진술서.

것이기 때문이다. 이름을 대면 그만이지 않은가. 그러므로 강제추행 당사자는 윤지오가 처음 만난 남자, 3월 18일에 윤지오의 진술을 근거로 경찰이 "머니○○○ 신문사 대표 홍○근"으로 특정했던 그 남자로 좁혀진다. 그런데 명함을 제출하면서 이루어진 이 두 번째 진술에서 그 신문사 사장의 나이는 50대 초반에서 40대 중반으로 낮추어진다. 당시 조○천의 나이는 39세로 약 6세 정도의 차이가 난다. 홍○근은 그보다 나이가 열 살 정도 위이므로 당시 49세 정도였을 것이다.

그가 누구인가를 찾는 이 과정에서 경찰이 사용한 방법은 지극히 불합리한 것이었다. 위의 진술이 보여주듯이 윤지오의 기억 속에는 강제추행한 사람의 구체적 이미지가 이미 들어 있다. 그런데 진술은 그 구체적 이미지를 분석해 추상적 특징들로 세분한다. 나이, 언어, 옷, 체형, 체격, 키 등으로. 이제 다시 그 추상적 특징들이 지목된 인물의 실제와 부합하는지를 따져야 한다. (1) 기억 속의 구체적 이미지 (2) 기억을 말로 표현하면서 추상된 특징들 (3) 인물의 실제, 이렇게 세 가지가 있다. 경찰은 (1)과 (3)을 대질을 통해 바로 조회토록 하면 되는 것을, 인물의 추상적 특징들을 기억으로부터 꺼내 말로 표현하게 하고 그렇게 표현된 (2)가 실제 (3)과 맞는지를 확인하면서 고의로 먼 길을 돌아가는 방법을 쓴다. 생각해 보면 이런 우회 방법은 개개의 특징들에 대한 진술자의 혼선을 자아내어 진술자를 공격하기(즉 진술자의 진술 신빙성을 낮추기) 위한 방법과 다름없다. 게다가 사진을 놓고 맞추는 과정에서조차 조○천의 사진을 꺼내놓지 않았다. 조○천이 그 자리에 참석했는지 안 했는지를 경찰이 몰랐을 리는 없다. 장자연은 고인이 되었으므로 증언을 할 수 없는 상태 였지만, 조○천을 초대했던 김종승과 변○호의 진술이 이미 있 었을 것이기 때문이다.

이런 식으로 경찰이 윤지오 증언자를 교란하고 구두 색깔 이 뭐냐 따위를 묻는 해괴한 최면 조사를 통해 윤지오의 진술 신빙성을 떨어뜨렸지만, 윤지오는 참고인(피의자가 아니라!) 조 사를 받으러 온 조○천을 우연히 본 후, 즉각 '저분이 바로 자 신이 말한 홍○근 대표이고 강제추행의 당사자'("그분이 오셨네 요.")라고 말한다. 즉 (1) 기억 속의 구체적 이미지와 (3) 인물의 실제가 조회되는 순간에 바로 양자의 일치가 확인되었던 것이 다. 그것도 우연히! (2)의 추상적 특징들을 뽑아내 그것을 (3)과 매치시키려는 경찰의 노력은 바보 같은 일이었거나 조○천을 숨 겨주기 위해 고안된 속임수였거나 둘 중의 하나였던 셈이다.

그런데 윤지오의 생각과는 달리 그의 이름은 홍○근이 아 니었고 조○천이었다. 윤지오는 기억 속에 처음부터 이름을 모 르는 "조○천"의 형상을 갖고 있었지만, 소지하고 있던 명함 때 문에 그것을 "홍○근"으로 오인했으며, "조○천" 없는 사진들 속 에서 "조○천"을 찾아야 했다. 요컨대 윤지오는 다분히 고의적 이라고 볼 수밖에 없는 경찰의 수수께끼 같은 대조작업, 진술자 를 고문하는 최면 수사 등을 받으며 기억 속의 가해자를 정확 하게 지목하는 것을 방해받으면서 마치 안대를 쓰고 술래잡기 를 하듯 어둠 속을 방황하고 있었던 것이다. 하지만 안대를 벗고 조○천의 실물이 윤지오의 눈앞에 나타나자마자 윤지오는 바로 저 사람이라고 지목했고 이후 단 한 번도 조○천이 강제추행의 당사자라는 증언을 바꾼 적이 없다.

이상이 윤지오가 조○천을 강제추행의 당사자로 지목하기까지의 과정에 대한 요약이다.

부장판사 오덕식이 내린 무죄판결의 논리 : 강제추행이 과연 있었는지 의심스럽다?!

부장판사 오덕식이 무죄판결의 논거로 든 것은 다음 두 가지다.[3]

첫째 논거는, 2008년 8월 5일에 청담동 가라오케에서 강제추행 사건이 있었는지를 확인할 증거가 부족하다는 것이다. 이 논거를 뒷받침하는 것으로 오덕식은 다음과 같은 세 가지 이유나 추정을 제시한다.

(1) 자리에 동석했던 다섯 사람 중 고인이 된 장자연 외에 변○호, 김종승은 강제추행이 없었다고 진술하고 있고 조○천도 극구 그런 일이 없었다고 부인하고 있는 가운데 오직 한 사람 윤지오만이 강제추행이 있었다고 말하고 있기 때문이다. 윤지오

---

3. 이하는 판결문이 아니라 여러 신문의 취재 기사와 법정에서 들었던 판결 문구들을 종합하여 정리한 것이다.

한 사람만의 진술로 강제추행의 증거로 삼기에는 충분치 않다.[4]

(2) 당시 술자리는 접대 자리가 아니라 생일 축하 자리였고 피고인이 『조선일보』 기자와 총선 출마자라는 지위를 갖고 있다고 해도, 같이 참여했던 다른 사람들 가운데 권력이 있는 사람들이 많았으므로 피고인이 이런 사람을 처음 소개받는 자리에서 주의를 기울였을 것으로 보인다.

(3) (조 씨의 강제추행 행위를 주장한) 윤지오 씨 진술에 의하더라도 만약 이런 강제추행이 일어났다면 피고인이 주변 사람들의 강력한 항의를 받는 상황 등이 일어나야 하는데 1시간 이상 노래를 부르는 행위 등을 계속했다.[5]

둘째 논거는, 강제추행 사건이 있었다 하더라도 윤지오가 피고인을 지적하는 과정에서 근본적 의문이 든다는 것이다. 이 논거를 뒷받침하는 것으로 오덕식은 당시 술자리에 있던 남성 4명 가운데 가장 나이가 어린 조○천을 추상적으로라도 지목하지 못한 게 의문스럽다는 것, 면전에서 조○천의 추행 장면을 목격했다면 7개월 뒤 조사에서 가해자를 정확히 특정하지는 못했더라도 "일행 중 처음 보는 가장 젊고 키 큰 사람" 정도로 지목할

---

4. "윤 씨 진술만으로 피고인을 형사 처벌할 정도로 공소사실이 입증됐다고 보기 어렵다."

5. "윤 씨의 진술에 따르더라도 (고인의) 소속사 대표는 오해받는 것을 두려워했고, 고인과 친밀한 행동을 했으며, 고인이 술도 따르지 않도록 관리했다고 한다"면서 "그렇다면 공개된 장소에서 추행이 벌어졌다면 최소한 피고인이 강한 항의를 받았어야 하는데 한 시간 이상 자리가 이어졌다."

수는 있었을 것인데 기자들의 보도를 추측해 50대 사장이 추행했다고 진술한 것에는 문제가 있다는 것 등의 이유를 제시한다.

이처럼 부장판사 오덕식은 누가 강제추행 했는가를 살피는 것으로 나아가기는커녕 강제추행이 있었다는 사실 자체를 의심하고 있다. 이것은 그가 강제추행 사건에 대한 윤지오의 진술 자체의 신빙성을 근본적으로 의심하고 있음을 보여준다. 조○천이, 사건 당일 그 자리에 있지도 않았던 것으로 확인된 홍○근이 그 자리에 참석했었다고 거짓 진술을 하고, (잠시 그 자리에 왔다가 떠났던) 주변 지인에게도 홍○근이 그 자리에 있었다고 거짓 증언하도록 청탁을 하고, 거짓말탐지기를 이용한 심리 생리검사에서도 피해자(고 장자연)를 만난 적 있냐는 질문에 그래프의 현저한 변화를 보였음을 알고 있었음에도 오덕식은 이런 사실들을 무시한다.

그런데 부장판사 오덕식이 아닌 다른 사람들은 이 사건을 어떻게 이해했던가? 법무부 검찰 과거사위원회는 2018년 5월, 일관성이 있는 핵심목격자 윤지오의 진술을 배척한 채 신빙성이 부족한 술자리 동석자들의 진술을 근거로 불기소 처분한 것은 잘못이라며 검찰에 재수사를 권고한 바 있고 이런 인식 위에서 검찰은 재수사 끝에 조○천을 기소했다. 그리고 2019년 7월 15일 검찰은 "(증인인) 윤지오 씨의 진술이 굉장히 일관된다", "요즘 문제 되는 윤씨의 신빙성 문제는 본 건과 무관하다", "윤 씨는 장 씨가 속해 있던 기획사 대표 김종승 씨의 재판에 나가서도 "(장 씨가) 김 씨 생일에 추행당하는 것을 본 적 있다"고 증언했다", "윤 씨 진술의 자연스러움과 일관됨을 고려해 조 씨에게 유죄를 선고해 달라"며 1년 형을 구형한 바 있다. 오덕식의 관점은 비교적 사실에 충실한 이 여러 관점들과 배치되는 것이다.

안희정 사건 판결에서 1심과 2심의 차이 : 가해자 관점인가 피해자 관점인가?

당일 오후 3시 서울중앙지방법원 동문에서 열린 녹색당 주최 기자회견에서 여성 발언자들은 한결같이 무죄 선고를 전혀 예상치 못했다고 말했다. 예상과 다른 판결 때문에 준비해온 발언문을 즉석에서 수정해야 하는 난감함을 호소하면서 말이다. 부장판사 오덕식이 어떤 사람이길래 이런 황당하고 이해되지 않는 상황을 만들어낼 수 있었던 것일까?[6]

---

6. 2019년 11월 24일 가수 구하라가 비극적 선택을 한 데에 전 남자친구 최종범과의 법정 다툼이 큰 영향을 미쳤다는 사실이 알려지면서 이 사건 재판을 맡아 최종범의 불법촬영 혐의에 무죄를 선고했던 오덕식 판사의 판결 전력이 새삼 재주목되었다. 오덕식 부장판사는 서울 시내 최고급 웨딩홀에서 여성 하객들의 치마 속을 수십 차례 촬영한 사진기사에게도 '집행유예'를 선고한 것으로 확인됐다.(엄보운, 「'구하라 전 남친 무죄' 오덕식 판사, 다른 판결에서도 불법촬영 봐줬다」, 『로톡뉴스』, 2019년 11월 25일 수정, 2020년 2월 13일 접속, http://bit.ly/2up0WHz) 11월 29일 녹색당과 여성단체들은 오덕식 판사가 이외에도 10대 청소년에게 음란물을 유포한 20대 남성에게 집행유예를 선고하고, 성매매 영업으로 부당이득을 챙긴 남성에게 집행유예를 선고했으며, 아동 성 착취 동영상을 유포한 남성에게 집행유예를 선고했음을 폭로하면서 오덕식 부장판사를 "성 적폐 재판부"라고 비판했다.(강석영, 「'최종범 집행유예' 오덕식 부장판사가 '성 적폐' 재판부로 불리는 이유」, 『민중의소리』, 2019년 11월 29일 수정, 2020년 2월 13일 접속, http://bit.ly/3a48Qp3)

이 판결을 이해할 수 있도록 도움을 주는 한 가지 사례가 있다. 그것은 위계·위력에 의한 성폭력 사건인 안희정 사건의 1심과 2심을 비교하는 것이다. 1심에서 안희정은 무죄를 선고받았다. 하지만 2심에서 그는 3년 6개월의 실형을 선고받고 법정구속 되었다. 이 커다란 차이는 어디에서 왔던가?

2017년 7월부터 지난해 2월까지 러시아, 스위스 등 해외 출장지와 서울 등에서 전 수행비서인 김지은에게 전 지사 안희정이 업무상 위력에 의한 간음 4회, 업무상 위력에 의한 추행 1회, 강제추행 5회 등 10차례의 성폭력을 가한 혐의로 불구속기소되었던 이 사건에서 1심의 부장판사 조병구와 2심의 부장판사 홍동기의 견해는 세 가지 쟁점에 관해 상반되었다.[7]

첫 번째 쟁점인 피해자 진술 신빙성과 관련해 조병구는, 한편에서는 "(성범죄 사건의) 유일한 증거는 피해자 진술이고 피해자의 성인지 감수성도 고려해야 한다"고 말하면서도 다른 한편에서는 "피해자의 진술에서 납득가지 않는 부분이나 의문점이 많고 피해자가 심리적으로 얼어붙은 해리상태에 빠졌다고 보기도 어렵다"고 말했다. 이에 대해 홍동기는 "피해자 진술이 대체로 일관되고 부합하면 객관적으로 도저히 신빙성 없다고 보이지 않는 이상 함부로 배척해선 안 된다. 비합리적이거나 모순되는 부분이 없고 불리한 진술을 할 동기가 없는 이상, 사소한 부분의 일관성이 없

---

7. 황국상 기자의 「안희정 '무죄→실형'으로 뒤집은 1·2심 세 가지 차이점」 (『머니투데이』, 2019년 2월 1일 수정, 2020년 2월 13일 접속, http://bit. ly/2SPruv4)의 정리 참조.

거나 단정적 진술이 불명확하다고 해서 진술의 신빙성을 의심해서는 안 된다"고 판단했다.

두 번째 쟁점인 업무상 위력 여부에 관해 조병구는 "피고인이 유력 정치인이고 차기 유력 대권 주자로 거론되며 도지사로서 별정직 공무원인 피해자의 임면권을 가진 것을 보면 위력으로 보는 것이 타당하다"면서도 "권력적 상하 관계에 놓인 남녀가 성관계를 가졌다는 사실만으로 처벌할 수 없다. 상대방 자유의사를 제압할 정도의 위력이 존재하고 행사돼야 한다"고 했다. 또 "안 전 지사가 평소 자신의 위력을 행사하거나 이를 남용해 피해자나 직원의 자유의사를 억압했다는 증거가 부족하다"고 했다. 이와 달리 홍동기는 "업무상 위력 등은 자기의 보호와 감독을 받는 사람에 대해 추행하는 경우에 성립한다. 보호·감독을 받는 사람이라 함은 직장 내에서 실질적으로 업무·고용 관계에 영향을 미칠 수 있는 사람도 포함한다"며 "이때의 위력은 유·무형을 묻지 않고 폭행·협박뿐 아니라 권세를 이용하는 것도 가능하고 현실적으로 자유의사가 제압되는 것까지 인정된다는 게 법원의 입장"이라고 했다.

세 번째 쟁점인 피해 이후의 피해자 행동과 관련해 조병구는, 피해자가 안 전 지사에게 최초의 간음 피해를 입은 후 주고받은 메시지 내용이 "지사님이 고생 많으세요, 쉬세요" 등 위협적 대화가 아니었다는 점을 고려하여 "피해자가 동료들에게 보낸 문자메시지를 보면 이모티콘이나 애교 섞인 친근감 등이 있다. 성범죄 피해자로 보일 수 없다"라는 변호인 측 주장을 받아들였다. 반면 홍동기는 "피해자가 3자에게 이모티콘을 사용했다 하더라도 별다른 의미 없이 습관적으로 사용하는 것임을 고려하면 애교 섞인 표현이라고 보기 어렵다"라며 "수행비서로서의 일을 수행한 이상 (피해자가) 피고인에게 그런 행동을 했다고 해서 성범죄 피해자로 도저히 볼 수 없다거나 피해자 주장의 신빙성을 배척하기 어렵다"고 봤다.

이 세 가지 쟁점의 차이는 조병구 판사가 가해자의 관점에서 피해자에게 피해자다움을 요구하고 그렇지 못한 경우 가해자에게 유리한 해석을 한 반면, 홍동기 판사는 피해자의 관점에서 가해자에게 성인지 감수성을 요구하고 그렇지 못한 경우 피해자에게 유리한 해석을 하는 것에서 발생한다.

그렇다면 조○천 강제추행 사건을 다루는 오덕식 판사의 관점은 안희정 사건에 비교한다면 누구에 가까운가? 당연히 조병구의 관점, 즉 가해자의 관점에 가깝고 오히려 그 관점을 더욱 극단적으로 표현한다. 이제 오덕식이 무죄 근거로 삼은 것들이 왜 가해자 관점에서 파악된 근거들인가를 살펴보자.

오덕식 판결에서 가해자중심주의 관점

오덕식은 2008년 8월 5일에 청담동 가라오케에서 강제추행 사건이 있었는지를 확인할 증거가 부족하다면서 세 가지 근거를 드는데, 그중의 하나가 피고인 조○천, 소속사 대표 김종승, 그리고 투자자 변○호가 모두 강제추행이 없었다고 진술하고 있다는 것이다. 이 모두가 검찰 과거사위원회가 진술 신빙성이 없는 사람들이라고 판단했던 사람들이다. 왜 이렇게 퇴행하는 판결을 내렸던 것일까?

조○천은 윤지오에 의해 가해 당사자로 지목된 인물이다. 그 인물이 강제추행이 없었다고 변명하는 것은 당연히 스스로에게 이익이 된다. 다른 두 사람은 어떨까? 앞에 인용한 2009년 윤지오의 진술을 살펴보면 이들은 "술 테이블에 자연이 언니가 올라가서 춤을 출 때 밑에 앉아 있는 김종승과 손님들이 자연이 언니가 마침 치마를 입고 있었기 때문에 밑에서 치마 속 팬티를 보는 경우도 있었고"에 등장하는 인물들이다. 이들은 오덕식의 생각과는 달리 조○천과 한패이며 성추행에 공동가담하고 있는 사람들에 속한다.

이들이 강제추행이 없었다고 말하는 것 역시 그들 자신에게 명백히 이득이 되는 진술이다. 그러므로 이 세 사람의 진술은 이득을 위한 진술이지 진실을 위한 진술일 수 없고 마땅히 배척해야 하는 것이었다. 그러므로 진실과 정의에 선 판사라면, 이 강제추행에 동조하지 않았고 유일하게 이득과 무관한 윤지오의 진술만을 진실증거로 삼아야 했다. 그런데 오덕식은 "윤씨 진술만으로 피고인을 형사처벌할 정도로 공소사실이 입증됐다고 보기 어렵다"라고 하여 유일한 진실증거를 회피한다. 오덕식의 논리대로라면, 대부분 밀실에서 이루어지고 그래서 피해자 진술 외에는 증거를 확보하기 힘든 성폭력 사건들이 "형사 처벌할 정도로 공소사실이 입증"될 수 없는 것은 당연하며 따라서 성폭력은 대부분 범죄로 구성될 수 없게 될 것이다. 전형적으로 남성 중심적이며 가해자 중심적인 논리이다. 무엇이 진실인가를 따져야 할 순간에 두 가지 진술들(그중 하나는 거짓이고 다른 것은 진실이다)의 수를 셈하며 어느 쪽이 수가 많은지 비교하고 있는 판사가 오덕식이다. 그리고 그것이 명백히 신빙성이 없고 거짓일 가능성이 많은 진술임에도 불구하고 수가 많다고 하여 그쪽의 손을 들어준다.

두 번째로 드는 근거는 터무니없을 뿐만 아니라 없는 근거를 만들어 내기 위해 애쓴 흔적이 너무나 역력하다. "당시 술자리는 접대 자리가 아니라 생일 축하 자리였고 피고인이 『조선일보』 기자와 총선 출마자라는 지위를 갖고 있다고 해도, 같이 참여했던 다른 사람들 가운데 권력이 있는 사람들이 많았으므로 피고인이 이런 사람을 처음 소개받는 자리에서 주의를 기울였을 것으로 보여진다."가 그것이다. 조○천의 변호사가 했다면 딱 맞을 말을 판사가 하고 있지 않은가? 게다가 "참여했던 다른 사람들 가운데 권력이 있는 사람들이 많았으므로"는 사실과도 다르다. 동석한 두 사람 중에서 더콘텐츠의 대표 김종승은, 전직 『조선일보』 기자인 데다가 2003년 총선 때 덕양구에서 유시민과 맞붙은 적이 있고 2007년 박근혜 캠프에 합류했으며 부인이 현역 검사였던 조○천과 거의 같은 또래일 뿐만 아니라 사회적 신분에서 보더라도 조○천보다 열위劣位에 있다고 보는 것이 상식적일 것이다. 그 자리에서 조○천은 건방졌고 김종승은 그에게 잘 보이려고 애썼다는 윤지오의 진술은 이러한 사정을 잘 말해 준다. 변○호는 나이는 10살 정도 더 많지만, 투자회사 대표로서 권력을 조○천보다 더 많이 갖고 있었다고 보기는 어렵다. 다시 말해 그 자리가 조○천이 주의를 기울여 조심해야 할 환경은 아니었던 셈이다. 그럼에도 불구하고 이런 과장되고 왜곡된 추정을 덧붙임으로써 오덕식은 강제추행이 있었을 리 없다는 자신의 주관적 생각을 드러내놓고 판결 근거로 삽입한다. 이것은 좀 더 노골적으로 가해자를 편드는 방식이라고 아니 할 수 없다.

세 번째로 오덕식이 드는 근거는 실소를 자아내게 한다. 언론 보도에 따르면 그 내용은 "윤 씨의 진술에 따르더라도 (고인의) 소속사 대표는 오해받는 것을 두려워했고, 고인과 친밀한 행동을 했으며, 고인이 술도 따르지 않도록 관리했다고 한다"면서 "그렇다면 공개된 장소에서 추행이 벌어졌다면 최소한 피고인이 강한 항의를 받았어야 하는데 한 시간 이상 자리가 이어졌다"라는 것이다. "다른 사람들이 보는 앞에서 장자연의 옆구리를 감싸거나 가슴을 만지고 잠자리도 같이하는 사이라고 말하는 등 희롱과 추행을 했던"[8] 소속사 대표를 "오해받는 것을 두려워했고, 고인과 친밀한 행동을 했"던 인물로 보는 오덕식의 눈은 누구의 눈일까?

사태를 진지하게 들여다본 사람이라면 누구나 오덕식 판사가 가진 이 사건에 대한 이 겹겹의 몰지각, 오인, 오해를 어떻게 풀어야 할지 막막할 수밖에 없다. 고인에 대한 김종승의 친밀한

8. 2019년 3월 15일 윤지오 진술서.

행동이란 위계와 위력을 이용한 상습적 성추행이거나 손님들 앞에서 하는 보여주기식 쇼였다. 또 김종승이 "술을 따르지 않도록 관리한 것"을 반드시 대표로서의 책임감이나 소속사 배우들에 대한 보호심의 표현으로 보기도 어렵다.[9] 김종승은 수시로 장자연과 소속사 배우들에게 폭언, 협박, 구타를 자행한 사람이기 때문이다. 윤지오는 2019년의 여러 증언을 통해 "술을 따르지 않도록 관리한 것"이 실은 "술잔이 섞이지 않도록 관리하는 방법"이었을 수 있다는 관점을 제시했다. 마약이 든 술을 마시고 인사불성이 된 후 성폭행을 당했을 가능성에 대한 진술이 그것이다. 어떤 술잔에는 마약이 들어있고 어떤 술잔에는 마약이 들어있지 않다면 술잔에 대한 계획적 관리가 필요할 것이기 때문이다. 그렇지 않다면 의외의 상황이 발생하여 문제가 될 것이기 때문이다.

성추행이 있었다면 항의가 있지 않았겠느냐는 오덕식의 물음에 대해서는 이미 2009년 3월 19일 윤지오의 답이 있다.

> 문 : 장자연이가 테이블에서 춤을 추고 있을 때 머니○○○ 대
> 표 홍○근[실제로는 조○천 – 인용자]이가 장자연에게 어떤 행동
> 을 하였는가요?
> 답 : 자연이 언니가 테이블에서 원피스를 입은 상태에서 춤을

---

9. 게다가 오덕식의 판단과는 달리, 윤지오의 당시 진술은 자신에게 "술을 따르지 못하게 했다"는 것이지 장자연에게 "술을 따르지 못하게 했다"는 것이 아니다.

추고 있을 때 사람들이 밑에서 쳐다보고 있었는데 갑자기 신문
사 홍○근 대표[실제로는 조○천 – 인용자가 손목을 잡고 끌어
당겨 자기 무릎에 앉힌 상태에서 양손을 원피스 치마 속으로
집어넣어 허벅지와 음부를 만지자 자연이 언니가 몸부림을 치
면서 하지 말라고 하였더니 다시 오른손으로 원피스 곁으로 가
슴을 만지어 자연이 언니가 일어나면서 자리로 돌아왔습니다.
문: 그렇다면 그런 행동을 보고 김종승, 변○호는 가만히 있었
는가요.
답: 말리거나 다른 행동을 하지 않은 것으로 기억이 나고, 그 이
후에도 다시 흥겹게 노래도 부르면서 춤을 추었습니다.

"말리거나 다른 행동을 하지 않은 것"은 강제추행이 없었다
는 증거로 될 수 없다. 권력과 위력의 존재를 고려하지 않는 순
진무구한 사람이거나 그 자신이 권력과 위력에 속해 있어 그것
이 상대방에게 어떤 반응을 유도하는지를 느낄 수 없는 사람만
이 그렇게 생각할 수 있다. 윤지오는 강제추행이 있었지만, 말리
거나 다른 행동 없이 그 후에도 "흥겹게 노래도 부르면서 춤을
추었다"고 말한다. 이러한 상황은 김학의와 윤중천의 관계에서
처럼 세 사람이 그 술판을 공동으로 즐기는 공모적 관계에 있다
고 보면 모순이기는커녕 너무나 자연스럽다.

그렇다면 오덕식은 이제, 만약 그렇다면 당사자인 장자연이
나 동료 배우인 윤지오는 왜 항의하지 않았는가? 라고 말하고
싶지 않을까? "최소한 피고인이 강한 항의를 받았어야 하는데"

라는 모호한 표현을 통해 정작 하고 싶었던 말은 그 말이 아니었을까? 만약 그렇다면 오덕식은 '피해자가 피해자다워야 피해자'라는 낡은 (즉 너무나 많은 비판을 받아 떳떳하게 내세우기가 어려운) 피해자다움의 요구를 에둘러서 표현하고 있는 것에 지나지 않는다. 강제추행을 당했으면서 항의하지 않았다면 피해자가 아니라고 말이다. 정확히 안희정 사건 1심 판결의 조병구의 관점이 그것이었다. 이 관점은 장자연이나 윤지오가 김종승이 대표로 있는 회사에 소속되어 1억의 위약금과 그 이상의 까다로운 조건으로 묶여 있었고, 세 사람의 "힘센"[10] 사람들에 둘러싸여 있었다는 사실을 외면하면서 권력형 혹은 위계에 의한 성폭력의 실재를 부정한다.

오덕식은 이상과 같이 부당하고 오도된 방식으로 강제추행에 대한 의심을 표명한 후 마지막 한 방울의 논리적 여지까지 닦아내겠다는 투로, "강제추행이 있었다고 가정하더라도" 윤지오의 진술이 혐의를 입증하기에는 문제가 있다는 결론을 내린다.

어떤 문제가 있다는 것일까? 이 질문에 답하기 위해 그가 드는 논거는 가해자 중심으로 구축된 자신의 주관적 가정을 실제 과정에 투사하는 것 이상이 아니다. "나라면 이렇게 했을 텐데 당신이 그렇게 하지 않았으니 문제다"라는 논법. 그 논법은 이렇게 표현되었다.

---

10. 고 장자연의 표현이다.

면전에서 조○천의 추행 장면을 목격했다면 7개월 뒤 조사에서 가해자를 정확히 특정하지는 못했더라도 '일행 중 처음 보는 가장 젊고 키 큰 사람' 정도로 지목할 수는 있었을 것인데 기자들의 보도를 추측해 50대 사장이 추행했다고 진술한 것에는 문제가 있다.

상식적으로 도대체 이해되지 않는 문제 제기다. 일행 중 처음 보는 사람이었다는 것은 윤지오로서는 말하지 않아도 자명하다. 나머지 두 사람인 김종승과 변○호는 여러 차례 만난 바 있기 때문에 이미 알고 있는 사람이었기 때문이다. 나머지는 한 사람뿐이다. 문제는 그가 누구인가, 그 사람의 이름이 무엇인가이다. 그 사람이 밤늦은 가라오케 어두컴컴한 조명 아래에서 가장 젊었는지 어땠는지를 기억해야만 진술에 신빙성이 있다는 것인가? 윤지오는 그의 나이를 사건 7개월 뒤인 3월 15일에는 50대 초반, 18일에는 40대 중반으로 짚었다. 18일 진술 기준으로 조○천의 실제 나이와는 불과 몇 살 차이다. 20대 초반의 여성의 눈에 40대 전후 남자의 얼굴이 나이 차에 따라 뚜렷이 식별될까?

또 앉아서 술 마시다가 드물게 일어나 춤추는 자리에서 키가 크다는 것을 어떻게 기억할 수 있는가? 모두가 동시에 일어나 키 재기를 하는 시간이라도 가졌어야 한다는 말일까? 게다가 윤지오의 키가 173cm라고 하는데 하이힐을 신었다면 윤지오의 눈높이가 조○천보다 더 높아 조○천의 키가 작게 보였을 수도 있지 않은가? 내가 보기에 판사 오덕식의 판결 논리는 최면 수사를 하면서 가해자가 신었던 구두의 모양과 색깔 따위를 묻고서는 각성 수사에서 했던 말과 달랐다고 참고인 윤지오를 다그쳤던 수사관의 논리와 전혀 다르지 않다. 오덕식은 왜 초기수사에서 경찰이 윤지오에게 조○천의 실물이나 동영상을 보여주지 않고 심지어 사진조차 보여주지 않았는가, 라는 핵심 문제를 회피하면서 윤지오의 (너무나도 자연스러운) 불충분한 기억을 의심의 도마에 올리고 그것을 증언 신빙성에 대한 의심으로 확대해석한다. 이러한 해석이 가해자를 숨기고 보호하려는 남성주의적이고 권력카르텔적인 연대의식이 없고서야 가능한 일일까?

2019년 8월 22일 『조선일보』, 『중앙일보』를 비롯한 상당수의 언론은 "윤지오 진술 신빙성 없어"(『중앙일보』), "윤지오 진술 신빙성 떨어져"(『조선일보』, 『동아일보』), "윤지오 진술 의문"(SBS) 등의 타이틀로 판결 결과를 요란스레 보도했다. 다른 사람들이 알아들을 수 없도록 낮은 목소리로 말한 오덕식의 판결의 정체가 뚜렷이 드러나는 순간이었다. 오덕식의 판결은 윤지오 진술 신빙성을 떨어뜨려 온 4월 중순 이후의 일련의 윤지오 음해공작과 마녀사냥의 연장선에 있다. 그 선은 『뉴시스』박훈·김대오·김수민-SBS·TV조선-반윤지오 SNS 까계정-오덕식을 잇는다. 이것은 윤지오의 증언 신빙성을 떨어뜨리기 위해 인간 윤지오를 까는 일종의 '까판'[11]을 그려낸다. 그리고 오덕식의

---

11. 인스타그램에만 윤지오의 증언을 해체시키는 '까판'이 있는 것이 아니다.(최진홍, 「인스타그램 까판, 까계정을 아시나요?」, 〈브런치〉, 2018년 8월 7일 수정, 2020년 2월 13일 접속, https://brunch.co.kr/@brunchjqcb/149) 언론계

방법은 가해자의 관점에서 가해권력과 사법 판결로 연대하는 것과 다름없었다. 『조선일보』를 비롯한 주요 언론들이 이 가해자 연대망의 일부라는 것은 지금까지의 보도 역사를 통해 충분히 드러난 것이다. 그리고 그 연대망은 유일하게 피해자의 입장에서 진술해온 윤지오의 진술 신빙성을 떨어뜨리고 없애는 것에 전력투구하고 있다.

그런데 그것이 가져온 효과가 무엇일까? 무죄였다. 아직 1심 판결이므로 진실을 다툴 기회는 더 남아 있다고 해야 할 것이다.[12] 그래서 여성단체는 검찰에게 항소하라고 요구한다. 만약 검찰이 항소하지 않는다면 이미 그 정체를 충분히 의심받고 있는 검찰이 가해권력의 일부임이 백일하에 드러나는 사건이 될 것이다.[13] 만약 사태가 그렇게 발전된다면 법이 정의의 기관이 아니라 남성 권력 카르텔을 사수하는 가해의 기관임이 드러나는 것일 터이고 그렇다면 남는 것은 "법 위의 법"(윤지오), 즉 시민들의 직접행동 이외에 다른 것일 수 없을 것이다. 그것이 사법 개혁을 위한 언어적 청원 행동으로 나아갈지, 더 물리적인 직접적 제헌 행동으로 나아갈지는 알 수 없다. 하지만 분명한 것은 사람들의 분노 지수는 높아지고 있고 지하로 흐르는 그것의 폭발력은 더욱 커지고 있다는 것이다.

와 정치권에도 사실상 그러한 의미의 '까판'이 가동되어 왔다.

12. 2020년 2월 13일 2심도 동일한 판결을 내렸다.

13. 2019년 8월 28일 검찰은 "관련 증거에 비추어 볼 때 혐의가 인정된다고 판단해" 항소했다.

진실의 좌표를 다시 찾는다.

우리는 지금 어디에 있는가?

나는 장자연의 죽음이 가부장적 자본주의 체제 혹은 자본주의 가부장제로 인해 비롯되었다고 본다. 미투는 이 체제의 폭력성과 모순을 가시화하고 그것을 극복할 방법이 무엇인가에 대한 사회적 관심이 폭발한 사건이다. 이 체제는 사회적 노동에 대한 착취와 수탈을 본질로 삼는 것만큼이나 본질적으로 성차별주의적이고 성폭력적이다. 이 때문에 이 체제가 지속되는 한 김용균들의 고통과 죽음은 계속될 것이고 장자연들의 고통과 죽음도 마찬가지로 계속될 것이다. 이것은 우리 삶의 가능성을 제한하고 불구화하는 체제이므로 이 속에서 고통받는 사람들의 연합과 공통되기를 통해 이 체제를 혁파하고 반反성폭력적이고 반反노동착취적인 공통체 사회를 향해 나아가는 것이 절실하다고 생각한다.

2016년 촛불혁명은 이 체제의 극악한 상태를 바로 잡는 데는 부분적으로 성공했지만, 이 체제의 저변에 깔린 성차별주의와 인종주의는 문제로 제기조차 하지 못했다. 2018년의 미투는 촛불 이후 체제의 이 한계를 돌파하기 위한 게릴라전으로 평가할 수 있다. 하지만 미투의 실명 폭로는 백래쉬backlash에 직면하게 되었고 체제의 반동을 밀어낼 만큼 충분히 강하지는 못했음이 드러났다. 또 미투는 SNS를 통한 여론전의 성격을 띠었기 때문에 여론전의 수단을 갖고 있지 못한 하층 노동 여성이 겪는 성폭력 문제는 건드려지지 않은 채 남아 있었다. 바로 이러한 한계는 백래쉬에 대응할 만한 전 사회적 역량을 이끌어내는 데 제약으로 작용했다.

하지만 촛불혁명과 미투의 힘은 10년 전 여성 연예노동자 장자연의 죽음의 역사적 의미와 현실성에 사회의 주목을 돌리게 할 만큼의 힘은 있었다. 장자연이 남긴 문건과 리스트야말로 2018년 미투보다 10여 년 앞서 출현한 미투의 목소리였기 때문이다. 2016년 10월 문단 내 성폭력 고발과 반성폭력 해시태그 운동을 거쳐 미투 봉기에 이른 이 집단적 힘은 거대 다중이 참가한 국민청원을 매개로 장자연 사건을 검찰 과거사위원회의 조사대상에 포함하도록 압박하는 섭정의 에너지였다. 촛불에 있어서 윤지오는 바로 장자연의 죽음의 역사적 의미를, 그리고 그것을 넘어 그 죽음의 현재성과 현실성을 밝힐 초점이었다. 왜냐하면, 윤지오는 장자연과 동일한 여성 연예 노동자였고 장자연과 고난을 함께 한 노동 동행자였으며 죽지 않고 살아 있는 장자연이었기 때문이다. 촛불-미투 공통인들commoners은, 윤지오의 목소리를 통해, 현실에 부활한 장자연을, 그리고 권력형 성폭력 가해권력의 이름들을 피로 눌러쓴 그 장자연의 절규와 고발의 목소리를 듣기를 원했다. 왜냐하면, 장자연-윤지오는 사시나무처럼 두려움에 떨며 이 시대를 살아야 하는 여성 노동자들, 비정규직 노동자들 자신이었기 때문이다.

하지만 검찰 과거사위원회의 목적은 이와는 달랐다. 검찰 과거사위원회는 국가기관이었고 특히 한국 사회의 적폐 중의 하나로 지목된 검찰에 의해 주도되는 기관이었다. 검찰 과거사위원회는 장자연 사건을 역사화 시키는 선에서 촛불-미투 주체들의 요구를 봉쇄, 봉합하려고 했다. 윤지오는 과거사진상조사단의 조사에서, 그리고 많은 언론 인터뷰에서 "증언해 봐야 아무것도 바뀔 것이 없네요"라며 한숨을 내쉬고 좌절의 표정을 짓곤 했다. 나는 이 좌절의 한숨이, "재수사를 통해 가해권력을 처벌하라!"는 촛불-미투 주체들의 현실화(현재화) 요구가, 사실을 역사에 기록하는 것이 처벌이라고 보는 검찰 과거사위원회의 역사화(과거화) 장벽 앞에서 느끼는 답답함의 표현이었다고 본다. 검찰 과거사위원회는 국민에게는 차단되어 있고 그들끼리만 돌려 볼 문헌적 기록을 통해 관련자들에게 문헌적(역사적) 징계를 하는 것 이상으로 나아갈 의지를 갖고 있지 않았다. 그런 방식의 기록은 지배계급 내부의 권력 경쟁의 수단일 뿐 다수 국민을 위한 것이라 할 수 없다. 왜 대한민국의 언론들과 정치가들은 증언자 윤지오의 신변보호를 위해 지출한 900만 원에 대해서는 "아깝다, 불공정하다, 범죄다"라고 탓하면서 오랜 시간에 걸친 조사에도 불구하고 진상을 파악하지 못하고 피해자가 있음에도 가해자를 밝혀내지 못한 검찰 과거사위원회에 지출했을 저 천문학적 비용에 대해서는 저토록 관대한가?

검찰 과거사위원회의 심의발표는 이러한 역사화 목적의식의 압권이었다. 가해권력자들의 리스트 문제는 더는 논란해 봐야 소용없는 것으로 정리 발표되었다. 비록 가해자들에게 역사적 무죄를 선고한 것은 아니었다 할지라도 공소시효 경과, 증거불충분 등으로 모든 것을 과거의 것으로 돌렸다. 성폭행과 특수강간에서 새로운 증거가 나타난다면 재수사한다는 여지를 남겨 두었지만, 그들 검찰이 새로운 증거를 나서서 확보할 것이라고 누가 손톱만큼의 기대라도 할 수 있겠는가?

윤지오의 증언에 대한 백래쉬는 4월부터 본격화되었다. 하지만 엄밀히 말하면 그것은 아래로부터의 촛불 미투 운동이 위로부터 검찰 주도의 (즉 대검 산하의) 검찰 과거사위원회라는 형태로 자리 잡는 것에서 시작되었다고 해야 할지도 모른다. 검찰에서 독립된 시민주도의 검찰 과거사위원회였다면 사정이 달랐을 수도 있을 것이다. 나는 이것이 자칭 **촛불정부**인 문재인 정부의 이중성과 무관하지 않다고 본다. 문재인 정부는 시간이 흐를수록 아래로부터의 진보적 목소리를 수렴하되 그것을 보수적 틀 속에서 해소하는 봉합 정책, 수동혁명 테크놀로지를 사용해 왔다. 물론 이것은 촛불과 미투의 주체적 한계의 표현이기도 하다. 촛불과 미투는 여성-비정규직-하층 노동자들의 자기조직화가 아직 취약하여 정규직-남성-중산층 노동자들의 이해관심의 벽을 뚫거나 혹은 그 층을 견인하기에는 역부족인 불안정한 상태에 있음을 보여준다.

윤지오는 이 불안정 속에서 위로부터의 검찰 과거사위원회의 증언 요청으로 표현된 아래로부터의 대한민국 국민의 부름을 받아 증언을 시작했다. 2018년부터 다시 시작되어 2019년 3월에 증언의 불길이 가해권력이 앉아 있는 방석으로 옮아 붙으려고 하는 순간에 박준영 변호사가 윤지오에 대한 검증론을 펴면서 군불을 때고[1] 『뉴시스』의 윤지오 비방 보도를 신호탄으로 박훈 변호사가 나서 친구 김대오의 거짓말, 김수민의 음해담을 섞어서 결국 윤지오에게 마녀 = 사기꾼이라는 사법 올가미를 씌운 것이 2019년 4월이었다. 광기의 군중들이 이들의 뒤를 따랐고 이를 이용한 제도 언론들의 돈벌이 이벤트는 손님들로 가득했다. 증언자 윤지오는 졸지에 "여자 왕진진"으로 조작되어 진실 증언대에서 끌려 내려와 추방당하다시피 캐나다로 돌아가야 했다.

윤지오 마녀사냥에서 언론계의 군주로 군림하는 『조선일보』는 『헤럴드경제』, 『매일경제』 등의 경제지들과 연예지들, YTN 등이 물어뜯어 놓은 먹잇감을 조용히 가로채는 하이에

---

1. 박준영 변호사의 글들은 그가 집권 여당인 문재인 정부에 비판적이고 박근혜와 보수 야당에 우호적인 포즈를 취하고 있음을 보여준다. 이런 포즈하에서 그는 윤지오가 집권 여당의 정략적 도구로 활용되고 있는 것으로 보인다는 의심을 드러내는데 이 의심은 『조선일보』, 추부길, 자유한국당을 통해 광범위하게 재생산되고 인스타그램과 유튜브의 반윤지오 까계정들에까지 널리 공유된 하나의 관점으로 자리 잡았다. 이 관점의 효과는 다중의 증언과 증여 공통장의 자율성을 부정하고 그것을 정치권력 내부의 정쟁적 다툼의 효과로 격하시키는 것이다.

나 같은 모습으로 움직였다. 먼저 나서서 공격하기보다 다른 언론들이 공격하여 무력하게 만들어 놓으면 그것을 종합정리하는 방식으로 움직였기 때문이다. 이것은 좌파독재 타도를 내건 우파 성향의 유튜버들이 중도좌파적이거나 중도적이거나 중도우파적인 성향의 박훈, 김대오, 김수민이 물어뜯어 놓은 먹잇감을 가로채는 것과 유사했다. 시간이 흐르면서 이들 사이에는 좌도 중도도 우도 없는 정치적 연합전선이 펼쳐졌다. 윤지오를 죽일 수 있는 것이라면 무엇이든 거리낌 없이 하는 진실혐오 반증언의 연합전선이 형성되었다. 성차별주의를 드러내는 데 주저함이 없는 우파 가로세로연구소나 숏티비 유튜브는 자칭 "페미니스트" 김수민 인스타그램과 윤지오에 대항하는 반증언 전선에서 서로 열애하는 관계로 발전했다. '사회주의자' 박훈은 『조선일보』를 싸고도는 이 연합전선이 자신에게 나쁜 이미지를 남긴다는 것을 느끼고 있었기 때문에 윤지오＝사기꾼이라는 조작된 관점을 이들과 공유하면서도 이들과는 일정한 거리를 두는 절제된 행보를 취했다. 김대오는 정확히 이 둘 사이에서 좌충우돌의 모터사이클 놀이를 했다.

윤지오 사기꾼 만들기 공작의 구성요소들

이미 사회적 수준으로 확산되고 발전된 반윤지오 증언혐오전선과 윤지오 사기꾼 만들기 공작은 다음과 같은 몇 가지 성분과 주목할 만한 경향을 보인다.

정치적 우파가 반문재인 전선을 강화하기 위해 반윤지오 혐오감정을 정치적 무기로 활용했다. 즉 증언자 윤지오를 무너뜨리는 것이 윤지오를 증언대에 세운 문재인 정권의 밑동을 헐어내는 일이기 때문에 다가오는 총선에서 승리하기 위해 윤지오를 집중 공략했다. 장기적으로 보면 윤지오 매도는 장자연 사회적 타살 사건에 대한 재수사를 영구적으로 불가능하게 만들 성폭력적 가해권력의 전략적 공세지만 단기적으로 보면 총선에서 승리하여 재집권의 기회를 노리는 자유한국당파가 적폐검찰의 조력 하에, 『조선일보』 등의 우파언론, SNS 내 반문재인 경향을 앞세워 수행하는 총선 전술이다. 현재는 이 흐름이 윤지오에 대한 사법적 고발고소 등의 여론조작을 수행하는 여론 주도층으로 확실하게 기능하고 있다.

그런데 또 하나 중요한 지점은 중도보수 문재인 정권과 여당인 민주당이 수구보수파의 이러한 공세에 아무런 대응을 하지 않고 수수방관하고 있다는 것이다. 최근 시사인의 보도에서 확인되었듯이 문재인 정권은 20대 남성 세대가 지지층으로부터 이탈하는 것을 페미니즘/여성 이슈의 부상이 가져온 반발 작용으로 독해하면서 득표를 위해 페미니즘/여성 이슈에서 발을 빼는 방향으로 정책 기조를 잡아 나가고 있는 것으로 보인다. 그런데 남성 20대가 페미니즘/여성 이슈의 부상에서 불안감을 느낀다면 그것은 신자유주의화가 생산한 여-남 공동의 삶의 불안정을 여성에게 전가하는 성차별적 대응 이상이 아니다. 만약 문재인 정권과 민주당이 이러한 대응에 영합하여 여성, 페미니즘 이슈에서 발을 빼고 있는 것이 현실이고 이것이 윤지오에 대한 대응을 회피하는 이유가 되고 있다면 이것은 크나큰 실책일 것이며 자신의 발등을 찍는 어리석은 대응일 것이다. 왜냐하면, 자유한국당을 비롯한 우파 세력들과 『조선일보』 SBS와 같은 반민주적 정치언론들이 윤지오 사기꾼 만들기를 통해 반페미니즘 성차별 공세를 하고 있는 것에 문재인 정권과 민주당이 합류하는 것이고 이것은 자신들의 발밑을 파내는 일일 것이기 때문이다.

자본주의의 유지와 지속에서 이익을 얻는 사회적 우파가 친자본주의 입장을 반윤지오 세력과 결합하고 있다. 윤지오는 장자연과 더불어 노동자, 그것도 계약직 노동자이다. 언론, 교회, 대학 등의 이데올로기적 국가기구가 조성한 사회적 약자들에 대한 거의 무의식화된 계급차별과 노동 천시 관념[2]은 윤지오에 대한 언론의 악선동에 쉽게 넘어가는 정신적 기질로 나타난다. 이것은 표면에 활성화되어 나타나는 흐름은 아니다. 하지만 이 사회적 우파주의 경향은 자본주의가 여성의 무임노동에 대한 수탈 없이는 존립할 수 없다는 점에서 사회의 심층에 무의식화된 흐름이며 남성만이 아니라 남성체제에 동화된 여성도 공유하는 바다.

그런데 박훈이 보여주듯이 전통적 좌파의 일부도 반윤지오 전선의 일부로 편입되어 있다. 전통적 좌파는 산업공장을 모델로 태어났기 때문에 연예인을 룸펜적이고 기생적인 프롤레타리

---

2. 그것은 "국민은 개, 돼지"라는 말로 집약되었다.

아층(딴따라, 즉 부지런히 노동하는 개미가 아니라 노래 부르는 매미)으로 보는 관점을 갖고 있을 뿐만 아니라 중화학공업 중심으로 구축된 노조 운동의 남성 본위적이고 남성 우월적인 관점, 즉 성차별적 관점[3]을 공유하고 있었다. 산업자본주의에서 인지자본주의로의 전환이 이러한 관점을 시대착오적인 것으로 만들지만 관념상의 시대착오가 계속되는 것은 부자연스러운 일이 아니다. 의식은 현실보다 더디게 바뀌는 경향이 있기 때문이다.

미투를 촉발했던 페미니스트 세력 일부의 상대적 방관도 주목되는 일이다. 물론 아직까지 윤지오의 증언자 입장을 가장 강력하게 떠받치고 있는 것은 여전히 미투 여성들이다. 하지만 장자연-윤지오가 미투 흐름 속에서 출현한 운동적 초점임을 고려하면 현재의 연대력은 이상하리만치 약하다. 윤지오의 증언 투쟁은 진정 페미니즘의 힘과 연대를 요구하고 있는 부분이기 때문이다. 지금 미투 여성 운동이 증언자 윤지오와 윤지오의 진실을 지키지 못하면 누가 지킬 것인가?

혹시 우리가 증언자 윤지오와는 연대할 수 있지만 사기꾼이나 접대부로 비난받고 있는 윤지오와 연대하여 손을 더럽히고 싶지 않다고 생각하고 있는 것은 아닌가? 만약 이런 경우라면, 윤지오 다음으로 마녀사냥의 표적이 바로 우리 자신이 되리라는 것은 너무나 분명하다.

---

3. 현대자동차 구내식당 여성 노동자들의 정리해고 문제를 다룬 〈밥·꽃·양〉(임인애 감독, 2002) 참조.

증언과 직접행동

윤지오는 장자연이 남긴 글이 유서가 아니라 문건임을 밝혔다. 이 증언이 진실이라면 장자연의 죽음은 원점에서 재수사되었어야 마땅할 것이다. 그런데 재수사는커녕 오히려 이것을 증언한 윤지오에 대한 마녀사냥이 시작되었다. 장자연의 글을 유서라고 보게 만들어 국민을 속이고 이로부터 이익을 편취해온 가해권력자들이 아니라면 누가 이 집단적 마녀사냥의 주체일 것인가? 이 반발 공세에도 불구하고 윤지오는 장자연 죽음의 진실을 직접 국민에게 알리기 위해 책으로, 인터뷰로 증언을 이어갔다. 윤지오를 사기꾼으로 만들기 위한 음해공작과 마녀사냥이 시작된 후 정치권은 윤지오를 음해하는 세력과 그 음해를 방조하는 세력으로 구분되고 있을 뿐이다. 이 음해공작을 깨뜨릴 조직된 저항세력이 없는 한 가해권력자들은 윤지오 마녀사냥을 향후 총선과 대선의 주요 이슈들 중의 하나로 밀고 나갈 것으로 보인다. 그것이, "적폐청산"이라는 이름하에 장자연 사건을 비롯한 과거사에 대한 재조사위원회를 설치한 현 집권 세력을 공격하는 효과적인 무기가 될 수 있기 때문이다. 그것은 보수 야당파로서는 정치적 재집권의 수단일 뿐만 아니라 촛불이나 미투와 같은 아래로부터의 운동을 짓눌러 다시 고개 들기 어렵도록 만들 수단이기도 하기 때문이다. 이런 상황에서 필요한 것은 윤지오의 증언을 지키면서 장자연의 죽음에 대한 진상을 규명하고 아래로부터 성폭력 체제를 해체할 여성과 시민들

의 연합된 직접행동이다.[4]

---

4. 2019년 7월 12일에 시작되어 10차까지 이어졌던 '페미시국광장', 그리고 2020
년 2월 장자연의 죽음의 진실을 알고 싶고 윤지오의 증언진실을 믿는 신한은
행(윤지오)-국민은행(《지상의 빛》) 계좌 후원자 및 연대자 모임 〈탈진실 시대
의 진실연대자들〉 같은 것이 그러한 연합행동의 표현형태들일 수 있을 것이
다. 같은 것이 그 한 형태일 수 있을 것이다.

「책머리에」, 2020년 2월 20일

1장 증언의 일관성을 흐트러뜨려라
「재심 변호사 박준영의 절차주의적 '정의'관은 누구를 이롭게 하는가?」, 2019년 5월 23일
「박훈 변호사는 어떻게 윤지오의 진실을 가려버렸나?」, 2019년 5월 15일
「박훈의 메아리 : '윤지오 이모부'의 경우」, 2019년 6월 8일
「박준영 변호사의 뇌국소론적 기억론 비판」, 2019년 6월 27일

2장 증언을 거짓말로 만들어라
「김용호의 거짓말 : 홍가혜에서 윤지오로」, 2019년 5월 5일
「공익신고자를 사기꾼으로 만드는 집단공작」, 2019년 7월 6일
「『뉴시스』와 김수민」, 2019년 5월 5일
「김수민, 살아 움직이는 모순」, 2019년 5월 7일
「기생충 학자 서민의 종합거짓말세트」, 2019년 6월 1일

3장 '거짓진실'을 내세우라
「김대오 시각의 세 가지 구성요소」, 2019년 6월 18일
「김대오의 거짓말」, 2019년 4월 30일
「네 가지 법정과 '김대오는 어디로?'」, 2019년 5월 9일
「장자연 죽음의 최종 책임은 누구에게 있는가?」, 2019년 6월 19일
「박훈이 장자연 리스트를 없애는 놀라운 방법」, 2019년 5월 13일
「장자연 리스트를 없애는 것이 실패한 후 나타난 가해권력의 새로운 시도」, 2019년 8월 5일

4장 증언자를 타락한 인간으로 만들어라
「유튜브, 인스타그램 영상 클립 속의 어떤 '호모 사케르'와 법 위의 가해권력들에 대한 단상」, 2019년 7월 25일
「벗방과 검은 옷에 대한 성찰」, 2019년 6월 9일